LES

ÉTABLISSEMENTS

DE

SAINT LOUIS

ACCOMPAGNÉS DES TEXTES PRIMITIFS ET DE TEXTES DÉRIVÉS

AVEC UNE INTRODUCTION ET DES NOTES

PUBLIÉS

POUR LA SOCIÉTÉ DE L'HISTOIRE DE FRANCE

PAR PAUL VIOLLET

TOME TROISIÈME

TEXTES PRIMITIFS. — TEXTES DÉRIVÉS. — NOTES

A PARIS

LIBRAIRIE RENOUARD

HENRI LOONES, SUCCESSEUR

LIBRAIRE DE LA SOCIÉTÉ DE L'HISTOIRE DE FRANCE

RUE DE TOURNON, N° 6

M DCCC LXXXIII

ERRATA.

Page 20, ligne 3, *au lieu de* jugée, *lisez :* jugié.
Page 117, *à la fin de la note* 2, *ajoutez :* p. 379.
Page 128, ligne 11, *au lieu de* l'i, *lisez :* li.
Page 131, *à la fin de la note* 4, *au lieu de* n. 9, *lisez :* note 7.
Page 136, note 2, *au lieu de* p. 404, *lisez :* § 404.
Page 176, ligne 16 et note 7, *lisez dans le texte :* ou de se purgier, *et en note :* ξ ou despurgier. Les mots ou de se purgier ne.
Page 190, ligne 8, *après* seront, *effacez :* x.

LES

ÉTABLISSEMENTS

DE

SAINT LOUIS

IMPRIMERIE DAUPELEY-GOUVERNEUR,

A NOGENT-LE-ROTROU.

LES

ÉTABLISSEMENTS

DE

SAINT LOUIS

ACCOMPAGNÉS DES TEXTES PRIMITIFS ET DE TEXTES DÉRIVÉS

AVEC UNE INTRODUCTION ET DES NOTES

PUBLIÉS

POUR LA SOCIÉTÉ DE L'HISTOIRE DE FRANCE

PAR PAUL VIOLLET

TOME TROISIÈME

TEXTES PRIMITIFS. — TEXTES DÉRIVÉS. — NOTES

A PARIS
LIBRAIRIE RENOUARD
HENRI LOONES, SUCCESSEUR
LIBRAIRE DE LA SOCIÉTÉ DE L'HISTOIRE DE FRANCE
RUE DE TOURNON, N° 6

M DCCC LXXXIII

EXTRAIT DU RÈGLEMENT.

Art. 14. — Le Conseil désigne les ouvrages à publier, et choisit les personnes les plus capables d'en préparer et d'en suivre la publication.

Il nomme, pour chaque ouvrage à publier, un Commissaire responsable, chargé d'en surveiller l'exécution.

Le nom de l'éditeur sera placé à la tête de chaque volume.

Aucun volume ne pourra paraître sous le nom de la Société sans l'autorisation du Conseil, et s'il n'est accompagné d'une déclaration du Commissaire responsable, portant que le travail lui a paru mériter d'être publié.

Le Commissaire responsable soussigné déclare que l'édition des Établissements de saint Louis, *préparée par* M. Paul Viollet, *lui a paru digne d'être publiée par la* Société de l'Histoire de France.

Fait à Paris, le 15 *octobre* 1883.

Signé H. BORDIER.

Certifié,

Le Secrétaire de la Société de l'Histoire de France,

J. DESNOYERS.

PREMIÈRE PARTIE

TEXTES PRIMITIFS

COUTUME DE TOURAINE-ANJOU

AVERTISSEMENT.

Je me propose d'établir ici un texte de la Coutume de Touraine-Anjou aussi voisin que possible de celui du manuscrit de cette Coutume que le rédacteur des *Établissements* a eu sous les yeux. Je prends donc pour type le texte des *Établissements* que je compare à ε ζ. Je place entre crochets les mots qui ne sont représentés d'aucune manière dans ε ζ : toutefois, le départ entre les mots entièrement disparus et les mots corrompus n'étant pas toujours facile à indiquer par de simples crochets, une variante de ε ζ placée au bas de la page tient quelquefois lieu des crochets.

Je ne reproduis qu'accidentellement soit les variantes de tel ou tel ms. des *Établissements*, soit les variantes de η.

Lorsqu'une même variante est précédée des deux lettres ε ζ, c'est l'orthographe d'ε qui est suivie.

Sur la Coutume de Touraine-Anjou et sur les mss. de cette Coutume ε ζ, voyez ci-dessus t. I, pp. 8-25; pp. 425, 426.

COUTUME[1] DE TOURAINE-ANJOU

I. Gentis[2] hom ne puet doner à ses anfanz, [à ces qui sont] puisné que[3] le tiers de son heritage; mais il puet bien doner ses achaz et ses conquestes au quel[4] que il voudra de ses anfanz : si feroit il a I estrange se il voloit. Mais se il avoit fait achaz qui fussent de son fié, et il les donast à autre qu'[5]à l'ainné, li ainznez les avroit o les deniers paianz que li peres i[6] avroit mis.

Et se einsi avenoit que li gentis hom mourust sanz faire partie à sez anfanz et il n'aüst point de fame, tuit[7] si mueble seroient[8] à[9] l'ainné, mais il rendroit[10] les detes son pere et l'aumosne. Et se li puisné li demandent[11] partie, il[12] lor fera dou tierz de sa terre par droit. Et se ce est fiez enterins, li[13] ainz-

1. ε ζ *ont pour titre :* Ce sont les coustumes d'Anjou et du Maine. *Ce titre de* ε ζ *où apparaît le Maine est relativement récent; voyez ci-dessus t. Ier, pp. 22-25.*

2. *Cf. Ét., liv. Ier, ch.* 10 (*ci-dessus t. II, p.* 19).

3. ε ζ de son heritage que le tierz *au lieu de* que le tiers de son heritage.

4. ε ζ auquel que il le plera de.

5. ε que à li ainznez.

6. ζ en avroit paié. — ε y avret paié (fin du §).

7. ε ζ tous les. — tous *est répété deux fois dans* ζ.

8. ε seront.

9. ε ζ à li ainznez.

10. ε rendra.

11. ε ζ demandet.

12. ε ζ il li baillera (ζ leur baudra) le tierz.

13. *Passage très embarrassant.* ε ζ η ο *ont :* li ainznez fera la foi et garra. — *La plupart des mss. des Ét. ont :* li ainznez ne fera. *Voyez ci-dessus tome II, p.* 20, *n°* 33; *et ci-dessous la note sur tome II, p.* 20, *l.* 14.

nez ne fera ja fors garans aus autres en parage. Et se einsi estoit[1] que il ne lor baillast pas fié enterin, si lor garroit il en parage. Et se einsi estoit[2] que li freres ainznez fust[3] rioteus et envieus, et il lor aüst lor tierce partie faite trop petite, li puisné ne la prandroient pas, se il ne voloient, ainz remaindroit à l'ainné, et li puisné li partiroient[4] l'autre terre en II parties, et li ainznez prandroit[5] cele qui li[6] pleroit. Einsi a li ainznez les II parz[7] et si a[8] le herbergement en avantage.

II. Gentis[9] hom si puet bien doner à sa fille plus grant mariage que avenant. Et se li peres la marioit o mains que avenant, si ne puet ele retorner à[10] la frareschê.

Et[11] einsi se gentis hom marie[12] sa suer et il li done[13] plus petit mariage que avenant, cil qui la prant ne puet autre demander. Mais quant li[14] sires sera morz, ele puet bien[15] demander avenant partie, se[16] il li semble que li freres li[17] en ait po doné por retenir à[18] soi ou à ses anfanz, se la mere moroit.

III. Se[19] gentis hom n'a que filles[20], tout autretant panra

1. ε ζ avenoit que li freres ainznez ne.

2. ε ζ avenoit.

3. ε ζ fut trop enrievres et il lour feïst (ζ en feïst) la terre (ζ terre) trop. — *La leçon que j'adopte aurait pu être reçue dans le texte des Ét. Voyez ci-dessus t. II, p.* 21, *n.* 43.

4. ε ζ partiront.

5. ε ζ prendront.

6. ε ζ lour *au lieu de* li.

7. ε ζ parties.

8. ε ζ avra.

9. ε ζ *ont cette façon de titre :* Quant gentis homs marie sa fille. — *Cf. Ét., liv. Ier, ch.* 11 (*ci-dessus t. II, p.* 22).

10. ε ζ à freres.

11. *Ici cette façon de titre dans* ε ζ: Quant il marie sa sour. — Et einsi se *manque dans* ε ζ.

12. Leçon de ε ζ *T. — Tous les mss. des Ét., sauf T, ont :* a *au lieu de :* marie.

13. *Leçon de* ε ζ. — *Les mss. des Ét. ont :* done petit mariage, cil.

14. ε son sires. — ζ li freres.

15. bien *manque dans* ε ζ.

16. ε ζ c'est samblable que.

17. ε li ayt poy doné.

18. à son cirs ou à. — *Cf. ci-dessus t. Ier, pp.* 91, 92.

19. *Rubrique dans* ε ζ : Si gentil home n'a que filles.— ζ *ajoute au bas du titre :* Filiarum est quod idem sicut in filiis. — *Cf. Ét., liv. Ier, ch.* 12 (*ci-dessus t. II, p.* 23).

20. ε ζ filles, autant prent.

l'une come l'autre; mais l'ainznée avra le herbergement en avêntage et[1] I chesé s'il i est, et, se il n'i est, V s. de rante; et garra aus autres en parage.

IV. Gentis[2] hom tient, sa vie, ce que l'an li[3] done à porte de mostier en mariage, emprès la mort sa fame, tout n'ait il nul oir[4], por coi en ait aü qui ait crié et brait, se[5] einsi est que sa fame li ait esté donée pucele; car si ele estoit veuve ou ele ne li aüst esté donée pucele, il n'[6] en tenroit riens.

V. Gentis[7] fame, quant ele a anfanz ainz qu'ele soit mariée, ou se ele se faisoit despuceler, ele pert son heritage [par droit] quant ele en est provée.

VI. Se[8] gentis fame est[9] oirs de terre, et ses sires soit morz, et[10] ele ait ses oirs, et ele vueille prandre douaire en la terre son seignor, ce est la tierce partie, ses filz[11] li ainznez prandra [einsine] la tierce partie en la soue.

VII. Gentis[12] fame si n'a que le tierz[13] en douaire de la terre son seignor; mais ses sires li puet bien doner ses achaz et ses

1. ε ζ et I home de foyeste, si il.

2. *Rubrique dans* ε ζ : Gentil home tient sa vie ce que l'on li donne à la porte du moustier. — *Cf. Ét., liv. Ier, ch.* 13 (*ci-dessus t. II, p.* 24).

3. ε ζ li a doné à la porte du moustier.

4. ε ζ heir, mes que sa fame en ait eü qui ayt bret.

5. ε ζ et pour que ele li (ε y).

6. ε n'avret. — ζ n'en avroit. — *J'adopte la leçon des Ét.*

7. *En rubrique dans* ε ζ : Quant gentile fame se fait despuceler. — *Sur* despuceler, *cette glose dans* ζ : Ista est causa quare potest a patre exhereditari, si ante XXV annum hoc fecerit. C. De inofficioso testamento. Vide authenticam Sed si post (posita super l. Si filiam). Nec distinguitur an sit nobilis, vel ignobilis.— *Cf. Ét., liv. Ier, ch.* 14 (*ci-dessus t. II, p.* 24).

8. *En rubrique dans* ε ζ. Si gentile fame ait heir de terre. — *Cf. Ét., liv. Ier, ch.* 15 (*ci-dessus t. II, p.* 25).

9. ε ζ ait.

10. et ele... oirs *manque dans* ε ζ.

11. ε ζ fiz esgné.

12. *Rubrique dans* ε ζ: Gentile fame n'a que le tierz.— *Cf. Ét., liv. Ier, ch.* 16 (*ci-dessus t. II, p.* 25).

13. ε ζ tierz en partie de douaire en la.

aquestes[1] à faire sa volonté : et se einsi estoit que li sires aüst[2] fait achat en son fié, cel achat avroit ses filz li ainznez o les deniers randanz que li peres i avroit mis[3].

VIII. Gentis[4] fame ne met riens en l'aumone son seignor. Et[5] si avra la moitié es muebles, se ele viaut, mais ele metra[6] la moitié es detes; et se ele ne viaut riens prandre es muebles, ele ne metra riens es detes. Et[7] de ce est il en son chois.

IX. Gentis[8] fame doit avoir le herbergement sun seignor emprès sa mort en jusques à tant que cil qui[9] doit avoir le retour de la terre li ait fait herbergement avenant. Et ele le doit tenir en bon[10] estat; et se ele ne[11] l'i tenoit, cil[12] li porroit oster par droit, por[13] coi ce fust en[14] sa defaute que li menoirs fust empiriez : et encore seroit elle tenue à amander ses domaches : et se ele ne[15] le pooit amander, il[16] li porroit oster la terre par droit et tenir en sa main; car ele avroit meffet le doaire[17]: si le devroit perdre par droit. Et tout einsi devroit ele tenir en bon estat vignes et aubres fructanz, se ele les avoit en son douaire, sanz tranchier et sanz malmetre.

X. Se[18] einsi avenoit que gentis fame aüst[19] petit anfant[20]

1. ε ζ conquestes.

2. ε ζ eüst achaté en.

3. ε ζ paiez.

4. *Rubrique dans* ε ζ: Gentile fame ne met riens. — *Même rubrique dans* ζ *qui ajoute* : en l'a(umosne) son seignor. — *Cf. Ét., liv. Ier, ch.* 17 (*ci-dessus t. II, p.* 26).

5. ε ζ Et si a la.

6. ε ζ met.

7. ε Et sera en chois. — ζ Et en sera en son.

8. *Rubrique dans* ε ζ : Gentil fame doit avoir le herbergement son seigneur (son seigneur *manque dans* ε). — *Cf. Ét. liv. Ier, ch.* 18 (*ci-dessus t. II, p.* 27).

9. ε ζ qui est heritier de la.

10. ε ζ bone estance.

11. ε ζ ne le tenet.

12. ε ζ l'en li.

13. ε ζ par quoi.

14. ζ par.

15. ε ne peut.— ζ ne le puet.

16. ε ζ l'en le li puet oster par.

17. ε ζ douaire, et si le devret perdre; et si elle avet vignes, arbre fructuanz (ζ avoit jeunes arbres fructifians), si les debt elle tenir en bon estat, sanz.

18. *Rubrique dans* ε ζ: De gentil fame qui a petit enffant. — *Cf. Ét., liv. Ier, ch.* 19 (*ci-dessus t. II, p.* 28).

19. ε avoit.

20. ζ *ajoute en marge :* commençant.

[et ses sires morist], ele tendroit le bail de son oir male, jusques à XXI an[1], et le bail de sa fille jusques à XV anz, por coi il n'i ait oir male; et toutes les[2] choses doit ele tenir en bone estance. Et se il[3] i avoit bois ou estanz que li sires aüst autre foiz vanduz, ele[4] le porroit bien vandre[5]. Et en ceste meïsme meniere tendroit ses sires, s'[6] ele l'avoit. Et se ele [et ses sires] lessoient[7] la[8] maison decheoir ou[9] fondre, ou il vandissent bois [ou estanz] qui n'aüst autre[10] foiz esté vanduz, cil à qui li retors[11] de la terre devroit[12] avenir, porroit bien demander le bail à[13] avoir par droit.

XI. Gentis[14] fame puet bien plaidier de son douaire en la cort[15] le roi, ou[16] en la cort à celui en qui chastelerie il sera, ou en la cort de Sainte Iglise; et en[17] est en son chois. Et einsi puet faire gentis[18] hom de son mariage qui li a esté doné à[19] porte de mostier.

XII. Se[20] gentis hom marie son fil, il li[21] doit faire le tierz de sa terre et ausin quant il est chevaliers; mais il ne li fait pas partie de ce qui li a esté doné [à porte de mostier] en mariage, por[22] coi sa fame ne soit oirs de terre[23]. [Et s'il a aü

1. ζ *ajoute en marge :* commençanz.

2. ε ζ ses.

3. ε ζ il avoit.

4. ε il les *au lieu de* ele le.

5. ε ζ vendre. En ytele maniere.

6. ε ζ s'el l'avenoit. *Cf. ci-dessus t. II, p. 29, n. 45.*

7. ζ lessoit. — ε loit.

8. ε ζ ses mesons.

9. ε ζ ne faudre, ou.

10. ε esté autre fois *au lieu de* autre foiz esté.

11. ε ζ retroit.

12. ε ζ porret *au lieu de* devroit.

13. à *manque dans* ζ.

14. *Rubrique dans* ε ζ : Gentil fame peut bien pledoier de son douaire. — *Cf. Ét., liv. I*er*, ch.* 20 (*ci-dessus t. II, p.* 30).

15. ε ζ court au roy.

16. ε ζ ou en la chastelerie où ele seret.

17. en est *manque dans* ε ζ.

18. ε ζ tout gentil.

19. ζ à la porte.

20. *En forme de rubrique dans* ε ζ : Se (ε Quant) gentil home marie son filz, etc. — *Cf. Ét., liv. I*er*, ch.* 21 (*ci-dessus t. II, p.* 31).

21. ε ζ li fera le.

22. ε ζ par.

23. ε ζ terre, son filz avra la terre sa mere. *Ce passage est très difficile. Le texte que j'adopte*

fame qui ait été hoir de terre], il li fera ainsinc le tierz de la terre sa mere.

XIII. Se[1] einsi estoit que gentis hom aüst[2] aiol ou aiole, et pere et mere, et il prinst fame, et il[3] se morist avant que sa fame, et il n'[4] aüssent nul oir, quant li peres et la mere et li aiols et l'aiole seroient[5] mort, ele avroit en[6] ses escheoites son douaire. Et en toutes autres[7] escheoites fussent de[8] freres ou de serors, ou d'oncles ou de neveuz, ou d'autre lignage, ele n'i avroit riens, s'eles estoient avenues puis que li sires l'avroit prise. Et s'eles estoient escheoites avant, ele[9] i avroit son douaire.

XIV. Toutes[10] escheoites qui aviennent entre freres sunt à l'ainné, puis la mort au pere, se[11] ce n'est de lor mere, ou d'aiol ou d'aiole[12]; car l'en apele ces escheoites droites avenues.

m'a paru le plus probable : il n'est pas certain. G H I J K portent : por coi sa fame ne soit oirs de terre, car ses fix si ara la terre sa mere. *Dans un article sur les Coutumes angevines (Revue hist., 4e année, t. X, p. 444), je me suis prononcé un peu rapidement sur ce passage vraiment difficile. Si G H I J K représentent le texte original (sauf une lacune évidente) il faut dire que le texte a été heureusement amélioré par l'auteur de la leçon que j'adopte. Cf. ci-dessus, p.* 5, § 6.

1. *Rubrique de* ε : De home qui a ayeul ou aieule; — de ζ: Hair qui a aeul ou aeulle. — *Cf. Ét., liv. Ier, ch.* 22 (*ci-dessus t. II, p.* 32).

2. ε eut a ayeul.

3. ε ζ elle.

4. ε ζ n'eüst.

5. ε ζ seroient tous mort.

6. ε ζ en celles eschaites.

7. autres *manque dans* ζ.

8. ε ζ ou de.

9. ε elle prainret son.

10. *Rubrique de* ε : De achaites; — *de* ζ : Les eschoistes qui aviennent entre freres. — *Cf. Ét., liv. Ier, ch.* 23 (*ci-dessus t. II, p.* 33).

11. *Passage difficile : la leçon* se elles ne sunt de pere ou de mere *a pour elle l'autorité combinée de* ε ζ *G H J K L*[1] *et I (avec une correction évidente). Voyez ci-dessus t. II, p.* 33, *n.* 14.

12. *Sur* aiole ζ *donne cette glose :* Quar pesné ne succede à cieulx de son parenté durant l'esné, fors aux persones desus dittes, seullement en sa partie de la tierce, se ils sont pluseurs.

XV. Nuns[1] gentis hom ne fait rachat de riens qui[2] li eschie de vers soi, jusques il[3] ait passé cosin germain; ne [nus ne puet] demander [à autrui] fraresche, s'il n'est cosins germains, ou plus près. Et des choses que gentis hom prant o sa fame, por coi ele[4] en face foi au seignor, il en fait rachat l'année de sa terre; et se ele tient en parage, il n'an fera point.

XVI. Se[5] gentis fame prant vilain costumier, li anfant qui istront[6] d'[7] aus deus si avront[8] ou fié de vers la mere autretant li uns com li autres, s'il n'[9] i a foi à faire; [et s'il i a foi à faire], li ainznez la fera et avra[10] le herbergement[11] en aventage et I chesé, se il i est; et se li herbergemenz ne li chesés n'i est, il avra selonc la grandor dou fié[12] por faire la foi au seignor et por garir as autres. Et, en ceste meniere, sera mais touz jors partiz[13], jusques[14] à tant que il descende en la tierce foi; et[15] puis se departira touz[16] jorz mais gentilment.

XVII. Baronie[17] ne depart mie entre freres, se lor[18] peres ne[19] lor a fait partie, mais li ainznez doit faire avenant partie[20]

1. *Rubrique d'ε ζ* : Nus gentis homs ne fet rachat. — *Cf. Ét., liv. Ier, ch.* 24 (*ci-dessus, t. II, p.* 33).

2. ε ζ que.

3. ε ζ il passe.

4. ε ζ il.

5. *Rubrique dans* ε : Se gentil fame prent vilain; — *dans* ζ : Se gentil feme qui prent vilain ou coustumier. — *Cf. Ét., liv. Ier, ch.* 25 (*ci-dessus t. II, p.* 34).

6. ε ζ naistront.

7. ε ζ des II.

8. ε ζ vendront en foi de vers.

9. ζ y a (*résultat d'une correction : le ms. portait primitivement* n'y a).

10. ε ζ tendra.

11. ε herbergement. Et s'il n'estoit en la chose, il avret secont. — ζ herbergement. Ne estoit en la chose, il avroit selon.

12. ε ζ fé aventage avenant pour la foy et pour garrir aus autres.

13. ε ζ departi.

14. ε jusques à descende. — ζ jusques il descende.

15. ε ζ et puis mes toz jorz sera departi gentement.

16. *Ici et plus haut* touz jorz *est orthographié dans B* toujorz.

17. *Rubrique dans* ε ζ : Baronye ne se depart pas entre freres. — *Cf. Ét., liv. Ier, ch.* 26 (*ci-dessus t. II, p.* 36).

18. ε ζ li.

19. ε ne l'ont fait parties. — ζ ne leur fait partie.

20. *Leçon de* ζ. — ε partie bienfet. *La leçon des Ét.* avenant

en bienfait aus puisnez, et[1] si doit les filles marier. Bers[2] si a toutes joutises en sa terre, ne li rois ne puet metre[3] ban en la terre au baron, sanz son asantement, ne li bers ne[4] puet metre ban en la terre au vavasor, sanz l'asantement au vavasor.

XVIII. Bers[5] si a en sa terre le murtre[6], et le rat et le ancis, et se auquns estoit qui ne l'aüst pas aü[7] anciennement. Raz si est fame efforcier[8]. Ancis si est fame enceinte[9] quant l'en la fiert, et ele muert[10] de l'anfant. Murtres[11] si est quant l'en tue hom[12] de nuit en son lit ou en aucune[13] meniere por coi ce[14] ne soit en mellée : enmi[15] sa voie, porroit en I home murtrir, se l'en le feroit si qu'il en[16] mourust, sanz tencier[17] à lui et sanz lui deffier.

XIX. Home[18] quant l'en li toust le suen, ou en chemin ou

bienfait *a probablement été prise sur un ms. de la Coutume un peu altéré.*

1. ε et es filles. — ζ et aus filles.

2. *En rubrique dans* ε ζ : Baronye a toutes justices (ζ justice en sa terre).

3. ε ζ mestre coustumes en.

4. ε ζ ne la (ε les) mestra en sa terre sanz l'assantement de ses vav.

5. *Rubrique dans* ζ : Li bers a en sa terre; — dans ε : De murtre. — *Cf. Ét., liv. Ier, ch.* 27 (*ci-dessus t. II, p.* 37).

6. ε ζ le murtre et le larrecin, et si aucuns.

7. aü *manque dans* ζ.

8. ε ζ fame que l'on force. Eincis

9. ε ζ fame quant il est enceinte et l'en.

10. ε ζ morut et li enffant (ζ l'enfant).

11. *Rubrique dans* ε ζ : Li murtre. — *Les premiers mots du texte sont aussi dans* ε ζ : Li murtre. — *Cf. Ét., liv. Ier, ch.* 27 (*ci-dessus t. II, p.* 37).

12. *Leçon de* ε ζ *que je substitue à celle de Ét. à cause du mot* nuit *qui rend parfaitement la notion primitive du meurtre. La leçon des Ét. peut provenir ou d'un manuscrit de la Coutume défectueux ou du travail du compilateur. Pour la relation entre l'idée de nuit et la notion du meurtre, voyez ci-dessus t. Ier, pp.* 236, 237.

13. ζ autre. — ε auquele.

14. ε ζ il.

15. ε ζ en I foire (ε faire):

16. ε ζ en *manque dans* ε ζ.

17. ε ζ tancer ou sanz.

18. *Rubrique dans* ε Home quant l'en li toult le sien; — *dans* ζ : L(ome) (*rien de plus*). — *Cf. Ét., liv. Ier, ch.* 28 (*ci-dessus t. II, p.* 38).

en bois, soit[1] de jorz, soit de nuiz, ce[2] est apelé escharpelerie : et tuit cil qui font cest meffait, si doivent estre pandu et trainé, et tuit[3] li mueble si en sont au baron ; et se[4] il ont terres, ne maisons en[5] la terre au baron, li bers[6] les doit ardoir et les prez arer, et les vignes estreper, et les aubres cerner. Et se aucuns[7] tex malfeitor s'en fuioit et ne peüst estre trové, li ber le doit faire semonre par jugement ou leu dom[8] il esteroit, et[9] aus voisins et au mostier de la parroche dont il[10] seroit, que il[11] viegne à droit dedanz [les] VII jorz et [les] VII nuiz, por conoistre ou por deffandre : et[12] si le feroit en apeler en plain marchié. Et s'il ne[13] venoit dedanz les VII jorz et [les] VII nuiz, si le feroit en semonre [derechief] par jugement qu'il venist[14] dedanz les XV jorz et les XV nuiz : et se il ne venoit dedanz les XV jorz et les XV nuiz, l'en le feroit semonre derechief que il venist dedanz les XL jorz et les XL nuiz ; et se il ne venoit dedens[15] les XL jorz et les XL nuiz, il[16] seroit forsbaniz en plain marchié ; et se il venoit[17] puis le[18] ban et il ne poïst monstrer raisnable essoine qu'il eüst esté en pelerinage ou en autre[19] raisnable leu où il n'aüst pas oï[20] le ban, ne les

1. ε ζ ou de.

2. ε ζ cest larrecin est.

3. ζ et touz *au lieu de* tuit li.

4. ε ζ et ce sont terres ou mesons.

5. ε ζ en la baronie, li.

6. ε ζ bers debt les mesons ardoir et les prez.

7. ε ζ aucuns de cex maufesours s'en fuissent fouiz.

8. ε ζ où ils seront *au lieu de* dom il esteroit.

9. et aus voisins *manque dans les Ét.* — et aus voisins... viegne *manque dans* ε.

10. ζ ilz seront.

11. ζ ilz venissent.

12. ε ζ et fere le ban crier en.

13. ε ζ ne venoint.

14. ζ veneissent dedanz les VII jours ou les VII nuiz, si le feret l'en semondre ainsi par jugement que ilz venissent dedenz les VII jours ou les VII nuiz, si le feroit l'en semondre et se il ne venoit, si seroit semons que il venist dedens quarente. — dedans les XV... semonre derechief que il venist *manque dans* ε.

15. dedanz... nuiz *manque dans* ε ζ.

16. ε si sereit feiz les bans en. — ζ si seroient faiz les bans en.

17. ε ζ ne venet.

18. le ban *manque dans les mss. des Ét.* — ζ bans *au lieu de* le bans.

19. ε ζ autre lou où.

20. ε ζ oy les bans ; — ε oy le bannier.

semonses, li ber feroit revagier[1] sor sa terre et seroient li mueble suen.

Et se[2] aucuns estoit[3] soupeçoneus de tel[4] meffait ou d'autre sanblable dont il deüst panre mort, et il s'en fust alez hors dou païs et ne venist avant[5] que li VII jorz et les VII nuiz et [li] XV jorz et [les] XV nuiz, et [li] XL jorz et [les] XL nuiz fussent passé, et il venist à la joutise et il deïst que si tost com il sot que[6] l'en l'ot apelé [à droit] que il estoit venuz por soi deffandre, [adonques] la joutise en devroit prandre son sairement que il diroit[7] voir; et[8] o itant avroit sa deffanse, qui l'en[9] voudroit apeler. Et[10] se il ne trovoit qui[11] l'apelast, la joutise le porroit bien tenir, pour la soupeçon, VII jorz [et] VII nuiz, [et] XV jorz [et] XV nuiz, [et] XL jorz et XL nuiz, et feroit semondre le lignage dou mort [se il l'a], por savoir[12] se il le voudroient apeler et dire au mostier et crier au marchié; et se nuns ne venoit avant [por lui apeler, la] joutise le[13] devroit laissier aler o pleges metanz, se il les[14] pooit avoir[15]; et se il ne les pooit[16] avoir, si li face l'en fiancier et jurer qu'il ne s'en fuira dedanz l'an, ne qu'il ne se destornera et que il vendroit[17] à droit, qui l'en voudroit appeler.

1. ε ζ feret ravaire sur. *Cette forme* ravaire *n'étant fournie par aucun ms. des Ét., je n'ose la laisser dans le texte; mais il ne me paraît pourtant pas impossible qu'elle figurât dans le ms. primitif. Elle se trouve trois fois dans les Assises de la Flèche du XIVe s.* (Ms. Chelt. 3680, fol. 157 v°, 171 v°, 225 v°).

2. *En rubrique dans* ε : De suspeçon; — *dans* ζ, De ce meïmes. — *Cf. Ét., liv. Ier, ch.* 29 (*ci-dessus t. II, pp.* 41, 42).

3. ε ζ est.

4. ε tel mes (?) meffet — ζ tel mesme meffet.

5. ε ζ einçois que.

6. ε ζ que l'en avet appelé, il dist que il est (ζ estoit) venuz.

7. ε ζ dit.

8. ε ζ et à tant il avret sa.

9. ε le *au lieu de* l'en.

10. ζ Et il ne.

11. ε qui l'en vousist apeler.

12. ε ζ savoir se il i a nul, ne nulle qui l'en veille apeler.

13. ε ζ le porret bien délivrer o.

14. ζ le.

15. ε trover. — ζ trouver sanz ce que il ne se desfouira dedenz l'an.

16. ε puet trover, face fay que il ne defouyra dedenz l'an. — *Pour* ζ *voyez la note précédente.*

17. ε ζ vendra à droit qui l'en voudra apeler.

xx. Hom[1] qui ocit autre en mellée et il puisse mostrer[2] [plaie] que cil li ait faite avant que il l'ait ocis, il ne sera pas panduz par droit, fors en une meniere, [que] se aucuns dou lignage l'apeloit de la mort[3] de celui et li meïst sus qu'[4]il l'aüst mort sanz ce que cil l'aüst ne feru, ne navré, et il deïst [en tel maniere] que li morz li[5] en aüst doné comandement et avouerie dou[6] prover et dou desrainier[7], li autres porroit dire que il ne l'an croit pas que li morz li en aüst[8] doné comandement, [ne avoerie] : et[9] o itant porroit l'en des II jugier[10] une bataille. Et se[11] li quiex que soit avoit LX anz, il porroit bien metre I autre[12] por lui en son leu, mais il[13] li convendroit jurer[14] qu'il aüst[15] itant [d'aage]; et cil qui seroit[16] vaincuz seroit[17] panduz.

xxi. Se[18] einsinc estoit que[19] I hom aüst garde d'un autre et il venist à la joutise por[20] lui faire asseürer, la joutise le doit faire asseürer puis qu'il le requiert; et doit faire fiancier [ou jurer] à celui de qui il se plaint que il ne li fera domache, ne il, ne li sien, à lui[21], ne as siens. Et[22] se il, dedanz ce, li faisoit domache, et il en poïst estre provez, il en seroit panduz;

1. *Rubrique dans* ε : Home qui occit autre; — *dans* ζ : De home qui ocit autre en melée. — *Cf. Ét., liv. Ier, ch.* 30 (*ci-dessus t. II, p.* 44).

2. ε ζ montres que cil l'ait feru avant que cil l'ait occis.

3. ε ζ mort à ly et li met sur que.

4. ε ζ que le mort l'eüst féru et deïst.

5. ε ζ l'en.

6. ε ζ de.

7. ε ζ derener envers li, li autre puet dire : ge ne l'en.

8. ε ait.

9. ε ζ et o tant puet l'en.

10. ε fere une.— jugier *manque dans* ζ.

11. ε ζ Et si aucuns d'eulx avet XL anz (*dans* ζ *on a écrit au-dessus de ces mots en marge :* ou LX).

12. ε ζ autre en eschange, mes.

13. ε il i conviendroit.

14. jurer *manque dans* ε.

15. ζ les eüst.

16. ε ζ sera.

17. ε ζ sera.

18. *Rubrique dans* ε : De garde d'autre ; — *dans* ζ : De home qui a garde de autre. — *Cf. Ét., liv. Ier, ch.* 31 (*ci-dessus t. II, p.* 46).

19. ε ζ que aucuns *au lieu de* que I hom.

20. ε ζ pour se fere.

21. ε ζ ne à li.

22. ε ζ Et si sur ce, li feset.

car[1] ce si est apelé trive anfrainte, qui est une des granz traïsons qui soit, et ceste joutise si est[2] au baron.

[Et se einsinc estoit qu'il ne le voulsist asseürer et la joutise li deffandist et li deïst : « je vos deffan que vos ne vos en ailliez pas devant ce que vos l'aiez asseüré; » et se il s'an aloit sor ce que la joutise li avroit deffandu et l'en ardist à celui une de ses maisons ou l'en li estrepast ses vignes, ou l'en le tuast, il en seroit aussinc bien corpables comme s'il eüst fait lou fait.]

XXII. Li[3] lerres est pandables[4] qui[5] amble cheval[6] ou jument. Et qui art maison de nuiz il pert les iauz. Qui amble riens en mostier, et qui fait fausse monoie, et qui amble soc de charrue, et[7] qui amble avetes et ruches, et qui amble autres choses, robes ou deniers, ou autres menues choses, il[8] doit perdre l'oroille dou premier meffait, et de l'autre larrecin, [il pert le pié; et au tierz larrecin] il[9] est pandables; car[10] l'en ne vient pas dou gros manbre au petit, mais dou petit au gros[11].

XXIII. Hom[12] quant il amble à son seignor, et il est à[13] son pain et à[14] [son] vin, il est pandables; car ce est une maniere de traïson; et cil à qui il fait le meffait le doit pandre[15], se il a[16] la vaarie en sa terre.

1. ε ζ quar c'est treve.

2. ε ζ est en baronie.

3. *Rubrique dans* ε ζ : Li lerres est penduz. — *Cf. Ét., liv. I*er*, ch.* 32 (*ci-dessus t. II, p.* 48).

4. ε ζ penduz.

5. ε ζ quant il emble.

6. ε chevaux et enes. Et — ζ chevaux ne enes. Et — *Peut-être cette variante devrait-elle prendre place dans le texte. Cf.* § 25.

7. et qui... ruches *manque dans les mss. des Ét. On aurait pu introduire cette petite phrase dans les Ét., en la mettant entre crochets.*

8. ε ζ il pert l'oraille.

9. ε ζ il seret penduz qu'il feret après; quer.

10. ε ζ quer usage n'est mie que l'on se prenge du gros.

11. ε ζ grant.

12. *Rubrique de* ε ζ Home (ζ De home) qui amble à son seigneur. — *Cf. Ét., liv. I*er*, ch.* 33 (*ci-dessus t. II, p.* 49).

13. ε ζ de.

14. ε ζ de.

15. *Glose de* η *sur* pendre : PENDRE. Voire se il emble oultre quatre deniers. PENDRE. S'il n'a justice il le doit rendre au souverain : dont le puet il bien prendre.

16. ε ζ ait avourie.

XXIV. Nuns[1] vavassors ne[2] puet faire forsban, ne ne puet faire à home forsjurer la[3] chastelerie sanz l'asentement dou baron en qui chastelerie il sera. Et se il le fait, il em[4] perdra[5] sa joutise, car[6] tex joutice si n'est mie au vavasor.

XXV. Fames[7] qui sunt o murtriers et les consentent si font[8] à ardoir. Et[9] se elles sunt à chevaus ne à enes embler, elles font à ardoir, ne autres choses. Et se aucuns[10] ou aucune i estoit et les consentissent[11], et n'amblesient riens, si lor feroit en autretant de poine, com s'il eüssent amblé.

XXVI. Et[12] se li murtrier qui tuent les genz apor-

1. *Cf. Ét., liv. Ier, ch.* 34 (*ci-dessus t. II, p.* 50). — *Glose de* η : NUL VAASSEUR, FORSJURER. Tout eüst il haulte justice, il ne le puet faire que de sa terre.

2. ε ζ ne doit forban.

3. la *manque dans* ε ζ.

4. em *manque dans* ζ.

5. ε ζ pert. — *Glose de* η : IL PERDROIT. Voire, car il en mesuse, C. De pericu, l. libero (?) *Je ne détermine pas ce renvoi. Faudrait-il lire,* C. De periculo eorum (*Code,* XI, XXXIV) ?

6. ε ζ car ce n'est pas justice à vavasor.

7. *Rubrique de* ε ζ : Fames qui sont o murtriers. — *Glose de* η : FAMES CONSENTENT, etc. Aussi bien pugnye sera celle qui se assent à faire le fait, comme ceulx qui le font, ff. Ut de hiis qui no. in infama, l. sont savanz et ne le contredient (*Dig.,* III, II). — *Cf. Ét., liv. Ier, ch.* 35 (*ci-dessus, t. II, pp.* 50, 51).

8. ε ζ sont.

9. Et se.... autres choses *manque dans tous les mss. des Ét.; ne se trouve que dans* ε ζ; *est remplacé dans* η *par :* et si elles sont à embler chevaulx ou jumens, sont a enfoir.

10. ε ζ aucunes ne embloient riens et le consentissent, l'en en feret autretant comme. — η aucun ou aucune qui semblassent riens estoient d'assentement d'embler aucune chosse l'en en feroit autant comme.

11. *La glose suivante de* η *paraît se rapporter au mot* consentissent *qui toutefois disparaît précisément dans le texte de* η : CONSENTENS. L'en en doit autel jugement faire comme se il l'avoient emblé par la raison devant dicte. Mes se aucuns avoit donné consoil à autre de faire larrecin et n'i aïdast pas, ne n'i vouseïst riens avoir, il n'en seroit pas pugny; Inst. De oblig. quæ ex delicto (*Inst.* IV, I).

12. *Rubrique dans* ε : Si li murtriers, etc.; — *dans* ζ : De meurtriers qui tuent les gens. — *Glose de* η : SE MURTRIER ETC. MURTRIERS (*résultat d'une correction :*

tent[1] aucune chose qui soit à ceus que il avront tué et il la[2] portent chiés aucun[3] home, et li[4] hom sache bien que il sunt[5] [larron et] tiex menestrel, et[6] il les recete, il est ausinc bien pandables come li[7] murtrier.

XXVII. Se[8] aucuns lerres[9] ou murtriers[10] dit que aucuns soit ses conpainz[11], il[12] n'est pas provés por ce; mais[13] la joutise le doit bien prandre por savoir s'il li porroit[14] feire riens conoistre.

XXVIII. Se[15] aucuns est qui n'ait riens et soit en ville sanz riens gueaignier et[16] volentiers soit en la taverne, la joutise le doit [bien] prandre et demander de coi il vit. Et[17] se il antant que il mante et que il soit de mauvaise vie, il le doit [bien] geter hors de la vile.

XXIX. Se[18] il meschiet à famme qu'ele tue son anfant, [ou

il y avait d'abord dans le ms. ouvriers) : Puis que il scet bien que ilz sont larrons ou mutriers, et il les receite o les choses emblées il doit estre pugny comme ceulx qui font le fait, Co. De sacrosanctis, l. Jubemus (*Cod.*, I, II, 14). — *Cf. Ét., liv. I*er*, ch.* 36 (*ci-dessus t. II, p.* 52).

1. ε aportoint.

2. ε et le portent.

3. ε ζ aucunes gens.

4. ε ζ li gent sachent.

5. ε ζ soint.

6. ε et il le receyvent. — ζ et il en retienent.

7. ζ les meurtriers. — ζ li murtriers.

8. *Rubrique dans* ε : Si li lerres ou li murtrier ; — *dans* ζ : De ce meymes. — *Ce* § *commence ainsi dans* ε ζ : Si li lerres (ζ bers); *dans* η : Si larron ou murtrier. — *Voy. gloses de* η *dans Beautemps-Beaupré, Cout. et inst. de l'Anjou et du Maine, 1*re* partie, t. I*er*, pp.* 220, 221. — *Cf. Ét., liv. I*er*, ch.* 37 (*ci-dessus t. II, p.* 53).

9. ζ bers.

10. ζ les meurtriers.

11. ε ζ compaignon.

12. ε ζ il ne debt pas pour ce estre crüz.

13. ε ζ mes à tant la.

14. ε ζ porra fere cognoistre. — η poura rien faire congnoestre, sanz peril de son corps, ne de torment mortel.

15. *Rubrique dans* ε ζ : Si aucuns est en ville sanz gaaigner (ζ gaaigner riens). — *Cf. Ét., liv. I*er*, ch.* 38 (*ci-dessus t. II, p.* 54).

16. ε ζ et vet volontiers en la (ζ à la).

17. ε ζ Et s'il avient atant qu'il mante.

18. *Rubrique dans* ε ζ : Si fame tue son enfant. — *Cf. Ét., liv. I*er*, ch.* 39 (*ci-dessus t. II, p.* 55).

estranglé ou de jorz ou de nuiz,] ele ne sera pas arse dou premier; ainz la doit on randre[1] à Sainte Eglise; mais s'ele en tuoit[2] un autre, ele en seroit arse, por ce que ce seroit acoustumance.

XXX. Se[3] aucunes genz avoient empris à aler tuer I home ou une fame, et il fussent pris en la voie, ou de jorz ou de nuiz, et l'[4]en les amenast à [la] joutise, et [la] joutise lor demandast que il aloient querant, et il deïssent que il alassent tuer I home [ou une fame], et il n'aüssent riens plus meffait, ja, por ce, ne perdroient ne vie, ne manbre.

XXXI. Se[5] aucuns hom[6] menaçoit[7] I autre[8] par devant joutise à faire domache dou cors ou de l'avoir, et cil en demandast asseguremeni, et[9] li autres respondit : « je m'an consoillerai; » et la joutise li deïst : « ne vous en alés pas devant que vous l'aiez [bien] asseüré; » [et il s'an alast sor ce sanz asseürer]; et l'en ardist à celui ses maisons; et cil qui ne le vot asseürer ne[10] l'aüst encore fait, si en seroit il ausin bien provez et[11] atainz come s'il l'[12]aüst fait de voir. Ou qui avroit tué celui qui avroit demandé l'[13]asseürement et[14] l'en en vousist l'autre ensivre jusques à droit par cui[15] l'asseürement aüst esté refusé[16] à doner en la cort le[17] roi, ou en la cort au baron,

1. ε ζ baailler.

2. ε ζ tue.

3. *Rubrique dans* ε : Se aucunes genz avoient emprins, etc.; — *dans* ζ : De gens qui vont tuer autres. — *Cf. Ét., liv. I*er*, ch.* 40 (*ci-dessus t. II, p.* 56).

4. ε l'en leur amenast.

5. *Rubrique dans* ε : Si aucuns menachoit I autre; — *dans* ζ : De home qui menace autre. — *Cf. Ét., liv. I*er*, ch.* 41 (*ci-dessus t. II, pp.* 56, 57).

6. hom *manque dans* ε ζ.

7. ζ menace.

8. ε ζ autre à li fere domage du corps ou de l'avoir davant justice, et cil demandast à (à *manque dans* ζ) estre asseüré et.

9. ε ζ et il s'en alat sur ce sanz l'asseürer et il (ε il ne) deïst : « je.

10. ε ne l'eüst pas fait.

11. et atainz *manque dans* ε.

12. ε l'avoit fet. Donc qui avret tué. — ζ avoit fait voire. Qui.

13. ε ζ l'aseürance.

14. ε et l'en le volet seudre. — ζ et l'en le vousist sievre.

15. ε ζ quoi.

16. ε ζ demandée en.

17. le roi *manque dans* ζ.

ou[1] d'aucun autre home qui aüst[2] joutise en sa terre, [il en seroit ausin bien corpables come s'il aüst fait le fait; et l'en porroit on bien arrester par droit, tot n'en aüst il riens fait et en avroit deservi à estre puniz]. Por[3] ce ne doit nus refuser sauve trive par devant joutise.

XXXII. Tuit[4] gentil home qui ont vaarie en lor terre, pandént larron, de quelque larrecin[5] qu'il onques aient fait en lor terre; mais en aucunes[6] chasteleries les mene l'en jugier à lor[7] seignor; et quant li sires les a jugiez, si les[8] envoie l'en et cil en font la joutise.

Encor ont plus li vavasor quant il tiennent lor batailles devant aus de toutes choses fors des granz meffaiz[9] que nos avons nomé[10] par devant. Et[11] si ont lor mesures en lor terres et les prennent, [et les metent] es[12] cors des chatiaus, et les baillent àlor homes; et[13] [puis] se il truevent sor lor homes fause mesure, li droíz en est lor : et en puent lever LX s. [d'amande]. Et se li bers la trueve avant que li vavasors, li droiz en est siens. Et se li vavasors puet estre provez que il la li ait bailliée fausse[14], il[15] en perdra[16] ses muebles; et se il voloit dire que il ne[17] l'aüst bailliée toute fausse, il s'en passeroit par[18] son sairement. Et li vilains en paieroit LX s. [d'amande].

1. ε ζ ou autre.

2. ε ζ ait toute justice. *Peut-être faudrait-il faire passer* toute *dans le texte.*

3. ε ζ Pour ce, se doit chascun garder de refuser à doner sauve.

4. *Rubrique dans* ζ : Gentil home qui a vaerie en sa terre; — *dans* ε : touz gentis homs qui ont vaierie. — *Cf. Ét., liv. Ier, ch.* 42 (*ci-dessus t. II, p.* 59).

5. ε ζ larrecin que ce soit, por quoi il soit fet en.

6. *Les mss. des Ét. ont :* aucune chastelerie *qui paraît une leçon défectueuse.*

7. ε ζ son *au lieu de* lor.

8. ε ζ les en meinent et en font lour justice.

9. ε ζ meffit dont nous.

10. ε ζ nommez dessus. Et.

11. ε ζ Et ont en lor terres lor mesures.

12. ε ζ au.

13. ζ et se il tiennent fausses mesures sur leurs hommes, le droit. — et puis se. .... mesure *manque dans* ε.

14. ε ζ toute fausse.

15. il en..... fausse *manque dans* ε.

16. ζ pert.

17. ζ ne la lui eüst pas baillée.

18. ε ζ *portent :* o *au lieu de* par.

XXXIII. Nuns [1] vavasors ne puet relaschier larron ne larronnesse sanz l'asantement dou [2] chief seignor, ou sanz son commandement; et se il [3] le relasche, et il en puisse estre provez ne atainz, il en [4] perdra sa joutise. Et se il voloit dire qu'il ne l'aüst pas relaschié et que il li fust eschapez et que il [5] en fist la meillor garde qu'il [onques] pot et il deïst : « de ce ferai je quanque je devrai, » si li porroit [6] li sires esgarder I sairement; et s'il [7] l'osoit faire, il en seroit quites.

XXXIV. De [8] quelque meffait que li bers apelast [9] home à [10] vavasor, li vavasors en avroit [11] la cort, se [12] il la requeroit [13], à mener son home par la main, se ce « n'estoit de haute joutise; [car] se [14] aucuns hom se plaint d' [15] ome à vavasor en la cort au baron, li vavasors en avra la cort, se ce n'est de chemin brisié [16], ou de meffait de marchié [17]. De ce n'avroit il pas la cort, fors à mener par sa main. Ne il ne l'avroit mie des [18] defautes, se li autres l'en apeloit, ne de choses jugiées, se [19] li autres dit que [20] l'en li ait riens jugié en la cort au baron [21], ne de choses noiées ne

1. *Rubrique dans* ζ : Nul vavassour; — *dans* ε : Nul vavassour ne puet relacher. — *Cf. Ét., l. Ier, ch.* 43 (*ci-dessus t. II, p.* 61).

2. ε ζ du suzerain seignour ou de son.

3. ζ il l' a relaché.

4. ε en pert la justice.

5. ε ζ il en eüst fet.

6. ε ζ porret esgarder li sires li serement.

7. ζ il le vouloit faire. — ε il ouset fere.

8. *Rubrique dans* ε ζ : De quelque meffet. — *Cf. Ét., liv. Ier, ch.* 44 (*ci-dessus t. II, pp.* 61, 62).

9. ε ζ apelle.

10. ε ζ à son vavasour.

11. ε ζ avra.

12. ε ζ et se.

13. ε ζ requeret à avoir son home par sa main au baron, se il tenet haute justice.

14. *Rubrique dans* ε : Si autre home se plaint; — *dans* ζ : De home qui se plaint des autres.

15. ζ de le home.

16. ε ζ paangé.

17. ε ζ marchié. Il ne n'avret.

18. ε ζ la (ζ les) defautes de l'autre, si l'en ne l'apelot de.

19. ε ζ et se.

20. ε ζ que riens ne li ait esté jugié.

21. *Passage restitué.* ε ζ *ont cette leçon :* baron, de choses naiées ne quenneüz; li bers. — *Pour les mss. des Ét. voyez ci-dessus t. II, p.* 63. *Peut-être aurais-je pu introduire* [noiées ne] *dans le texte des Établissements comme tombé par accident.*

queneües, tout les avoast il emprès; car li bers, ne ses joutises ne[1] doivent faire recort en la cort au vavasor de riens qui ait esté jugée ne[2] queneü par devant aus.

XXXV. Se[3] aucuns lerres ou murtriers fait[4] larrecin ou murtre en[5] une chastelerie et [il s'en fuit en une autre, se] li bers en qui chastellerie li meffaiz sera faiz, l'[6]envoie querre, il[7] l'avra par droit, o paiant II[8] et demi por chascun larron à l'autre baron qui les avra arestez. Et se li[9] larrecins avoit esté faiz en la terre[10] à aucun vavasor, por coi li vavasors ait vaarie en sa terre, ses[11] sires li devroit rendre o les II[12] s. et demi paianz qu'[13]il avroit rendu au baron.

XXXVI. Se[14] li bers[15] fait s'aïde par desus ses vavasors, il les doit mander par devant lui. Et se li vavasors avoit aucuns aparageors qui deüssent metre en l'aïde, il lor doit metre jor qu'il ait ses aparageors; et li vavasors si doit[16] as parageors dire que il vaignent à tel jor veoir faire l'aïde; et se li aparegeor n'i viennent, li parageors ne lairra pas por ce à faire l'aïde et il n'i lairront pas por ce à metre puis qu'il en sont semons.

1. ε ζ ne se iront mie recorder.

2. *Je suis la leçon de* ε *qui aurait pu à la rigueur être admise dans le texte des Établissements, en plaçant* ne queneü *entre crochets.*

3. *Rubrique dans* ε : Se aucuns lerres ou murtrier, etc.; — *dans* ζ: De murtriers ou de larrons. — *Cf. Ét., liv. I*er*, ch.* 45 (*ci-dessus t. II, p.* 63).

4. ε ζ font.

5. ε ζ en aucune baronie *au lieu de* en une chastelerie.

6. ε ζ les envoiera. — *B a aussi ce futur :* l'envoiera.

7. ε ζ il les avra par.

8. ζ II s. VI d. por.

9. ε ζ li meffet avoit esté fet en.

10. ε ζ terre au vavasor au baron.

11. ε li sires. — ζ le bers les li.

12. ζ II s. et VI deniers paiant.

13. ε ζ que il avret paié à l'autre baron.

14. *Rubrique dans* ε : Se li bers veust faire; — *dans* ζ : De bers qui veust. — *Cf. Ét., liv. I*er*, ch.* 46 (*ci-dessus t. II, p.* 64).

15. ε bers veust faire aïe sur ses. — ζ bers veust avoir aïe sur ses.

16. ε ζ doit semondre ses aparageors que il viengent por fere l'aïe. Et se il n'y volent ve-

Et se aucuns fait[1] s'aïde sanz semondre ses aparageors, il n'i metront riens, se il ne vuelent.

XXXVII. Nuns[2] hom qui tient en parage ne fait aïde à son aparageor, se il ne la fait au chief seignor. Et[3] se aucuns est qui ait parageors qui teignent[4] de lui en parage, il ne lor puet metre terme hors dou parage par droit.

Hom[5] qui tient en parage, si tient ausinc [franchement et] gentilment come celui de qui il tient; et si a autretant de joutise en parage.

XXXVIII. Quant[6] aucuns a[7], grant piece, tenu en parage et cil de qui il tient viaut que il li face homage, ou[8] se non, ce que il li doit faire li face, cil li doit mostrer qu'il ait entr'aus II tel lignage que lor anfant ne s'[9]entrepuissent avoir par mariage. Et s'il ne li puet mostrer le lignage, il li fera homage par droit : et li sires ne li puet asseoir que I roncin de servise, por ce que li fiez est issuz dou parage.

XXXIX. Se[10] li bers demande à son vavasor heritage[11] que

nir, li parageors ne li avret pas por ce à fere aïe. Et li parageors n'i lera pas pour ce à mestre puisque il en sont sesemons. — *J'emprunte mon texte à l'édit. des Ét.; il est le résultat d'une restitution. Voyez ci-dessus t. II, p.* 65, *note* 21.

1. ε ζ fesoit sans l'aïe semondre ses parageors n'y mestroient (ζ mestrons) s'il ne vouloint.

2. *Rubrique dans* ε : Nus home qui tient en parage; — *dans* ζ : Li home que tient en. *Cf. Ét., liv. Ier, ch.* 47 (*ci-dessus t. II, p.* 65).

3. *Rubrique dans* ε : Si aucuns est qui est parageors ; — *dans* ζ : De hom qui a parageors. Et *manque dans* ε ζ.

4. ε ζ tienge de li en.

5. *Rubrique dans* ε : Home qui tient en parage ; — *dans* ζ De home qui.

6. *Rubrique dans* ε : Quant aucun home a tenu ; — *dans* ζ : De ce meïsmes.— *Cf. Ét., liv. Ier, ch.* 48 (*ci-dessus t. II, p.* 66).

7. ε ζ a tenu, grant piece, en.

8. ε ζ ou s'il avenoit qu'il li (ζ y) doie fere, s'il ne li fit monstrer que il ait tel lignage entre eux que.

9. ε s'entrepuissent prendre par — ζ s'entrepuissent par mariage.

10. *Rubrique dans* ε : Se li bers demande à son vavassor ; — *dans* ζ : De vavasseur. —*Cf. Ét., liv. Ier, ch.* 48 (*ci-dessus t. II, p.* 66).

11. ε ζ le heritage.

ses vavasors tenra[1] de lui, li vavasors ne[2] plaidera mie [à lui] par devant lui, se il ne[3] viaut; car li bers si est ausinc com [li] tolerres; et, por ce, ne doit il pas plaidier par devant lui; einçois plaidera en la cort au seignor de qui li ber tendra; et se bataille i est jugiée[4] entre l'omme et le seignor, li hom ne se combattra pas en cele cort, car la corz ne seroit pas igauz [por ce que] semblanz seroit que li sires i aüst plus pooir que li hom. Se[5] li sires est ber, il doit nomer la cort le roi, ou[6] la court de II autres barons, et li hom prandra la quele qu'[7] il voudra des III; et se li sires est vavasors, la bataille sera en la cort au baron de qui il tendroit[8], se[9] il ne puet mostrer que li sires li ait fait grief.

XL. Se[10] li ber semont son home que il li mostre son fié, il li doit metre[11] terme de XV jorz et de XV nuiz; et cil li [en] doit mostrer quanque[12] il en saura. Et se li hom[13] avoit vavasor ou home qui ne vousist estre venuz, li sires[14] li doit aïdier[15] à porchacier et porforcier à venir. Et après quant li sires avra[16] son fié veü, il demandera à son home : « je vous demant, se[17] vous en avez plus à tenir de moi. » Le hom li[18] doit respondre et dire : « sire, je vous demande à avoir anqueste, tele[19] come je [la] doi avoir, car je ne sui pas bien porpansez. » Et li sires li en doit doner XL jorz et XL nuiz de terme à[20] enquerre et à encer-

1. ε ζ que il tient de.
2. ε ne pledoient.
3. ζ ne le veult.
4. ε ζ jugié envers lo home.
5. *Rubrique dans* ε : Si li sires est bers.
6. ζ ou de.
7. ε qui i li plera de ces III.
8. ε ζ tendra.
9. ε ζ et s'il ne (ε si ne) puet monstrer que.
10. *Rubrique dans* ε ζ : Si li (*suppl.* bers) semont son home. — *Cf. Ét., liv. Ier, ch.* 50 (*ci-dessus t. II, p.* 69).
11. ε mestre jor de; — ζ monstrer mestre jour de.
12. ε ζ ce que il en tient. Et.
13. ε ζ sires.
14. ε ζ sire le li.
15. ε ζ aïder à forcier à venir.
16. ε ζ avra veü son fié, il.
17. ε si vous tenez rien plus. — ζ si vous tenez plus riens de.
18. ε li puet dire : « je demans.
19. ε ζ telles comme je diroi, quar ge ne me suis pas conseillé. Li sires.
20. ε ζ pour soi enquerre par.

chier par droit. Et emprès l'anqueste, se li hom dit à son seignor : « sire, je[1] ne puis trover que je en taigne plus de vous, » adonc li sires li puet demander s'il viaut [oïr] droit. Et quant li hom li a mostré[2] que l'anqueste n'en dit plus, li[3] sires li puet bien esgarder par droit qu'il n'en puet plus tenir de lui. Et se li sires en savoit[4] aucunes choses et que il deïst à son home [en tel maniere] : « je vueil que vous aiez perdu lou fié que vous tenez de moi, car[5] CE est de mon fié, — et li mosterroit coi, — et si ne le m'avez mie mostré ; » et se li hom dit : « sire, je ne le savoie mie[6], et en ferai ce que je devrai ; » si li puet l'en esgarder que il jurera sor sainz de [sa] main destre qu'il ne le savoit pas au jor que il [li] rendi l'anqueste ; et[7] itant en demorra au baron, come[8] il en avra trové. Et se li hom n'[9] ose faire le sairement, il perdra[10] son fié ; car samblanz[11] chose est qu'il li vousist ambler. Et einsi seroit de touz les autres seignors qui avroient[12] homes de foi, qui tendroient[13] d'aus, se tiex cas lor avenoit.

1. ε ζ ge n'y trove plus, » li sires li puet.

2. ε ζ monstré plus que l'enqueste ne dit. *Passage très difficile. Voyez les diverses leçons des mss. des Ét. ci-dessus t. II, p. 71, n. 35.*

3. ε ζ il li puet esgarder par jugement que il ne puet.

4. ε ζ savoit plus nulles chosses, et il deïst au vavasor : « je. *On remarquera qu'ε ζ ne font pas précéder le petit discours au style direct des mots* en tele maniere *que j'ai placés entre crochets. Comme l'absence de ces trois mots est constante en pareil cas dans ε ζ, il est possible qu'ils n'appartiennent pas à la Coutume primitive : il faudrait alors les supprimer dans mon texte de la Coutume et peut-être les imprimer en italiques dans les Établissements.*

5. ε ζ quar ce en est, et ce en est ; — et nommer la chose ou la monstrer — et ne l'avez pas monstrée. » Et s'il disoit : « sire.

6. ε ζ mie, g'en ferai.

7. ε et otant remaindra au. — ζ et partant remaindra au.

8. ε ζ tant comme il avra trové plus. Et.

9. ε ζ ne l'ose fere.

10. ε pert.

11. ε ζ samblant est que il le li.

12. ε avient. — ζ avront.

13. ε tiendront. — ζ tiendroint.

XLI. Gentis[1] hom ne puet faire que III droiz : le[2] gage de sa loi, et son fié, et sun mueble; se ce ne sunt de droiz establiz, ce est à dire : se il apele home ou fame de folie desloial, ou s'il tranche [en] forest, dont li droiz soit de LX[3] s.; ou[4] s'il tranche chemin que il ne doit faire, ou s'il fesoit garder bues en defois, ou s'il faisoit autre meffet dont li droiz soit de LX[5] s. Li gaiges de sa loi si est V s. en la cort le roi et en plusors chasteleries.

XLII. [Se[6] gentis hom met main en son seignor par mal respet avant que ses sires l'ait mise en lui, il em pert son fié par droit. Et se il venoit sor son seignor en guerre ou en chevauchiée o genz qui riens ne li tendroient, il en pert son fié.] Et[7] se aucuns hom liges ot apeler son seignor de traïson qui est ses droiz sires liges et il ne l'an offre à deffandre, il en pert son fié.

XLIII. Se[8] li bers a son home lige et il li die : « venez vous en o moi, car je vueil guerroier[9] encontre le roi mon seignor, qui m'a veé le jugemant de sa cort, » li hom doit respondre [en tel meniere] à son seignor : « sire, je irai [volentiers] savoir au roi s'il est einsinc comme vous[10] le [me] dites. » Adonc[11] il doit venir au roi et li doit dire : « sire, mes sires m'a dit que vous li avez veé le jugemant de vostre court[12]; por ce en sui je venuz

1. *Rubrique dans* ε : Gentil home ne puet fere que; — *dans* ζ : gentil homme puet fere que III dr. — *Cf. Ét., liv. Ier, ch.* 51 (*ci-dessus t. II, p.* 73).

2. ε ζ ne gaiger un de ley, l'autre (ζ et autre) de son fié, le tiers de son.

3. ε ζ *portent :* L *au lieu de* LX.

4. ou s'il.... LX s. *manque dans les mss. des Ét.*

5. ε ζ *portent :* L s.; *je corrige :* LX s.

6. *Cf. Établissements, liv. Ier, ch.* 52 (*ci-dessus, t. II, p.* 74). — *Rubrique dans* ε : Si un home lige etc.; — *dans* ζ : Si un homme apelle son seigneur de traïson.

7. ε ζ Si un home lige apelle son seignor lige de traïson et il ne s'en offroit à deffendre, il pert son fé par droit.

8. *Rubrique dans* ε ζ : Si li bers a I home lige. — *Cf. Ét., liv. Ier, ch.* 53 (*ci-dessus, t. II, p.* 75).

9. ε ζ guerroier à monseigneur le roi, qui.

10. ε vous le dites. — ζ vous dites.

11. ε ζ Et doit dire au roy : mi sires.

12. ε ζ cort, et je li viens sa-

à vos por savoir en la verité : car mes sires m'a semons que je[1] aille en guerre encontre vous. » Et se li rois die : « je ne[2] ferai ja à vostre seignor nul jugemant en ma cort, » li hom s'en doit tantost retorner à son seignor; et li sires[3] le doit porveoir de ses despens. Et se il ne [s'an] voloit aler o lui, il en perdroit son fié [par droit]. Et se li rois li avoit respondu : « je ferai droit [volantiers] à vostre seignor, [en ma cort], » li hom devroit venir à son seignor et dire : « sire, li rois m'a dit qu'il vous fera [volentiers] droit en sa cort; » et se li sires[4] dit : « je n'anterrai jamais en sa cort, mais venez vous en o moi, si come je vous ai semons[5], » adonques porroit bien li hom dire : « je n'i irai mie. » Il[6] n'en perdroit ja par droit nule riens de son fié.

XLIV. Hom[7] qui[8] fait esquousse à son seignor si pert ses muebles; ou se il met main en[9] son certain aloé par mal respit, ou[10] se il li escout autresi; ou se il desmant son seignor par mal [respit], ou se il a [mise] fause[11] mesure en sa terre, [ou se il va defuiant son seignor par mal respit]; ou se il a peschié en ses estanz au[12] dessaü de lui; ou se il li [a] amblé ses conins en ses garannes; ou se il gist o sa fame, ou o sa fille, por coi ele soit pucele, il em pert son fié, por coi il en soit[13] provez.

voir à vous : quar il m'a semons.

1. ε ζ je li aïe contre vous.

2. ε ne fera ja jugement. — ζ n'en fera ja.

3. ε ζ seres li doit trouver ses.

4. ε ζ sires respont : je ne torray (ζ n'en retourroy) ja plus à ly ne à sa.

5. ε semons, lo homme porra dire : « je ne. — ζ semons, lo homme pourroit dire : « je.

6. ε ζ Il ne perdra rien (ζ ja rien) par droit (*fin du paragr.*).

7. *Rubrique dans* ε ζ : Home qui escout à son (ε escout son) seigneur. — *Cf. Ét., liv. Ier, ch.* 54 (*ci-dessus t. II, p.* 77).

8. ε ζ qui escout son.

9. *Les mss. des Ét. ont :* à.

10. ou... autresi *manque dans les mss. des Ét.*

11. ε ζ mesure fause *au lieu de* fause mesure.

12. ε à de fende. — ζ à desceü de.

13. ε est.

XLV. Se[1] uns gentis hom bailloit une pucele à[2] garder à I autre gentil home son home, soit de son lignage ou d'autre, se[3] il la despuceloit et[4] il en poïst estre provez, il en perdroit son fié, tout[5] fust il à la volenté à la pucele. Et se ce estoit par force, il en seroit panduz, s'[6] il en pooit estre provez.

XLVI. Quant[7] [li] sires vëe à [son] home le jugemant de sa cort, et il en puisse estre provés, il[8] ne tendra jamais riens de lui, ainz tendra de celui qui sera par desus son seignor. Et einsi seroit il, se il gisoit o la fame son home ou o sa fille, se ele estoit pucele, ou se li hom avoit aucune de ses parentes[9] et ele estoit pucele; et il l'aüst bailliée à garder à son seignor, et il la despucelast, il ne tenroit[10] jamais riens de lui.

XLVII. Se[11] li sires fait semondre [ses homes qui li doivent sa garde], cil qui li doit sa garde i doit estre o sa fame, se il la doit o sa fame; et se il la doit sanz fame, il[12] et ses sergenz i doivent estre, et i doit gesir toutes les nuiz; et se il ne le faisoit[13] si come nos avons dit, il em perdroit[14] ses muebles.

1. *Rubrique dans* ε : Si I gentil home baillet I pucelle à garder ; — *dans* ζ : Si I gentil home baillet I pucelle à un de ses hommes soit de son lignage. — *Cf. Ét., liv. Ier, ch.* 54 (*ci-dessus t. II, p.* 79).

2. ε à garder à un de ses homes, soit.

3. ε ζ et.

4. ε ζ et en fust provė.

5. ε ζ et bien fut de la (ζ sa) volanté à la pucelle ou non. Et.

6. ε ζ s'il estoit provéz.

7. *Rubrique dans* ε : Quant sires vëe à home; — *dans* ζ : Quant home voie le jugement de sa court. — *Cf. Ét., liv. Ier, ch.* 56 (*ci-dessus t. II, pp.* 79, 80).

8. ε ζ lo homme ne tendra *au lieu de* il ne tendra.

9. ε ζ parentes qui fut pucelle.

10. ε tendra ja plus de.

11. *Rubrique dans* ε ζ : Li sires fait semondre; — ε *ajoute :* cil qui li doit sa garde. — *Cf. Ét., liv. Ier, ch.* 57 (*ci-dessus t. II, p.* 80).

12. ε luy ou son message il doit. — ζ lui ou son mesnage i doit. *Parmi les mss. des Ét., F seul a :* ou. — *Cf. ci-dessus t. II, p.* 81, *note* 43.

13. ε ζ fet.

14. ζ pert.

Cil[1] qui doit lige estage, i[2] doit estre o[3] sa fame, se[4] il l'a, et o son sergent, et o sa maisnie la plus grant partie : mais il ne laira[5] pas à aler en[6] ses afaires soufisanmant; et se il s'en estoit alés du lige estage, et li sires l'en apelast [et li deïst] qu'il s'en fust alez por degaster son lige estage, li sires en porroit bien avoir son sairement qu'il ne s'en fust pas allé por degaster son lige estage. Et se il ne l'osoit faire, il [en] perdroit ses muebles.

XLVIII. Se[7] gentis hom pert ses muebles, il doit[8] jurer voir à son seignor, quant il les a perduz, qu'il ne celera riens[9], ainz les traira touz avent. Se il n'est hom qui port armes, si[10] li remaindra ses palefroiz et li roncins[11] son escuier, et[12] II seles[13] à lui et à son escuier s'il est riches, et ses sommiers qui le maint par la terre, et ses liz, et[14] sa robe qui[15] li covient à chascun jor, et sa robe à cointoier[16], se il en a I paire, et I ceinture à[17] cointoier, et I fermaus, et I anneaus, se il l'a, et li liz sa fame, et[18] une robe à[19] cointoier la dame, [et une ceinture, et I anneaus,] et[20] une aumoniere, et I fermaus et ses guinples; et toutes les autres choses sunt au seignor qui a gueaignié les muebles. Et se il porte armes, si[21] li remaindra ses chevax et toutes[22] ses armes[23]; et tout einseinc, come nos avons dit desus. Et se li

1. *Rubrique dans* : Cil qui doit lige estage; — *dans* ζ : Home qui doit lige estage.

2. ζ il li *au lieu de* i.

3. ζ ou fame.

4. se il l'a *manque dans tous les mss. des Ét. et aurait pu être introduit entre crochets dans le texte des Ét.*

5. ε baillera.

6. ε ζ à.

7. *Rubrique dans* ε ζ : Quant gentil home pert ses mobles. — *Cf. Ét., liv. Ier, ch.* 58 (*ci-dessus t. II, p.* 82).

8. ε ζ debt à son seigneur aler et jurer voir quant.

9. ε ζ nus.

10. ε il y remaindra.

11. ε roncin à son.

12. ε ζ o les II.

13. ε ζ selles et son sommier, si il est si riche qu'il le mainge par terre.

14. et sa robe... jor *manque dans les mss. des Ét.*

15. ε ζ qu'il i covient.

16. ε ζ cointir.

17. ε ζ à se cointir.

18. ε ζ et sa robe.

19. ε ζ et à.

20. ε ζ et un fermail et une aumoniere et ses.

21. ε ζ il avera ses.

22. toutes *manque dans* ε.

23. ζ armeures.

sires mescroit son home que il ne li ait dit[1] voir de ses muebles, il ne l'an puet à plus mener que[2] par son sairement.

XLIX. Se[3] aucuns hom se plaint en la cort le roi de son seignor, li hom n'en fera ja droit à son seignor ne amende. Ainçois se la[4] joutise le roi savoit qu'il l'en plaidoiast, il en feroit le plait remaindre et feroit[5] li sires droit au roi dont il l'avroit plaidoié.

L. Se[6] aucuns hom se plaint en la cort le roi que [uns] autres li face tort de terres ou de maisons, et li ber en[7] qui chastelerie ce sera en demant la cort [à avoir,] et cil[8] qui s'est clamez die : « je ne me vueil partir de ceste cort devant qu'il ait esté veü; » lors[9] li doivent metre jor de la veüe; et i doit estre la joutise le roi et la joutise au baron. Et cil qui demande doit mostrer à veüe des[10] II joutises ce[11] qu'il demande à l'autre. Et emprès la veüe li bers doit avoir la cort, se ele est de son fié; et se il se plaignent, il lor doit metre jor [à faire droit] par devant lui. Et[12] se li autres demande autre foiz à veoir ce qui avroit esté veü par[13] jugement de la cort le roi, droiz ne[14] le donroit mie; car toutes les veües qui sunt faites en la cort au chief seignor, si sunt fermes et estables par droit.

LI. Li[15] bers n'a mie en la cort le roi la cort de son home de

1. ε ζ voir dit des mobles *au lieu de* dit voir de ses muebles.

2. ε que au serement. — ζ que à son.

3. *Rubrique dans* ε : Si aucun homme se plaint en la ; — *dans* ζ : Home qui se plaint en la court le roy. — *Cf. Ét., liv. Ier, ch.* 60 (*ci-dessus t. II, p.* 85).

4. ε les justices. — ζ les justices savoient que li sires l'en (ζ s'en) pledeast, il feroient.

5. ε ζ feret droit li sires au roy dont il avret.

6. *Rubrique dans* ε : Si home se plaint; — *dans* ζ : Si home se plaint en la cour le roi. — *Cf. Ét., liv. Ier, ch.* 60 (*ci-dessus t. II, p.* 86).

7. ε ζ en quelle chastelerie.

8. ζ cil qui demande sera clamé die.

9. ε ζ lors devent il mestre terme et jor.

10. ε ζ de.

11. ε ζ cil qui demande.

12. ε Et si lor demande. — ζ Et s'il leur demande.

13. ζ par le jugement.

14. ε ζ ne lor donroit.

15. *Rubrique dans* ε ζ : Li bers n'a mie (ζ *ajoute :* en la court). — *Cf. Ét., liv. Ier, ch.* 61 (*ci-dessus t. II, p.* 88).

defautes; mais de[1] choses queneües l'[2]en li rant la cort à faire son gré, [et à] enteriner les choses coneües par devant[3] la joutise le roi. Mes se li bers ne le fesoit, et il se[4] plainsissent arriere en la cort le roi, por la defaute au baron, et il en poïst estre provez et il en demandast la cort à[5] avoir, il ne l'avroit mie; einçois feroit la joutise le roi anteriner [par sa main] tout ce qui avroit esté fait par devant soi.

LII. Se[6] lerres ou murtriers avoient esté arestez[7] en la cort le roi qui aüssent [fait] meffait en la chastelerie[8] au baron, li ber si les avroit, et si ne[9] rendroit nus des II s. et demi; car nus hom ne les rant à son seignor, ne nus sires ne les rant[10] à son home. Mais il rant bien[11] les couz avenanz, qu'il a[12] despanduz par[13] devant ce qu'il soient requis. Einseinc doit fere li sires à son home. Et s'il les avoit requis, et il les retensist sus ce, il ne rendroit riens des couz d'ileques en avent.

LIII. Nuns[14] gentis hom ne[15] rant ne costumes, ne paages de riens que il achate ne qu'il vande, se il n'achate por revandre: et se il avoit bestes achetées et[16] les gardast I an et I jor

1. ζ des.
2. ε ζ li rent l'en la.
3. ε ζ davant justices de roy.
4. ε ζ s'en plaingneissent errieres en la cort le roy par defaute (ε defaut) de baron, et il en puisse.
5. ε ζ à avoir *manque dans les mss. des Ét.*
6. *Rubrique dans* ζ : De larrons et de murtriers; — *dans* ε : Si larrons ou murtriers, etc. — *Cf. Ét., liv. Ier, ch.* 62 (*ci-après t. II, p.* 89).
7. ε ζ prins.
8. ε ζ cort.
9. ε ζ n'en rendret.
10. ε ζ rent fors à.
11. ε bien avant les coustz avant qu'il ont.
12. ε ont.
13. ε ζ avant qu'il soient requis. Auxi redoit faire *au lieu de* par devant ce qu'il *etc. Ici mon texte a pour assise principale* ε ζ. *Voyez la note consacrée à ce passage dans Ét.* (*ci-dessus t. II, p.* 90, *note* 43).
14. *Rubrique dans* ε : Nul gentil home ne rent paage, etc.; — *dans* ζ : Gentil home ne doit point de peage. — *Cf. Ét., liv. Ier, ch.* 63 (*ci-dessus t. II, p.* 91).
15. ε ζ ne rent peage de riens qu'il.
16. ε ζ et il les eüst en sa garde et en sa maison an et jor, il ne.

en sa maison ou en sa garde, il n'en rendroit nules vantes.

Li [1] gentil home garissent lor sergenz de vantes et de paages de [lor] bestes et de lor nouretures [2] qu'il ont nouries en lor chasteleries, de lor blez et [3] de lor vins qui croissent en [4] lor chasteleries.

Chascuns [5] vavasors puet garir I sergent, por [6] coi il soit ses prevoz et [7] il li coille ses costumes.

Et il les garissent d'ost et de chevauchiées.

LIV. Se [8] li bers fait [9] semondre ses homes [qu'il li amaignent lor homes] costumiers à aler en l'ost le roi, lor [10] prevoz les doit amener de chascun ostel I au comandement au seignor, ou cors dou chastel; et quant il les avront [11] amené au commandement au seignor, il s[12]'en doivent retorner. Nule [13] fame à costumier ne doit ne ost, ne chevauchiée; ne li fornier, ne li monier, qui [14] gardent les fourz et les molins. Et se [15] nus [16] de ceus qui sunt semont remanoit, et li bers le poïst savoir, il en paieroit [17] LX s. de gages. Et li prevoz au baron si doit mener [18] les homes jusques au prevost le roi au chastel dont li home sunt [dou resort;] et puis si s'en doit retorner [ariere].

1. *Rubrique dans* ε : Gentis homes garantissent lor serjanz, etc.; — *dans* ζ : De sergens.

2. ε ζ norretures de bestes qui sont nourries (ε norries sont) en lor norreture de la chastellerie.

3. ε et vins.

4. ζ en la chastelenie. — ε en la chastelerie.

5. *Rubrique dans* ε : Chescun vavassor puet garantir. — *Pas de rubrique dans* ζ.

6. ε por ce qu'il.

7. ε ζ et qu'il li coille sa coustume.

8. *Rubrique dans* ε ζ : Si li bers sement ses homes (ζ gens) de. — *Cf. Ét., liv. Ier, ch.* 65 (*ci-dessus t. II, p.* 93).

9. ε ζ semont *au lieu de* fait semonre.

10. ε ζ itel prevost les y doit.

11. ε ζ avra livrez au.

12. ε s'en debt retorner; — *dans* ζ s'en doit *a été effacé.*

13. ε ζ Et nulle fame coustumiere.

14. ε ζ ceux qui gardent.

15. se *manque dans* ζ.

16. ε ζ nul autre remaignet.

17. ε ζ feroit.

18. ε ζ amener jusques.

Li[1] home costumier des[2] chasteleries si doivent as barons lor[3] chevauchiées, et li prevoz as vavasors si les doit mener [ou cors dou chastel,] au comandement au baron. Et li ber ne les doit mie mener en leu dont il ne puissent[4] revenir au[5] soir; et cil qui remaindroit, si en feroit LX s. d'amande. Et se li bers les[6] voloit mener si loing qu'il ne s'en poïssent revenir[7] au soir, il n'i iroient mie, se il ne voloient, ne n'an feroient ja[8] droit, ne nule amande.

Li[9] baron et li home le roi le doivent sigre en son ost, quant il les en semondra; et le doivent servir au[10] lor, XL jorz et XL nuiz, o itant[11] de chevaliers come [uns] chascuns li doit. Et cest[12] servise il li doivent, se il les en semont et il en est[13] mestiers. [Et se li rois les voloit plus tenir de XL jorz et de XL nuiz au lor, il ne remaindroient pas, se il ne voloient;] et se li rois les voloit tenir au sien[14] por le roiaume deffandant, il devroient bien remaindre [par droit;] mais se[15] li rois les voloit mener hors du roiaume, il n'i iroient mie, se[16] il ne voloient puis qu'il avroient fez lor XL jorz et lor[17] XL nuiz.

Et[18] nule dame ne doit ne ost, ne chevauchiée de[19] soi; mais, se ele est fame li roi, ele doit bien[20] envoier tant de chevaliers

1. *Rubrique dans* ε : Les homes costumiers de chastelleries; — *dans* ζ : Homes costumiers.

2. ε de chastellerie. — ζ de ses chastelenies.

3. ε ζ lor ouz et lor chevauchies.

4. ζ puisse.

5. ε ζ à seur.

6. ζ les en vouloit.

7. ε venir asseur. — ζ revenir à seur.

8. ε ζ ja ne droit, ne amende.

9. *Rubrique dans* ε : Les barons etc.; — *dans* ζ : Des homes et des barons le roy.

10. ε ζ à lour couz, XL.

11. ε ζ tant.

12. ε itel. — ζ icel.

13. ζ a.

14. ε soi.

15. ε ζ s'il les.

16. se..... voloient *manque dans* ε.

17. lor *manque dans* ε.

18. *Rubrique dans* ε : Nulle dame ne debt ost; — *dans* ζ : Nulle dame ne doit ost ne chevauchée.

19. *Tous les mss. des Ét. ont :* desoremais *au lieu de* de soi; mais.

20. ε bien tant avoir de. — ζ bien avoir tant de.

come[1] ses fiez doit; et o itant[2], li rois ne l'en puet achoisoner. Et se[3] les genz le roi trovoient les homes costumiers par[4] les chasteleries qui fussent remés[5] de l'ost le roi, fors cis qui doivent remaindre, li[6] rois en porroit bien lever de[7] chascun LX s. d'amande par droit[8], et li bers ne les en porroit garir[9]. Et li home costumier ne doivent estre en l'ost le roi que XL jorz [et XL nuiz; et se il s'en venoient avant les XL jorz et les XL nuiz,] et il en fussent prové, la joutise [le roi] en porroit [bien] lever LX s. d'[10]amande [par droit].

LV. Nule[11] dame ne fait rachat, s'ele ne se marie; mais s'ele se marie, ses sires fera le rachat au seignor à qui ele[12] sera fame. Et se au seignor ne plaist ce qu'il li offerra, il[13] n'an puet prandre que les issues de son fié une année. Et s'il i avoit bois que la dame aüst[14] commanciez à vendre et qu'antre li et son seignor l'aüssent[15] autre foiz vandu, et qu'ele le poïst bien vandre autre foiz, par droit et par la raison dou rachat, [li sires le porroit bien vandre] à ce meïsmes fuer qu[16]'il avroit esté comanciez à vendre, mais il n'[17]an porroit pas faire greignor[18] marchié [que cil avoient fait devant].

1. ζ comme le fé doit. — ε comme fé doit.

2. ε ζ tant.

3. se *manque dans* ε.

4. ε por.

5. ε ζ raintes.

6. ε ζ il *au lieu de* li rois.

7. de chascun *manque dans* ζ; — *est reporté dans* ε *après le mot* droit.

8. ε droit de chascun, et.

9. ε garantir.

10. d'amende *manque dans* ζ.

11. *Rubrique dans* ε ζ : Nulle dame ne fet rachat. — *Cf. Ét., liv. Ier, ch.* 66 (*ci-dessus t. II, pp.* 97, 98).

12. ε ζ il sera home. *Cf. ci-dessus t. II, p.* 98, *n.* 33, *et observez aussi que la leçon de* ε ζ *n'est pas rigoureusement impossible; car le mari devient, à raison du fief de sa femme, l'homme du suzerain de ce fief.*

13. ε ζ il puet les asseirs (ζ assens) de son fié lever d'une année et ce il avoit (ε et si avoit).

14. ε n'eüst.

15. ε ζ eüst vendu autre foiz, qu'elle puet bien vendre par droit par raison de l'achat.

16. ε ζ qu'il ait commancié à vendre, le puet vendre par droit.

17. ε ζ ne puet pas.

18. ε ζ plus grant *au lieu de* greignor.

LVI. Quant[1] dame remaint veve et ele a [une] fille, [et ele afflebloie], et li sires [veigne à li,] à qui ele sera fame lige, [et] li requiere : « dame, je vueil que vos me donez seürté que vos ne marierez[2] vostre fille sanz mon consoil[3], ne sanz le consoil au lignage son pere; car ele est fille de mon home lige; et por ce, ne viau je pas qu'ele soit forsconsoilliée, » il covient que la dame li [en] doint seürté par droit. Et quant[4] la pucele sera en aage de marier, se la dame[5] trueve adonc qui la [li] demant, ele doit venir à son seignor et au lignage de vers le pere à la damoiselle et lor doit dire [en tel maniere] : « seignor, l'en me requiert ma fille à donner[6], et je ne la vueil pas doner[7] sanz vostre consoil, ne ne doi[8]; or i metez bon consoil [et loial;] car [UNS] TIEX HOM la me demande, [— et le doit nomer —]. Et se li sires dit : « je ne vueil mie [que cil l'ait,] car TIEX HOM la[9] me demande qui est plus riches et plus gentis hom assez que cil n'[10]est de qui vos parlez, et qui la prandra volentiers — et le doit nomer; » — et se li lignages de par le pere dit : « encore savons nos I[11] plus riche et plus gentil hom que[12] nus de ceus que vos nos avez nommez — et le doit nommer; » — adonc si doivent regarder le meillor des III et le plus porfitable à la damoisele. Et cil qui dira le meillor des trois[13], si en doit estre creüz, que nus ne doit faire lou seurdois par droit. Et se la dame la marioit sans le consoil au seignor [et sanz le consoil au

1. *Rubrique dans* ε ζ : Quant dame remaint veuve. — *Cf. Ét., liv. Ier, ch.* 67 (*ci-dessus t. II, p.* 99).

2. ζ menez.

3. ε ζ conseill, au mains dou lingnage devers li peres d'où il est fille de mon home lige, si ne veill pas qu'elle soit desconseillée.

4. ε ζ quant ele sera.

5. ε ζ mere.

6. ε ζ doner et à marier, et.

7. ε ζ marier.

8. ε ζ doi; metez i consaill.

9. ε l'a m'a demandée.

10. ε ζ n'est que vous dites qui la prendra.

11. ε ζ *Ce petit mot* I *aurait pu être introduit dans le texte des Ét. : il est fourni par* ε ζ *et par J O Oi P Q R S.*

12. ε ζ que cil n'est que vous dites, lor doivent esgarder des III le meillor et le plus. *Mon texte est le résultat de conjectures. Voyez ci-dessus t. II, p.* 101, *note* 37..

13. ε ζ III, en sera creü; quar nul.

lignage de vers le pere,] puis[1] qu'il le avroit deveé, ele em perdroit ses[2] muebles. Et si l'en porroit li sires destraindre [par la foi ou] par les pleges, [se mestiers estoit, einçois qu'ele partist de son fié] ou[3] de sa foi; et jureroit à dire voir de ses muebles[4], puis l'ore qu'ele les perdi par[5] jugemant; et quant ele les avroit[6] touz trez avant, si li remaindroit sa[7] robe à chascun jor, et sa robe[8] à cointoier soi, et joiel[9] avenant, se ele les avoit, à soi contoier, et ses lis[10], et sa charrette et ses roncins qui[11] soufiroit à aler en ses afaires, por[12] coi ele n'[13] ait point de seignor, et ses palefrois, s'ele l'a.

LVII. Dame[14] n'est que bail de son heritage, puis qu'ele a oir malle, [ne] ele ne puet doner, ne changier[15] pour quoi ce soit à l'amenuisemant[16] de l'oir, se ce n'est à son aniversaire[17], où ele ne puet doner ne le tierz, ne le quart, ne le quint selonc l'usage de la cort laie.

Gentis hom puet bien doner le tierz de son heritage, tout ait il anfanz ou non; mais il[18] n'an puet plus doner qui fust[19] estable par droit.

LVIII. Se[20] aucuns hom vient à son seignor, soit gentis hom ou costumiers, por coi li sires ait vaarie en sa terre, et li

1. ε ζ pere qu'il le li avroit veé et deffendu, elle.

2. ε ζ son moble. Et la porroint si seres destraindre par les pleges.

3. ε ou par sa foy; — ζ ou par la foy.

4. ε ζ mobles, des lors.

5. ε ζ par droit; ou quant.

6. ε ζ avret jurez, si li.

7. ε ζ sa coste à.

8. ε ζ robe à se couvrir, et.

9. ε ζ joyaux soufesenz à se cointir, si el les.

10. ε ζ lit en sa.

11. ε ζ qui li soffisent à.

12. ε pour ce qu'elle.

13. ε n'a point.

14. *Rubrique dans* ε ζ : Dame n'est que baail de son heritage. — *Cf. Ét., liv. Ier, ch.* 68 (*ci-dessus t. II, p.* 103).

15. ε ζ vendre. — *Sur* changier, *leçon de T* L^i, *voyez ci-dessus t. II, p.* 103, *note* 22).

16. ε à dessesialment du lieu, si ce. — ζ à dessesinement du lieu.

17. ε ζ anniversaire, quar il ne.

18. il ne porret plus.

19. ε ζ fut tenable par.

20. *Rubrique dans* ε ζ : Si aucun homme vient à un seigneur. — *Cf. Ét., liv. Ier, ch.* 69 (*ci-dessus t. II, p.* 104).

die : « sire, [uns] tiex hom est venuz à moi et m'a dessesi d'[1] UNE MAISON, — OU DE PREZ, — OU DE VIGNES, — OU DE TERRES, — OU DE CENS, — OU D'AUTRE CHOSE, de novel, que j'ai exploitié ouan[2], antan et avant antan, en servage de seignor, en jusques à ores qu'[3]il m'an a dessaisi à tort et à force; don je vos pri que vous prenez[4] la chose en vostre main, » li sires [li] doit[5] respondre : « si ferai[6] je, se vos metez pleges à prover que cil vos ait dessaisi à tort et à force, si come vos avez dit; » et se il ne met[7] [bons] pleges, li sires n'a mie[8] à dessaisir l'autre. Et se il dit : « je vos [en] metrai volentiers[9] [bons] pleges, » il doit les pleges prandre bons et soufisanz, selonc [ce] que la querele sera granz. Et quant il avra pris les pleges, il doit[10] l'autre partie mander par certain message et li doit dire[11] : « cil a mis bons pleges à prover qu'il l'a dessaisi à tort et à force de TEL CHOSE, — et [la] nomera, — de novel[12]; je vueil savoir se vos metrez pleges[13] au deffandre; » et se il dit[14]: « je n'i metrai ja pleges, » [l'en doit baillier à l'autre la saisine por les pleges] qu'il a mis; et se il dit : « je metrai bons pleges au[15] deffandre qu'il n'i a[16] riens et que ce

1. ε ζ de ma meson.

2. *Sur ce passage, voyez ci-dessus t. II, p.* 105, *note* 50.

3. ε ζ qui m'a.

4. ε ζ prengez ceste chose à vostre.

5. ε ζ doit dire : « si.

6. ε ζ ferai ge volentiers, mes metez plege à prover que cil vous ait.

7. ε ζ met plege, il n'a.

8. ε ζ pas l'autre à dessesir.

9. ε ζ volentiers pleges, » il doit prendre les pleges bons et.

10. ε ζ doit dire ou mander à l'autre partie message que cil a mis plege.

11. *Tous les mss. des Ét. et* ε ζ *ont :* dire que cil. *Ce* que *est inutile et parasite : il ne devait pas figurer dans le texte primitif et je crois devoir le supprimer.*

12. ε ζ *et tous les mss. des Ét. portent :* de nouvele dessaisine. *J'ai dû maintenir dans l'édit. des Établissements ce texte fautif; mais il faut supprimer le mot* dessaisine *dans la Coutume d'Anjou restituée : c'est ce que je fais ici : par suite je substitue* novel *à* nouvele. *Cf. ci-dessus t. II, p.* 107, *n.* 24.

13. ε ζ plege à ce deffendre.

14. ε ζ dit : « je non, je n'i metré ja plege.

15. ε ζ à.

16. ε ait.

est ma droiture, » la joutise doit mettre jor as II parties et tenir la chose en sa main jusques à tant que li quiex que soit ait[1] gueaigniée la saisine par droit. Et[2] se cil qui avra gueaigné la saisine par droit vient au seignor et[3] li die : « cil vos avoit fait entendant que je l'avoie dessaisi à tort et à force et avoit mis pleges à prover, et m'an fist[4] dessaisir à tort[5]; et je ai gueaigniée ma droiture par [le] jugemant de vostre cort, don je vos requier come à seignor que vos me faciés randre mes couz et mes despens que je ai mis ou plait; » car droiz est qui fait autre dessaisir, et il li met sus qu'[6]il l'ait dessaisi à tort et à force, et il pert la querele[7], que cil qui perd la querelle, doit randre à l'[8]autre ses couz, et ses domaches, et ses despens por ce qu'il l'a fait dessaisir; et, por ce, en prant l'en les pleges : et li doit l'en faire rendre les couz, [et les domaches,] et les despens que il a mis [ou plait;] mes il doit jurer combien il a mis en pledeors loier et en autres choses qui apartiennent au plait; et o itant les avra.

LIX. Toutes[9] [iceles] choses qui sunt en main de joutise, si valent autretant come s'eles estoient mostrées en[10] jugement; et quant les deus parties ont[11] terme de ce qui est en main de joutise et l'une [s'an] defaut, l'[12]en doit metre jor[13] au defaillant o jugemant par III homes[14] fievez qui se puissent recorder dou jugemant. Et se il ne[15] vient au terme que l'on li avra

1. ε ζ l'ait.

2. Et si... droit *manque dans les mss. des Ét.*

3. ε ζ et il li.

4. ε ζ fist ensi dessaisir.

5. ε ζ tort; quar je l'ai.

6. ε qu'il a dessaisi; — ζ qui l'a desseisi.

7. ε ζ querele, que cil qui la pert, doit.

8. ε ζ l'autre qu'il a fet dessesir ses couz et ses domages des despens; et por ce. *Voyez ci-dessus tome II, p.* 109, *note* 12.

9. *Rubrique dans* ε : Toutes choses qui sont en main de justice; — *dans* ζ : De chouse qui est en main de justice. — *Cf. Ét., liv. Ier, ch.* 70 (*ci-dessus t. II, p.* 110).

10. ε ζ par.

11. ε ont ou termes.

12. ζ l'en li doit.

13. ε ζ jour o jugement en deffeillent par.

14. ε ζ homs si ainznez qui se (ζ qu'il se).

15. ε ζ ne viennent au terme que l'en leur avra.

mis o jugemant, l'on doit baillier la saisine à l'autre, qui est prez[1], quant li jors est passés[2], o pleges metanz d'estre à droit, qui li demanderoit riens de la querele.

LX. Se[3] aucuns se plaint d'un autre, [à la joutise,] de heritage, la joutise li doit metre jor; et se cil qui sera atermez se defaut, cil qui[4] se plaint doit[5] venir à la joutise et dire [en tel maniere :] « sire, cil se defaut, je vos requier droit. » La joutise doit[6] oïr en jugemant parler le sergent qui avra mis le terme, [et se li sergenz garentist qu'il ait mis le terme,] la joutise le doit faire atermer[7] en jusques à III termes; et se il se defaut au tiers terme, et li sergenz avra bien garenti qu'il avra mis les III termes, la joutise puet[8] bien esgarder par[9] droit que cil qui[10] [se defaut] puet bien estre atermez o jugemant; et[11] la joutise i doit envoier III sergenz qui se puissent recorder. Et se cil qui[12] avra esté defaillanz de III termes vient au terme que l'en li avra mis o[13] jugemant, et l'autre partie qui[14] se sera plainte, li demandera sa querele, et[15] ses domaches à amander, de chascune defaute LX s., s'il est gentis hom; et se li autres dit : « je n'en vueil riens rendre [— et[16] die raison por

1. prez *manque dans* ζ.

2. passés *manque dans* ζ.

3. *Rubrique de* ε : Se aucuns se plaint de un autre; — *dans* ζ : De home qui se plaint d'autre.

4. ε qui sera plaint; — ζ qui se sera plaint.

5. ε doit venir à la justice et li doit dire : « sire, cil se defaut, je. — *Sur les mots* en tel maniere *cf. ci-dessus page* 23, *note* 4.

6. ε doit oïr par droit parler. — ζ doit oïr parler par droit le.

7. *Voici la leçon textuelle de* ε ζ *que je corrige et combine avec le texte des Établ.* entermer jusqu'à III foiz : et si il defaut (ε se deffaut) au tierz terme et li serjant avra bien garanti qu'il y a mis les termes. *Les mots* se il se defaut au tierz terme *auraient pu être introduits entre crochets dans le texte des Établ.*

8. ε ζ li puet.

9. ε ζ par droit et par jugement que.

10. ε ζ qui se doit estre entermé.

11. ε ζ et il doit avoir III serjanz.

12. ε ζ qui sera deffaillent.

13. ε ζ par.

14. ε qui sera plainte; — ζ qui fera plainte.

15. ε ζ et toz ses domages.

16. et die... coi *manque dans*

coi, —] car[1] je n'oï ne ne soi onques son terme fors cestui; » et se li autres dit : « je ne vueil mie[2], ne ne voi commant il s'en puisse deffandre, car li sergent ont bien garenti que[3] il l'ont semons et que il li mistrent les III termes; » et se il dit : « je m'an deffan [bien] contre vos et contre les[4] sergenz, si come l'en m'esgardera; » [adonques] la joutise si puet bien esgarder que, se il ose jurer sor sainz de sa main [destre] que il n'oï ne n'antendi que li sergent l'aüssent atermé par les III termes, si com il ont garenti [avant], o[5] itant si doit estre quites des defautes; et einsinques ne vaura li jorz jugiez que une simple [semonse]. Et se il n'ose faire le sairement, si[6] randra au gentil home por chascune defaute LX s.; mais[7] cil jurra que tant li avra[8] couté en son consoil et en ses pledeors loier; et[9] à la joutise si paiera por chascune defaute lou gage de sa loi. Et einseinc a l'en de chascune defaute [provée] et queneüe et jugiée au gentil home LX s., soit vilains, soit[10] gentis hom, por coi les defautes fusent[11] faites avant veüe; car cil qui defaut emprès veüe si pert la saisine des choses que l'en li a mostrées, quant il est provez des[12] defautes.

LXI. Se[13] aucuns sires est[14] à cui aucuns qui doie estre ses

ε ζ. *Il ne me paraît pas impossible que ces mots soient une addition du rédacteur des Établissements : ils devraient en ce cas disparaître du présent texte et être imprimés en italiques dans celui des Établissements.*

1. ε quar je n'ai eu nul terme fors cestuy et l'autre; — ζ quar je n'ay eu nul des termes fors cestuy et l'autre.

2. ε ζ mie que vous le puissez deffendre.

3. ε ζ qu'il vous mytrent les termes (ε le terme).

4. ε ζ le serjant, et si comme l'en esgardera.

5. ε atant il.

6. ε il rendra au gentil home L s. pour chascun deffaute.

7. ε ζ mais l'autre jurra que itant.

8. ε a.

9. ε ζ et à la justice de chacune defaute.

10. ε ou.

11. ε soient faictes devant veüe.

12. ε ζ de la defaute.

13. *Rubrique dans* ε : Si aucuns syres est etc. — *Cf. Ét., liv. I*er*, ch.* 72 (*ci-dessus t. II, p.* 115).

14. ε ζ est de qui aucun qui doie estre son home et ne li (ζ et que il ne) soit pas venu rendre son homage.

hom ne li soit par venuz faire homage, li sires l'[1] en doit faire semonre que il li vaigne faire [son homage,] et le fera semondre[2] par home qui foi li doie, se il l'a, et se il ne l'a, par [aucun] preudome soufisant; et se il ne vient au terme, li sires le[3] doit faire atermer autre fois; et se il ne vient au secont terme, li sires li doit faire metre le tierz; et se il ne vient au tierz, li sires[4] li doit faire metre jor o jugemant par III gentis homes ou par III serjanz souffisanz qui se puissent recorder dou jugemant; et se il ne vient au jor jugié, li sires li doit laissier [le jor] passer, et l'andemain il puet prandre[5] le fié en sa main, et[6] le puet faire semonre o jugemant par III gentis homes ou par III sergenz soufizans; et doit estre li termes de VII jorz et de VII nuiz : et li doivent dire li sergent : « sire, por ce que vos i estes defaillanz[7] de III termes simples et[8] dou quart o jugement, por ce a mes sires pris le[9] fié en sa main que vos devez tenir de[10] lui par droit; et vos en fait semonre o jugement à terme de VII jorz et de VII nuiz. » Et se il ne vient[11] au terme qui li est atermez o jugement de VII jorz et de VII nuiz, li sires li doit laissier le jor passer et li faire metre terme o jugement de XV jorz et de XV nuiz, aussi souffisamment comme nos avons dit par desus. Et se il ne vient as XV jorz et as XV nuiz, li sires doit oïr les sergenz[12]

1. ε le doit.

2. ε semondre pour que foy; — ε semondre pour quel foy.

3. ε ζ le doit enteriner (ζ entermer) le second terme et s'il ne venet le second terme.

4. ε ζ sires doit mestre.

5. ε ζ prendre la foy en.

6. ε ζ et le doit semondre o jugement, le sien tenant, par III gentis. — *Peut-être les mots* le sien tenant *devraient-ils pénétrer dans le texte: en tout cas, la même idée est exprimée une ligne plus haut.*

7. ε ζ deffailli III termes.

8. ε et le quart o jugement, a mi seres.

9. ε ζ la foy que vous.

10. ε ζ de lui en sa main (en sa main *a été ajouté en interligne dans* ζ) par.

11. ε ζ vient au VII jorz ou au VII nuiz, li sires li doit le jour lessier passer et li fera mestre terme de XV. *Je rétablis le texte en combinant cette leçon avec celle des Ét. Peut-être aurais-je pu introduire entre crochets dans le texte des Établissements les mots* li sires... passer.

12. ε ζ sergent. Se il li ga-

[parler]. Et se il li mistrent lou terme, et il le garentissent, li sires doit laissier passer le jor et li doit feire mettre terme de XL jors et de XL nuiz ausi soufisamment comme nos avons dit desus[1]. Et s'il ne vient au[2] terme, li sergent doivent estre oï. Et s'il le garantissent, li sires doit laissier[3] passer le jor et li doit faire metre terme[4] d'un an et d'un jor o jugement. Et se il ne vient au[5] terme, li sires li puet [bien] esgarder par jugemant[6] que il a le fié perdu[7], quant li jorz sera passez par droit; et einseinc remaint au seignor li[8] fiez. Et se il venist[9] avent que li sires aüst fait touz ces esploiz sor lui, il n'[10]en perdroit pas son fié par droit, mais[11] il en avroit perdu quanque li sires en avroit levé; et feroit droit des defautes.

LXII. Se[12] aucuns[13] se plaint d'un autre de deniers et cil[14] en vaigne à[15] la cort, et li autres die : « vos me devez deniers itant, » et li detierres die : « je n'oï onques mais vostre[16] plainte; por coi je demant jor[17] avenant; et à cel jor, je respondrai[18] ce que je devrai, come cil qui se deffant que[19] je ne vos fis onques tort; » et se li autres dit : « je ne vueil mie que vos[20]

rantissent, si li doit mettre terme.

1. ε ζ par desus.

2. ε ζ à cel terme.

3. ε le jour lesser passer et; — ε le jor passer *au lieu de* laissier passer le jor.

4. ε ζ terme de an et jor.

5. ε ζ à ce terme.

6. ε ζ droit *au lieu de* jugemant; *cf. note suivante.*

7. ε ζ perdu par jugement *au lieu de* perdu.

8. li fiez *manque dans* ε.

9. ζ venoit ainsois que.

10. ε ζ ne *au lieu de* n'en.

11. ε mes il perdroit.

12. *Rubrique dans* ε : Si home se plaint de deniers, etc.; — *dans* ζ : De home qui se plaint d'autre. — *Cf. Et., livre Ier, ch.* 73 (*ci-dessus t. II, p.* 119).

13. ε ζ aucun home *au lieu de* aucuns.

14. ε ζ il.

15. ε ζ en.

16. *Leçon de* ζ *I L*¹ — ε vostre complainte. — *Ce singulier me paraît préférable au pluriel* vos plaintes *que je n'ai pas eu la hardiesse de corriger dans le texte des Établissements.*

17. ζ jour à avoir; et. à avoir *est peut-être la leçon originale : cf. ci-après p.* 42, § 63 *la même expression ; mais* avenant *figurait déjà suivant toute probabilité dans le ms. de la Coutume utilisé par le rédacteur des Ét.*

18. ε ζ vous respondroy.

19. ζ que ne vous fas nul tort.

20. ε ζ vous aiez nul terme.

en aiez terme, ainz vueil que vos me quenoissiez[1] ma dette ou que vos la me noiez, et si en atandrai droit; » droiz donra qu'[2] il li doit connoistre ou noier. Et se il li quenoist, il avra terme de VII jorz et de VII nuiz de randre à veüe de joutise, si que li uns ne soit creüz dou randre, ne li autres dou prandre[3], fors ce que la joutise en[4] esgarderoit, s'il i avoit contanz. Et se einseinc estoit que[5] il se deffandist qu'il ne li deüst riens, il avroit terme. Et se il defailloit dou terme, on li metroit[6] terme o jugement, por ce que quant les choses [qui sunt] mueblanz sunt mostrées en cort, [eles] valent autretant[7] come s'eles estoient mostrées en[8] jugemant. Et[9] se il ne vient au terme jugié, et[10] li autres die : « sire, cil se defaut, je demant droit, [car] je sui [touz] prez de prover ma dete, » li sires doit l'autre [faire] semondre o jugemant qu'il veigne [veoir] prover sa dete[11] que li autres dit qu'il li doit. Li termes doit estre mis o soufisans[12] recors. Et se il ne vient[13] à l'un jor, ne à l'autre, et li sergent garentissent qu'il aient mis les[14] termes, li sires doit faire prandre [tant] des choses à[15] celui que il face l'autre paier sans prueves[16]. Et quant la [soue] chose sera prise, se il disoit : « vous me faites tort, je me plain de celui, car je ne li doi rien, » la joutise si li en doit metre[17] jor. Mais la joutise doit estre bien certaine dou jugemant; et se il dit au terme : « je ne vous doi riens, » et li autres die : « je le[18] puis

1. ε ζ quenoessez ma debte ou que vous néez, et je en atendré droit.

2. ε ζ que l'autre li dire ou quenoistre ou néer.

3. *Dans* ε ζ, *les mots* s'il i avoit contanz *de la ligne suivante sont placés après* prandre.

4. ε ζ li en garantiroit.

5. ζ que il li defendist que; — ε qu'il li deïst que il ne le deüst.

6. ε ζ mettret jor o.

7. autretant *manque dans* ζ.

8. ε ζ par.

9. ε ζ Et s'il venient.

10. ε ζ et cil die.

11. ε ζ debte et l'autre dit. Et le terme doit.

12. ε ζ soffesable.

13. ε vient ne à l'un ne à l'autre. — ζ vient ne l'un ne l'autre.

14. ε ζ le terme.

15. ε ζ à celui tant que il.

16. ε ζ prove.

17. ε ζ mestre terme. Mes la justise doit enterme (ζ tost entermer) le jugié.

18. ζ ne.

[bien] mostrer come chose jugiée ; » [adonques] si doit l'en oïr les sergenz qui [ont] mis les termes jugiez et[1] cez qui ont fait les jugemenz. Et se il se recordent que einsinc soit[2], cil sera paiez ; et li autres fera droit[3] à la joutise dont il avra veé le jugemant.

LXIII. S'[4]aucuns se plaint que[5] uns autres li ait fait domache, et cil venist à la cort et s'en defendist et demandast jor à avoir, il l'avroit. Et s'il s'[6] en defailloit, ausi comme cil que nos avons dit devant[7], l'[8]en feroit rendre à celui son domache, sans prueve, ausi comme à[9] l'autre.

LXIV. Se[10] einseinc avenoit que[11] I hom se plainsist d'un autre [home] qu'il li feïst tort d'eritage, et[12] cil heritages aüst esté mostrés en[13] jugemant, et cil à qui l'on demanderoit se[14] defaillist, et il fust provez de la defaute, il en perdroit la saisine, et[15] si la baudroit l'en à l'autre par[16] bons pleges metanz d'estre à droit; mais, por ce, n'avroit il pas gueaigniée[17] la droiture que li autres ne l'aüst, s'il pooit mostrer[18] que ce fust sa droiture.

LXV. Se[19] li bers est[20] apelez [en la cort le roi] d'[21] aucune

1. ε ζ et ce ceulx qui ont faiz les jugemanz. Se.

2. ε ζ soit, si sera cil paié.

3. ε droit de ce qu'il avayt le jugement à la justice. — ζ droit de qui il a nayé jugement à la justice (*fin du chapitre*).

4. *Rubrique dans* ζ. Si aucun se plaint, etc.; — *dans* ζ : De home à qui l'en fait dommage. — *Cf. Ét., liv. Ier, ch.* 74 (*ci-dessus t. II, pp.* 122-123).

5. ε ζ que aucun li.

6. s'en *manque dans* ε ζ.

7. ε par desus ; — ζ dessus *au lieu de* devant.

8. ε ζ l'en (ε li) feret à celi rendre ses domages.

9. ε ζ de l'autre *au lieu de* à l'autre. — *Plusieurs mss. des Ét. n'ont pas la conjonction* à.

10. *Cf. Ét., liv. Ier, ch.* 75 (*ci-dessus t. II, p.* 123).

11. ε ζ que aucun se.

12. ε ζ et il eüssent esté.

13. ε ζ par.

14. ε ζ s'en *au lieu de* se.

15. ε et la bailleret. — ζ et bailleroit l'en.

16. ε ζ o pleges metant de estre à droit.

17. ε ζ gaignié la droiture que l'ait (ζ eüst).

18. ε ζ monstrer la soue droiture.

19. *Rubrique dans* ε : Li ber est appellé, etc. — Se *manque dans* ε ζ. *Cf. Ét., liv. Ier, ch.* 76 (*ci-dessus t. II, p.* 124).

20. est *est répété deux fois dans* ε.

21. ε ζ d'aucunes choses.

chose qui apartaigne à heritage[1], et il die : « je ne vueil pas estre[2] jugiez fors par mes pers de ceste chose, » adonc si doit l'en les barons semondre à tout le moins jusques à III ; et[3] puis doit la joutise feire droit o ces et o autres chevaliers.

LXVI. Se l'en demande à baron ou[4] à un autre gentil home aucune chose de son[5] heritage, et il ne soit[6] pas encore chevaliers et il deist[7] à ces qui li[8] demanderoient : « je ne vous vueil faire nul tort, mais je demant l'atente d'estre chevaliers, ainz que je vos responde, » il avra l'atente I an et I jor, par droit.

LXVII. Gentis[9] hom n'a aage de soi combatre jusques il ait XXI an, ne ne doit tenir terre, ne[10] avoir nule saisine de nul heritage que il demandast, se l'en ne l'avoit dessaisi ; mais à dessaisine il avroit response. Et einsinc gentis hom et gentis fame, se[11] il tiennent anfanz en bail[12], il ne pueent riens demander de lor droitures, se lor peres n'en estoit morz vestuz et saisiz[13], ou se ce soit escheoite qui lor soit avenue de droit puis la mort lor pere. Et[14] se l'en demandoit au bail chose dont li peres as anfanz fust morz vestuz et seisiz em pais, tout[15] le tenist il à tort, si n'an respondroit ja li baus. Et se ein-

1. heritage en la cort le roi ; et li ber die.

2. ε ζ estre de ceste chose jugié par mes pers, l'en doit les barons semondre au mains.

3. ε ζ et puet la justice fere droit à celi et aus autres (ε et autres) chevalliers.

4. ε ou autres. — ζ et autre.

5. ε ζ lor.

6. ε ζ soient.

7. ε ζ dient.

8. ε ζ lor demandent : « nous ne vous femes nul tort, mais nous vous demandons atante d'estre chevaliers (chevaliers *manque dans* ε) ainsois que nous vous respondons, » il avront l'atente d'un an et.

9. *Cf. Ét., liv. Ier, ch.* 78 (*ci-dessus t. II, p.* 126).

10. ε ζ ne n'avroit mie (ε ira) sesine de son heritage qui l'en avret dessesi, mes à sa dessesine avret il respons.

11. se il *manque dans* ζ.

12. ζ bail, ne puet riens.

13. ε ζ sessiz, ou (ε et ou) ce soient eschaetes qui lor soient avenues de droit puis la mort lour pere.

14. Ou se.

15. ε ζ tot fu ce à tort, le baail n'en perdroit ja. Et.

sinc estoit que li baus randist[1] à l'anfant sa terre et l'aüst fait prandre à home à son[2] seignor [ainçois qu'il fust en aage] et aucuns li demandast de son heritage, il n'en respondroit[3] pas jusqu'à tant qu'il aüst XXI an. Et se einsi estoit que li baus ne li vousist randre sa[4] terre et deïst [en[5] tel maniere] qu'[6]il n'aüst pas aage de terre tenir, et cil [li] offrist à prover qu'il aüst XXI an, il [le] proveroit[7] o ses parrains et o ses marraines, et o le preste qui le batia; et en jureroient[8] sor sainz; et li prestes le[9] diroit en parole de prevoire. Et se il ne pooit avoir ses[10] parrains et ses marraines [ne le preste] que il fussient [tuit] mort, il le proveroit par preudes homes et par preudes fames qui seroient bien certain de son aage, et le jureroient sor sainz. Et einseinc quant la seignorie avroit receües les prueves[11], il le doit metre en sa foi et en la saisine de sa terre. Et se einsinc estoit que li bail li aüst esté randus de sa volenté, il ne devroit pas prandre les homages de sa terre jusques[12] il soit en la foi au seignor.

LXVIII. Se[13] aucuns avoit longuement tenu en parage et cil de qui il avroit[14] tenu li deïst : « je ne vueil que vos teigniez plus de moi en parage, [se] vos ne me poez conter le lignage; » et se li autres die : « je le [vos] monstrerai bien, » il[15] li doit metre terme par devant soi por lou parage conter; et cil

1. ε ζ rendist la terre à l'enfant et c'il l'eüst fet.

2. ε ζ *et plusieurs mss. des Ét. :* ses seignors. — *Cf. Comp.*, § 111.

3. ε ζ respondroit ja jusques il eüst.

4. ζ la.

5. *Pour ces mots, voyez l'observation faite déjà ci-dessus p.* 23, *n.* 4.

6. ζ qui n'eüst.

7. ε ζ provent o ses parenz et o.

8. ζ jurront. — ε jurrerai.

9. ε ζ en *au lieu de* le.

10. ε ζ les parreins et les marraines et que (ζ marraines qui).

11. ε ζ prueves, ele doit mestre en sa fay et en a ainsi la sesine de.

12. ε ζ jusqu'à tant que il.

13. *Rubrique dans* ε : Se aucuns avoit tenu, etc.; — *dans* ζ : De home qui *tient en parage*; — ε ζ *commencent ainsi ce* § : Se aucuns avoit tenu d'un autre longuement en. — *Cf. Ét., l. I*er, *ch.* 79 (*ci-dessus t. II, p.* 129).

14. l'avroit *que j'ai laissé subsister dans l'édit. des Ét. aurait pu être corrigé en* avroit.

15. ε ζ il li en doit.

li[1] doit mostrer la chose, et conter dont il est issuz et le lignage de degré en degré; et[2] se il se truevent si près que il ne se puissent entreprandre par mariage, [et se li uns soit homs et li autres soit fame,] il remaindra ou parage. Et[3] se cil ne l'en croit, il jurra sor sainz qu'[4] il li a conté loiaument lou lignage, à[5] son esciant. Et quant il avra[6] fait le sairement, il remaindra ou parage. Et[7] se il ne l'osoit faire, il li feroit homage; et quant il avroit fait l'omage, li sires ne li puet asseoir que I roncin de service.

LXIX. Nuns[8] hom ne rant roncin de service jusques il se part de la foi à celui à qui il l'avra rendu. Car[9] se cil à qui il l'avroit rendu se[10] moroit, il[11] le rendroit à celui à qui la terre escherroit. Et se einsinc avenoit que aucuns[12] aüst randu son roncin de servise à son seignor, et ses sires le vousist doner à son fil ou à sa fille, et li hons respondit : « je ne [me] vueil pas partir de vostre foi[13], se je ne m'an part come de foi[14] servi, quant je vos avrai[15] randu vostre roncin de servise, » il ne s'en partira pas par droit, se il ne le fait quiter à[16] l'autre à qui il le voloit baillier, ou il li fera otroier qu'il ne prandra[17] point de roncin de servise, tant com cil vive à qui il l'avra rendu.

1. ε ζ lui en doit monstrer et aconter la chose dont.

2. ε ζ et si le trove de si près qu'il ne s'entrepuissent prendre par.

3. ε ζ Et si cil à qui le parage est dû ne l'en croit, il jurra (ζ il le jurra) sur.

4. ζ que il a loyaument aconté le l.

5. ε secont. — ζ selon.

6. ε ζ avra juré, si doit remaindre.

7. ε ζ Et s'il ne l'ouse jurer, il fera homage et quant il l'avra (ε il avra) fet, il ne puet.

8. *Titre dans* ε : Nus hons ne rent roncin; — *dans* ζ : De servige. — *Cf. Ét., liv. Ier, ch.* 80 (*ci-dessus t. II, p.* 131).

9. ε ζ Mes si cil à qui il avret esté rendu.

10. se moroit *manque dans* ε.

11. il *manque dans* ε; — *est remplacé dans* ζ *par ces mots* : cil qui l'avret rendu.

12. ε ζ il *au lieu de* aucuns.

13. ε ζ fié *au lieu de* foi.

14. fé *au lieu de* foi.

15. ζ ay *au lieu de* avrai.

16. ε à cil à qui le deüst baailler ou otrier. — ζ à l'autre à qui il le veut baailler ou otrier.

17. ε ζ prengne point dou roncin.

LXX. Nuns[1] hom[2] qui tient en parage ne met rien en roncin de servise, ne en nul rachat, ne en nul servise que cil de qui[3] il tient en parage face au chief seignor, se ce n'est en[4] ses loiaus aïdes.

Se[5] aucuns hom ou aucune fame[6] tient enfanz en bail, et cil anfant teignent en parage, et li sires li die : « je vueil que vos me faciez mon homage, que[7] cil anfant[8] ne me sunt riens que vos tenez[9] en bail; [si vueil que vos me faciez la foi] ou [vous me] contez le lignage; » et[10] cil qui tient le bail, si li doit respondre : « sire, je ne vos[11] vueil[12] faire ne l'un, ne l'autre; car je ne sui [fors] que bail, si vueil tenir en l'estance que li peres as anfanz tenoit; [et si en atan droit; »] si li esgardera[13] l'en que il n'an doit point faire ne conter le lignage; einçois tendra[14] en tel estance com li[15] heritiers tenoit avant qu'il morust.

LXXI. Nuns[16] gentis hom ne puet demander amandemant de jugemant que l'en li face, ainz covient qu'il le fausse tout outre ou qu'il le taigne por bon, se ce n'est en la cort le roi, car [illuec] pueent demander toutes[17] genz amandemant de jugemant, por ce qu'il ne le pueent pas fauser; car il ne le trove-

1. *Cf. Ét., livre Ier, ch.* 81 (*ci-dessus t. II, p.* 132).

2. hom *manque dans* ζ.

3. ζ qui le tient.

4. ε ζ à.

5. *Rubrique dans* ε : De home ou fame qui tient en parage; — *dans* ζ : De cil qui tient en bail et en parage. — *Cf. Ét., liv. Ier, ch.* 82 (*ci-dessus t. II, pp.* 132-133).

6. ε ζ fame qui tienge (ζ tient) en baail et tienge (ζ il tiengne) en parage, et cil de qui il tient en parage li die.

7. ε ζ quar *au lieu de* que.

8. enfant *manque dans* ε.

9. tenez *manque dans* ε.

10. ε ζ et cil (ζ il) responde : sire.

11. vos *manque dans* ε.

12. ζ feré *au lieu de* vueil faire.

13. ε ζ esgardera par droit qu'il.

14. ε tendroit.

15. ε ζ li hair fesoit quant il mourut.

16. *Rubrique dans* ε : Nul gentil hom; — *dans* ζ : De home qui demande amendement. — *Cf. Ét., liv. Ier, ch.* 83 (*ci-dessus t. II, p.* 134).

17. *Dans* ε ζ *les mots* toutes genz *sont placés un peu plus haut avant* pueent.

roient[1] qui lor en feïst droit, car li rois ne tient de[2] nului fors de Dieu et de lui.

LXXII. Et[3] por ce avient que quant li rois tient aucunes choses de ses homes[4] qui li demandent et li dient : « c'est nostre droiture que vos tenez [et que nos vos demandons;] dont[5] nos somes prest de croire l'anqueste jurée de la gent dou païs, » li rois ne la[6] puet veer par droit : ainz doit[7] commander à son baillif qui[8] doit faire semondre les genz[9] des prochiennes parroches, et les prochiens chevaliers et les prochiens sergenz fievez, et[10] les [prochiens] barons, se la querelle est granz[11]. Et si les doit l'en faire jurer à dire voir; car[12] s'il est queneüz par [la] jurée que ce soit la droiture le roi, ele li remaindra; et [tout] einsinc à l'autre partie, se la jurée dit[13] que ce soit lor droiture.

LXXIII. Nuns[14] hom ne puet demander amandemant de jugemant en la cort le roi, se[15] ce n'est le jor meïsmes que li jugemanz sera faiz; car il n'[16] avroit point d'amandemant de jugemant se li jorz passoit; et s'il lou requiert au bailli, [en souploiant li doit dire :] « sire, il me samble que cist jugemanz me grieve et qu'il n'est mie droiz; et por ce en requier je amandemant[17] et[18] que vos me[19] metez terme; et faites tant de [bones] genz venir[20] que il[21] quenoissent se li amandemanz

1. ε ζ trovent.

2. ε ζ de nul home si ce n'est de.

3. *Cf. Ét., liv. Ier, ch.* 84 (*ci-dessus t. II, pp.* 135-136).

4. ε ζ homes et ses homes dient.

5. ε ζ car nous semes prestz d'atendre le jurée du.

6. ε ζ le.

7. ε ζ doit envoier son.

8. ε ζ et il *au lieu de* qui.

9. ε ζ homes *au lieu de* genz.

10. ε ζ et des barons.

11. ε ζ si grant *au lieu de* granz.

12. ε ζ et s'il quenoist *au lieu de* car s'il est queneüz.

13. ε ζ garantist *au lieu de* dit.

14. *Rubrique dans* ε : Nus hons ne puet demander, etc.; — *dans* ζ : De home qui demande.

15. ε ζ s'il ne le (ζ li) demande le jor que.

16. ε n'avra.

17. ζ comendement.

18. ε ζ et vous requier que.

19. ζ m'en mentez (*sic*) terme.

20. ε ζ semondre.

21. ζ ilz voient se il li faut amendement ou non.

i est ou non. Li bailliz li doit metre terme, et si doit faire semondre des homes le roi et ces qui furent[1] au jugemant faire et autres preudes homes qui quenoissent de droit et de jugemant, por[2] esgarder se li jugemanz[3] est bons ou non. Et se li jugemens est bons [par lor esgart et par lor dit,] il[4] sera tenuz : et[5] se il n'est bons, il[6] le doivent amander. Et se il esgardent[7] qu'il n'i ait[8] point d'amandemant, cil en gage ses muebles, se il est gentis hom et hom le roi, qui[9] avra demandé[10] l'amandemant [de jugemant. Et se li bailliz ne voloit bien droit faire l'amendemant de jugemant,] cil[11] en puet bien apeler devant le roi; et se li rois [et ses consaus] dient[12] qu'il soit bons[13] [et loiaus,] cil en gage ses muebles; mais li rois [le] doit savoir par cez qui furent au jugemant faire. Et se li jugemanz ne fu bien faiz, li rois li[14] doit faire rendre[15] ses[16] couz et ses[17] domaches au bailli qui fist le jugemant.

LXXIV. Se[18] aucuns gentis hom ot que ses sires li face mauvais jugemant, il puet [moult] bien dire : « cist jugemanz est faus et je[19] n'an plaiderai ja plus par devant vos. » Et se li sires est bers, il s'an doit clamer en la cort le roi, ou en la cort [à celui] de qui il[20] tendroit; et se li sires est vavasors qui avra fait[21]

1. ε ζ ont esté *au lieu de* furent.

2. ε par regart si. — ζ pour regarder si.

3. ε ζ jugement i est ou nom.

4. ε ζ il estra *au lieu de* il sera tenuz.

5. ε si non *au lieu de* et se il n'est bons.

6. ε ζ il fet à amender.

7. ε regardent. — ζ regardoient.

8. ζ eüst.

9. ε ζ cil qui *au lieu de* qui.

10. ζ amendé *au lieu de* demandé.

11. ε ζ il *au lieu de* cil.

12. ε ζ dit.

13. ε ζ bien, il estera et cil en garera ses mobles, si comme nous avons dit davant; mes.

14. ε ζ en.

15. *Dans* ε ζ *le mot* rendre *est placé plus loin après* domaches.

16. ε les. — ζ le.

17. ε les. — ses *manque dans* ζ.

18. *Rubrique dans* ε : Si aucuns gentis homs; — *dans* ζ : Homme qui fait jugement. — *Cf. Ét., liv. Ier, ch.* 86 (*ci-dessus t. II, pp.* 140-141).

19. ε ζ je ne m'en plendroy ja plus.

20. ε ζ li bers *au lieu de* il.

21. ε ζ fet faux jugement, l'autre.

le jugemant faus, li autres si s'en doit[1] plaindre en la cort[2] à celi de qui il tendra; et li puet dire [en[3] tel maniere] : « sire, cil m'a fait faus jugemant[4], par la quele raison je ne viau plus tenir de lui; einçois tendrai de vos qui estes chiés sires. » Et[5] se li vavasors dit : « [sire, je m'an deffan, » [et] li autres die[6] : « sire, je ne vueil pas qu'il s'an puisse deffandre, car il me fist[7] le jugemant faus à veüe et à saüe [de moi] qui foi li doi, vers qui[8] je sui touz prez dou[9] mostrer, se il[10] lou viaut deffandre ou desdire encontre son cors. » Et tout einsi apele an son seignor de faus jugemant, et en puet l'an bien jugier une bataille; et se cil qui apele son seignor de faus jugemant vaint l'autre, il ne[11] tendra jamais riens de lui, einçois tendra dou chief seignor; et se il estoit vaincuz, il perdroit le fié.

LXXV. Se[12] einsi avenoit que I[13] hom costumiers apelast I chevalier ou I [autre] gentil home qui deüst estre chevaliers, de murtre ou de traïson, ou[14] de roberie de chemin, ou d'aucun grant meffait dont li quiex que soit deüst mort prandre, li gentis hom ne se combattroit[15] pas à pié, ainz se[16] combattroit à cheval, se il voloit[17]; mais se li gentis hom apeloit le vilain, droiz donroit qu'il se combattissent[18] à pié, por coi ce fust de si grant meffait[19], come nos avons dit [par] devant. Et cil qui seroit vaincuz, seroit panduz.

1. ε puet.

2. εζ cort au seigneur de qui.

3. *Voyez ci-dessus p. 23, n. 4.*

4. ε ζ jugement, et ne veil pas (ζ plus) tenir.

5. ε ζ Et si l'autre dit.

6. ε ζ dit.

7. ε ζ fit cest faux jugement à.

8. ζ li. — qui *manque dans* ε.

9. ε ζ de le li (li *manque dans* ε) monstrer.

10. ε ζ il veust desdire contre son cors. Einsi puet l'en (l'en *manque dans* ζ) juger une bataille.

11. ζ n'en *au lieu de* ne.

12. *Rubrique dans* ε : Si homme coustumier appelle un chevalier; — *dans* ζ : De home coustumier. — *Cf. Ét., liv. Ier, ch.* 87 (*ci-dessus t. II, p.* 143).

13. ε ζ aucun *au lieu de* I.

14. ε ζ ou d'escharpillerie (ζ escharpilleurs) de chemin. — *Il est bien possible que ce mot* escharpellerie *appartienne au texte original plutôt que* roberie *qui figure dans tous les mss. des Ét.*

15. ε ζ combastra.

16. ζ se combatra. — se combattroit *manque dans* ε.

17. ε ζ veust.

18. ε ζ combatret.

19. *P les mss. des Ét. Voy. ci-dessus t. II, p.* 144, *n.* 45.

LXXVI. Se[1] aucuns estoit en prison por soupeçon de murtre [ou de larrecin] ou d'aucun grant meffait don l'[2]en doutast qu'il deüst prandre mort, et il s'en alast de la prison, il en seroit ausin bien corpables[3], come[4] s'il aüst fait le fait et comme se il l'aüst queneü; et si en seroit panduz, tout ne l'aüst il pas fait[5].

LXXVII. Se[6] li rois, ou li cuens, ou li bers, ou aucuns hom qui joutise a en [sa] terre, prant clerc, [ou croisié,] ou aucun[7] hom de religion, tout fust il lais, l'en le doit rendre à Sainte Eglise, de quel que meffait que il face. Et se li clers[8] ne porte querone, la laie seignorie en doit faire joutise.

LXXVIII. Se[9] aucuns[10] est soupeçoneus de bougrerie, la joutise le doit prandre et envoier à l'evesque : et se il en estoit provez, l'en le devroit ardoir : et tuit si mueble sunt au baron. Et, en tel maniere doit l'en ouvrer d'ome herite, por coi il en soit provez. Et[11] tuit si mueble sunt[12] au baron.

LXXIX. Quant[13] en la terre[14] au baron a aucun userier ou en

1. *Rubrique dans* ε ζ : De home qui en prison por soupeçon (por soupeçon *manque dans* ζ). — *Cf. Ét., liv. Ier, ch.* 88 (*ci-dessus t. II, p.* 144).

2. ζ l'en li deïst qu'il.

3. ε ζ prové.

4. comme s'il eüst queneü le fit.

5. *En marge de ce* §, *on lit dans* ζ : Ad hoc facit ff, De effractoribus et expilatoribus l. 1; ff, De custodia reorum, l. penultima. — *Cf. Dig.*, XLVII, XVIII, 1; XLVIII, III, 13.

6. *Rubrique dans* ε : De sire qui prent clerc; — *dans* ζ : De clers. — *Cf. Ét., liv. Ier, ch.* 89 (*ci-dessus t. II, p.* 145). — *Dans* ε ζ, *ce* § *commence ainsi* : Se li ber, ou li conte ou aucune home qui.

7. aucun *manque dans* ε.

8. ζ chevalier *au lieu de* clers.

9. *Rubrique dans* ε : De homme soupeçonné de bougrerie; — *dans* ζ : De home qui est soupçoné. *Cf. Et., liv. I, ch.* 90.

10. ε ζ aucuns homs est. — ε *porte cette note du XVIIe s. en marge* : bougrerie, c'est-à-dire hérésie : Bulgares, Hæretici.

11. ε ζ Et les mobles.

12. sunt *manque dans* ε.

13. *Rubrique dans* ε : De homme usurier; — *dans* ζ : De usurier. — *Cf. Ét., liv. Ier, ch.* 91 (*ci-dessus t. II, p.* 148).

14. ε chastelerie. — ζ chastellenie.

quel que terre que ce soit, et il en est provez, li mueble si[1] en doient estre au baron.

LXXX. Se[2] aucuns hom qui[3] ne soit pas de la vile vient ester[4] en chastelerie au baron, et il ne face seignorage dedanz l'an et le jor, il seroit[5] esploitables au baron; et se aventure estoit que il morust[6] et[7] il n'aüst comandé à randre III d. au baron, tuit[8] si mueble seroient au baron.

LXXXI. Se[9] einseinc avenoit que aucuns se pandist ou[10] noiast ou occist [en aucune autre maniere,] tuit[11] si mueble seroient au baron. Et de la fame ausinc[12].

LXXXII. Se[13] aucuns hom ou aucune[14] fame avoit geü malade VIII jorz [et VIII nuiz,] et il ne se vousist[15] confesser et il morust[16] desconfès, trestruit si[17] mueble seroient au baron. Mais s'il moroit desconfès[18] de mort soubite, la joutise n'i avroit riens, [ne la seignorie]. Et se ceste[19] maniere avenoit en [la] terre à

1. ε ζ sunt *au lieu de* si en doient estre.

2. *Rubrique dans* ε : Si aucuns homs, etc.; — *dans* ζ : De home qui est hors de son païs. — *Cf. Ét., liv. Ier, ch.* 92, § 1er, (*ci-dessus t. II, p.* 149).

3. ε ζ *ont :* qui ne soit pas de l'evesqué *au lieu de* qui ne soit pas de la vile *et reportent ces mots après* vient. evesqué *est peut-être la bonne leçon au lieu de* vile.

4. ζ estoit; — ε qui est *au lieu de* ester.

5. ε ζ sera.

6. ε ζ se morist.

7. *La phrase* et il... baron *est reportée dans* ε ζ *après* seroient au baron *et ainsi modifiée :* s'il n'aveit commandé rendre III d. au baron.

8. ε ζ les mobles *au lieu de* tuit si mueble.

9. *Rubrique dans* ε ζ : De home qui se pent. — *Cf. Ét., liv. Ier, ch.* 92, 2e § (*ci-dessus t. II, p.* 150).

10. ζ ou se tuast, ou.

11. ε ζ les mobles *au lieu de* tuit si mueble.

12. ζ autressi.

13. *Rubrique dans* ε : De home malade; — *dans* ζ : De homme qui ne se confesse.

14. aucune *manque dans* ε.

15. ε vousist estre confessé.— ζ vousist faire confès.

16. ζ se morist.

17. ε ζ les.

18. *Dans* ε ζ *le mot* desconfès *est reporté plus loin après* soubite.

19. ε ζ cestes choses avenoient.

aucuns[1] qui aüssent toutes joutises en lor terre tout ne fussent[2] il baron, si[3] en seroit la joutise lor.

LXXXIII. Nuns[4] n'a fortune d'or, se il n'est rois. Et les fortunes d'argent si sunt au[5] baron et à ceus qui ont grant joutise en lor terres. Et se einsinc avenoit[6] que aucuns hom[7] qui [n']aüst vaarie en sa terre, trovast [sor terrè] aucune trovaille, ele seroit[8] au vavasor, à qui la vaarie de la terre seroit où la trovaille seroit trovée. Et se cil venoit avant qui l'avroit perdue, il l'avroit o son sairement, se il estoit de bone renomée. Et se ses hom de foi la li receloit[9] la et il la li aüst demandée, il en perdroit ses muebles; et se il disoit : « sire, je nou savoie mie que je la vous deüsse rendre, » il en seroit quites par[10] son sairement, et si rendroit la trovaille[11] au baron. Fortune si est, quant ele est trovée sous terre, et terre en est effondrée.

LXXXIV. Se[12] einsinc avenoit[13] que uns hom achetast I[14] cheval ou I buef, ou [I] autre chose, et il[15] fust de bone renomée, et uns autres [hom] venist avent et si deïst : « ceste chose si m'a esté amblée, » et [il] fust bien queneüz, et li autres ne

1. ε aucun qui ont justice en lour terre. — ζ aucun qui eüst justice toute en sa terre.

2. ζ fust.

3. ε la justice en seret lour. — ζ la justice en seroit soue.

4. *Rubrique dans* ζ : Nul n'a fortune d'or, etc. — *Cf. Ét., liv. Ier, ch.* 94 (*ci-dessus t. II, p.* 152).

5. ε es barons. — ζ aux barons.

6. ε ζ estoit.

7. ε ζ gentis homs *au lieu de* hom.

8. ε ζ seret soue, et au vavasor qui avret (qui avret *répété deux fois dans* ε) vaierie en la terre où.

9. ε ζ celast.

10. ζ o. — ε à.

11. ε ζ trovaille, si (ζ et se) il avet vaerie en sa terre. — *Cette tournure que le rédacteur des Ét. ne paraît pas avoir rencontrée dans le ms. de la Coutume qu'il avait sous les yeux est peut-être préférable à celle du texte* trovaille au baron; *car il s'agit non du baron, mais du vavasseur.*

12. *Rubrique dans* ε : De homme qui achate cheval ou buef; — *dans* ζ : De qui achate bestes.— *Cf. Ét., liv. Ier, ch.* 95 (*ci-dessus t. II, p.* 154).

13. ε ζ estoit.

14. I *manque dans* ε *qui porte :* cheval ou buef.

15. ε ζ li home *au lieu de* il.

saüst de qui il l'aüst achetée, li autres l'avroit, se il voloit[1] jurer [sor sainz, de sa main, loiaumant,] qu'ele fust soue; et cil qui l'avroit achetée, si avroit son argent perdu; et si li covendroit[2] jurer que il ne sauroit[3] de qui il [l']avroit achetée, et[4] que s'il pooit celui trover de qui il l'avroit achetée, qu'il [l']amanroit à la joutise, se il i voloit venir, [et en feroit son pooir;] et se il n'i voloit venir, il[5] leveroit lou cri après lui. Et s'il avenoit que il deïst : « [ceste chose] sai[6] je bien de cui je l'ai achetée, et [en] avrai bien mon garent[7] au[8] terme [nomé, » il doit avoir terme.] Et se il[9] amoine son garant au terme, et die [en[10] tel maniere :] « l'en me demande ce que vos m'avez vandu, » cil[11] doit demander la chose à veoir, et cil li[12] doit mostrer. Et se il ne la demande à veoir [ainçois] la garentise, [çe] ne vaut riens. Et après la veüe se il disoit[13] : « ce vos garentirai je bien, » li autres doit estre quites dou plait et[14] avoir son argent; car[15] tout gaagnast il la chose cil qui demande[16] la paieroit à celui qui est garantissieres. Et [tout] einsi puet aler de garentisseor en garentisseor en jusques à VII,

1. ε ouset.
2. ε estouret. — ζ escouvroit.
3. ε set. — ζ sot.
4. ε ζ et si il le trovet, que.
5. ε ζ il doit lever le.
6. ε ζ je sai *au lieu de* sai je.
7. ε ζ gariseors.
8. ε ζ à.
9. ε ζ il l'amoine *au lieu de* il amoine son garant au terme.
10. *Sur ces mots* en tel maniere, *voyez ci-dessus p.* 23, *n.* 4.
11. ζ si.
12. ε ζ la.
13. ε ζ dit.
14. ε ζ et doit avoir.
15. ε ζ quar si tout.
16. ε ζ demande apeleret cil qui est garisseors. *Cette tournure est évidemment une corruption de celle qui figure dans le texte et que j'ai laissée aussi dans l'édition des Établissements; mais F L L^1 η présentent, au lieu de* cil qui demande ...... garantissieres, *cette variante excellente qui doit être un retour vers le texte original :* si randroit il son argent (*L^1* l'argent) à celui qui l'avroit (*L^1* l'a) achetée. *Plusieurs autres mss. des Ét.* (*voyez ci-dessus t. II, p.* 157, *n.* 35) *présentent encore la même variante; mais, dans ces mss., elle ne jette plus la même lumière sur la phrase parce que lesdits mss. ont plus haut* perdist *au lieu de* gaagnast.

et se li darroiens garentissieres [1] des VII deïst [2] : « ceste [3] [chose] li garentirai je bien, car c'est de ma noureture[4]; » et se ce[5] est dras ou robe[6], ou autre chose, il porroit [moult] bien dire : « c'[7] est de l'uevre de ma maison; » et se li autres dit : « je[8] la deffant; ele me fu amblée, » adonc si doit la joutise tenir la chose en sa main; et si puet bien d'aus deus jugier une bataille par aus II[9] ou par II [10] autres sergenz, se chascuns se voloit changier. Et sera[11] li sairemanz à celui qui se faisoit[12] garentissieres; et quant il seront[13] au jor de la bataille[14], il vandront devant les sainz; et prandra li uns l'autre par la main et [li] dira : « [oz] tu, homs que je tain par la main, et vos, la joutise, — si Diex m'aït et li saint! — iceste[15] chose qui est en main de joutise dont je [me] sui trez[16] avent por garentir si estoit moie devant ce que je la vandisse, si come je dis, quant je la vandi à celui qui m'[17] en a tret à garant; » [et] li autres doit jurer à l'encontre [et dire :] « si Diex m'aït et li saint! tu[18] t'an i es parjurez. » Et [tout] einsinc si les[19] puet l'en metre ou champ. Et cil qui apele si doit aler [à] l'autre [et] requerre [le]. Et cil qui sera vaincuz si ne perdra ja ne vie, ne manbre, por ce qu'il ne[20] s'entr'apelent pas [de traïson, ne de murtre, ne] de larrecin, en chief; mais cil qui sera vaincuz si paiera à

1. garentissieres *manque dans* ε.

2. ε ζ dit.

3. ζ j'ai bien ceste li gaire; quar.

4. ζ droiture.

5. ε ζ c'estoient dras.

6. ε ζ robes ou autres choses, cil (ζ si) porret (ζ porroit l'en) dire.

7. ε ζ ce fut de mon euvre de ma meson.

8. ε je m'en deffens. — ζ je le deffens.

9. *Voy. ci-dessus t. II, p.* 158, *n.* 14.

10. II *manque dans* ζ.

11. *Au lieu de* sera ε *porte* si; — ζ *porte* se.

12. ε ζ fet.

13. ε ζ seront ensemble au.

14. ε ζ bataille, et il seront davant le (ζ les) sainz, il prendra l'autre.

15. ε ζ que ceste *au lieu de* iceste.

16. ε ζ trait à garant est moie, si comme j'ay dit par davant au jor que je la.

17. ε ζ me *au lieu de* m'en a.

18. ε ζ tu en es (ε y es).

19. ε ζ le.

20. ε ζ ne s'apelant pas.

l'autre son champion[1] tout[2] quanque il[3] li avra couté en chief[4], et les conteors[5] dou jor que la bataille avra esté jugiée, mais il ne metra riens en[6] autres couz, et si fera [le] droit à la joutise de LX s.

LXXXV. Tele[7] est la costume de la cort laie [que] l'[8] en ne rant couz ne despens que de IIII choses : c'est de batailles[9] vaincues et de defautes[10] quant eles sunt provées avant ne après veüe, — se[11] ce estoient li couz dou jor, au gentil home de chascune defaute LX[12] s. et à costumier V[13] s., mais il[14] doivent prover par lor sairemenz[15] que tant lor avra[16] couté en pledeors loier. Et se einsinc estoit qu'[17] il feïssent paiz [par] devant [la] joutise de chose jugiée et li autres veigne de rechief en cort, et l'[18] en pledeast de[19] quanque il avroit[20] perdu par jugemant ou par pais, et[21] cil die : « je ne[22] vos vueil respondre, car je l'ai gueaignié vers[23] vos par jugemant et bien le proverai par les[24] jugeors, » si [li] doit l'en esgarder qu'il doit nomer la joutise et ceus qui furent au jugemant [faire,] et[25] les doit l'en oïr par-

1. champion *est fourni par* ε ζ *E* η : *il aurait pu être admis dans les Établissements au lieu de* champ.

2. ε ζ *ont* ce que *au lieu de* tout quanque.

3. il li *leçon de* ε ζ *C aurait pu passer dans le texte des Ét. au lieu de* il. *Voyez t. II, p.* 160, *n.* 9.

4. ε ζ chief à loer, et.

5. ε ζ correors.

6. ε es.

7. *Rubrique dans* ε : De coustume de court laie, etc.; — *dans* ζ : Est coustume de court laye. — *Cf. Ét., liv. I*^er^*, ch.* 96 (*ci-dessus t. II, p.* 161).

8. ζ ne ne *au lieu de* l'en ne.

9. ε ζ bataille vaincue.

10. ε ζ defautes aprovées (ζ à prouver) avant veüe.

11. ε se il ne veont les. — ζ se il ne voiet le.

12. ε ζ *ont* : L *au lieu de* : LX.

13. ε ζ *et divers mss. des Ét. ont* : X *au lieu de* : V.

14. ε ζ il le doivent.

15. ε ζ serment.

16. ε ζ a.

17. ε ζ que il n'aint fet pez davant.

18. ε ζ l'en le pledeit.

19. ε ζ de ce que il.

20. ε ζ avra.

21. ε ζ et l'autre die.

22. ε ζ ne veil à vous respondre, car.

23. ε ζ par jugement vers vous *au lieu de* vers vos par jugemant.

24. ε le jugeor. — ζ les juges.

25. ε ζ si *au lieu de* et.

ler; et s'il garentissent[1] que li jugemanz fust tiex come il dit, si li doit l'[2] en rendre ses couz [et ses despens] qu'il a mis ou plait. Et se einsinc avenoit que aucuns se[3] plainsist [par devant la joutise] que aucuns l'aüst dessaisi à tort et à force de novel[4], et li autres s'[5] en deffandist, et li autres l'offrist à prover, et [la] joutise l'[6] aüst ensaisiné, cil qui perdra la querele rendra[7] à l'autre ses couz par droit qu'il avra mis ou plait[8]. Et de nule autre chose l'[9] en ne rant couz, ne despens en[10] cort laie fors[11] que de ces IIII choses desus[12] dites.

LXXXVI. Se[13] aucuns sires apeloit[14] son home qu'il li aüst[15] sa saisine brisiée et enportées les choses qui estoient en sa[16] saisine — et les nomera — et [se] li hom dit[17] [en[18] tel meniere :] « je ne desdirai[19] ja que je[20] les aie ostées, mais je ne savoie mie qu'eles[21] fussent en vostre saisine, et en ferai [quanque je devrai et] ce que l'[22] en m'esgardera; » à[23] itant

1. ζ garantissoient.

2. ε ζ l'en esgarder que il ait ses couz que.

3. ε ζ s'en.

4. ε ζ *et les mss. des Ét., sauf T,* novelle dessesine. *Ce mot* dessesine *est de trop. Cf. ci-dessus t. II, p.* 164, *n.* 17.

5. ε ζ ce *au lieu de* s'en.

6. ε ζ l'ait *au lieu de* l'aüst.

7. ε ζ rendra par droit les (ζ le) couz à l'autre qu'il.

8. ζ plait. Et de nulle querelle rendra par droit le coustz à l'autre qu'il avra mis ou plait. Et de.

9. ε ne rent l'en couz. — ζ l'en ne rent ne coustz.

10. ζ en la court.

11. ε fors de IIII choses. — ζ fors des IIII chosses.

12. desus dites *manque dans* ε ζ.

13. *Rubrique dans* ε : De homme qui brise seisine à son seigneur; — *dans* ζ : Seigneur qui apelle son home. — *Cf. Ét., liv. Ier, ch.* 99 (*ci-dessus t. II, p.* 165).

14. ε ζ appelle.

15. ε ait brisié sa sesine et.— ζ ait rompu sa saisine et.

16. sa *manque dans* ζ.

17. ε ζ die.

18. *Sur les mots* en tel maniere *voy. plus haut p.* 23, *n.* 4.

19. ε ζ desdie.

20. ε ζ je n'ay osté.

21. ε ζ elle fut en.

22. ε ζ m'en esgardera *au lieu de* l'en m'esgardera.

23. ε ζ à tant. *Ces mots auraient dû être gardés dans l'édition des Ét. d'après* ε ζ *et plusieurs mss. des Ét.* (*voyez ci-dessus t. II, p.* 165, *n.* 48).

li sires li puet esgarder qu'[1] il port tout airiers en la[2] saisine ce qu'il en avra osté, ou la value[3], et [puis] si jurra sor sainz, de sa main, qu'il ne savoit[4] mie la saisine, et[5] par itant il sera quites de droit. Et se il n'[6] ose faire le sairemant, se li sires viaut, il perdra[7] ses muebles, s'il est[8] gentis hom; et se il est[9] costumiers, il [en] paiera[10] LX s. [selonc[11] laie joutise].

LXXXVII. Se[12] gentis homs se voloit herbergier et ses [hom] costumiers ait une piece de terre ou deus qu'il tiegne de lui, li sires les[13] prandra, s'il viaut, por[14] lui herbergier, o li faisant change avenant, soit[15] à faire son estanc, ou son molin, ou[16] autre herbergemant.

LXXXVIII. Se[17] gentis[18] hom avoit maison[19] qui li fust escheoite en la terre le roi, ou en chastellerie à baron qui soit taillable en quel que meniere que li gentis hom l'ait, soit[20] d'escheoite [ou d'eritage,] ou d'autre chose[21], por coi il i ait estage

1. ε ζ que il tourt arrieres.

2. ε ζ sa.

3. ε ζ value s'il ne l'aveit celles (ζ n'avoit icelles) choses, et.

4. ε ζ seüst.

5. ε ζ et o tant sera.

6. ε ζ ne l'ouse fere, si.

7. ε ζ en perdra.

8. ε ζ estoit.

9. ε ζ estet.

10. ε ζ paieret.

11. *Les mots entre crochets pourraient bien être dus au rédacteur des Établissements.*

12. *Rubrique dans* ε : Si gentis homs se voloit herberger, etc.; — *dans* ζ : De home qui se herbergé. — *Cf. Ét., liv. Ier, ch.* 98 (*ci-dessus t. II, p.* 167).

13. ε ζ la.

14. ε ζ à se *au lieu de* por lui.

15. ε ζ ou.

16. ou autre herbergement *manque dans* ε ζ *et dans plusieurs mss. des Ét.; ces mots n'appartiennent peut-être pas à la Coutume de Touraine-Anjou.*

17. *Rubrique dans* ε : Si gentil home avoit meson en chastellerie au roy; — *dans* ζ : De home qui a meson en chastelerie. — *Cf. Ét., liv. Ier, ch.* 99 (*ci-dessus t. II, p.* 168).

18. ζ home gentis *au lieu de* gentis hom.

19. ε ζ meson en chastellerie au roy ou en chasteau au baron qui soit.

20. ε ζ ou.

21. ε ζ chose, il n'en rendra ja taille por quoi il li estec ou non, por que (ζ quoi) il le tienge en sa main; mes. — *Cf. sur ce passage ci-dessus t. II, p.* 168, *n.* 48.

ou ostage por lui, por coi il la taigne en sa main, ele ne sera pas taillable; mais se il l'avoit louée[1] ou afermée à home costumier, il ne la[2] porroit pas garir de taille[3].

LXXXIX. Se[4] gentis hom a home mesqueneü[5] en sa terre[6], se il servoit le gentil home, et il mourust, li gentis hom avroit la moitié de ses muebles. Et se il moroit[7] sanz oir et sanz lignage, toutes ses[8] choses seroient[9] au gentil[10] home, mais il rendra ses detes et si fera s'aumosne avenant. Et se li mesqueneüz[11] avoit conquises[12] aucunes choses[13] à autres[14] vavasors que à celui à[15] qui il seroit homs, li autre seignor n'i avroient[16] riens par[17] droit. Mais il ne prandroient[18] pas dou seignor à celui les cens, ne les costumes; ainz covenroit que il lor en baillast home costumier qui[19] les en servist.

XC. Quant[20] bastarz muert sanz oir de sa fame, toutes ses choses sunt à ses seignors, à chascun ce qui[21] sera en son fié. Mais il puet bien prandre ses muebles à s'aumone; et sa

1. ε ζ accensée *au lieu de* louée. *Cette variante est importante :* accensée *peut fort bien être la leçon originale.*

2. ε ζ l'en.

3. ε ζ la taille *au lieu de* taille.

4. *Rubrique dans* ε : Si gentis homs a homme coustumier en sa terre; — *dans* ζ : De homme qui a hommes cuvers. — *Cf. Ét., liv. Ier, ch.* 10 (*ci-dessus t. II, pp.* 169-170).

5. ε ζ cuverz *au lieu de* mesqueneü.

6. ε ζ terre, si il se muert; li gentis homs a (ζ avra) la moitié en ses mobles.

7. ε ζ muert.

8. ε ζ les.

9. ε ζ seront.

10. ε ζ seignour *au lieu de* gentil home.

11. ε ζ cuvers *au lieu de* mesqueneüz.

12. ε ζ acquis.

13. ε ζ choses sur (ζ en) la terre à.

14. ε ζ autre vavasseur.

15. ζ de *au lieu de* à. — à *manque dans* ε.

16. ε ζ prendreint.

17. par droit *manque dans* ζ.

18. ε ζ perdroit pas de celi les cens ne les coustumes.

19. ε ζ qui l'en servist.

20. *Rubrique dans* ε ζ : Quant bastart muert sanz heir. — *Cf. Ét., liv. Ier, ch.* 101 (*ci-dessus t. II, p.* 172).

21. ε qui en sera. — ζ que en sera.

fame[1], son douaire[2], mais il retornera après sa mort aus seignors.

XCI. Se[3] bastarz vandoit de[4] ses heritages et il aüst freres ou cosins ou autre lignage, il n'avroient point[5] de la vante au bastart; ne li bastarz de[6] la lor, s'[7]il ne l'avoit par achat. Et se il moroient sanz oir et sanz lignage, si escherroit[8] [il] avant à[9] la joutise que au bastart, ou à la seignorie de cui il tendroit[10]; quar bastarz ne puet riens demander par lignage.

XCII. Se[11] aucuns [gentis] hom est[12] qui aüst homes qui tenissent terres à terrages de bastars[13], et il n'en rendissent autres[14] costumes par les[15] terrages, li sires les[16] porroit [bien] prandre à son gueaignage, mais il ne les[17] porroit baillier à autre.

XCIII. Se[18] aucuns [gentis] hom[19] avoit homes qui tenissent terres de lui à cens et il cuidast que il[20] li rendissent pou de cens, il lor porroit [bien] faire les terres mesurer. Et se il[21] i

1. ε ζ fame avra son. — *Ce mot* avra *peut bien être original.*

2. ε ζ douaire; et après sa mort torra ès seingnors.

3. *Cf. Ét., liv. Ier, ch.* 102 (*ci-dessus t. II, pp.* 172-173). — ζ Quant *au lieu de* se.

4. ε de son heritage. — de *manque dans* ζ.

5. ε ζ point de le heritage par le lingnage, ne.

6. ε ζ du lour *au lieu de* de la lor.

7. ε si il le vendoint; — ζ et il le vendoint *au lieu de* s'il ne l'avoit par achat.

8. ε escherroient.

9. *Les mots* à la... ou *manquent ici dans* ε ζ. *Voy. la n. suiv.*

10. ε ζ tendroint que il ne feroint au bastart; quar.

11. *Rubrique dans* ε : Si aucuns homs, etc. — ζ Homme qui tient terres à terrages. — *Cf. Ét., liv. Ier, ch.* 103 (*ci-dessus t. II, pp.* 174-175).

12. ε ζ estoit.

13. ε ζ bastart.

14. ε ζ autre coustume.

15. ε le terrage. — ζ l'eritage.

16. ε ζ la.

17. ε n'a; — ζ ne la *au lieu de* ne les.

18. *Rubrique dans* ε : Si aucuns homs, etc. — ζ Homme qui tient terres à terrages. — *Cf. Ét., liv. Ier, ch.* 104 (*ci-dessus t. II, p.* 175).

19. ε ζ homs estoit qui eüst homes.

20. ε ζ il tendissent poi (ε joi) cens.

21. ε ζ il en tenoient plus dont il ne.

trovoit plus dont il ne [li] rendissent le cens et cele terre se tenist à la soue, ce[1] qu'il [i] avroit plus trové, li remaindroit; et s'ele ne se tenoit à la soue, il ne la porroit pas prandre à[2] soi, mais il [li] porroit [bien] croitre le[3] cens, à la raison[4] dou seureplus qu'il[5] avroit trovée de[6] la terre et[7] des autres cens. [Et rendroit le defaut des cens] des années qu'il avroit les terres tenues; et feroit droit de la premiere année; et feroit le gage de sa loi. Einsinc[8] li remaindroit sa[9] terre, non pas au seignor.

XCIV. Se[10] aucuns [hom] estoit qui laissast son servise à[11] rendre à son seignor, ganz ou esperons[12], ou autre servise randu à jor nomé, et il ne l'[13]aüst randu de IIII[14] anz, ou de V, ou de plus, ou de moins, et li sires l'en apelast[15] et li deïst : « vos ne m'avez pas randu mon servise de TANTES[16] années [trespasées,] je[17] vueil que vos m'en faciez droit; » si li rendroit li hom le servise de toutes les années trespassées, et [il li en] feroit le droit gaige de sa loi. Mais li sires en porroit bien ouvrer en autre meniere; car quant li termes seroit passez que il ne li avroit pas rendu son servise, li sires porroit bien prandre en son fié

1. ε ζ et *au lieu de* ce.

2. ε ζ à son eus (*sic*), mes.

3. ε ζ les cens.

4. ε ζ reson de la terre qu'il.

5. ε ζ il i avret.

6. de la terre *manque ici dans* ε ζ. *Voir ci-dessus note* 4.

7. et des autres..... tenues *manque dans* ζ.

8. ε Et ainsi; — ζ Et aussi *au lieu de* Einsinc.

9. ε ζ la terre en sa main, non.

10. *Rubrique dans* ε : De homme qui laisse à rendre son, etc.; — *dans* ζ : De qui doit ganz ou esperons. — *Cf. Établissements, livre I*er*, chapitre* 105 (*ci-dessus t. II, p.* 177).

11. *Dans* ε ζ *les mots* à rendre *sont placés un peu plus haut après* laissast.

12. ε ζ esperons dorez *au lieu de* esperons.

13. l' *manque dans* ε.

14. ε ζ *portent* II *au lieu de* IIII.

15. ε ζ pledoiast *au lieu de* apelast.

16. ζ tant d'années.

17. *Les mots* je vueil..... trespassées et *ne se trouvent que dans* ε ζ *et manquent dans tous les mss. des Ét.; j'aurais pu les introduire entre crochets dans le texte des Ét.*

ou[1] domoine à son home, bestes ou autres choses, s'il les avoit[2]. Et[3] si les puet[4] bien vandre par soufraite de servise. Et se il vient avent[5] au seignor et li die : « sire, vos avez pris les[6] moies choses, je les[7] vous demant à avoir o pleges[8], car je sui [touz] prez de faire droit par devant vos, » et[9] li sires li puet respondre : « je ne vueil pas que vos les[10] aiez, car je les[11] ai vendues par deffaute[12] de servise. » Mais se einsinc estoit[13] qu'[14]il en requist avent son seignor que les choses fussent vandues, et il les trovast en la main son seignor, ou il ne les[15] trovast mie, por quoi il [li] eüst einsinc fet, il les[16] devroit avoir. Et o itant randroit[17] son servise et[18] le gage de sa loi.

xcv. Se[19] aucuns viauz [hom] ou[20] foibles, ou aucuns qui seroit malades fesoit tort à aucune[21] gent, et cil s'an venist plaindre à la joutise, l'en li devroit[22] metre terme. Et se il ne venoit au jor, et il mandast[23] l'[24]essoine de la maladie, l'autre partie devroit[25] atendre VII jorz et VII nuiz. Et se li plaintis vient derechief et die : « sire, je vos requier droit, car cil de qui je

1. ε ζ ou ou demainne au chevalier, bestes. — O^i ou en son demaine au chevalier bestes. *Les mots* ou en *et* au chevalier *sont ajoutés au texte primitif de* O^i. — L^i du demainne.

2. ε ζ a.

3. ζ On les *au lieu de* Et si les.

4. ε ζ porret.

5. ε ζ davant son seignour.

6. ε ζ la moie chosse.

7. ε ζ la.

8. ε ζ pleges.

9. ε ζ et si li sires dit : « je.

10. ε ζ l'aïez.

11. ε ζ l'ay.

12. ζ deffaut. — *Quelques mss. des Ét. ont ici :* soufraite; *c'est peut-être la leçon originale. Voyez ci-dessus t. II, p. 199, n. 45.*

13. ε ζ avenoit.

14. ε ζ que l'ome requist son seignour avant que il eüst vendue la chose et il la trovast.

15. ε ζ la.

16. ε ζ la.

17. ε ζ sereit rendu *au lieu de* randroit.

18. ε ζ et feret le.

19. *Rubrique dans* ε : De homme veulz et febles; — *dans* ζ : De gens qui sont malades. — *Cf. Ét., liv. Ier, ch.* 106 (*ci-dessus t. II, p.* 181).

20. ε ζ et.

21. ε ζ aucunes genz.

22. ε ζ doit.

23. ε demandast.

24. ζ son exoine.

25. ε ζ doit.

m'estoie plainz, si est malades[1], » la joutise si i doit envoier homes[2] soufisanz. Et [cil] li doivent dire[3] : « CIL se plaint de vos et de TEL CHOSE, — et les[4] nomeront, — et vos estes malade de longue maladie, si vos[5] esgarde l'en que vos[6] metez I autre en leu de vos qui vos deffande, quant vos ne quenoissiez, » cil i[7] doit metre son fil [l']aisné; et[8] s'il n'a anfanz, cil à qui avient li retors de la terre, [i doit estre por lui.] Et einsi[9] esgarde l'en par droit qu'il sera establiz; et ce que cil fera sera estable.

XCVI. Se[10] einsinc avenoit que l'en se pleinsist d'[un] home, ou de batre ou de ferir, ou de deniers ou de terres[11] ou d'aucune autre chose, et joutise[12] li meïst terme, et il venist au terme; et cil li demandast[13] sa droiture ou autre chose; et cil li respondist: « je[14] m'an deffan, biau[15] sire, que je nul tort ne [li] fais, come cil qui point ne tient de sa droiture, ne riens ne li doi; mais je vueil qu'il me face droit de ce qu'il m'a meffait, dedanz le terme que vous m'aviez[16] mis à sa plainte, come cil qui m'a batu et m'a fait autre meffait, et le [vos] nomerai; » — « sire, [fait li autres,] je ne[17] vueil pas à lui respondre, [car je n'ai point de jor à sa plainte, mais il a jor à la moie ;] por ce, si vueil qu'il me responde à ce que je li demanderai ; » — « sire, fait li autres, je

1. ε ζ malade de longue maladie, la.

2. ε ζ genz.

3. ε ζ dire : « Cex genz se plaignent de vous et de. — *On remarquera que ce pluriel se retrouve dans plusieurs mss. des Ét. cités ci-dessus t. II, p.* 182, *n.* 22, *et dans* L^i O^i.

4. ε ζ la.

5. vos *manque dans* ζ.

6. ε ζ vous devez (ζ i devez) mestre un autre (un autre *manque dans* ζ) en (ζ ou) leu.

7. ζ et.

8. ε ζ ou s'il n'a ainzné filz, cil à.

9. ε ζ einsi puet l'en regarder (ζ puet esgarder) par jugement que il sera estable (*fin du chapitre*).

10. *Cf. Ét., liv. Ier, ch.* 107 (*ci-dessus, t. II, p.* 184).

11. ε ζ terre.

12. ε ζ la justice.

13. ε ζ demandast de sa droiture terre ou. *Cette tournure est probablement la tournure originale.*

14. ε ζ sire, je.

15. biau sire *manque ici dans* ε ζ. *Voyez la note précédente.*

16. ε ζ avez *au lieu de* aviez.

17. ε ζ ne li veil pas respondre.

ne vueil mie respondre, mais[1] il responde à moi de ce qu'il m'a meffait dedanz le terme que vos m'aviez[2] mis ; » tout n'ait il point de jor à sa plainte, il respondra avent que cil responde à lui. Et se il puet prover que cil ait mise main à lui par mal respit dedanz le terme, se[3] ce n'estoit sor soi deffandant, il en feroit soixante sols d'amande à la joutise, se il estoit hom costumiers; et s'il estoit gentis hom, il em perdroit[4] ses muebles. Et amenderoit à celui à qui il avroit[5] meffait touz ses domaches. Et por ce se doit l'en garder de meffaire dedanz le terme, car l'en en pert ses[6] responses au jor. Et en fait l'en droit[7], si come nos avons dit desus[8].

xcvii. Se[9] einseinc avenoit[10] que aucuns [hom] apelast un autre de murtre[11] ou de traïson, ou d'autre meffait dont il deüst perdre vie ou mambre, la joutise doit tenir les cors[12] d'aus deus en igal prison, si que li uns ne soit plus amalaisé que li autres. Et se aucune[13] fole joutise estoit qui laissast aler l'un ors de prison par pleges et retenist l'autre, et cil s'an foïst qu'[14]il avroit delivré par pleges, et ne venist pas au terme que l'en li avroit mis, et [adonques] la joutise[15] feïst[16] semondre les

1. ε ζ ainz veil que il me responde de ce que il m'a meffet.

2. ε ζ avez mis à sa plainte, come cil, come cil qui m'a bastu et m'a fet autre meffet, tout n'ait il point de jour, ainz que je responde à ly et c'est droit. Et si il est prové que il ait.

3. ε ζ si sur soy deffendent n'estoit (ζ n'estoit deffendant), il.

4. ε ζ feret.

5. avroit *dans l'édit. des Ét. serait préférable à* l'avroit.

6. ε ζ les respons dou jor.

7. ε ζ le droit.

8. ε ζ devant.

9. *Rubrique dans* ε ζ : De home qui appelle autre. — *Cf. Établissements, liv. Ier, ch.* 108 (*ci-dessus tome II, pp.* 187-188).

10. ε ζ estoit.

11. ζ meurtre ou de larrecin, ou de.

12. ε ζ corps des deux en.

13. ε aucune foiz estet la justice folle et lessast l'un par pleges. — ζ aucune foiz la justice estoit qui le lessast aler l'un par pleiges et l'autre retenist et cil.

14. ε ζ que l'en avret delivré et ne veneïst mie au terme que l'en li.

15. *Les mss. des Ét. ont :* joutise deïst as pleges : α vos. *Les mots manquant dans les mss. des Ét. appartiennent probablement au texte original.*

16. ε feret.

pleges que l'en li avroit mis et lor deïst : « seignor, vos avez plevi TEL HOME à estre[1] à TEL JOR à droit [par devant moi,] — et le nomera : — et si estoit apelez de TEL [GRANT] MEFFAIT et il s'en est fouïz; [et, por ce,] vueil je que vos en[2] soiez provez et atainz de porter TELE poine come cil[3] qui s'en est fouïz [fet; »] — « sire, [dient cil,] ce ne volons nos[4] mie, car se nos plevissons nostre ami, nos faisons[5] ce que nos devons. Mais nos en ferons ce que nos devrons. » Et einsinc puet l'en esgarder as[6] pleges que il en feront cent sols d'amende et I denier; et o itant en seront quite. Et iceste amande si est apelée reliez d'ome. [Et][7], por ce, se doit [bien] garder [la] joutise que[8] ele ne praigne pleges[9] de genz qui s'entr'apelent de si grant meffait [come de murtre ou de traïson,] car il[10] n'an pueent porter autre amande, que ce que nos avons dit par[11] desus.

XCVIII. Se[12] aucuns se plaint à joutise d'aucun meffait, et li jugemenz contende au premier terme de lor paroles, la joutise lor doit metre terme avenant. Et se à[13] celui terme content li jugemanz par meïsmes [lor paroles,] la joutise si lor doit metre[14] terme. Et à celui terme, il[15] se doit lever et apeler genz soufizanz qui ne soient de l'une partie ne de l'autre, et doit faire les[16] paroles retraire. Et des paroles qu'il avront dites si lor doit faire droit, et si lor doit retraire ce qu'il avront jugié. Et einsinc joutise ne se puet lever, ne ne doit devant ce que jugemanz ait contendu II foiz [par] devant lui.

1. ε ζ avoir.
2. en *manque dans* ε.
3. ε ζ celi feïst qui s'en.
4. nos *manque dans* ζ.
5. ε ζ femmes.
6. ε ζ einsi l'en (ζ n'en) esgarde aus.
7. *Dans* ε *une main en marge signale ce passage.*
8. ε ζ que l'en ne.
9. ζ plaige.
10. ε il ne puet autre porter for ce que. — ζ ilz em puevent autre porter fors ce que.
11. par *manque dans* ζ.
12. *Rubrique dans* ε ζ : De (De *manque dans* ε) home qui se plaint à justice. — *Cf. Ét., liv. Ier, ch.* 109 (*cf. ci-dessus t. II, pp.* 190-191).
13. à *manque dans* ζ.
14. ε ζ mestre le tierz terme.
15. ε ζ ele.
16. ε ζ la parole.

XCIX. Se[1] aucunes gens avoient terres[2] ou vignes qui fussent communes[3] ensemble, et li uns venist à l'autre et li deïst : [« biau] sire, partons noz [vignes — ou NOZ] TERRES — que nos avons ensemble » et li autres deïst : « je ne vueil pas [partir,] » si s'en porroit cil[4] plaindre à la joutise. Et la joutise si lor en doit mettre terme. Et quant il seront au terme, [se] cil qui se seroit plainz deïst : « sire, entre moi et cest home avons terres parçonieres, et je vueil que eles soient parties[5]; car[6] [je] vueil savoir [où] ma parz [en gist;] » et li autres deïst : [« sire,] je ne vueil mie; » — [et li autre deïst :] « je[7] suis prest dou partir, et, vos, choisisiez come cil qui[8] n'i a plus de moi, et je i ai autretant comme vos avés; et en atandrai droit; » et einsi[9] puet esgarder la joutise que cil qui se hastoit[10] de partir si partiroit[11] à l'autre et cil[12] choisiroit. Et se einsinc avenoit[13] que li uns aüst plus[14] de joutise [en la terre] que li autres, et il deïst : [« biau] sire, je ne vueil mie que nos partons[15] ensemble, car je ai la joutise[16] en la terre : tant i ai je plus de vos, et vos n'[17]i avez riens [plus] de moi : et sont les rentes receües[18] par moi et par mes mains, ou par les mon sergent; et bien puet estre que vostre sergenz i[19] a esté [qui a ce veü.] Et se les costumes ne sont rendues au terme, je tien le plait, se vos n'i volez estre.

1. ε ζ *Rubrique dans* ε ζ : De genz qui ont terres ensamble. — *Cf. Ét., liv. Ier, ch.* 110 (*cf. ci-dessus t. II, p.* 192).

2. ε ζ terres ne rentes qui. — η terres, vignes ou rentes qui.

3. ε parçonieres — communes *n'est pas représenté dans* ζ.

4. cil *manque ici dans* ζ *et est placé plus haut avant* s'en.

5. ζ departies.

6. ε ζ et.

7. ε ζ quar je *au lieu de* je.

8. ε ζ qui n'i a riens de vous, et j'ay (ζ je y ay).

9. ε ζ einsi la justice puest esgarder que.

10. ε ζ hasteret.

11. ε ζ feret la partie *au lieu de* partiroit.

12. ε ζ l'autre *au lieu de* cil.

13. ε ζ estoit.

14. ε ζ plus que l'autre de justice et il deïst (ζ et il doit dire).

15. ε ζ departon d'ensemble.

16. ε ζ justice de la chose et je n'y ay (ζ n'ay) riens de vous.

17. ζ n'avez.

18. ε ζ receües par ma main ou par la (la *manque dans* ζ) mon sergent.

19. ε ζ y est *au lieu de* i a esté.

Et por ce que je i ai ces aventages, ne[1] viau je pas partir. » Se einsinc estoit, il ne partiroit pas par droit.

c. Se[2] aucuns ait molin, qui ait[3] vaarie en sa terre, et il ait homes estagiers, il doivent moudre à son molin tuit cil qui seront[4] en[5] la banliue. Et se aucuns en deffailloit, puis[6] qu'il en seroit semons, li sires li puet bien faire esgarder[7] que il ne mueille à autre[8] molin. Et se li sires ou ses[9] sergenz le[10] trueve aportant farine d'autre molin que dou sien, la farine si est au seignor, et li homs n'an doit autre amende[11]. Et se einsinc avenoit que li moniers feïst domache à aucun de ses moulanz de son blef qu'il avroit amené au molin, et cil venist au seignor et li deïst : « sire, vostre moniers m'a fait domache [de mon blef,] faites le moi amander, » li sires doit mander le monier et li[12] [doit] dire : « cist[13] hom se plaint de toi[14], que tu li as fait domache [de son blef;] — et le nomera. » Et se li moniers dit[15] : « je m'an deffan; » et li autres die : « je le proverai si com je devrai, » si li doit l'en faire amender par[16] droit son domache o[17] son serment, s'il i a plus de XII d., et s'il i a moins, o sa foi[18]. Et einsinc doit l'en entendre que nus moniers n'a deffanse contre[19] son molant. Mais cil[20] doit jurer ou fiancier qu'il i a [itant] aü de[21] domache en la garde au[22] monnier[23]. Et

1. ε ζ je ne veil partir.

2. *Rubrique dans* ε ζ : De moulins. — *Cf. Ét., liv. I*er*, ch.* 111 (*ci-dessus t. II, p.* 196).

3. ε ζ a.

4. ζ seront.

5. ε ζ de.

6. ε ζ puis que l'en l'avret semons.

7. ε gletier que il ne moulent à. — ζ guetier qui ne moulent à.

8. ζ aucuns.

9. ε les.

10. ε li trovant. — ζ les trouvent.

11. ε ζ ne doivent à autre gage. (ζ graage). Et.

12. li *manque dans* ε.

13. ε ζ cil *au lieu de* cist hom.

14. ζ *avait d'abord* vous *qui a été effacé.*

15. ε dit : « sire, je.— ζ dit : « m'en.

16. *Dans* ε ζ *les mots* par droit *sont placés un peu plus haut après* l'en.

17. ε ζ à.

18. ε ζ fiance.

19. ε ζ contre ceux qui molent à son molin. Mes.

20. ε ζ il.

21. de *manque dans* ε.

22. ε dou.

23. ζ moulin.

einsinc avront [li molant] lor domache, com nos avons dit devant[1]. Et se li sires ne lor voloit faire randre[2] lor domaches, il ne seroient pas tenu de[3] modre [à son molin] jusqu'[4] à tant qu'il aüssent toz lor domaches; ne li sires ne les[5] en porroit porforcier[6] par droit.

CI. Et se[7] aucuns avoit molin parçonier, et il i fausist muele[8] ou autre chose por coi il ne poïst moudre, il doit venir à celui qui i a part o lui, et li doit[9] dire : « il[10] faut en nostre molin [muele :] metez i vostre moitié. » Et se il dit : « je n'i metrai riens, car je ne puis, » [adonc] il li doit mostrer[11] autresi par devant [la] joutise; et s'il dit : « je n'i viau riens metre, » cil[12] puet bien fere afaitier le molin et en avra toute la mouture[13], l'une partie et l'autre, jusqu'à tant qu'il avra randue sa partie des couz et des despens; et einsinc recevra toute la mouture[14] sanz conter. Et se il le faisoit afaitier sanz[15] l'autre semondre, li autres ne feroit que randre l'argent qu'il i avroit mis, par[16] partie; et encore convenra qu'[17]il prove par son sairement combien il avra mis ou molin [afaitier,] de loiaus couz. Et sera conté ce qu'il avra aü de la mouture : et s'il [en] avoit[18] aü plus de la moitié que li couz ne monteroient, il [li] en rendroit le sorplus.

CII. Nuns[19] vavasors ne puet avoir four en[20] vilenage[21], où il

1. ε ζ dessus.
2. ε ζ amender.
3. ε ζ à.
4. ε ζ davant que ils.
5. les *manque dans* ζ.
6. ε ζ forcier.
7. *Cf. Ét., liv. Ier, ch.* 112 (*ci-dessus t. II, p.* 199).
8. ε ζ moule, ou chaillou ou.
9. ε ζ qui part o li doit.
10. ε ζ ce.
11. ε ζ auxi monstrer *au lieu de* mostrer autresi.
12. ε ζ ce li puet.
13. ε ζ moitié à la partie jusque tant que l'autre avra renduz la moitié des couz; et recevra.
14. ε ζ moitié.
15. ε ζ sanz semondre l'autre *au lieu de* sanz l'autre semondre.
16. ε ζ por sa partie.
17. ε ζ que il en ait son serement combien il avra mis au molin à leaux.
18. Leçon de ε ζ. *Les mots* de la moitié *manquent dans les mss. des Ét. : ils auraient pu être accueillis dans l'édit. des Ét. et mis entre crochets.*
19. *Rubrique dans* ε : De four. — *Cf. Ét., liv. Ier, ch.* 113 (*ci-dessus t. II, p.* 202).
20. ζ à.
21. ε ζ village.

puisse faire cuire ses homes[1], se il n'a bourc ou partie en bourc. Mais se il a bourc ou partie en bourc, il puet bien avoir four, s'il a vaarie. Et i doient si home cuire. Et s'il i a aucun qui cuise à autrui four, li sires [en] porroit[2] [bien faire] panre le pain [quant l'en l'enporteroit de l'autrui four.] Et cil ne li [en] rendra autre amende. Mais[3] li pains sera au seignor[4]. Et se li forniers faisoit domache as[5] cuiseors de lor pain mau cuire, li sires lor devroit faire amender, à lor prueve. Et se li sires ne le voloit fere amender, il ne seroient pas tenu à cuire [à son four,] jusques à tant qu'[6]il lor aüst fait amender lor domaches.

CIII. Se[7] aucuns bers est[8] qui ait ses vavasors en sa[9] chastelerie, et li vavasors n'[10]ait point de molin, tuit si[11] home costumier[12] moudront au molin au baron, por quoi il soient dedanz[13] la banliue. Et s'il estoient defor[14], il n'i moudroient mie, [se il ne voloient.] Et li bers[15] lor feroit amander lor domaches[16], si come nos avons dit desus[17], à lor prueve. Et se aucuns de ses vavasors faisoit molin [en sa chastelerie,] tout n'en i aüst il onques point[18] aü, tuit si hom moudroient à son molin. Mais se li vavassors faisoit moulin hors de sa[19] chastelerie, si home n'i moudroient mie, tout fussent il dedanz la banliue; ne li bers n'en perdroit pas sa droiture.

CIV. Se[20] li bers a fié en[21] baronie à aucun autre baron,

1. ε ζ hommes à ban, si.

2. ε ζ porra.

3. ε ζ Et.

4. ε ζ vavasor.

5. ε ζ à ceux qui quisent de lour pain mau.

6. ε ζ que li sires lour (ζ le leur) eüst.

7. *Cf. Ét., liv. Ier, ch.* 114 (*ci-dessus t. II, p.* 204).

8. est *manque dans* ζ.

9. ε ζ la.

10. ε ζ n'ait nul molin.

11. ε ζ les.

12. ε ζ costumers au vavasor moudront.

13. ε ζ en *au lieu de* dedanz.

14. ε ζ dehors.

15. ε ζ sire.

16. ε ζ domage.

17. ε ζ par desur.

18. ε ζ point en la chastelerie, touz.

19. ε ζ la.

20. *Rubrique dans* ε : De fé à ber en autre baronnie. — *Cf. Ét., liv. Ier, ch.* 115 (*ci-dessus t. II, p.* 206).

21. ε ζ en la baronie.

li bers [à] qui seroit[1] li fiez n'i avroit[2] petite joutise ne grant; ainz seront les joutises au baron, en qui chastelerie li fiez seroit[3]. Et bien avient en aucun fié que uns vavasors tenra la terre[4] de aucun baron, et si sera en autre chastelerie[5] que en cele de qui il tenra, et avra sa vaarie et sa joutise dou baron en qui chastelerie li fiez sera. Et en ceste meniere, fet l'en bien d'un fié II homages : à l'un dou[6] fié de la terre et à l'autre [dou fié] de la vaarie. Et se einsinc avenoit que aucuns se plainsist au baron de celui[7] qui tendroit le fié de la terre[8], il porroit bien tenir le plait dou fié de la terre, jusqu'à la bataille[9]. Mais il ne porroit pas tenir la bataille, por ce qu'il n'i a point de joutise; ainz seroit d'ilueques en avant li plaiz devant l'autre baron en qui chastelerie li fiés de la vaarie seroit.

CV. Se[10] li bers devoit deniers au roi, li rois ne se[11] porroit pas vanchier as homes au baron par droit, fors [que] les redevances que li home doivent au baron; mais il ne porroit pas[12] prandre lor muebles par droit. Ne porroit il [fere par droit] por nul meffait que li bers feïst, por coi li home ne l'aüssent deservi. Et einsi di je que li bers ne puet mie prandre par droit por dete que li vavasors li doie, ne por meffait que li vavasors li face, autrement [fors einsinc] com[13] nos avons dit desus[14]. Et einsi puet l'en entandre que nule joutise ne puet faire[15] autrement [fors que li rois.]

1. ε ζ sera.

2. ε ζ avra ne haute justice ne petite : ainz.

3. ε ζ sera.

4. ε ζ terre à I baron.

5. ε ζ main *au lieu de* chastelerie.

6. ε des faiz; — ζ des fiez *au lieu de* dou fié.

7. *Dans* ε *on a rétabli la bonne leçon après coup en exponctuant les mots* de *et* il *dans la phrase suivante :* celi de qui il tendret.

8. ε ζ terre de li, il.

9. ζ bataille. Quar il. — ζ bataille : pour ce que il n'a point de justice, il ne porret pas tenir la bataille; ainz.

10. *Rubrique dans* ε : De deniers. — *Cf. Ét., liv. I*er*, ch.* 116 (*ci-dessus t. II, p.* 208).

11. ε ζ s'en puet.

12. ε ζ mie lor moble (ζ leurs meubles prandre par.

13. ε ζ que.

14. ε ζ davant.

15. ε ζ meffere *au lieu de* faire.

CVI. Se[1] einsinc avenoit[2] que li rois aüst doné à aucun home por son servise ou par sa volenté aucun heritage, à lui et à son[3] oir [qu'il avroit de sa fame espousée; et s'il avoit oir] et il moufust[4], quant li[5] oirs seroit en aage, il[6] en seroit en la foi le roi et partiz de sa mere. Et [se] sa mere demandast douaire et[7] il respondist : « dame, vos n'[8]an devez[9] point avoir, car se mes peres fust morz sans oïr, vos n'en aüssiez point, einçois demorast[10] au roi quite : car li rois ne le dona fors[11] à lui et à son[12] oir qui istroit[13] de li et de sa fame espousée. Et, por ce, se je fusse morz, vos n'aüssiez point de douaire o le roi. » Et einsi puet l'en entendre que fame n'a point de douaire en tiex[14] dons, qui que les[15] face ou[16] rois, ou cuens, ou autres [hom].

CVII. Fame[17] ne puet riens doner à son seignor en aumone tant come ele soit saine[18], que li dons fust pas estables; car, par aventure, ele ne li avroit pas doné de[19] son bon gré, ne de sa bonne volenté; ainz l'[20]avroit doné par creinte qu'il ne li [en] feïst pis, ou por la grant amor[21] qu'ele avroit à[22] lui. Et, por ce, ne li puet [ele] riens doner de son heritage. Mais avant qu'[23]ele l'aüst pris, ele li peüst bien doner le tierz de son heritage, ou à

1. *Rubrique dans* ε : De don por servige. — *Cf. Ét., liv. Ier, ch.* 117 (*ci-dessus t. II, p.* 210).

2. ε ζ estoit.

3. ε ζ ses hers *au lieu de* son oir.

4. ε ζ se mourust.

5. ε ζ les hers seroint en.

6. ε ζ et il.

7. *Cette conjection est explétive.*

8. ε ζ ne *au lieu de* n'an.

9. ε devez point avoir de douaire, quar. — ζ devez avoir point de douaire, quar.

10. ε il remansist. — ζ remensist.

11. ε ζ que à li.

12. ε ζ ses hers.

13. ε estraint. — ζ estaint.

14. ε ζ icex.

15. ε ζ le.

16. ζ au roi.

17. *Cf. Ét., liv. Ier, ch.* 118 (*ci-dessus t. II, p.* 212). — ε ζ Dame *au lieu de* Fame.

18. ε ζ fame.

19. ε ζ de sa volenté; ainz.

20. ε ζ le li avret.

21. *Ici cette glose marginale dans* ζ : « Ad hoc (ζ hos) facit lex prima cum concordanciis ff. De donationibus inter virum et uxorem. » (*Cf. Dig.*, XXIV, I, 1.)

22. ε ζ o.

23. ε ζ que il l'eüst prinse, li puet elle brin.

sa mort, ou quant ele seroit malade, por coi elle n'aüst oir male[1]........

CVIII. Se[2] einsinc avenoit que aucuns gentis hom mariast sa fille, et li peres venist à la porte dou mostier, ou la[3] mere, s'ele n'[4]avoit pere, ou ses freres, ou aucuns qui avroit[5] pooir de la marier; et li peres ou aucuns de ceus que nos avons dit dessus venist[6] à la porte dou mostier et deïst : « sire[7], je vos doing ceste damoisele et TANT de ma[8] terre, à vos [deus] et[9] à vos oirs qui de vos deus istront. » Se[10] einsinc est qu'il[11] i ait oirs, et li sires[12] se murre et la fame repraige[13] seignor et[14] ait oirs, et la[15] fame se murre, et li enfant dou darreien seignor deïssent à l'ainné[16] dou premier seignor : « faites nos partie de la terre nostre mere; » et[17] li ainznez deïst : « je ne[18] viau que vos i aiez riens, car ele fu donée à mon pere[19] et à ma mere et as oirs qui d'aus II istroient; et ce sui je [touz] prez de prover, » [et] se li

1. ε ζ malle : elle ne le porret pas fere, quar gentil fame n'est que baail de son heritage, puis que elle a heir malle. *Le ms. primitif de la Coutume portait peut-être ici :* male; mais se ele avoit hoir male, elle ne le porroit pas faire, car gentis fame n'est que bail de son heritage, puis qu'ele a oir male. *Cf. présent volume, p.* 34, § 57, *et ci-dessus t. II, p.* 103.

2. *Rubrique dans* ε : De don fait à la porte du moustier. — *Cf. Ét., liv. Ier, ch.* 119 (*ci-dessus t. II, p.* 213.)

3. ε ζ sa.

4. ζ n'avoit point de pere. — ε n'a point de pere.

5. ε ζ eüst.

6. ε ζ venist avant à.

7. ε ζ beau sire.

8. ζ matiere *au lieu de* ma terre.

9. ζ et aus hairs qui.

10. *Rubrique dans* ε : Si einsin est, etc.

11. ε ζ il aient hair (ζ hairs) et.

12. ε ζ pere.

13. ε ζ prenge.

14. ε et non ait hers. — ζ et n'en ait hoirs.

15. ε ζ elle *au lieu de* la fame.

16. *Je respecte l'orthographe de B qui adopte cette forme pour le cas régime d'ainznez. J'avais corrigé ici B dans l'édit. des Et.*

17. ζ et il die. — ε et il responde : « je.

18. ne *manque dans* ζ.

19. ε ζ pere o ma mere en mariage à ly et aus qui de li ystront (ζ estroint).

puisné disoient qu'il ne l'an creüssent mie; si li estorroit[1] amener genz qui aüssent esté au mariage, au moins[2] [II] preudes homes ou III qui jurassent sor sainz de lor main que cil mariages fu donez au pere et à la mere — et les nomeroient — à aus et à lor oirs qui d'aus deus istroient, à veüe et à saüe d'aus; et [tout] einsinc remaindroit à l'ainné. Et s'il ne le pooit[3] einsinc prover[4], la tierce partie demourroit[5] as puisnés de l'autre seignor; et li ainznez lor garroit en parage. Et se einsinc estoit que dou premier seignor n'[6]i aüst que filles, et eles[7] le poïssent prover, si com nos avons dit desus, toute la chose lor[8] remaindroit, et li puisné n'i avroient[9] riens. Et se eles ne le pooient[10] prover, li[11] ainznés fiz dou darreien seignor i avroit[12] les deus parz, et[13] eles, la tierce; et lor garroit en parage, et feroit la foi, se ele[14] i estoit à faire.

CIX. Dus[15], ne cuens, ne bers, ne nus autres sires ne puet doner son home de foi, se ce n'est à son frere ou à sa suer. Mais à ceus le[16] puet il bien doner en[17] partie; mais il ne le[18] porroit

1. ε ζ estovret (ζ esconvendroit) à l'autre que il le provast o les genz.

2. ε ζ mains o III proudes homes. Et estouret (ζ esconvendroit) que il jurassent sur sainz de lor main que tel mariage — et le nommeront, — fut donné au pere et la mere es hers de cex, à veüe. *La leçon que j'adopte dans le texte est celle de L¹ qui me paraît la plus probable et que je ne connaissais pas lorsque j'ai imprimé le texte des Établissements. J'abandonne par suite la conjecture proposée au t. II ci-dessus, p.* 215, *note* 45. *La leçon* « II... ou III » *est préférable à la leçon* « III... ou IV » *à cause du passage de saint Mathieu* (XVIII, 16) *qui a joué un grand rôle au moyen âge.*

3. ε poent.

4. ε monstrer.

5. ε ζ remaindroit.

6. ζ il n'i.

7. ε ζ elle peüst prover.

8. ε ζ li.

9. ε ζ avret.

10. ε povet. — ζ puet.

11. ε ζ les enffanz du derrain.

12. ε ζ avront.

13. ε ζ et ele n'i avret que le tierz; mes il li garret.

14. ζ elle estoit. — ε elle eret (?) à.

15. *Rubrique dans* ε : Nul conte ne puet, etc. — *Cf. Ét., liv. Ier, ch.* 120 (*ci-dessus t. II, p.* 217). *Ce ch. commence ainsi dans* ε ζ : Nul ne conte, ne.

16. ζ les.

17. ε en parage, mes.

18. ζ les.

pas doner à[1] I home estrange, s'il ne li donoit o[2] toute l'[3] obeïssance qu'il i avroit sanz riens retenir; car se li bers le donoit à un de ses vavasors, ce seroit au[4] domache de[5] celui, car[6] il li en convenroit[7] faire II obeïssances : à celui à qui[8] il le donroit, et au baron meïsmes qui avroit son riere-fié : et einsinc feroit il[9] d'une obeïssance deus. Mais se li bers le donoit en tele meniere que cil à qui il le donroit le tenist dou roi, se li bers[10] en tenoit, ou d'un autre seignor.... car einsinc ne retient li[11] bers nule obeïssance. Et en ceste meniere porroit[12] li vavassors doner à I autre vavassor, por coi cil à qui il le donroit le tenist de celui de qui li vavassors tendroit[13].

CX. Se[14] einsinc avenoit que uns gentis hom se morust [et il] et sa fame, et il[15] aüssent oir, cil qui devroit avoir le retour de la terre au pere avroit le bail de la terre de part le pere; et cil qui devroit avoir le retour de la terre à la mere, avroit le bail de la terre de part la mere. Mais I de ceus qui devroient avoir le retour de la terre si comme nos avons dit dessus n'avroit pas la garde des anfanz; ainz l'avroit li uns des amis, de part le pere et uns autres de part la mere qui seroient de lor lignage. Et devroient avoir de la terre [par raison] à nourir les anfanz, et[16] à porveoir ceus selonc les terres; car cil qui ont le retour [de la terre] ne doivent[17] pas avoir [le retour et] la garde; car soupeçons seroit qu'il [ne] vousissent plus la mort des[18] anfanz

1. ε ζ à un autre, se.
2. o *manque dans* ε ζ.
3. ε ζ la lessance *au lieu de* l'obeïssance.
4. ε ζ ou.
5. ε ζ à.
6. ε ζ quar ensi en.
7. ε escouret il fere.
8. ε ζ qui lo home seroit donné, et.
9. ε ζ le home *au lieu de* il.
10. ε ζ ber ne le teneit ou d'autre.
11. ε ζ cil qui donne *au lieu de* li bers.
12. ε ζ porret donner à autre vavasor, por que celi à qui il.
13. ε ζ le tendroit.
14. *Rubrique dans* ε : Si einsin, etc. — *Cf. Ét., liv. I*er*, ch.* 121 (*ci-dessus t. II, p.* 219).
15. ε ζ il en eüssent.
16. ε ζ et les pourveoir secont.
17. ε ζ devroint.
18. ε ζ de ceux *au lieu de* des anfanz.

[que la vie,] por la terre qui lor echerroit[1], que I autres[2] à qui la terre ne devroit pas escheoir.

CXI. Se[3] aucuns hom met [I] autre en plege, il le[4] doit garder[5] [de touz domaches,] et s'il i a[6] domache en quelque meniere que ce soit, il li est tenuz à amander à sa prueve. [Et][7] se aucuns est pleges à autre, cil[8] puet bien prandre dou sien, se il li quenoist que il soit [ses] pleges; et se il le deffant, il ne doit pas prandre dou sien [à force,] mais il s'en doit plaindre à [la] joutise et[9] doit dire [en[10] tel maniere] : « sire, cil m'a esqueus ses proies [et ses gages], et si estoit mes pleges; si faites m'[11]en droit; » la[12] joutise lor doit metre terme. Et quant l'en vendra au terme[13], et li uns et li autres sera venuz, cil[14] dira : « sire, vez ci TEL HOME qui est mes pleges por TEL HOME, — et le nomera, — et por ITANT d'argent, ou por ITELE CHOSE [— et la nomera; — et si m'a esqueus ses gages; »] et[15] se cil dit : « je m'an deffan, je ne vos esqueus onques[16] [mes gages;] einçois estoie [tous] prez[17] de faire envers vos come pleges, » et li autres die : « je le proverai, si com l'en m'[18]esgardera [que prover le doie; »] si li puet[19] l'en esgarder [puis] qu'il ne puet desdire qu'il ne soit [ses] pleges qu'[20]il jurra [sor sainz de sa main] que il ne li fit l'esqueuse; et o itant en[21] sera quites. Et se il [ne[22]

1. ε ζ eschoit.

2. autre de quoy la terre ne lour escherret pas. — ζ autre à qui la terre ne pas (*sic*) eschoir.

3. *Rubrique dans* ε : De home qui met autre en plege. — *Cf. Ét., liv. Ier, ch.* 122 (*ci-dessus t. II, p.* 222).

4. ε ζ l'en.

5. ε ζ garantir *au lieu de* garder.

6. ε ζ a eu domage.

7. *Rubrique dans* ε : De home plege.

8. ε ζ il *au lieu de* cil.

9. et doit... maniere *manque dans* ζ.

10. *Sur les mots* en tel maniere. *Voy. ci-dessus p.* 23, *n.* 4.

11. ε ζ moy *au lieu de* m'en.

12. *Les mots* la joutise *sont tombés du texte des Ét.*

13. ε terme que l'un et.

14. ε ζ il.

15. ε ζ et cil die.

16. ε ζ mie *au lieu de* onques.

17. ε ζ prest de vous ferez come.

18. ε esgardera *au lieu de* m'esgardera.

19. ε ζ doit.

20. ε ζ et li *au lieu de* qu'il.

21. ε ζ sera. — ζ s'en ira *au lieu de* en sera.

22. ε ζ ne li ouse jurer.

l'osoit] jurer[1], il amanderoit à celui[2] [touz] ses domaches [qu'il avroit aüz, en l'esqueusse], à sa prueve; et feroit à la joutise le gage de sa loi. Et se il avenoit que[3] il deïst : « je ne vos sui de rien pleges et m'an deffan, [et bien en ferai ce que je devrai; »] et li autres deïst : « je le proverai, si come l'en m'esgardera; » si [li] puet l'en esgarder [que] se il[4] ose jurer [sor sainz de sa main] que il ne se[5] meïst en plege[6], si sera quites, se cil [le] viaut laissier coure par[7] son sairement. Et se il n'[8] osoit faire le sairement, il li amanderoit [touz] ses domaches, et seroit [tenuz] en[9] la plevine, [et feroit à la joutise une amende de sa loi. Et se la querelle estoit de plus de v s., l'en li porroit bien esgarder par droit qu'il jureroit qu'il l'aüst mis en la plevine,] si[10] come nos avons dit desus,] et[11] li autres le porroit chalongier par I gage de bataille; [et porroit bien estre la bataille] cors à cors, ou par II champions loiez, s'il [se] voloient [changier.] Et cil qui seroit vaincuz rendroit[12] à l'autre ses couz qu'il avroit donez à son champion, et[13] as conteors dou jor; et [feroit] à la joutise LX s. [d'amande,] se il estoit costumiers.

CXII. Se[14] aucuns [hom] se plaint[15] d'un autre qu'il li doie[16] deniers ou qu'il li ait[17] fait domache d'aucune chose qui apartiegne[18] à muebles[19], et cil de qui l'en se plaindra[20] soit[21] defaillanz, l'en li doit metre jor o jugement por coi il ait[22] oï

1. ε jurer, et li amendereit. — ζ jurer il l'amenderoit.
2. εζ l'autre *au lieu de* celui.
3. ζ et *au lieu de* que.
4. ε ζ il l'ouse jurer.
5. ε ζ le.
6. ε ζ plege, o tant sera quite.
7. ε ζ o.
8. ε ζ ne voulet fere le seremant, il li.
9. ζ em plevine.
10. ε ζ auxi.
11. ε ζ et porret à I autre chalongier par I gaige.
12. ε ζ rendroit les couz à l'autre que il avret.
13. ε et à son cortaeors du. — ζ et à son comteors du.
14. *Rubrique dans* ε : De plainte de deniers. — *Cf. Ét., liv. Ier, ch.* 123 (*ci-dessus t. II, p.* 223).
15. ε ζ pleignet.
16. ε ζ deüst.
17. ε ζ eüst.
18. ε ζ appartenist.
19. ε ζ moble.
20. ε ζ plaindret.
21. ε ζ fut.
22. ε ζ eüst.

la demande en cort, et semondre par III sergenz fievez. Et s'il ne venoit au jor jugié et il[1] n'avoit raisnable essoigne de l'autre terme[2], et li autres l'apelast de la defaute, l'en baudroit à l'autre la saisine de ce qu'il[3] avroit demandé en cort, car les choses mostrées en cort et nomées por coi eles soient mueblanz si valent jugiées[4]. [Et] por ce si doit l'en garder de defaillir[5] en tele meniere.

CXIII. Ce[6] sunt les resnables essoignes : Quant li[7] homs est malades, ou ses filz, ou sa fame, ou ses peres, ou sa mere, ou ses freres, ou ses oncles, ou ses niés, por coi il fussent en peril[8] de mort; ou s'il aloit à l'enterrement d'aucun de ceus que nos avons nomez. Ou[9] se aucuns estoit qui aüst en la cort au baron terme et [il] deüst aler en la cort au[10] roi, et[11] l'en l'apelast de la defaute en la cort au baron; et il deïst [en[12] tel maniere] : « je n'an vueil droit [faire,] quar je avoie terme en la cort le roi, et m'i ajorna cil sergenz — et le nomera. — » Et adonc si doit l'[13] en le sergent oïr parler; et doit envoier li bers savoir[14] que li sergenz dira; car les joutises le roi ne se recordent pas en la cort au baron. Et se la joutise le roi garentist qu'il aüst[15] terme en la cort le roi, si est[16] quites de la defaute. Et se li sergenz dit que il ne li meïst onques terme[17], si doit cil la defaute. Et se il osoit jurer que l'en ne li meïst onques terme en la cort au baron, einsinc seroit il quites de la defaute. Et si

1. ε il n'en (ζ ne) peüst monstrer renayble.

2. terme *manque dans* ζ.

3. ε ζ il li avret.

4. ε ζ queneües *au lieu de* jugiées.

5. ε ζ faillir *au lieu de* defaillir.

6. *Rubrique dans* ε : Des essoygnes. — *Cf. Ét., l. Ier, ch.* 124 (*ci-dessus t. II, p.* 230).

7. ε ζ l'en *au lieu de* li homs.

8. ζ article.

9. *Rubrique dans* ε : Si aucuns estoit, etc.

10. ε ζ au.

11. ε ζ et si l'en l'apeloit de.

12. *Voyez ci-dessus p.* 23, *n.* 4.

13. ε ζ l'en esgarder le serjant a oïr (ζ et le oïr).

14. ε ζ oïr *au lieu de* savoir.

15. ε ζ ait eü le terme.

16. ε ζ est cil quites.

17. ε ζ termes il est quitte de sa deffaute à son serement. Et est.

est raisonable essoigne [d']eve, quant l'[1] en passe port. Mais l'en doit [venir] à III porz[2] et faire son pooir de passer, se[3] l'en trueve qui le passe. Et qui l'apeleroit de la defaute, et il deïst qu'il[4] fust einsinc venuz à III porz et en feroit ce que l'en [li] esgarderoit, si li[5] porroit l'en esgarder [par droit] que se il osoit[6] jurer que il aüst esté à III porz et qu'il aüst fet son pooir de passer[7], einsinc seroit quites de la defaute.

CXIV. Se[8] aucuns [hom] menoit sa beste ou marchié ou entre genz, et ele mordist ou ferist aucune gent, et cil qui seroit bleciez s'en plainsist à [la] joutise, et li autres deïst : « [sire,] je ne savoie mie qu'ele aüst tele teiche; » o[9] itant rendra son domache au blecié, à sa prueve, et n'en fera ja droit à [la] joutise; mais il jurra qu'il ne savoit mie la teche. Et s'il ne l'osoit jurer, il perdroit la[10] beste, et seroit à la joutise. Et s'il avenoit que[11] la beste tuast I home ou[12] I fame, et [la] joutise preïst celui qui l'avroit amenée et [li] deïst : « ta[13] beste a tué I home; » et cil[14] deïst : « sire, ele n'est pas moie, » si li puet l'en esgarder qu'il jurra [sor sainz] qu'ele n'est[15] pas soue, et[16] que il ne l'amena pas. [Et] einsinc remanra la beste à la joutise; et[17] si ne l'en puet l'en à plus mener. Et se einsinc estoit que il deïst : « ele est moie, je la menai, mais je ne savoie mie qu'ele aüst tel teche, » si[18] li esgardera l'en par droit qu'il jurra [sor sainz, si come il est dit desus,] qu'il ne

1. ε ζ l'en l'a à passer. Mes.

2. ε ponz. — ζ poins. — *Cf. ci-dessus t. II, p.* 232, *n.* 6.

3. ε ζ si il trueve. — *Cf. ci-dessus t. II, p.* 233, *n.* 10.

4. ε ζ il eüst ainsi esté à III ponz et.

5. li *manque dans* ζ.

6. ε ζ ouse.

7. ε ζ passer, il seroit quite de.

8. *Rubrique dans* ε : De beste qui fiert ou morde. — *Cf. Ét., liv. Ier, ch.* 125 (*ci-dessus t. II, pp.* 233-234).

9. ε ζ et o.

10. ζ sa.

11. ε ζ qu'elle tuast.

12. ou I fame... amenée *manque dans* ζ.

13. ε ζ vostre.

14. ε ζ cil.

15. est *manque dans* ζ.

16. ε ne que il ne l'ammena. — ζ ne qui ne l'amena.

17. ε mes l'en ne le puet. — ζ mes n'en le puet plus mener.

18. ε ζ l'en li esgardera que il jurra par droit que il ne le saveie mie; et.

savoit mie la teiche; et encores remaindra la beste à la joutise; et fera cil à[1] qui la beste estoit le relief d'un home, c'est à savoir c s. et i d.; et o itant [en] sera quites. Et s'il estoit si fous qu'il deïst[2] qu'il queneüst [bien] la teche de la beste, il en seroit panduz [por la requenoissance.]

cxv. Se[3] aucuns[4] apele i autre que ses peres li deüst deniers — et le[5] nomera — et ses peres fust alez de vie à mort, et cil deïst à son fil : « puis que li retourz de la tere vos est avenuz, je deman ma dete; » et cil deïst : « il se morut bien confès, ne il ne[6] nos conmanda riens [à] rendre, si en vueil estre quites; » — « et[7] je ne le vueil mie, dit li autres, car je sui touz prez de prover ma dete, » — si [li] esgardera l'en [par droit] qu'il doit prover sa dete soi tierz; et autrement il n'an avra point.

cxvi. Se[8] aucuns[9] [hom] est escomeniez i an et i jour, et[10] plus, et li officiaus[11] mandast à la joutise laie, ou ses juges ordinaires, qu'il le destrainsist par ses choses prendre ou par le cors, se mestiers est, si ne le[12] doit pas prandre por quoi ce soit de dete ou de terre[13]; mais la joutise doit tenir toutes ses choses

1. à *manque dans* ε.

2. ε ζ deïst et queneüst.

3. *Rubrique dans* ε : De debte de deniers. — *Cf. Ét., liv. I*er*, ch.* 126 (*ci-dessus t. II, pp.* 236-237).

4. *Au lieu de* aucuns ζ *porte :* un home; — ε *porte :* un.

5. ε ζ les nommera à celi à qui le retor de la terre est acheüe, si (ζ et si) il dit que il se. — *Passage embarrassant; voyez ci-dessus t. II, p.* 237, *n.* 45.

6. ε ζ ne vous en commanda.

7. ε ζ et l'autre die : « je ne veil mie, quer.

8. *Cf. Ét., liv. I*er*, ch.* 127 (*ci-dessus t. II, p.* 238).

9. ε ζ aucun est qui soit excommuniez xl jorz ou (ζ et) plus.

10. ε *A B H L O*^{i} *ont :* ou plus *et non* et plus. *En adoptant* et *il faut donner à ce mot le sens de* ou.

11. ε ζ official mande (ζ le mande) ou le juge ordinaire à la justice laie, qui li destraigne (ζ contraigne) par. — *La leçon* ou le juge ordinaire *combinée avec la leçon des mss. des Ét. me suggère la phrase que j'adopte dans le texte. Elle aurait pu, par voie de correction, passer dans le texte même des Ét. Le sens est :* si l'official ou l'évêque mande à la justice laie, etc.

12. le *manque dans* ε.

13. ε ζ terres.

en sa main, sauf son vivre, jusqu'à tant qu'il se soit fait asoudre. [Et quant il sera asouz, il doit [paier] IX lb. d'amende, don li[1] LX s. sunt[2] à la joutise laie et les VI lb. sunt[3] à l'autre joutise; et les[4] doit avoir par la main à[5] la joutise laie. Et[6] s'il estoit soupeçonneus de la foi, [la] joutise laie le devroit [donques] prandre et envoier à[7] la joutise ordinaire. Et quant li juges[8] l'avroit examiné, se il trovoit que il fust bougres[9], adonc si le devroit envoier à la joutise laie[10].

CXVII. Se[11] aucuns [hom] avoit sun fil qui fust en non aage, et li peres deïst a aucun de ses voisins : « vos avez une fille qui est auques[12] de l'aage mon fil; se vos voliés[13] qu'ele fust à mon fil quant ele sera en aage, je lou voudroie [bien,] en itele meniere[14] que vos me baillissiez une piece de vostre terre, et je bailleroie X LB. par non d'erres, en tele meniere que les erres me demorroient quant vostre fille sera en aage de marier, s'ele ne voloit le mariage otroier; » autresi, se ele ou il ne[15] le vousist [otroier], les erres demorroient à l'autre ou à ses oirs, s'il n'i avoit lignage ou autre cas por coi li mariages deüst remaindre. Et s'il i[16] avoit aucune achaison por coi Sainte Eglise ne s'i vou-

1. li *manque dans* ε.

2. ε ζ seront.

3. ε ζ seront.

4. ε ζ le.

5. ε ζ de *au lieu de* a.

6. ε ζ Et si aucuns estoient soupcunez de.

7. ε ζ au juge ordinaire.

8. ε ζ le juge ordinaire l'avra examiné.

9. ε ζ bougrez, le juge le doit envoier.

10. *Note marginale dans* ε : Absit quod consuetudo secularis imponat legem consuetudinariam jurisdictionem Ecclesie cohercentem quin misericorditer agere possit, ubi ratio suadebit.

11. *Rubrique dans* ε : De enfant qui est en non aage, etc. *Cf. Ét., liv. Ier, ch.* 128 (*ci-dessus t. II, p.* 242).

12. ε auques en de.

13. ε ζ voulez.

14. ε maniere que vous bailliez du vostre X LIVRES de terre par non d'erres en tel maniere que les terres me remendroient si vostre fille ne volet le mariage quant ele seret en aage de marier; » ainsi si elle. — *Même variante dans* ζ *sauf que les mots* que vous... maniere *sont tombés.*

15. ε ζ ne vouloient (ε ne le vouloient) le mariage, quant el seret en aage de marier, les erres remaindreint à celi et à.

16. ε ζ i avenoit aucune chose pour quoy sainte.

sist consentir [1], ne ne deüst [2], les erres demorroient à celui qui les avroit baillié. Et s'il avoient fait en autre maniere que [3] il aüssent mis pleges [4] de randre l'une à l'autre une [5] poine de c lb. ou de plus ou de moins, se li mariages n'estoit, la poine ne seroit pas rendable par droit.

cxviii. Se [6] aucuns [hom] donoit [7] en aumone à [aucune] abaïe ou à [aucune] Religion [une piece de terre,] li sires en [8] qui fié ce seroit si ne [lor] souferroit pas à tenir, se [9] il ne voloit; ainz [10] le [11] porroit bien prandre en sa main. Mais [12] cil à qui l'aumone avra [13] esté donée, si doit [14] venir au seignor, et li doit [15] dire [en [16] tel meniere] : « sire, ce nos a esté doné en aumone; se il vos plaist, nos le tendrons; [et se il ne vos plaist,] nos [17] l'osterons de nostre [18] main, se vos volez, dedanz [le] terme avenant; » si lor doit li sires esgarder qu'il le [19] doivent oster, dedanz l'an et le jor, [de lor main.] Et [20] se il ne l'ostoient dedanz l'an et le jor de lor main, il le [21] porroit prandre à son domaine; et si ne lor en respondroit [22] ja par droit.

cxix. Se [23] aucuns hom tenoit en parage d'un autre et cil de

1. ε ζ asentir.
2. ε ζ deüst remaindre, lor erres torroient (ζ retorraint) à.
3. ε qui l'eüssent.
4. ε ζ plus.
5. ζ une partie des x livres, ou de.
6. *Rubrique dans* ε : De aumosne. — *Cf. Ét., liv. Ier, ch.* 129 (*ci-dessus t. II, p.* 244).
7. ε devoit aumosne à. — ζ donnoit aumosne à. — *Je restitue :* donoit en aumone à. *Les mots* en aumone *ne sont pas représentés dans les mss. des Ét. : ils auraient peut-être pu être ajoutés entre crochets dans l'édition des Ét.*
8. ε ζ de.
9. ζ si ne.
10. ε ζ et.
11. ζ la.
12. ε ζ Et si cil à qui.
13. ε ζ avret.
14. ε ζ venoit *au lieu de* si doit venir.
15. ε ζ deïst *au lieu de* doit dire.
16. *Sur les mots* en tel maniere; *voyez ci-dessus p.* 23, *n.* 4.
17. ε ζ ou nous.
18. ζ vostre.
19. ε ζ l'en.
20. ε ζ Et si li sires le trovet dedenz l'an et le jor en lor.
21. ε ζ le.
22. ε ζ respondra.
23. *Rubrique dans* ε : Si einsi, etc. — *Cf. Ét., liv. Ier, ch.* 130 (*ci-dessus t. II, p.* 246).

qui il tendroit fust fous et vandist sa terre, et cil venist au seignor[1] dou fié de cui il mouvroit et li deïst : « sire, cil de cui je taing en parage vant [sa terre et] ce qu'il a; je vos requier que vos le faciés atermer[2]; » li sires le doit fere atermer[3]. Et quant il seront au terme, cil puet dire à l'autre : « biaus amis, vos vandez ce que vos avez; je ne vueil mie que vos le[4] puissiez vandre, ainz vueil que vos en retenez[5] à moi garir, ou vos me bailliez tant de ce que vos avez que[6] je [en] puisse rendre[7] le servise, se[8] il m'estuet fere la foi; » et[9] se li autres dit : « [biaus amis,] il m'estuet vandre ce[10] que j'ai por mon besoin; [mais] j'[en] ferai volentiers ce que je devrai; » si li puet l'en esgarder[11] qu'il ne laira pas à vandre por sun apareгeor[12]; mais il li baillera tant de sa terre qu'il [en] puisse [bien] feire[13] lou servise à celui à qui il sera [hom][14], et à qui il fera la foi. Et einsi doit l'en esgarder lou domache qu'il i avra[15], selonc la grandor dou fié, et ou servise faire, et[16] en l'obeïssance au seignor, d'aïdes et autres choses.

CXX. Se[17] aucuns gentis hom avoit eve[18] qui corrust par sa terre et aüst corru, et cil en qui terre elle seroit la vousist deffandre que l'[19]en n'i peschast, il ne le porroit pas faire sanz

Le ch. commence ainsi dans ε ζ : Si ainsi avenoit que I home tenist de I autre en parage et cil.

1. ε ζ seignour de qui fé elle mouvret.

2. ε ζ entermer.

3. ε ζ entermer.

4. le *manque dans* ζ.

5. ε ζ teignez.

6. ε par quoy; — ζ pour quoy *au lieu de* que.

7. ε ζ le servige rendre *au lieu de* rendre le servise.

8. *Les mots* se... foi *manquent dans les mss. des Ét.*

9. ε ζ et si cil respont *au lieu de* et se li autres dit.

10. ε ζ quanque *au lieu de* ce que.

11. ε ζ esgarder par droit que.

12. ε ζ parageor.

13. ε ζ le servise rendre *au lieu de* feire lou servise.

14. ε ζ et à celi à qui l'en fera la foy. Si doit regarder le.

15. ε ζ a.

16. ε ζ et à obeïr au seignour.

17. *Rubrique dans* ε : De eve courant. — *Cf. Ét., liv. I*er*, ch.* 131 (*ci-dessus t. II, pp.* 248-249).

18. ε ζ eve courant qui.

19. ζ n'en *au lieu de* l'en.

l'acort au baron en qui chastelerie ce seroit; ne [li bers ne le porroit faire] sanz l'acort[1] à ses vavasors.

CXXI. Se[2] aucuns [hom] estoit qui deüst deniers au[3] juif lou roi, et li juis s'[4]an fust clamez à la joutise le roi, et li bers en qui[5] chastelerie li hom seroit en demandast la cort à avoir, se il bien le trovoit defendant, si n'en avroit il point, car li mueble au[6] juif le roi sunt au roi.

CXXII. Et[7] einsinc se li bers avoit juif[8] qui se plainsist des homes au[9] vavasor en la cort au baron, et[10] li vavasors en demandast la cort [à avoir,] il[11] ne l'en avroit mie; car tuit li mueble au[12] juif sunt au baron[13].

CXXIII. Se[14] aucuns hom[15] estoit chevaliers, et ne fust pas gentis [hom] de[16] parage, tout le fust il de[17] par sa mere, si ne le porroit il estre par droit; ainz le porroit prandre li rois ou li bers en qui chastelerie ce[18] seroit, et li feroit par droit ses esperons tranchier sus I femier; et seroient si[19] mueble à celui en qui chastelerie ce[20] seroit; car usages n'est mie que fame franchisse home. Mais [li] hom franchist [la] fame; car s'uns hom de grant lignage prenoit la fille à un vilain à[21] fame, si anfant porroient [bien] estre chevalier par droit, se il voloient.

1. *Les mots entre crochets sont fournis par* η *que je n'avais pas utilisé ci-dessus t. II, p.* 249.

2. *Rubrique dans* ε : De debte es Juefs.— *Cf. Ét., liv. I*^er^, *ch.* 132 (*ci-dessus t. II, p.* 249).

3. ε es Juefs. — ζ aus Juifz. — *J'aurais adopté dans mon texte la forme* juef, *si j'avais entrepris une restitution philologique. Cf. ci-dessus t. I*^er^, *p.* 13.

4. ε ζ se *au lieu de* s'an.

5. ε quelle.

6. ε ζ aux juys.

7. *Cf. Ét., liv. I*^er^, *ch.* 133 (*ci-dessus t. II, p.* 250).

8. ε ζ juys et li juys se pleinissent des.

9. ε es vavasors.

10. ε ζ et il demandast.

11. ε ζ il n'en.

12. ε aux juées. — ζ aus juifs.

13. ε ζ baron ausi.

14. *Rubrique dans* ε : Si gentis home chevalier. — *En marge :* Du noble à cause de sa mere (*écriture du XVI*^e^ *s.*). *Une main en marge signale ce chapitre dans* ζ. — *Cf. Ét., liv. I*^er^, *ch.* 134.

15. ε ζ gentis hons.

16. ε ζ de par (ζ vers) son pere, tout.

17. ε ζ de vers la mere.

18. ε ζ il.

19. ε ζ les.

20. ε ζ il.

21. à fame *manque dans* ζ.

CXXIV. Se[1] aucuns avoit son home qui[2] li deüst roncin de servise et il le semonsist et li[3] deïst : « randez moi mon roncin de servise, car je le vueil avoir; ne je n'en viau pas prandre[4] deniers, » [adonc] il[5] [li] doit amener son roncin dedanz XIIII[6] jorz, se cil ne li en viaut doner plus lonc terme. Et cil[7] li doit amener o frain et o sele, et[8] o quanque mestiers est, et ferré des[9] IIII piez. Et se li sires dit : « je[10] ne le viau mie, car il est[11] trop petiz et trop foibles, » cil li porroit respondre : « sire, faites le essaier, si come vos devez, » [et] li sires puet [bien] metre] I[12] escuier desus, si grant con il avra[13], et I haubert trousé derier lui, et unes chauces de fer, et[14] puis si l'envoiera XII liues loing; et s'il les puet[15] bien aler [en I jor,] et l'andemain retorner [arriere o tout l'escuier,] li sires ne le puet pas refuser [par droit.] Et se il ne puet[16] faire[17] les II jornées, li sires le puet bien refuser [par droit;] et convenroit[18] que il en queïst I autre qui[19] poïst faire ces II jornées; et quant il le li avroit porchacié soufisant, se li si sires le refusoit, il[20] ne li en rendroit jamais point, tant con li sires vesquist. Mais, se au seignor plaisoit, il le li porroit bien randre dedanz l'an, por coi li chevax soit sains, einsinc come il[21] li bailla,

1. *Rubrique dans* ε ζ : De home qui doit roncin (ζ ajoute : à son seigneur). — *Cf. Ét., liv. Ier, ch.* 135 (*ci-dessus t. II, p.* 253).

2. ε qui deüst.

3. li *manque dans* ε.

4. ε ζ avoir *au lieu de* prandre.

5. ε ζ cil.

6. ε ζ XII.

7. ε ζ il.

8. ε ζ et o petral et o estrées et ferré. *Leçon remarquable, peut-être originale quant au fond.*

9. *J'adopte ici la leçon de* ε ζ *rappelée par M I* (*Cf. ci-dessus t. II, p.* 254, *n.* 38). *On pourrait l'introduire dans le texte des Ét.*

10. ε ζ je n'en prendré point, quar.

11. ε est trop febles. — ζ est trop petit et feible.

12. ζ et.

13. avra *est fourni par* ε ζ *O Q R S. Il est préférable à* devroit *des autres mss. des Ét.*

14. ε ζ ne l'envoyer à XII.

15. ε ζ errer et l'endemain retorner, li.

16. ε ζ poveit.

17. ε ζ fere cestes journées.

18. ε estauret. — ζ esconvendroit.

19. ε ζ qui peüst ce fere. Et.

20. ε ζ il n'en rendroit.

21. ε ζ il le li.

et li hom ne le puet refuser; et quant ce vanra jusqu'à I an ou[1] jusqu'à II, li sires li puet bien demander son roncin, et cil[2] le li doit amener, si come nos avons dit desus[3]. Et se[4] li sires le tenoit plus d'un an et I jor, li hom ne le reprandroit pas, se il ne voloit, [par droit.]

CXXV. Quant[5] hom costumiers a enfanz, soient fiz ou filles, autretant a li uns come li autres en[6] la terre au pere et à la mere; et[7] tout autretant es muebles et[8] es achaz et es conquez, s'il les ont[9]; car[10] borse à vilain si est patrimoines, selonc [l'usage de] la cort laie. Et se li hom costumiers avoit marié un[11] de ses fiz ou[12] une de ses filles, et [il] en aüst autretant à[13] l'ostel qui ne fussent pas marié, et [il] se morust, et[14] li marié venissent à ces qui seroient en l'ostel remains et demandassent partie[15] en l'escheoite, cil qui seroient en l'ostel ne la lor[16] porroient pas veer par droit; mais il covendroit[17] as autres que uns chascuns raportast ce qu'il avroit aü en frasche, fust terre[18], [fust maison,] fussent denier ou autre mueble. Et se einsinc avenoit que aucuns de ceus aüst amandé

1. ζ ou II. — *Je signale ici une variante importante de O*ⁱ *:* et I jor *au lieu de* ou jusqu'à II.

2. ε il le li.

3. ε ζ par desus.

4. se *manque dans* ζ.

5. *Rubrique dans* ε : Quant home coustumier a enffanz; — *dans* ζ : Quant homme coustumier. — *Cf. Ét., liv. I*er*, ch.* 136 (*ci-dessus t. II, p.* 256, 257).

6. ε ζ es bien au.

7. ε ζ et auxi es.

8. ε et achaetes et es conquestes. — ζ et en eschoites et en conquestes.

9. ε ζ avont.

10. ε car c'est à villain patremoine. — ζ quar boursse. *Cette leçon de* ζ *est le résultat d'une correction;* boursse *est écrit au-dessus du mot* c'est *rayé. En marge de* ζ *l'idée est répétée :* bourse à villain est patrimoyne.

11. ζ un de ses enfanz filz ou filles.

12. *Dans le texte des Ét. corrigez* ou.

13. ε ζ en.

14. ε ζ et cil qui seroint mariez *au lieu de* et li marié.

15. *Dans* ε ζ partie *est reporté plus loin après* escheoite.

16. lor *manque dans* ε.

17. ε ζ convendret que il aportassent es autres ce que il avroint eü en partie erriere en.

18. ε ζ terre, ou deniers, ou autres.

sa partie, qu'il [i] aüst faite, maison [1], ou vignes plantées en terre où il n'avroit riens, [tuit] cil amandement ne retorneroient [2] pas arriere en fraresche, mais l'en feroit [3] esgarder par preudes homes la [4] value de la terre, combien [5] ele valoit quant ele li fu donée [6] [en mariage;] et ce que il i avra mis li sera comté; et frareschera avec les autres. Et s'il i avoit aucun fol qui aüst [7] [laissié] ampirier [et decheoir] sa partie, si come laissier vignes agastir [8], ou [9] tranchier aubres, ou [10] laissier maisons fondre, ou se il avoit vandu tout ce qu'il avroit [11] aü, et il demandast fraresche [12] en l'escheoite [dou pere et de la mere;] et li autre [frere li] deïssent : « nos ne volons pas que vos frareschiez o nos, se vos n'amandez ce que vos avez empirie de vostre [13] partie; » et se il dit : « je ne [14] le puis amander, mais je vueil que l'en regarde par preudes homes que la chose valoit quant ele me fu baillée, [et combien ele vaut, »] en [15] ceste meniere conteroient li preudome la value de [16] la chose; et [ce qu'il avroit empirié] li seroit [17] tout einsinc conté [em partie;] et si frarescheroit [18] o les autres, selonc ce qu'il [19] avroit aü, dou remenant; si avroit autretant li uns come li autres es terres et es muebles. Et se einsinc avenoit que [20] li uns aüst aü trop grant partie et il ne vousist retorner [21] à la partie et à l'escheoite dou pere et de la mere, et

1. ε ζ une maison et (ζ ou) planter vingnes en.
2. ε ζ retorret.
3. ε ζ regarderoit *au lieu de* feroit resgarder.
4. *Dans* ε ζ *les mots* la value *sont reportés plus loin après* terre.
5. ε ζ que.
6. ε ζ donnée; et se elle ne valoit tant come ele doit valoir sa fraresche, il la frareschera o les autres : i (ζ il) ce que il en avra en sera conté. Et si il.
7. ε ζ eüst emparé sa.
8. ε ζ degaster.
9. ε ζ et.
10. ε ζ et.
11. ε ζ avoit.
12. ε ζ sa fraresche.
13. ε ζ la vostre.
14. ε ζ ne porraie, mes.
15. ε ζ *et quelques mss. des Ét.* et en.
16. ζ des choses.
17. ε ζ seroit ensi conté.
18. ε frarescheroit einsi o les. — *Dans* ζ *il semble qu'on ait écrit* aus *au-dessus de* o les.
19. ε il en avroit eü. — ζ il a eü et ou remenant avroint.
20. ε ζ que I de ceux (ζ d'iceulx) eüst trop.
21. ε retorner en (ζ à) fraresche en l'achaete.

li autre [li] deïssent : « vos avez trop grant partie aüe; venez frareschier o[1] nos, et si nos faites droit retour; » [adonc] droiz donroit que sa partie seroit veüe par preudes homes; et s'il avoit trop aü, il lor[2] feroit droit retour, sauf[3] les amendemenz, se il les i avoit mis, si come nos avons dit desus.

CXXVI. Fame[4] costumiere si a la moitié en douaire [de l'eritage] son seignor et [la moitié] es[5] muebles, et paie[6] la moitié es dettes; mes ele ne met riens en l'aumone son seignor. Et doit tenir son douaire en bone estance, et si doit metre la moitié es costumes toutes rendre. Et qui li feroit tort [de son douaire,] ele[7] s'en puet bien plaindre en la cort le roi, ou en la cort au baron, ou[8] en la cort de Sainte Iglise; et [si en] seroit en son chois; et si n'en seroit pas la[9] corz randue au seignor en qui terre ele seroit.

CXXVII. Se[10] frere qui fussent costumier partissoient[11] ensemble[12], il porroient bien seigner[13] lor parties[14] de piex ou de pierres sanz garde[15] [de joutise;] mes[16] il ne porroient metre bonnes, [ne ne devroient] sanz [garde de] joutise. Et s'il metoient bonnes[17] sanz garde de joutise, il en feroient [l']amande[18] à la joutise de chascune bonne LX s. Et itiex[19] parties qui sunt seignées sanz joutise, si ne sunt pas estables, se li quiex que

1. o nos *manque dans* ε.
2. ζ leur en feroit.
3. ε ζ sanz. — *Cf. cependant Beautemps-Beaupré, Cout. et Inst. de l'Anjou et du Maine, 1re part., t. Ier, p.* 155, *n.* 6.
4. *Rubrique dans* ε ζ : Fame coustumiere. — *Cf. Ét., liv. Ier, ch.* 137 (*ci-dessus t. II, p.* 263).
5. ε ζ es moisons (ζ mesons) et es meubles.
6. ε ζ met.
7. ε il se porroit plaindre en. — ζ elle se pourroit appeller et plaindre en.
8. ε ζ ou en celle de Sainte.
9. la *manque dans* ε.
10. *Rubrique dans* ε : De freres coustumiers; — *dans* ζ : De freres.— *Cf. Ét., liv. Ier, ch.* 138 (*ci-dessus t. II, p.* 264).
11. ε ζ partissent.
12. ε ζ entre eux *au lieu de* ensemble.
13. ε ζ porseigner.
14. ε ζ ou de paux ou.
15. ε gardes.
16. ε ζ quer.
17. ε ζ bonnes o gardes, il en.
18. ε ζ amende de chescune bonne à la justice de LX s.
19. ε ζ cestes.

soit s'an descordoit; mais iceles qui sunt faites et bonées [par] devant joutise, si sunt [bien] estables.

CXXVIII. Se[1] aucuns hom costumiers avoit aües II fames, li anfant de chascune[2] des fames si prandroient autretant[3] li uns come li autres, en la terre de par le pere.

Et se une fame avoit aü II seignors, li anfant si avroient en[4] la terre de par la mere autretant li uns come li autres.

Et se einsinc estoit que entre le seignor et la[5] premiere fame aüssent fait achat, li anfant de la premiere fame si i avroient tuit[6] seul la moitié de[7] l'achat par la[8] raison de la mere, et l'autre moitié si seroit partie[9] entre les premiers et les darreiens[10].

Et se entre le seignor et la darreiene fame avoient fait achat ensemble, li enfant de la darreiene fame si i avroient la moitié par la raison de la mere; et l'autre moitié si seroit partie entre les premiers et les darreiens; si que autretant en avroit li uns come li autres, si come vos avons dit desus.

CXXIX. Se[11] aucuns hom et sa fame achetoient terres emsemble, cil qui plus vit maintient[12] sa vie les achaz et les conquestes. Et se einsinc estoit qu'il n'äussent nul hoir et la fame morust avant, li hom maintendroit les achaz sa vie : tout einsinc feroit

1. *Rubrique dans* ε : De home coustumier qui ait eü II fames. — *Cf. Ét., liv. I*er, *ch.* 139 (*ci-dessus t. II, p.* 267).

2. ε ζ chascune fame.

3. ε autant à l'un comme l'autre. — ζ autant l'un comme l'autre.

4. *Dans* ε ζ *les mots* en... mere *sont reportés un peu plus loin après* autres.

5. ε ζ sa.

6. ε tuit sus; — ζ tanz sur *au lieu de* tuit seul.

7. ε ζ en *au lieu de* de.

8. la *manque dans* ζ.

9. ε partable. — ζ partissable.

10. ζ darreniers de la darraine famme. — *La phrase suivante* Et se... darreins *manque dans* ε. *Elle est ici restituée à l'aide de* ζ η. *Voyez le texte de ces deux mss. ci-dessus, t. II, p.* 268, *note* 30.

11. *Rubrique dans* ε : De achaz. — *Cf. Ét., liv. I*er, *ch.* 140 (*ci-dessus, t. II, p.* 269).

12. *Cf. ci-dessus, t. II, p.* 269, *n.* 39, *pour les leçons de* ε ζ *jusqu'à* plus que li hom (*p.* 88, *l.* 1) *incl.*

la fame, se ele vivoit plus que li hom. Et quant il seront[1] mort ambedui, si retorneront[2] li achat, l'une moitié au lignage de part[3] la fame, et l'autre moitie au lignage de part[4] l'ome.

CXXX. Nus[5] hom costumiers n'a bail d'autrui anfanz, se en une meniere non, [que je vos dirai :] que s'aucuns hom[6] et sa fame moroient, cil qui devroit avoir le retour de la terre, si porroit bien tenir les anfanz[7] tant que il poïssent[8] aler et parler. Et quant il s'en porroient bien aler [et parler] à I autre de lor amis, [qui lor greast] ou à I estrange, il iroient[9] bien, s'il voloient[10], et aus[11] et lor[12] terres. Et cil à qui il seroient[13] alé devroit tenir les choses en bonne estance; et s'il ne le faisoit, il seroit tenus à l'amender quant il seroient[14] partiz de[15] lui. Mais il ne randroit[16] nules des issues[17] de la terre, de tant com il avroit esté o lui. Et einsinc[18] n'[19]a nus hom costumiers bail d'enfant[20], se ce n'est ses peres ou sa mere[21], puis qu'il set bien dire[22] au quel il li plaist miauz à aler de ses amis.

CXXXI. Nus[23] hom costumiers ne puet[24] jugement fere, ne fausser, ne contendre. Et se ses[25] sires li avoit fait bon juge-

1. ε ζ seroint.
2. ε torreint.
3. ε ζ vers.
4. ε ζ vers.
5. *Rubrique dans* ε : Nul home coustumier, etc.; — *dans* ζ : Nul home coustumier n'a bail d'autrui enfant. — *Cf. Ét., l. Ier, ch.* 141.
6. ε ζ home ou aucune famme moureit, cil.
7. ε enffanz jusque tant. — ζ enfans jusques à tant.
8. ζ peüssent bien aler.
9. ε ζ irent.
10. ε ζ voulet.
11. ε ζ lui.
12. ε ζ sa terre.
13. ε ζ seret.
14. ε ζ seret.
15. ε ζ d'o *au lieu de* de.
16. ζ vendroit.
17. ε ζ levées.
18. ε ζ Auxi *au lieu de* Et einsinc.
19. ζ ne n'a.
20. ε ζ enfant coustumier, si.
21. ε ζ mere jusque tant que (ζ jusques à tant que).
22. ε ζ dire à qui il veust aler (*rien de plus*). *Peut-être faudrait-il supprimer dans le texte les mots* de ses amis. *Voyez ci-dessus t. II, p.* 272, *n.* 42.
23. *Rubrique dans* ε : Nul home coustumier. — *Cf. Ét., liv. Ier, ch.* 142 (*ci-dessus t. II, p.* 273).
24. ζ puet nul jugement faire fausser ne contredire ; *ce mot* contredire *a été substitué à* contendre *que portait primitivement le ms.*
25. ζ le.

ment et loial, et il demandast[1] amandement [de jugement,] et li jugemenz fust si bons et si loiaus qu'il n'i aüst point de amendement, il en feroit au seignor l'[2]amande de sa loi[3] : v s. ou vi s. et vi d. selonc la costume de la chastelerie[4]. Et s'il avoit dit[5] à son seignor : « vos m'avez fait faus jugement, » et li jugemans fust [bons et] loiaus, il en feroit au seignor LX s. d'[6] amande et à touz ceus qui avroient esté au jugement qui seroient gentil home[7] [ou qui avroient fié] l'amende de sa loi.

CXXXII. Se[8] aucuns hom qui avroit granz[9] muebles prenoit une fame qui n'aüst riens, et li hom se morust, tout n'aüssent il nul oir, si avroit la fame la moitié[10] des muebles. Et se[11] une fame [bien] riche prenoit I[12] home bien povre, et ele se morust, si avroit il la moitié des muebles. Et einsinc puet l'en entendre que li mueble sunt communal. Et se einsinc estoit que quant li riches [hom] avroit prinse la povre fame et elle en ait hoir et li hom se morust, et elle preïst autre[13] seignor[14], et il aüssent oir, et[15] il se morust et la mere, et li anfant dou premier[16] et dou darreien seignor voussissent partir les muebles ensemble, cil dou premier seignor [i] avroient de toz les muebles qu'il[17] avroient trové en estant, fussent cuves ou vaissel[18] ou coites, ou bestes, ou huches qui soient[19] dou tens au premier

1. ζ en demandast.

2. ε ζ le gaige *au lieu de* l'amande. — le gage *est peut-être la leçon originale.*

3. ε ζ loi, c'est assavoir v soz ou vii soz et (ζ *omet :* et) vi d.

4. ε ζ terre.

5. ε dit au seignour.

6. ε ζ gaige *au lieu d'*amande.

7. ε ζ homs il en feret le gaige de. *Cf. ci-dessus t. II, p.* 274, *n.* 12.

8. *Rubrique dans* ε : Si aucun homme, etc.; — *dans* ζ : Homme qui a grant meuble. — *Cf. Ét., liv. Ier, ch.* 143 (*ci-dessus t. II, p.* 274).

9. ε ζ grant moble.

10. ε moitié de ses mobles.

11. ε ζ si I riche fame prenoit.

12. ε ζ I bien povre home, et.

13. ζ un autre.

14. ε ζ signour dont el eüst (ε reüst) hair.

15. ε ζ et elle se mourust et la mere (et la mere *est exponctué dans* ζ).

16. ε ζ premier seignour et dou desrain vouleissent.

17. ε ζ il trouveraint qui fussent en estant.

18. ε cuveaux. — ζ cuaux.

19. ε fussent. — ζ fussent de ceux au.

seignor[1], la moitié tuit seul; et l'autre, par [la] raison de la mère, si seroit partie[2] entre les premiers et les darreiens; en itele[3] meniere avront[4] li anfant[5] dou premier pere, la moitié des muebles; et l'autre moitié si sera partie entre les premiers et les darreiens par la[6] reson de la mere, si come nos avons dit dessus. Mais li gueaignages[7] des terres sera communaus, por ce qu'il[8] l'avront gueaignié ensemble; et[9] contera l'en, et autretant en avra li uns[10] come li autres. Et einsinc seroit[11] partie faite entre les[12] premiers et les darreiens des[13] muebles que la mere avroit conquesté puis la mort[14] au pere, et avec le darreien seignor; et tout autretant i avroit li uns come li autres.

CXXXIII. Se[15] einsinc estoit que uns hom costumiers aüst anfanz, et il en aüst o soi[16] de[17] sages et de bien gueaignanz, et il[18] en i aüst I[19] fol et taverneret [et jueor de dez] qui s'en fust alez[20] hors dou païs, et li peres se mourust, et li fous [l'oïst dire, et il] revenist frareschier[21] [o les autres,] il avroit autretant[22] [es muebles et] en la terre come li autre frere avroient; et autretant comme uns chascuns en avroit par soi, autretant en

1. ε ζ pere.
2. ε ζ partable.
3. ε ζ ceste.
4. ε ζ avroint.
5. ε ζ enffanz derrains la moitié ou moble (ζ es meubles) lour peres et l'autre partie (ζ et la partie) sera partable entre.
6. la *manque dans* ζ.
7. ε gaaigne des terres (sic) sera.
8. ε ζ il les ont gaignées.
9. ε ζ et conzaies *ou* covraies; et.
10. ε ζ li I des enffanz come.
11. ε ζ seroint partable entre les.
12. ε ζ les enfanz premiers.
13. ε ζ li.
14. ε ζ mort es II seignors, et autant.
15. *Rubrique dans* ε : si home coustumier eüst enffanz; — *dans* ζ : homme coustumier. — *Cf. Ét., livre I*er*, ch.* 144 (*ci-dessus t. II, p.* 277).
16. ζ lui.
17. ε ζ de bien sages.
18. ε il reüst.
19. ε ζ aucun *au lieu de* I.
20. ε ζ alez par le païs.
21. ε ζ à frarescheˊ *au lieu de* frareschier.
22. ε ζ autant en la terre comme des autres qui (*ci-après p.* 91, *l.* 1).

avroit il par droit à sa part comme cil qui les[1] avroit[2] aidiez à gueaignier[3]. Et [tout] einsinc une des serors, s'ele s'en estoit alée[4] en meschinage ou [en autre leu] aillors, [por soi jouer et] por faire sa volenté, si avroit par droit sa fraresche[5] o ses autres freres come li fous.

CXXXIV. Se[6] aucuns gentis [hom] ou costumiers avoit prise fame, et il aüst fait en la terre[7] à la fame bones maisons ou bones vignes plantées, et sa fame se morist sanz oir, tuit li amandement qu'il avroit[8] faiz [en la terre sa fame] si remaindroient au lignage de part la[9] fame; ne[10] ja li lignages [de part la fame] ne li [en] feroit retour, se il ne voloit. [Et] itant gueaigne qui[11] met amandement en autrui heritage.

CXXXV. Hons[12] costumiers[13] si est bien en aage, quant il [a] passé XV anz, d'avoir sa terre, et de[14] tenir servise de seignor et de porter garentise; mais il n'a pas aage de soi combatre devant [qu'il ait] XXI an passé, se il ne [le] voloit[15] [de son bon gré.]

CXXXVI. Se[16] aucuns costumiers conqueroit ou achetoit chose qui face à metre[17] homage ou foi, ou se il porchace vers son seignor coment il mete en foi ou en homage [tout son heritage] ou[18] une partie, en tel foi com est la chose qui seroit porchaciée, si i avoit autent li uns come li autres des enfanz; fors

1. les *manque dans* ζ.

2. ε ζ avreint.

3. ε ζ gaigner et es mobles. Et.

4. ε ζ partie.

5. ε ζ fraresche comme l'autre foul.

6. *Rubrique dans* ε : Si gentis ou coustumier; — *dans* ζ : Gentil homme coustumier (*sic*). — *Cf. Ét., l. Ier, ch.* 145 (*ci-dessus t. II, p.* 279).

7. ε terre de par la. — ζ terre de par sa famme.

8. ε avroint. — ζ li avroit.

9. ζ sa.

10. ne *manque dans* ζ.

11. ε ζ qui amande autruie douaire (*fin du ch.*).

12. *Rubrique dans* ε. Home coustumier, etc. — *Cf. Ét., liv. Ier, ch.* 146 (*ci-dessus t. II, p.* 280).

13. ε ζ coustumier a aage.

14. ε ζ de servir ses signors.

15. *Un doigt à la marge signale ce passage dans* ε.

16. *Rubrique dans* ε : Si home coustumier conqueroit, etc. — *Cf. Ét., liv. Ier, ch.* 147 (*ci-dessus t. II, p.* 281).

17. ζ metre en homenage.

18. ε ζ ou en une partie et qui

li ainznez qui [1] feroit la foi si avroit l'avantage, selonc la grandor de la chose, por faire la foi, et por garir as autres [em parage.] Et [tout] einsi [se] departira touz jorz mais, jusqu'à la tierce foi; et [2] d'ileques en avant, si avra li ainznez les II [3] parz; et se departira gentilment touz jorz mais.

CXXXVII. Hom [4] costumiers, quant il tranche chemin paiant, il en paie LX s. d'amande à celui [5] à cui li chemins est. Et [tout] einsinc quant [6] en trueve fausse mesure [sor lui,] se [7] il vant ou achate.

CXXXVIII. S' [8] uns marcheanz s'en [9] vient par paage sanz paier sun paage, et li paagiers le prent et li dit : « vos vos en alez sanz paier vostre [10] paage; nos [11] volons que vos [12] nos en faciez droit [et que vos nos en gaigiez l'amande; »] et [13] se il dit [en tel maniere : « sire,] je ne [14] savoie mie que je deüsse [ici en droit] point de paage; et en ferai ce que je devrai, » si li puet l'en esgarder que [15] s'il ose jurer sor sainz] que il [16] ne savoit qu'il i aüst point de paage, il [en] fera le gage de sa loi et rendra le paage; [et] o itant [en] sera quites. Et se il ne [l']ose jurer, il [en] paiera LX s. d'amande au paageor.

einsin seroint porchacé, ses enffanz avreint autant l'un comme l'autre, fors.

1. ε ζ qui avret l'aventage segont la grandor du fié de la chose pour fere la foy por garantir es autres.

2. ε ζ et de la III foy en avant. — ζ et de la tierce en avant.

3. ε *porte* : III.

4. *Rubrique dans* ε : Home coustumier quant il tranche chemin. — *Cf. Et., liv. I, ch.* 148 (*ci-dessus t. II, p.* 283).

5. ε celuy qui est le chemin. Et. — ζ celui à qui est chemin. Et.

6. ε ζ si.

7. ε ζ si l'on y (y *manque dans* ζ) vent.

8. *Rubrique dans* ζ : De home qui amble paiage. — *Pas de rubrique dans* ε. — *Cf. Ét., liv. Ier, ch.* 149 (*ci-dessus t. II, p.* 284).

9. ε s'en passe par I paage. — ζ s'en partoit passe par un chemin paiage.

10. ε ζ mon.

11. ε ζ nos volons *au lieu de* je veil.

12. ε ζ vous m'en.

13. ε ζ et il die : « je. — *Cf. ci-dessus p.* 23, *n.* 4.

14. ε ζ ne le savoie.

15. que *manque dans* ζ.

16. ε ζ il ne le seüst, il fera.

CXXXIX. Marcheanz[1] qui va par eve et moine chalant, se il s'[2]emble dou paage par aucun passage, où il le doive rendre et l'en le prant et arreste, il pert le chalant et[3] quanqu'il a dedanz.

CXL. Marcheanz[4] qui porte fausse mesure[5] et [il] en est provez[6], si en paie LX s.

CXLI. Marcheanz[7] qui porte faus dras à vendre, et il en est provez par les marcheanz drapiers qui [bien] avront[8] queneü que li drap sunt faus par lor sairemanz, la joutise si doit faire les dras ardoir, à veüe [et à saüe] de[9] marcheanz [et d'autres genz;] et si [en] paiera cil qui les avra aportez LX s.[10] d'amande à la joutise. Et s'il estoit provez que cil meïsmes les aüst faiz qui les avroit aportez, il em perdroit le poing par[11] droit, por ce qu'il avroit ouvré come[12] faus et come[13] lerres.

CXLII. Nule[14] fame n'a response[15] en cort laie por coi ele ait seignor, se ce n'est dou[16] fait de son cors; mais qui l'avroit batue ou dite folie desloial, [ele en avroit response sanz son seignor; ou s'ele estoit marcheande,] ele avroit bien response[17] des choses qu'ele avroit bailliées de sa marcheandise.

CXLIII. Se[18] aucuns apeloit I autre[19] faus, ou larron, [ou mur-

1. *Rubrique dans* ε : Marchant qui va par eve.— *Cf. Ét., liv. I*er*, ch.* 150 (*ci-dessus t. II, p.* 285).

2. ε ζ se amble d'aucun paage où il le (le *manque dans* ε) daige rendre.

3. ε ζ et la marchandise qui est dedanz.

4. *Rubrique dans* ε ζ : Marchant qui porte fause alne; — *dans* ζ : Homme qui porte fausse aune (*avant* aune *le mot* monoie *d'abord écrit par le scribe a été exponctué*). — *Cf. Ét., livre I*er*, ch.* 151 (*ci-dessus t. II, p.* 286).

5. ε ζ aulne.

6. ε ζ prové, il pert LX sous.

7. *Rubrique dans* ε : De faux dras. — *Cf. Ét., liv. I*er*, ch.* 152 (*ci-dessus t. II, p.* 287).

8. ε ζ avroint.

9. ε ζ des.

10. ε ζ LX s. de gaige à la.

11. par droit *manque dans* ζ.

12. ε ζ que.

13. ε ζ que.

14. *Rubrique dans* ε : Nulle fame n'a respons, etc. — *Cf. Ét., liv. I*er*, ch.* 153 (*ci-dessus t. II, p.* 287).

15. ε ζ respons.

16. ε de. — ζ pour.

17. ε ζ respons de ce qu'elle avret.

18. *Rubrique dans* ε : Si aucun apeloit I autre larron. —

trier,] ou pugnais, ou d'aucune autre folie desloial; et cil qui seroit [einsi] apelez s'en plainsist à la joutise, et deïst [en[1] tel maniere :] « sire, cil m'a apelé[2] LARRON — ou m'a apelé MURTRIER — à veüe et à saüe de moi [et de bons genz,] si vueil que vos m'an faciez droit; » et[3] se li autres dit : « je m'an deffan, et en ferai ce que je devrai, » si li[4] puet l'en esgarder[5] qu'il jurra [sor sainz de sa main] qu'il ne li [avra pas] dite la folie, et o itant s'an passera. Et se il n'[6] ose faire lou sairement, il [en] paiera LX s. d'amande] à la joutise, et C s. et I denier au plaintif. [Et tout] einsinc qui apeleroit une fame putain ou larronesse ou d'aucune [autre] folie desloial, s'ele s'em pleignoit, si li en feroit[7] l'en droit, si com nos avons dit desus[8].

CXLIV. Se[9] aucuns apeloit I autre de folie desloial, et il s'em pleinsist, et ne deïst pas que ce fust à veüe et à saüe de lui, ou s'il ne traioit[10] garant [de la querele ou le quel que soit de ces II choses,] il n'en avroit ja response. Et se il disoit que ce fu à veüe et à saüe de lui et traissist bons garanz avent, il en avroit response; et [seroient li garant oï tantost, s'il estoient en la cort; et s'il n'i estoient,] si seroient li garant semons[11] et venroient au terme [qui lor seroit assenez. Et s'il garentissoient] qu'il aüssent[12] oï la folie desloial, et cil[13] s'en deffandist vers lui et vers les[14] garanz, [adonc] si [li] porroit l'en esgarder qu'il jurroit[15] [sor sainz] qu'il[16] ne li avroit pas dite la folie [que

Cf. Ét., liv. Ier, ch. 154 (*ci-dessus t. II, pp.* 288, 289).

19. ε ζ autre larron, ou faux, ou pugnes, ou d'aucune.

1. *Cf. ci-dessus p.* 23, *n.* 4.

2. ε apelé desloial on m'a apelé larron à. — ζ appellé de desloiauté et m'a appellé larron à.

3. ε ζ et l'autre die.

4. li *manque dans* ζ.

5. li *manque dans* ζ.

6. ε n'ouse jurer, il. — ζ ne l'ouse jurer, il.

7. ε ζ feroit il droit.

8. ε ζ par desus.

9. *Rubrique dans* ζ : De folie deloiau. — *Cf. Ét., liv. Ier, ch.* 155 (*ci-dessus t. II, p.* 290).

10. ε ζ trovet.

11. ε ζ nommez.

12. ε ζ eüssent veü et oy la. — *Peut-être les mots* veü et *appartiennent-ils au texte primitif.*

13. ε ζ cil la deffendit.

14. ε le.

15. ε ζ jurroint.

16. ε ζ il ne li deïst pas la.

cil li met sus,] einsi come li garant ont[1] garenti; et o itant en sera quites. Et se il ne l'ose jurer[2], il [en] paiera LX s. [d'amande] à la joutise et C s. [et] I d. au plaintif, [si come nos avons dit desus.]

CXLV. Hom[3] costumiers qui met main[4] à son seignor par mal respit, por coi il soit gentis hom, il pert le poin, se[5] ses sires ne l'avoit feru avent.

CXLVI. Hom[6] costumiers qui bat le prevost son seignor ou son sergent[7] de son ostel qui porte les clés, il [en] paie LX s. d'[8] amande à la joutise, et à celui, son domache à sa prueve.

CXLVII. Hom[9] costumiers si[10] paie LX s. d'amande qui brise la saisine son seignor, ou qui chace en sa garanne, ou qui pesche en son estant on en son[11] defois. Ou s'il a taverne sor son ban, ou se il garde nuitantre[12] bues ou vaches, en son[13] bois qui n'ait pas III anz et I mai[14], ou chievres, il en paie LX s. d'[15]amende. Ou se il fait escousse à son seignor ou à son prevost, autresinc en paie il LX s. d'amende.

CXLVIII. Se[16] aucuns [sires] disoit à son home costumier :

1. ε ζ l'ont.
2. ε ζ fere.
3. *Rubrique dans* ε : De home qui met main en son seignour. — *Cf. Ét., liv. I*er*, ch.* 156 (*ci-dessus t. II, p.* 292).
4. ζ main en seigneur.
5. ε si le seignour ne l'avoit premierement mys en ly. — ζ si le seigneur ne l'avoit avant mis en luy.
6. *Rubrique dans* ε : De qui bast le provost; — *dans* ζ : Aussi. — *Cf. Ét., liv. I*er*, ch.* 157 (*ci-dessus t. II, p.* 293).
7. ε ζ serjant de son chasteau qui porte ses clées. — *O*i *a aussi :* ses clés *et non :* les clés.
8. ε ζ d'amende au seignour et amende à celi ses domages à.
9. *Rubrique dans* ε : Da (*sic*) amende de home coustumier. — *Cf. Ét., liv. I*er*, ch.* 158 (*ci-dessus t. II, p.* 293).
10. ε fet LX s.
11. ε ζ ses defens, ou.
12. ε ny autrement; — ζ nuitrament. *En outre ce mot est renvoyé dans* ε ζ *après* vaches.
13. ε ζ ses bois.
14. ε ζ mais, des chievres auxi il fet LX.
15. ε ζ d'amende si il les escout au seignour ou à son prevost (*fin du ch.*).
16. *Rubrique dans* ε : Si aucun disoit, etc. — *Cf. Ét., liv. I*er*, ch.* 159 (*ci-dessus t. II, p.* 295).

« je praing CESTE CHOSE en [ma main et en ma] saisine, — et la[1] nomast, — et il n'en preïst autrement la saisine, et li hom costumiers ostast la chose ou remuast, il n'an feroit[2] à son seignor que le gage de sa loi; car tiex[3] saisine n'est pas certaine, [ele n'est que veée.] Et[4] s'il l'ostoit de sa saisine, puis qu'il l'aüst saisie et mise en sa main, il en paieroit LX s. d'amande.

CXLIX. Se[5] aucunes gens estoient qui chanjassent terres, li uns à l'autre, et eles ne fussent pas d'un fié ne[6] d'une seignorie, li seignor feroient[7] les terres prisier par[8] preudes homes, et de tant com eles seroient prisiées, si[9] en avroient li seignor les vantes. Mais s'eles estoient d'une seignorie, si[10] n'i avroit nules vantes, se en une maniere n'estoit [que nos vos dirons :] que li[11] sires tenist de II barons et [qu']il aüst homes en[12] chascune chastelerie, et li home chanjassent li uns à l'autre sa terre, les vantes seroient randues par[13] la raison de ce que ce est de II fiez, tout tiegnent[14] il d'un seignor.

CL. Se[15] einsinc estoit que aucuns achetast [d'un autre I grant achat] de C lb. ou de plus ou de moins, fussient[16] pré, ou vignes, ou terres, ou maisons; et cil qui l'avroit acheté baillast

1. ε ζ le.

2. ε ζ feroit au seignour que.

3. ε ζ ceste.

4. ε ζ Et si il estoit de (ζ en) sesine queneüe, il en feroit LX.

5. *Rubrique dans* ε : De eschange. — *Cf. Ét., liv. I*er*, ch.* 160 (*ci-dessus t. II, p.* 296). *La rubrique de ce ch. des Ét. eût dû peut-être être empruntée aux mss. autres que G H I K. Voyez ci-dessus t. II, p.* 296, *n.* 33. — *Le ch. commence ainsi dans* ε ζ : Si einsi estoit que aucuns eschanjassent terres.

6. ζ et.

7. ε ζ fereit.

8. *Les mots* par preudes homes *sont rejetés dans* ε ζ *après le mot* prisiées.

9. ε y avroint. — ζ avroint.

10. ε ζ il n'i avroint nulles.

11. ε ζ l'un tenist de (ζ des) II.

12. ε ζ en II chastelleries et l'un des (ζ de ses) homes achavaist (ζ eschanjast) à.

13. ε ζ pour ce qu'ele sunt de II fez.

14. ε ζ saient elles *au lieu de* tiegnent il.

15. *Rubrique dans* ε : De achat. — *Cf. Ét., liv. I*er*, ch.* 161, 1er §, (*ci-dessus t. II, p.* 297).

16. ε ζ et fussent.

à l'autre une aulne[1] de terre qui ne vausist que x lb., tout vausist[2] li achaz c lb., ou plus [ou moins,] si come nos avons dit desus, et li lignages venist avent et le[3] demandast à[4] avoir o les[5] deniers paianz; et cil deïst : « je ne viau pas que vos l'aiez, quar c'est eschanges[6], car je en ai doné [une grant partie] de ma terre en eschange; » einsinc n'avroit pas li lignages ceste meniere d'achat selonc l'usage qui court.

CLI. En[7] touz les achaz que l'en achate qui apartienent à heritage, par coi l'en le taigne an et jor sanz chalonge, à veüe et à saüe dou lignage à celui de qui il [l']avroit acheté, se[8] auцuns du lignage venoit avant, por[9] quoi il fust[10] en l'eveschié et [il] venist[11] emprès ce que li anz et li jorz seroit passez et il demandast[12] l'achat à avoir, il n'an avroit[13] point par droit. Mais s'il venoit dedanz l'an et le jor aucuns dou lignage et demandast l'achat à avoir, il l'[14] avroit, por coi il n'aüst esté semons devant joutise, mais il randroit à celui [touz] les amandemenz qu'il [i] avroit faiz. Et s'il avoit esté semons [par] devant [la] joutise dou[15] reprandre, il n'an avroit point.

CLII. Se[16] einsinc estoit que aucuns achetast[17] d'un autre un achat et I dou lignage venist avant et demandast l'achat [à avoir] et li offrist les deniers à rendre que li achaz [li] avroit couté, et li mostrast les deniers et deïst : « prenez[18] que li achaz vos avra[19] couté, [et contez bien touz les costemenz] et je

1. ε ζ piece.
2. ε vausist à l'autre achat c liv.
3. ε la.
4. à avoir *manque dans* ζ.
5. ζ ses.
6. ε ζ eschange, je li ay (ζ li en ay).
7. — *Cf. Ét., liv. Ier, ch.* 161, 2e § (*ci-dessus t. II, p.* 298).
8. ε ζ et si.
9. ε pour que il. — ζ par quoy il.
10. ε ζ fussent de l'evesqué.
11. ε ζ venissent.
12. ε ζ demandassent.
13. ε ζ avroint.
14. ε l'avret par droit, por.
15. ε ζ de prandre.
16. *Rubrique dans* ε : De home qui achate de autre. — *Cf. Ét., liv. Ier, ch.* 162 (*ci-dessus t. II, p.* 300).
17. ε ζ eüst achaté *au lieu de* achetast.
18. ζ prenez ce que l'achat vous a cousté et li moustrast les deniers et li deïst : prenez ce que l'achat.
19. ε ζ a.

les [1] vos randrai : veez ci l'argent; » et se cil ne voloit [2] prandre les deniers, et il meïst [3] amandemanz après, ou de vignes planter, ou de maisons faire, ou d'autres amandemenz, cil [4] qui [li] avroit offerz [5] les deniers à randre par devant joutise, ne [li] seroit pas tenuz à rendre les amandemenz [qu'il i avroit faiz;] einçois avroit l'achat o les deniers paians que li autres [6] i avroit mis.

CLIII. Se [7] aucuns achetoit d'autre qui aüst lignage hors de l'eveschié, et cil venist demander l'achat emprès [ce] que li anz et li jorz seroit passez, cil qui avroit acheté ne s'en passeroit pas [8] envers lui par le terme; einçois avroit l'achat cil qui [9] le demanderoit, o les deniers paienz. Et se li autres i avoit mis amandemenz [10], il les avroit à sa loial prueve; et si ne randroit riens de ce qu'il [11] en avroit levé, car droiz ne donroit [12] mie que l'en alast celui semondre hors de l'eveschié,

CLIV. Se [13] aucuns achatoit d'un autre qui ne [14] li tenist riens, celui achat avroit li sires dont il movroit, [se il voloit,] ainz que nus [15] estranges.

CLV. Se [16] aucuns achetoit et aucuns retraisit qui [17] fust dou

1. les *manque dans* ζ. — ε le.

2. ε ζ veust.

3. ε fait amandement depuis on. — ζ feïst amendement après on.

4. ε ζ et cil.

5. ε offert demandast à justice, il. — ζ offert devant justice (offert *a été ajouté dans l'entreligne entre* avroit *et* devant).

6. ε l'autre donne. — ζ l'autre a donné (*fin du ch.*).

7. *Cf. Ét., liv. I*[er], *ch.* 163 (*ci-dessus t. II, p.* 302). — ε ζ Et si.

8. ε ζ pas par tenue (ζ la tenue) vers ly; ainz avra l'achat.

9. ε ζ qui le demande o les.

10. ε ζ amandement o sa laiau prove il l'avret : mes.

11. ε il n'avret esté semons; que. — ζ il en avroit eü; car.

12. ε ζ donne pas que l'en l'alast semondre hors de l'evesqué.

13. *Cf. Ét., liv. I*[er], *ch.* 164 (*ci-dessus t. II, p.* 303). — ε ζ Et si.

14. ζ n'eüst point de lignaige. *Ces mots ont été écrits au-dessus de ceux-ci* n'en tenist rien et *qui sont effacés.*

15. ε ζ li.

16. *Cf. Ét., liv. I*[er], *ch.* 165 (*ci-dessus t. II, p.* 305). — ε ζ Et si.

17. ε ζ qui ne fut dou lingnage. — *Au-dessus de ces mots*

lignage, il n'an rendroit[1] ja [nules] vantes au seignor, mais il les rendroit à celui de qui il avroit[2] retret, et les deniers et les vantes[3] que cil avroit rendues au seignor.

CLVI. Se[4] aucuns avoit [acheté] prez[5], ou vignes, ou terres, [ou maisons,] ou autres choses qui apartenissent[6] à heritage; et aucuns[7] demandast l'achat à avoir, qui fust dou lignage, et cil deïst : « je viau bien que vos l'aiez, et si me rendez ce qu'il m'a couté; » et li autres [li] demandast : « combien [vos a il couté? »] et[8] il respondit : « L LB. » ou : « LX, » [et deïst que TANT li aüst il couté,] tout ne li aüst il[9] couté que XX LB.; et li autres deïst : « TANT ne vos couta il pas; il ne [vos] couta que XX LB.[10] et TANT sui je prez dou[11] paier. » Et[12] s'il dit : « je n'an prandrai pas moins de LX LB., car[13] il m'a [TANT] couté; et si en ferai ce que je devrai; » si li esgardera l'en par droit que cil qui demandera[14] [l'achat] si aportera touz les deniers [avent] que cil dit que li achaz li avra couté. Et quant li[15] denier seront [aporté] devant la joutise, cil[16] dira : « veez ci [les deniers de] LX LB. tant[17] com vos dites que li achaz vos a couté, » si covendra[18] adonc que cil jure [sor sainz de sa main] que TANT li avra[19] couté en loial achat. Et se il ne [l']ose jurer et[20] die [en

on a écrit dans ζ : cil par raison de lignaige.

1. ε ζ rendroit ja ventes au.
2. ε ζ avreit achaté le retrait.
3. ε rentes.
4. *Cf. Ét., liv. I*^{er}*, ch.* 166 (*ci-dessus t. II, p.* 305). — ε ζ Et si.
5. prez *manque dans* ζ.
6. ε apartient. — ζ appartiennent.
7. ε ζ aucun du lingnage demandast l'achat à avoir cil.
8. ε et l'autre respont. — et celi respondist.
9. ε ζ il pas cousté (ζ cousté que) X LB. et l'autre.
10. ε LB. et TANT ne cousta il pas, et TANT. — *Le copiste de* ζ *avait écrit la même chose, mais les mots* et TANT... pas *ont été ensuite effacés.*
11. ε ζ de (ζ d'en) rendre *au lieu de* dou paier.
12. ε ζ Et cil die : « je.
13. ε que.
14. ε ζ demande.
15. ε ζ il *au lieu de* li denier.
16. ε ζ et cil.
17. ε ζ que *au lieu de* tant com.
18. ε estoura à celi que il. — ζ convendra à celi qu'il.
19. ε ζ a.
20. ε ζ et il die : je. — *Cf. ci-dessus p.* 23, *n.* 4.

tele maniere :] « je n'an prandrai que XX[1] LB. que[2] il ne m'a plus couté; » et li autres die : « or ne vos en viau je nus[3] paier, car je vos offri[4] les deniers[5] [DE XX LB.] par devant la joutise, [et en leu et en tens que faire le dui,] et vos ne les vousistes prandre[6]; ainz me deïstes qu'il vos avoit couté LX LB.; si m'avez fait domache em[7] porchacier[8] si grant faiz de deniers : et por ce que vos deïstes devant [la] joutise qu'il vos avoit TANT couté, et vos ne l'osastes jurer [ne prover, si com vos l'aviez empris;] por[9] iceste raison, je demant l'achat à avoir sanz denier et sanz maille, se droiz est; » adonc si li esgardera l'en par droit qu'il avra l'achat sanz denier et sans maille . . . . .

. . . .

CLVII. Se[10] aucuns achate et il ne rant les vantes dedanz VII jorz et VII nuiz[11], et il n'an ait pris respit à la joutise, il[12] en amandera le gage de sa loi ; ou s'il passe l'an et le jor qu'il ne [les] rande ou [qu'il n'am] praigne respit à la joutise, il en[13] paiera LX s. d'amande.

CLVIII. Ausinc[14] bien gueaigne freres ou suer ou cosins germains li uns vers l'autre son achat, come[15] vers I estrange; car[16] s'il estoient III frere, et li uns vandist à l'autre, et li tierz [freres] qui n'avroit vandu n'acheté, demandast sa part[17] de

1. ε ζ x *au lieu de* xx.
2. ζ quar.
3. ζ mie.
4. ε ζ offri bien les.
5. deniers à paier devant la.
6. ε ζ prendre et deïstes que il vous cousta LX LB. et vous m'avez.
7. ζ à.
8. ε ζ porchacier tant d'argent; et.
9. *Au lieu de* por iceste raison ε ζ *portent :* et (et *manque dans* ε) pour ce est (est *manque dans* ε) l'achat à avoir sanz deniers l'achat à l'autre (*fin du ch.*) *Cf. ci-dessus t. II, p.* 309, *n.* 17.
10. *Rubrique dans* ε : De cil qui ne rent les ventes; — *dans* ζ : Homme qui achate. — *Cf. Ét., liv. I*er*, ch.* 167 (*ci-dessus t. II, p.* 309).
11. ε ζ nuiz ou n'en n'a pris respit.
12. ε ζ il amende le.
13. ε ζ en foit LX soz de gaige.
14. *Rubrique dans* ε : D'auxi bien, etc.; — *dans* ζ : Aussi gaigne frere ou seur. — *Cf. Ét., liv. I*er*, ch.* 168 (*ci-dessus t. II, p.* 310).
15. ε ζ comme l'estrange.
16. ε ζ quer si estoient.
17. ε ζ part des achaz amprès.

l'achat emprès ce que li anz et li jorz seroit passez, il n'en avroit point par droit, por coi il aüst laissié passer[1] an et jour sanz chalongier[2], s'il estoit en l'eveschié. Mais s'il venoit dedanz l'an et le jor, et demandast[3] à la joutise l'achat, por coi il n'[4] aüst [onques] esté semons [dou reprandre par devant joutise,] il[5] rendroit la moitié des deniers, mais il n'avroit nules des issues que li autres [en] avroit levées.

CLIX. Quant[6] hom costumiers ne rant ses cens et ses coustumes à son seignor, au jor qu'il les doit, il en fait le gage de sa loi d'amande.

CLX. Se[7] aucuns[8] tient terre à terrage où il n'ait point de costume fors lou terrage, li sires [la] puet [bien] prandre à son gueaignage, mais il ne la [li] puet pas [oster par droit por] baillier à [i] autre. Et s'il [i] avoit aucunes costumes[9] acostumées, chapons ou autres choses[10], li sires ne [la] li porroit pas oster, se en une meniere non : que cil[11] l'aüst laissiée VII anz[12] en frichesce adonc la porroit [bien] prandre li sires à son domaine, tout[13] i aüst il costumes. Et encores seroit[14] il tenuz à amander les domaches dou terrage, de tant com il[15] l'avroit laissiée en frichesce ; et de tant com preudome diroient par lor sairemenz,

1. ε tenir. — ζ tenir par an et par jour.

2. ε ζ chalonge, por que il fut en l'evesqué. Mes.

3. ε ζ demandat l'achat à justice per (ζ par) quoy.

4. ε ζ n'en eüst.

5. ε il en rendroit. — ζ il offrist la deniers, il l'avroit (offrist *remplace le mot* rendroit *effacé; entre* la *et* deniers *les mots* moitié des *sont effacés*).

6. *Rubrique dans* ε : Quant home coustumier, etc.; — *dans* ε : Home qui ne rent les uns.— *Cf. Ét., liv. Ier, ch.* 169 (*ci-dessus t. II, p.* 311, 312).

7. *Rubrique dans* ε : De home qui tient terrage. — *Cf. Ét., liv. Ier, ch.* 170 (*ci-dessus t. II, p.* 312).

8. ε ζ aucuns home tient.

9. coustumes ou convenences de rendre chapons ou gelinnes, ou autres choses.

10. *Entre* choses *et* li ζ *ajoute en interligne :* denier ou maillé.

11. ε ζ il.

12. ε ζ anz à gaigner; et einsi li sires là porroit prendre à.

13. ζ tout n'eüst il.

14. ε ζ seroit tenu l'ome à amander le dommage.

15. ε ζ il l'avreit (ε il avreit) enpeiré; et einsi li home li diroint.

o[1] tant en paieroit[2] le domache dou terrage; ne[3] n'an feroit ja autre amande, fors que il en[4] perdroit sa[5] terre. Et por ce, se doit l'en garder de laissier[6] terres en terrage en frichesce.

CLXI. Se[7] aucuns hom estoit apelez de larrecin ou de murtre ou de traïson ou [d']autre chose qui apartiegne[8] à desloi, il covient que il se deffande en la chastelerie où il sera apelez. Et li autres sires n'[9] avra pas la cort. Et[10] se uns autres meffaisoit en la cort au baron, et la joutise le praigne[11] en presant, il covient qu'il se deffande en la cort au baron.

CLXII. Se[12] aucuns hom[13] a hés[14], et eles s'essaiment, et cil[15] qui eles seront les en voie aler et il les sigue touz jorz a veüe[16], et sans perdre la veüe, et eles s'asient en autrui leu, [ou menoir] à[17] aucun autre home, et cil en qui porpris[18] eles seront asises les praigne avent que[19] cil [i] vaigne, et cil[20] die emprès[21] : « ces hés[22] sunt moies, » et li[23] autres die : « je ne vos en croi mie, » et cil vaigne à la joutise en cui terre ce sera, et li die : « sire, cist hom a coillies mes hés[24], » li sires le doit [adonc] mander par devant lui, et [cil] li doit dire : « sire, je avoie hés[25] qui s'essemerent de mon essain, et les ai seües jusqu'[26] à tant que je les

1. ε ζ et o tant.
2. ε ζ paieroint.
3. ε ζ et.
4. en *manque dans* ζ.
5. ε ζ la.
6. ε ζ lesser la terre terrageau en.
7. *Rubrique dans* ε : si home est appelé de larrecin. — *Cf. Ét., liv. Ier, ch.* 171 (*ci-dessus t. II, p.* 314).
8. ε ζ apartient.
9. ε n'en avroit pas. — ζ n'en avra pas.
10. ε ζ Ou.
11. ε ζ prenge jusque plege, il.
12. *Rubrique dans* ε : De avettes; — *dans* ζ Qui a avetes. — *Cf. Ét., liv. Ier, ch.* 172 (*ci-dessus t. II, p.* 316).
13. hom *manque dans* ζ.
14. ε ζ avetes.
15. ε ζ cil qui les avetes sunt les.
16. ε ζ veüe sanz les perdre, et.
17. ε ζ à autres homes, et.
18. ε ζ lieu *au lieu de* porpris.
19. ε ζ que l'autre vienge.
20. ε ζ il li die.
21. ε ζ après.
22. ε ζ avetes.
23. ε ζ cil *au lieu de* li autres.
24. ε ζ avetes.
25. ε ζ avetes.
26. ζ jusques je les ai veü.

vi asseoir en la terre à cest [preud]ome qui[1] les a coillies et ne les me viaut rendre; et je sui [touz] prez de[2] faire ce que[3] vostre corz esgardera, qu'eles sunt moies et que je les [ai] seües [à veüe d'eles et] sans perdre la veüe[4]; » et se li autres dit : « je ne l'an croi mie, ainz vueil qu'il en face tant qu'il en soit creüz; » si li esgardera l'en qu'il jurra [sor sainz de sa main] qu'eles sunt soues, et que eles issirent de son essain. à veüe et à saüe de lui [et] sanz perdre la veüe, en[5] jusqu'au leu où cil les cuilli. Et o itant il avra ses hés[6]; et [il] rendra à l'autre la value dou[7] vaissel où cil les avra coillies.

CLXIII. Se[8] aucuns hom vandoit sa terre, fust gentis hom ou costumiers, sa fame emprès sa mort avroit son douaire es choses qu'il avroit vandues. Et après la mort à[9] la fame, si torneroit à celui qui l'avroit achetée. Et se cil qui[10] l'avroit achetée disoit : « je ne l'acheterai pas de vos, se vos ne faites jurer à vostre fame [sor sainz] que jamais[11] riens n'i demandera, ne por douaire, ne por autre chose; et viau que vos li [en] faciez [en I autre leu] eschange por[12] son douaire[13]; et, par desus ce, je vueil avoir letres[14] de l'official l'evesque ou de l'arcepreste; » et s'[15] ele [l']avoit einsinques juré de sa bone volenté sanz force, et en aüst aü eschange[16]; et cil aüst [aü] letres[17] dou don,

1. qui *manque dans* ε.

2. ζ d'en.

3. ε ζ que l'em m'esgardera.

4. ε ζ veüe de elles; » et si.

5. en *manque dans* ζ.

6. ε ζ avetes.

7. ε ζ de son vessel.

8. *Rubrique dans* ε : De home qui vent sa terre. — *Cf. Ét., liv. I*er*, ch.* 173 (*ci-dessus t. II,* p. 319).

9. ζ de.

10. ε ζ qui achate disoit.

11. ε james el n'y demande riens par doerre. — ζ james n'i demandera riens par douaire.

12. pour, *puis* par *ont été effacés dans* ζ *et remplacés par* de. — ε par.

13. ε douaire et en veil. — ζ douaire par autres choses, et, par dessus, je.

14. ε lettres de l'official ou de l'arcediacre; » et. — ζ lettre de l'officiau de l'archediacre ou du juge ordinaire; » et. — *La leçon que j'adopte ici me laisse quelques doutes. Voyez ci-dessus t. II, p.* 320, *n.* 25.

15. ζ s'il avoit.

16. ζ en eschange.

17. ε ζ lettres de ce que nous avons dit que il eüst achaté.

qui l'avroit achetée, ele n'i porroit puis[1] riens[2] demander.

CLXIV. Dui[3] freres ne se combatent pas ensemble, de[4] fié, de terres, ne de muebles, se ce n'[5]est de traïson ou de murtre ou de rat. Et se il s'entr' apelent de terres ou de muebles dont il doie istre bataille, il porront bien metre sergenz loiez por aus ou[6] autres.

CLXV. Se[7] aucuns hom meaigniez, ou autres qui ait passé son aage de LX anz et I jor[8], ou I autres qui soit sorz et lorz, ou qui puisse monstrer autre mehain, et li quiex que soit de ces II, apelast[9] I autre jenvre et sain de murtre ou de rat, ou de traïson, ou d'aucun autre meffait don[10], se li quiex que soit estoit vaincuz, il en deüst prandre mort, et[11] li uns se vousist changier, et li deffanderres deïst : « je ne viau pas que vos[12] changiez; car vos m'appelez, et je ne vos apele pas, et[13] de tel meffait dont je[14] prandroie mort, se je estoie vaincuz, droiz donroit qu'il se changeroit[15]; ja por ce ne[16] le lairoit.

1. ε ζ plus.

2. riens *manque dans* ζ.

3. *Rubrique dans* ε : Dous freres ne combattent. — *Cf. Ét., liv. I*er*, ch.* 174 (*ci-dessus t. II, p.* 322).

4. ε ζ de fonz de terre.

5. ε ζ n'est de murtre ou de traïson. S'il.

6. ε ζ ou por autres.

7. *Rubrique dans* ε : De home mahaigné; — *dans* ζ : Homme qui est mahaigné. — *Cf. Ét., liv. I*er*, ch.* 175 (*ci-dessus t. II, p.* 323).

8. ε ζ jor, et tout soit ce que le mahaigné n'ait pas passé aage et il puisse monstrer mahaing.

9. ε ζ apelassent.

10. ε ζ don cil qui seroit veincu devroit prendre.

11. ε ζ et si il voulissent changier.

12. ε vous vous changez. — ζ vous nous changiez.

13. ε et det meffet.

14. ε je doie prendre mort.

15. ε combastroit. — ζ combattroit. *Au-dessus de* combatroit *on a écrit dans* ζ : cil changeroient.

16. ε ζ ne demourreit. — ε *ajoute cet explicit :* Ci finnent les coustumes d'Anyou et dou Mayne. Deo gratias.

DEUXIÈME PARTIE

TEXTES DÉRIVÉS

ET

TEXTES PARALLÈLES

I. GLOSE POITEVINE[1] DE *I.*

— Sur le mot *plaiz,* ci-dessus t. II, p. 2, l. 2 :

Et, par consequent, tous ceaus du reaume de France le devent tenir ou reaume. Ce soient drois generaus; argument du droit : *C.*, *De legibus*, l. *Leges :* lege principaliter ibi : *Quod principes*[2]. Et meïsmement come le roy le puyche faire, come il ne reconoisse point de soverain en la temporalité; argument : *Extra*, *De majoritate et obedientia*, c. *Solite*[3].

— Sur le mot *semondra,* ci-dessus t. II, p. 2, l. 5.

Selon droit escrit ous *Autentiques*, *De mandatis principum*, Collatio III, § *Non permittere*[4] (*sic*). Mes, de honesteté, avant que il le face semondre, il le doit ragnier selonc droit en la *Digeste*, *De servitutibus urban.*, § *Quidam Yberus*[5].

— Sur le mot *demande,* ci-dessus t. II, p. 2, l. 10 :

Argument du droit en la *Digeste*, *Pro suo*, l. fin. in fine[6]; *De juris et facti ignorantia*, [l.] *Plurimum*[7].

— Sur le mot *raison,* ci-dessus t. II, p. 3, l. 4 :

Dilatoire ou perhemtoire avant la confession et enprès la confession, perhemtoire ou dilatoire (?) selon droit ou *Code*, *De probationibus*, l. *Exceptionem*[8]; *Extra*, *De dolo et contumacia*,

1. *Sur cette glose autographe voy. ci-dessus* t. Ier, pp. 308, 404.
2. *Code,* I, XIV, 3.
3. *Décr. de Grég. IX,* I, XXXIII :
4. *Collat.* III, IV, 5. Non permittas.
5. *Dig.,* VIII, II, 13. *Le glossateur fait allusion à ces mots :* Volo cum Ibero loquaris.
6. *Dig.,* XLI, X, 5.
7. *Dig.,* XXII, VI, 3.
8. *Code,* IV, XIX, 19.

circa finem[1]; *Digeste*, *De interrogationibus ac interrogatoriis actionibus*, § *Qui tacuit*[2].

— Sur le mot *jureroient*, ci-dessus t. II, p. 3, l. 8 :

Selon droit escrit ou *Code*, *De juramento calumpnie*, l. II, in principio[3]. Et cetuy serement est appelé *de calumpne.*

— Sur le mot *l'en*, ci-dessus, t. II, p. 3, l. 2 :

Selon droit ou *Code*, *De juramento calumpnie*, l. II, in principio[4].

— Sur le mot *croit*, ci-dessus t. II, p. 3, l. 12 :

Selon droit escrit ous *Autentiques*, *Ut litigantes jurent*, Coll. IX, in principio[5]; et là troverez de cete matere.

— Sur le mot *querele*, ci-dessus t. II, p. 3, ll. 13, 14 :

Selon droit, ous *Autentiques*, *De hiis qui ingrediuntur ad appellationem*, § fin., Coll. V[6]; et là en est traité.

— Sur le mot *prueves*, ci-dessus t. II, p. 4, l. 3 :

Selon droit escrit ou *Code*, *De juramento calumpnie*, l. II, § *Reus*[7]. Et est noté à plaen, en l'*Institute*, *De pena temere litigantium*, § 1, super verbo *Pervenit*[8].

— Sur le mot *contraint*, ci-dessus t. II, p. 8, l. 7 :

Argument en la *Digeste nove*, *De tabulis exhibendis*, l. III, § *Exibere*[9]. Et entendet : contraint par la prise de lor biens en court laie (Argument en l'*Institute*, *De satisdatione tutorum*, § *Quibus*)[10] et en la court de l'Iglize, par excumenge (Argument ous *Decretales*, *De testibus cogendis*, c. I[11]).

1. *Décret. de Grég. IX*, II, XIV.
2. *Dig.*, XI, I, 11, § 4.
3. *Code*, II, LIX, 2.
4. *Ibid.*
5. *Auth.*, *Coll.* IX, VII.
6. *Auth.*, *Coll.* V, IV.
7. *Code*, II, LIX, 2.
8. *Instit.*, IV, XVI, 1.
9. *Dig.*, XLIII, V, 3, § 9.
10. *Instit.*, I, XXIV, 3.
11. *Décret. de Grég. IX*, II, XXI, 1. — *Après* c. I, *le ms. paraît porter :* qu. II; *ce qui est peut-être un renvoi insuffisant au Décret de Gratien, Sec. Pars, Causa* XIV, *Quæstio* II.

— Sur le mot *ores*, ci-dessus t. II, p. 10, l. 2 :

De droit romain, batailles ne sont expressement ne deffendues ne otreiés ; mes, de droit des fiez, eles sunt otroyés, selonc droit in *Usibus feudorum*, Coll. X, *De pace tenenda et ejus violatoribus*, c. *Si quis hominem*, in principio[1] ; ubi de hoc. Et entendés octroyés : ou cas où aucun appeleroit autre, il deserviroit mort, se il eret accusé et il en fust prové : en autre, non, si comme ceu notet Monseigneur G. de Faug.[2], en sa *Some*, super nono *Codicis* libro, princ.

— Sur le mot *apele* (que porte *I* au lieu de *viaut apeler*), ci-dessus t. II, p. 10, l. 5 :

Entendez par voye d'acusacion.

— Sur le mot *il*, ci-dessus t. II, p. 11, l. 3 :

Quar, en tout cas, en soufizant dus, si plus ne ni desiroit droit expressement, ut II, Q. IIII, § 1[3]; e en cetuy n'en desiret plus, selon droit en la *Digeste*, *De testibus*, ubi numerus[4] ; IIII, Q. III, ubi numerus[5].

— Sur les mots *bons au moins*, ci-dessus t. II, p. 11, l. 3 :

Bons dites et plus bons que, n'est cler le midi du jor, selon droit ou *Code, De probationibus*, l. penultima (*sic*)[6].

— Sur les mots *bien dire*, ci-dessus p. 11, l. 9 :

Selon droit ous *Decretales*, *De exceptionibus*, *Denique*[7] ; e entendés dire tant contre les tesmoyns que contre leurs dis, o cete distincion contre les persones, ce celuy contre qui il sunt amené en a fait protestacion avant la publication, autrement

1. *Lib. feud.*, II, XXVII. — *Les Authentiques comprennent neuf Collations; le surplus forme la Collation X.*

2. *Je n'ai pas réussi à identifier G. de Faug.; voyez ci-dessus t. Ier, p.* 308, *n.* 1; p. 426, *n.* 2.

3. *Décret de Gratien, Sec. Pars, Causa* II, *Quæstio* IV, c. 1. *Toutefois c'est plutôt le* c. 2 *que paraît viser l'auteur.*

4. *Dig.*, XXII, V, 12.

5. *Décret de Gratien, Sec. Pars, Causa* IV, *Quæstio* II ; *Quæstio* III, 3, § 26.

6. *Code*, IV, XIX, 25 (*ult.*).

7. *Décret. de Grég. IX*, II, XXV, 1.

non, se il ne voloit jurer que il ne le fait par nul mal, ou que il est puys venu à sa notice, selon droit ous *Decrètales*, *De testibus*, c. *Presencium*[1].

— Sur le mot *peril,* ci-dessus t. II, p. 12, l. 1 :

Avant que il la metet en fait en jugement. Autrement non, selonc droit ou *Code*, *Ut nemo invitus agere vel accusare cogatur*, l. unica[2].

— Sur le mot *bons,* ci-dessus t. II, p. 12, note 42 :

Tes come noté est desus, en cetuy titre sus le mot *bons*, *aus mains*[3].

— Sur le mot *receü,* ci-dessus t. II, p. 13, l. 5 :

Si come en cause criminau ou en testament fames, selon dreit ou *Decret*, XXXIII, Q. v, *Mulierem*[4]; ous *Decretales*, *De verborum significatione*, *Forus*, § *Testes*[5]; *Dig.*, *De testibus qui testamento*, § *Mulier*[6]; et menor de vint et cinc ans, en cas de crime, selon droit ou *Decret*, XXXIII, Q. v, c. *Testimonium*[7]; en la *Digeste*, *De testi.*, l. *Testimonium*[8].

— Sur le mot *oïz,* ci-dessus t. II, p. 13, l. 12 :

C'est voyr, en la maniere que dit est desus en cetuy titre sus le mot *bien dire*.

— Sur le mot *tesmoing,* ci-dessus t. II, p. 14, note 29 :

Dites teux come dit est desus, ou titre cetuy precedent sus le mot : *II bons*.

— Sur le mot *feme,* ci-dessus t. II, p. 20, l. 10 :

Quar, ce il avoit fame, ele avroit la moitié ous muebles en la maniere qui est dite ou fueil emprès cetuy ou titre *De payer les deptes son seignour*[9].

1. *Ibid.*, II, xx, 31.
2. *Code*, III, vii, *l. unica*.
3. *Voyez ci-dessus p.* 108 *la seconde glose sur t. II, p.* 11, *l.* 3.
4. *Décret de Gratien, Sec. Pars, Causa* XXXIII, *Quæstio* v, c. 17.
5. *Décr. de Grég. IX,* V, xl, 10.
6. *Dig.*, XXVIII, i, 20, § 6.
7. *Indication qui paraît fausse : le c.* Testimonium *est dans le Décret de Gratien, Sec. Pars, Causa XI, Quæstio* i, *c.* 9.
8. *Dig.*, XXII, v, 1.
9. *Cf. ci-dessus t. II, p.* 26.

— Sur le mot *home,* ci-dessus t. II, p. 22, l. 3 :

Ancement tient l'on, en ce pays de Poytou, des routurers, combien qu'en autre cas nul ne puychet faire l'un de ces hoyrs mellours que l'autre par le costume de Poytou.

— Sur le mot *heritage,* ci-dessus t. II, p. 25, l. 2 :

Et ci feme rosturiere est mariée, et ele ayet compaygnie o autre que o son seignour, ele est punie selonc droit escrit ou *Code*[1], *De divortiis et repudiis*, l. finali, in fine; mes plus grevement, selonc droit ous *Decretales*, *De dote post divortium non repetenda*, c. *Plerumque*[2]. Mes ci, emprès ceu, li sires la reprenoit, ele ne perdroit riens, si come el est noté en celuy meïsme chapitre. Et entent que ele en fust provée, si come el est noté ou dit chapitre.

— Sur les mots *bon estat,* ci-dessus t. II, p. 27, l. 8 :

Argument en la *Digeste*, *De usufructu*, l. *Hactenus* par toute la loy[3].

— Sur le mot *droit,* ci-dessus t. II, p. 27, l. 9 :

Argument en la *Digeste*, *Usufructuarius quemadmodum caveat*, l. I, in principio[4], o son entendement.

— Sur le mot *domages,* ci-dessus t. II, p. 27, dernière ligne :

Vere, ce ceu estoit par sa faute hou par sa couppe; et ci el avenoit que fust par cas de fortune, ele n'i seroit pas tenue. Argument ou *Code*, *De periculo tutorum vel curatorum*, l. *Tutoribus*[5].

— Sur le mot *maumetre,* ci-dessus t. II, p. 28, l. 6 :

Argument exprès en la *Degeste*, *De usufructu*, en la loy *Si cujus*, § *Fructuarius* ou verset *Et si fundi*[6].

1. *Sic. Erreur pour Dig.*, XXIV, II, 11.

2. *Décret de Grég. IX,* IV, XX, *De donationibus inter virum et uxorem et de dote post divortium restituenda,* c. 1, Plerumque accidit.

3. *Dig.*, VII, I, 7, § 2, Hactenus.

4. *Dig.*, VII, IX, 1.

5. *Code,* V, XXXVIII, 4.

6. *Dig.*, VII, I, 13, § 4, Et aut fundi.

— Sur les lignes 2, 3, 4 de la p. 36 (ci-dessus t. II) l'attention est appelée par une tête de canard tracée à la plume.

— Sur le mot *efforcier*, ci-dessus t. II, p. 37, l. 5 :

Selonc droit escrit ou *Code*, *De raptu virginum*, l. unica [1].

— Sur le mot *maniere*, ci-dessus t. II, p. 37, dernière ligne :

Non dehue, selon droit ou *Code*, *Ad legem Corneliam de sicariis*, auci come par tout le titre [2].

— Sur le mot *escharpelerie* (*I eschirpelerie*), ci-dessus t. II, p. 38, ll. 7, 8 :

Argument en la *Digeste*, *De penis*, en la loy *Capitalium*, § *Grassatores* [3].

— Sur le mot *pendu*, ci-dessus t. II, p. 38, l. 9 :

Selonc droit escrit en la *Digeste*, *De penis*, loy *Capitalium*, § finali [4].

— Sur le mot *marchié*, ci-dessus t. II, p. 41, l. 3 :

Quar, en absence de partie, par contumace puet juge sentence doner, selonc droit escrit ou *Code*, *De judiciis*, l. *Properandum*, § *Cum autem* [5].

— Sur le mot *pooit* (*I put*), ci-dessus t. II, p. 44, l. 4 :

Selon droit en la *Digeste*, *De custodia reorum*, l. I et en la loi *Divus* [6].

— Sur le mot *apeler*, ci-dessus t. II, p. 44, l. 4 :

Selonc droit escrit ou *Code*, *De assertione tollenda*, l. I, § *Omnes*, o sa glose sur le mout *Juratoriæ* [7].

— Sur le mot *ocis* qui, dans *I*, remplace le mot *panduz* du texte, ci-dessus t. II, p. 45, note 12 :

Selonc droit escrit ou *Code*.

— Sur les mots XL *ans*, ci-dessus t. II, p. 45, dernière ligne :

Selonc droit par la raison que ge vous moutreray, y faudroit

1. *Code*, IX, XIII, l. unica.
2. *Code*, IX, XVI.
3. *Dig.*, XLVIII, XIX, 28, § 10.
4. *Dig.*, *Ibid.*, § 15.
5. *Code*, III, I, 13, § 4.
6. *Dig.*, XLVIII, III, 1, 3.
7. *Code*, VII, XVII, 1, § 2.

LXX avant que il se pehust changer : bataille est et fust estrovée pour faire preuve de cas dont le gage pent; ores dit droit que home qui a LXX ans ne puet estre contrains à porter tesmoignage; donc ni à soy combatre, come combatre soit manere de preuve. Et que il ne puet estre contrains est drois ou Code, *Qui etate*, libro X°, l. I[1].

— Sur les mots *se plaint*, ci-dessus t. II, p. 47, l. 2 :

Mes par la costume de Poitou, celuy qui demandet estre asseürez doit premier jurer que il redoudet de luy.

— Sur le mot *penduz*, ci-dessus t. II, p. 47, l. 5 :

l est la rayson qu'il blecet le droit de la reau majeté qui briset asseürté; et, pour ce, en portet tel payne selonc droit en la *Digeste*, *Ad legem Juliam magestatis*, l. I, in principio[2]. Et expressement noté *Codice*, *De hiis qui ad ecclesiam confugiunt*, l. *Denunciamus*, in fine[3].

— Sur le mot *monoie*, ci-dessus t. II, p. 48, l. 8 :

De droit il doit estre ars et brulez selonc droit escrit ou *Code*, *De falsa moneta*, l. II[4]. Et ayncy tient l'on le droit de costume.

— Sur le mot *soc*, ci-dessus t. II, p. 48, l. 9, le glossateur a dessiné en marge une main dont l'index gigantesque se dirige sur *emblesoc*. Il a, de plus, écrit dans la même marge :

De droit, il doit rendre la value par quatre fois, et estre infames, et doit estre puniz en, à (*sic*) la volunté do juge, la quele est ci determinée selonc droit escrit ou *Code*, *Que res pignori obligari possunt*, Autentica *Agricultores*[5].

— En marge du chapitre 34, ci-dessus t. II, p. 50, le glossateur a écrit :

Nota notabile.

— Sur le mot *eüssent*, ci-dessus t. II, p. 52, l. 2 :

Si come il est escrit en la *Digeste nove*, *De receptatoribus*, l. I[6], et en la *Digeste veille*, *De officio presidis*, l. *Congruit*[7].

1. *Code*, X, XLIX, 3 (*et non* 1).
2. *Dig.*, XLVIII, IV, 1.
3. *Code*, I, XII, 5.
4. *Code*, IX, XXIV, 2.
5. *Code*, VIII, XVII, *authentique placée après la loi* 8.
6. *Dig.*, XLVII, XVI, 1.
7. *Dig.*, I, XVIII, 13.

— Une main à la plume munie d'un immense index désigne le chapitre 38 (ci-dessus t. II, p. 54).

— Sur le mot *meschiet,* ci-dessus t. II, p. 55, l. 2 :

Ge entent cetuy titre ou cas hoù ele le feroit par cas d'aventure et sans barat : quar ou cas hoù ele le feroit par prepens et par mal barat, ele en seroit punie capitaument, selon la maniere en droit establie *ff.*, *Ad legem Pompeiam de parricidiis*, l. *Pena;* eodem titulo, l. I[1], en la quele il parle quant le seignor tue sa fame; et meisme droit doit estre ou cas de cetuy titre.

— Sur le mot *vie,* ci-dessus t. II, p. 56, l. 7 :

Le contraire est de droit, si come en la *Digeste nove*, *Ad legem Corneliam de sicariis*, l. I[2].

— Sur les mots *de voir,* ci-dessus t. II, p. 58, l. 1 :

Aucuns des maistres distinguent an cetuy cas : hou c'est home qui a acostumé à metre à fin et à effet ces paroles; et, en cetuy cas qui ici est dit, argument du droit en la *Digeste veille*, *De usu et habitatione*, l. *Plenum*, § *Equitii*[3]; hou il ne l'a pas acostumé; et lors ne le doit l'on pas condampner, *ff.*, *De penis*, l. *Absentem*[4].

— Une main à la plume se dirige sur les mots *voloit dire,* ci-dessus t. II, p. 60, l. 10.

— Une main se dirige sur les mots *li sires* (ci-dessus t. II, p. 61, l. 10).

— Sur le mot *fame,* ci-dessus t. II, p. 253, l. 4 :

En la *Digeste veille* ou titre *De senatoribus*, en la loy *Femine*[5].

— Sur le mot *deffent,* ci-dessus t. II, p. 294, note 47 :

Ceu est tenu en Poitou, ce lo home le fasoit de jours, et il fust pris ou[6] meffait; et ce il n'i estoit pris, il n'i a que sa loy; mes ce ce estoit de nuys, il seroit pendables.

1. *Dig.*, XLVIII, IX, 9, 1.
2. *Dig.*, XLVIII, VIII, 1.
3. *Dig.*, VII, VIII, 12, § 4.
4. *Dig.*, XLVIII, XIX, 5.
5. *Dig.*, I, IX, 8.
6. *Le ms. donne plutôt :* on.

— Sur le ch. 3 du liv. II, ci-dessus t. II, p. 333 :

Note de cetuy titre ceu que l'on dit communement : le roy ne plaidoie point dessaisi.

— Sur le mot *nulle*, ci-dessus t. II, p. 342, l. 3 :

Mes il convendroit, selonc l'usage de Poytou, que cils qui demanderoit la saisine deïst que des choses dont il demanderoit la saisine il avoit esté dessaisi puys les derrers plaiz faiz entre eus, si plaiz avoit esté entre eus commancés; quar emprès emprès (*sic*) dessaisine proceis prejudice qui ne demande par avant estre resaisi. Et, si nul plait n'i ha heü, lors a leu ceu qui est dit en cetuy titre.

— Sur le mot *larrecin* (*larroncin* dans *I*), ci-dessus t. II, p. 455, l. 1 :

En cetuy cas n'a point de leu au jour d'uy gage de bataille par le nouvel establiment qui est ci emprès escrit :

Philippe, par la grace de Dieu, à touz nouz sougiez, saluz : Nous avons pourveü que là hoù il aparra evidaument homicide ho autre gref malefice, de quoy payne de cors ce doit ensuyvre, estre faiz en trayson, hou en rebost, ci que celuy qui l'avroit fait, n'an peüst estre convaincu par tesmoins hou en autre maniere souffizanment, nous volons qu'en deffaut des autres preuves, celuy hou ceaus qui, par indices ou presumpcions semblables à voir, seroient de telx faiz soupessonoux apeler à gage de bataille, et sofrons, en ces cas, les gages de batailles.

Donné, à Paris, le Mardi emprès la Trinité, l'an de Grace mil ccc et cis[1].

1. *Cette ordonnance que le glossateur abrège se trouve aussi dans du Breuil, édit. Lot, p. 26, où elle est cruellement altérée, et dans Laurière, Ordonn., t. Ier, p. 435. — Cf. ci-dessus t. Ier, pp. 267, 268.*

AVERTISSEMENT.

La *Compilatio de usibus et consuetudinibus Andegavie* ne dérive pas de la Coutume de Touraine-Anjou : c'est un texte parallèle mais postérieur. Elle a été probablement rédigée après l'année 1315 ; car une ordonnance du 28 juillet 1315 paraît visée dans l'art. 55.

La *Compilatio de usibus* a été largement utilisée en Poitou par le rédacteur du *Livre des droiz*, ainsi que l'a déjà remarqué l'éminent jurisconsulte Brunner (Holtzendorff, *Encycl. der Rechtswiss.*, t. Ier, 1873, p. 215). Voyez, en outre, ce qui a été dit dans le présent ouvrage ci-dessus t. Ier, pp. 27-33 ; pp. 310-315 ; pp. 376-380 ; pp. 404, 429.

Ce texte a été imprimé pour la première fois par Marnier, en 1853 ; puis par M. Beautemps-Beaupré dans les *Coutumes et institutions de l'Anjou et du Maine*, 1re partie, t. Ier, 1877. *Je conserve les numéros que les éditeurs précédents ont donnés aux paragraphes.*

II. COMPILATIO DE USIBUS
ET CONSUETUDINIBUS[1] ANDEGAVIE.

I. Il[2] est usaige et droiz que se contenz est de II segneurs de terre sur chemin communs, ou sus pecherie d'eives, ou sus bonnes de terres, que la jurée dou païs doit venir desus, et ce que il en diront par lour sairement en portera fin; quar II tesmoing ne III n'en seroient pas creüz de tel chose, ne droit ne s'i acorderoit pas pour le peril qui i porroit estre.

II. Autre[3] maniere de sages homes s'acordent que les espleteurs i doivent estre tray et venir avant, et selon ce que il en garentiroit si soit droiz donnez; et se li espleteors ne sunt traiz, l'en n'i a pas à repondre.

III. Il[4] est usaige en Anjou que puys que dame a heir maalle, elle n'est que bail de sa terre, et que rien que l'en face ou luy ne porte fin fors tant cum le bail dure.

1. μ constitutionibus; *je corrige :* consuetudinibus.

2. *Cf. ci-après* §§ 11, 40; *Très ancienne coutume de Champagne, art.* 34; *Livre des droiz,* 171; *ci-dessus t. Ier, pp.* 212-215.

3. *Il faut rapprocher des* §§ 1 *et* 2 *la form. ang.* 28 (*Roz.,* 487), *dans Giraud, Essai sur l'hist. du droit fr., II,* 444, *et le ch.* 15 *des Assises d'Antioche, Haute Cour* (*p.* 38) *qui indique une procédure analogue. Les* hommes pratiques du voisinage, *dont parlent ces Assises, me paraissent répondre parfaitement aux* espleteurs *de notre texte. Texte dérivé des* §§ 1 *et* 2 : *Livre des droiz,* 245. *Rapprochez l'acte IX du Cartul. de la Roë* (*Bibl. nat., ms. lat., nouv. acq.* 1227, *fol.* 27, 28).

4. *Cf. ci-après* § 19; *Ét., liv. Ier, ch.* 68 (*ci-dessus t. II, p.* 103). *La phrase* tant cum le bail dure *n'est pas heureuse : elle a été amenée par le mot* bail *un peu plus haut. Il était plus naturel de dire :* tant qu'il y a hoir male. *Cf. ci-dessus t. Ier, pp.* 150, 151.

IV. Il[1] est usage que li filz de l'ome cotumer n'a point de bail; anceis s'en put aler au quel que il voudra.

V. Il est usage que se li filz dou cotumier a sa mere qui ait doere en sa terre, que se il y a fié franc, que li filz doit servir, et la mere li doit baillier les cens et les redevances, et il les doit bailler au seigneur; et se il i a patremoine ne demaine de vers la mere, ele doit servir tout par soy, sanz ce que li filz li aïde de rien par droit.

VI. Il[2] est usaige et droit que se aucuns hons ou feme apele I autre de folie desloiau sanz garentie, il n'en doit pas estre oïz, ne li autre; ne li a que repondre.

VII. Il[3] est usaige et droiz que nul home ne doit estre pris sanz plaintif, se il n'est pris ou present, ou juiges ne le prent par soupeçon. Le murtrier puit bien estre pris sanz plaintif quant il a l'ome tué, quar le sanc se plaint. Et ce nous fu cenefié par Caïn qui tua Abel son frere, et Diex li dit : « Caïn[4], le sanc d'Abel ton frere que tu as tué crie à moy de la terre jusques au ciel. »

VIII. Il[5] est usage que se I home apele la marchandise d'un autre fause, il en doit amende fere de diz sols au marcheant, et de VII et demi à justiche, se il ne puit montrer que la marchandise soit fause ou desloiau. Et se la marchandise est fause ou desloial, elle doit estre arse et fera droit à la justice de LX solz.

IX. Il[6] est usaige que se aucune fame apele aucun home que il l'ait forcée, se elle est mariée, elle ne doit pas estre crehue, s'ele ne montre escireure ou desrompeure de sa char ou de son sanc, ou plaie freche qu'ele puisse dire que cil li ait fete, ou montrer gens qui veïssant la force et la prise; et convient que elle

1. *Cf. Ét., liv. Ier, ch.* 141 (*ci-dessus t. II, p.* 270).

2. *Cf. Ét., liv. Ier, ch.* 154, 155 (*ci-dessus t. II, pp.* 289-292).

3. *Cf. Ét., liv. Ier, ch.* 28, 37, 38 (*ci-dessus t. II, pp.* 38, 53, 54). — *Texte dérivé : Livre des droiz,* 334.

4. Vox sanguinis fratris tui clamat ad me de terra. (*Genèse,* IV, 10.)

5. *Cf. Ét., liv. Ier, ch.* 151, 152 (*ci-dessus t. II, pp.* 286, 287).

6. *Texte dérivé : Livre des droiz,* 335, 1er *et* 2e *alinéas.*

le die, et montre au premier home ou à fame que ele trouvera; et que ele au plus tost qu'ele pourra, viengne à justice. La mechine n'est pas creüe, se elle ne montre grant domage de son cors, ou genz qui veïssent la force.

x. Il[1] est usaige que toutes les choses qui sont motées en cort et demandées, et ne sont deffendues sont queneüs.

xi. Il[2] est usage que en contens de gotieres ne de mazieres se set pas pletz ne n'i avient fors, l'acourt des prodes homes de la vile; et ainsi comme il acorderunt, convendra ovrer.

xii. Il[3] est usage que l'on ne repont pas à home escumunié pour que il le connoisse, ou por coy il soit prové contre lui.

xiii. Il[4] est usaige en Enjo que l'en ne rent cous ne despenz de nule querele, se n'est de aplegement ou de bataille outrée et vaincue; les domages puit l'on bien avoir et demander.

xiv. Il est usage que li filz, tant comme il soit ou le pere et ou la mere, et de lour pain et de lour vin, se il empruntoit sanz lour congiez, et il muere avant que le pere ne la mere, il ne sont mie tenu à rendre cele debte, se il n'i a aucune proprieté qui li ait esté donnée.

1. *Cf. Ét., liv. Ier, ch.* 73, 123 (*ci-dessus t. II, pp.* 119, 228, 229). *Texte dérivé : Livre des droiz*, 70. *Cf. Brunner, Wort und Form, p.* 695.

2. *Cf. Livre des droiz*, 71.

3. *Cf. Ét., liv. Ier, ch.* 127 (*ci-dessus t. II, p.* 238). *La décision de notre* § 12 *est plus rigoureuse que celle des Établissements qui autorisent l'excommunié à ester toujours en cour laie, en demandant ou en défendant. En* 1255, *Pierre Mauclerc avait accordé au pape qu'aucun excommunié ne pourrait ester en jugement* (*Joinville, édit. Cl. Menard, Observ., p.* 289). *En* 1276, *un concile de Saumur avait promulgué un canon dont la doctrine se retrouve dans ce* § 12. *Il y est défendu aux excommuniés de se faire demandeurs, de plaider ou de rendre témoignage en cour laie* (*Labbe et Cossart, Sacros. Conc., XI*, I, *col.* 1016). *En* 1299, *Philippe le Bel avait lui-même adopté la doctrine du concile de Saumur, en la restreignant aux excommunications majeures* (*Ord., I*, 332). *Cf. Livre des droiz*, § 72, *et ci-dessus t. Ier, p.* 31.

4. *Cf. Ét., liv. Ier, ch.* 96 (*ci-dessus t. II, p.* 161). *Notre* § 3 *accorde les dépens en deux cas ; ce ch. des Ét. les accorde en quatre cas. Cf. Livre des droiz*, 73.

XV. Il est droiz et usage que se I home apele I autre de funz de terre, et li apelez la desrene enver autre, il[1] n'est pas tenuz de repondre de cele terre jusques il soit hors de la premiere.

XVI. Il est droit et usage que se justice met aucune chose en sa main, et cil qui la chose sera la requiere quite et deslivre ou en[2] metent pleges, il la doit avoir, se il n'i a qui contens i metet resnable.

XVII. Il[3] est usage que, se la sesine de funz de terre ou de quelque chose que ce soit, est prise sur moy, que je la doy avoir quite ou par pleges; et, quant je seray en ma sesine, si aucun i demande aucune droiture, si en repondré là où je devré.

XVIII. Il[4] est usaige en Enjo que si aucuns est apelez sur son heritage, que il doit avoir terme de quinzeine, soit avant veüe ou après.

XIX. Il[5] est usaige que se aucun home ou[6] aucune fame demende aucun eritage de par sa fame, et ele n'ait nulz enfenz de luy, que ele doit venir avant pour metre à fin sor son segneur

1. μ quar il : *ce mot* quar *est évidemment superflu. — Texte dérivé : Livre des droiz*, 336.

2. en *est peut-être de trop : ce mot a pu être ajouté par un moderniseur qui voulait le substituer à* ou *plus archaïque.*

3. *Cf. Ét., liv. I*er*, ch.* 70 (*ci-dessus t. II, p.* 110). *Texte dérivé : Livre des droiz,* 74.

4. *Cf. Ét., liv. I*er*, ch.* 71 (*ci-dessus t. II, pp.* 111-115); *ci-après* § 30.

5. *Rapprochez plus haut* § 3 ; *Ét., liv. I*er*, ch.* 68 (*ci-dessus t. I*er*, p.* 103); *Livre des droiz,* 75. *Voici le texte de ce* § 75 : Cellui qui demande heritaige de par sa femme il ne puet sans elle, si elle n'a enffans de lui ; ains convendra que viengne avant pour mectre affin sur lui. Et en Poictou convendra que vienge, tout ait enffans ou non.

6. *Les mots* ou aucune fame *qu'on serait d'abord tenté de supprimer comme inutiles doivent être maintenus : car, d'après les derniers mots du* §, *le mari doit* metre à fin *sur sa femme, comme la femme sur son mari. Le jurisconsulte a voulu embrasser les deux cas d'un procès commencé par le mari à l'occasion d'un héritage du chef de sa femme et celui d'un procès commencé par la femme elle-même. Sur* mettre à fin *et sur* finport *cf. ci-après* § 33 *et ci-dessus note* 5.

ou son segnor sor lui; et se ele a enfenz de son segneur, ele n'i vandra jà.

XX. Il[1] est droit et usage que se aucune fame pledoie de son doere qui muet de ver son premier segneur, et l'en demendat son segnor desrein à venir avant, don le doere ne vient pas, il n'i doit pas venir pour coy que il n'y pourroit riens demender à eritage.

XXI. Il est droiz et usages que se usuriers[2] communs muert en Enjo, ou en Poito, ou ou Maine, que le meubles est le roy. Ce que l'en en puit trover en Touraine ne tient pas cest usage.

XXII. Il est usage à Lodun que se I home aubein vient en la vile, et il muere dedenz l'an et dedens le jour sanz fere segnor, que li muebles est le roy[3], et li fera s'aumone vers le prestre; la partie à la fame et as enfenz lour reviendra, se il l'a.

XXIII. Il est usage que en vantes celées[4] par an et par jour il doit LX solz de gages, et se eles ne sont seelés par an et par jor, il n'i a que V[5] solz.

1. *Le droit poitevin laisse en ce cas moins de liberté à la femme :* Femme ne puet sans son seigneur demander ne pladoyer du douaire de son premier seigneur. (*Livre des droiz*, 76.)

2. *Cf. Ét., liv. Ier, ch.* 91 (*ci-dessus t. II, p.* 148). *La Compilatio est ici bien plus favorable au roi que la Coutume d'Anjou. — Texte dérivé : Livre des droiz*, 965.

3. *Cf. Ét., liv. Ier, ch.* 92 (*ci-dessus t. II, p.* 149). *Ici encore la Compilatio est bien plus favorable au roi que la Coutume de Touraine-Anjou.*

4. *La Coutume d'Anjou, en son dernier état, mentionne encore les ventes recelées par an et par jour* (1re *part., art.* 3). *Cf. aussi Coutume dite de* 1411 *dans Beautemps-Beaupré, Cout. et institutions de l'Anjou et du Maine,* 1re *part., t. Ier, p.* 442, § 108; *Cout. de Touraine de* 1461 *et de* 1507, *ch. XXXV*, 23; *Cout. de Loudunois, ch. XXXVII*, 18.

5. μ *porte :* X s. *On voit par Ét., liv. Ier, ch.* 167 (*ci-dessus t. II, p.* 309) *et par Liger, art.* 1416 *qu'il faut corriger :* V s. *Notre texte ne dit pas à partir de quel moment cette amende de* V s. *est due : le Livre des droiz indique le délai de* 40 *jours* (*ch.* 618); *la Coutume de Clermont de* 1494 *se réfère au même délai* (*Bibl. nat., ms. fr.* 4515, *fol.* 37 *recto*). *Beaumanoir n'accordait que* 7 *jours et* 7 *nuits* (*ch. XXX*, § 41; *édit. Beugnot, t. Ier, p.* 423).

XXIV. Il est usage que se aucun home est apelé de muertre ou mauvesement renomez, que il doit estre tenuz VII jours VII nuiz, et XV jours et XV nuiz, XL jours XL nuiz; et lors se il ne trouvet qui l'an siguet, si doit estre criez au chatiau et à la parroisse dont il est : que qui li vodra rienz demender si viegne avant; et si n'i a ame qui viegne avant, si le doit l'en metre hors ou metant pleges de venir à droit, se ill i a nul apeleor[1].

XXV. Il est usage que se aucun[2] home se plaint d'un autre, et li face aucune demende, que se cil qui fet la demende chiet, que il ne doit pas fere amende à la justice, quar il pert assez qui pert la querele; encore se il tornoit à l'autre justice, n'i peendroit rien.

XXVI. Il est usage que se aucun home meffet son fié ou le meuble ver aucun de ses segneurs, ce est à entendre le meuble qui de par celi fié vient[3], quar la reson i est bonne, l'en esgarde que il pert le fié et le meuble. Se il pert le fié, c'est celui fié qui muet de ver celi segnor, quar autre fié qui de lui ne vient, il ne puit perdre vers lui; por quoy il ne doit perdre fors le meuble qui vient de par celui fié.

XXVII. Il est usage en Enjou que l'en ne puit par droit cassertenue de chose qui est tenue en main estrange, pour quoy il est tenuz en et jor, se il ne puit motrer que il s'en soit plaint au chef segnor dedanz le premier an que la tenue vint en la main estrange[4].

XXVIII. Il est usage et droit entre home et sa fame que qui plus vit plus tient et tient les achaz et les conquestes. Et fera cil qui plus vit de sa partie sa volenté, l'autre partie emprès sa mort revendra au lignage au mort, se l'en ne puit trover et

1. *Cf. Ét., liv. Ier, ch.* 28 (*ci-dessus t. II, p.* 38 *et suiv.*) *et ci-dessus t. Ier, pp.* 3, 8, 9, 31, 32.

2. μ aucum. — *Cf. Livre des droiz*, 78 : Cellui qui chiet de sa demande doit amande en Poitou; et en assez d'autres lieux n'en doit point; car il pert assez qui chiet de sa demande.

3. *Cf. Ét., liv. II, ch.* 38 (*ci-dessus t. II, p.* 465). — *Texte dérivé : Livre des droiz*, 392.

4. *Cf. ci-après* § 35 *et note sur ce* §.

montrer don ou aumosne que il en feit. Se il ont eirs qui soient issus des II, c'est lour patremoigne, quar quanque vient de pere à filz est patremoigne[1] en Enjo. Mes se il ont achaté d'aucun dou lignage à l'ome ou à la fame, et l'un d'eux muere sanz eir qui de luy remeigne, la metié qui au mort apartient remaint à son lignage, et porra celui lignage demender l'autre partie à avoir ou les deniers paians, et il l'avra par droit, por ce que ele est demorée en estrange main, et que ce fut achaté dou lignage.

XXIX. Il[2] est usage que quant l'en pledoie de fonz de terre, et li apelez demande à voair cele terre, que l'en li doit montrer, et il doit voeir.

XXX. Il est usage que quant aucuns est apelez de fonz de terre, que il doit bien avoir terme de quinzeine soit avant veüe ou après[3].

XXXI. Il[4] est usage que quant l'en trait gariours sour que que soit, et il vienent au jour et demandent à voer ce dom il sunt trait à garior, que il doivent bien voeir; et emprès segon ce que il tesmoigneront si soit droiz.

XXXII. Il[5] est usage que en apiau qui ne passe v sols, n'a point de gage de bataille; et, se l'apiau est de siz[6] ou de plus, la desrene i ssiet, ou puit prendre plege dou serement[7].

1. *Cf. Ét., liv. Ier, ch.* 140 (*ci-dessus t. II, pp.* 269, 270); *et ci-dessus t. Ier, p.* 143; *Ét., liv. Ier, ch.* 136 (*ci-dessus t. II, p.* 256).

2. *Cf. Ét., liv. Ier, ch.* 60 (*ci-dessus t. II, pp.* 86, 87).

3. *Cf. plus haut* § 18.

4. *Cf. Livre des droiz*, 79.

5. *Cf. Ét., liv. Ier, ch.* 122 (*ci-dessus t. II, pp.* 226, 227).— *Textes dérivés : Livre des droiz*, 337, *dernier alinéa;* 343, 2e *alinéa. Dans le ch.* 337 *du Livre des droiz, il faut corriger* le derrenier *par* la desrene.

6. μ diz : *je conjecture* siz. *Cf. ci-dessus t. Ier, p.* 315.

7. *Cf. ci-après* §§ 101 *in fine*, 112 *in fine. Cette faculté d'option laissée à la partie qui peut choisir* la desrene (*duel judiciaire*) *ou* prendre plege dou serement *me paraît être précisément l'option qui, dans un acte de* 1116 *publié par Mabille, est laissée à Gastho de*

XXXIII. Il est usage en Enjou que se l'en apele aucun home de terre ou sus fié, et li demandierres ait lignage qui puet ausi demender comme lui, que l'en ne li doit pas repondre duques l'autre lignage ait mis à fin sur celui qui demende, se il ne demende sa partie solement [1].

XXXIV. Il est usage en Enjou que homes tient les heritages sa fame, puis que il a eü heir qui eit crié et brait [2].

XXXV. Il est usage que cil qui achatent en conquerent, et après lor leal achat tient an et jor emprès sanz chalonge, que il n'en puit plus estre apelé par droit, se n'est d'aucuns qui fussent ors de la contrée au temps de la vencion [3].

XXXVI. Il est droit et usage que quant l'en met terme à aucun à l'ore de la vile, et les parties s'offrent dedanz l'ore qui est mise, l'en n'en puit nul tenir pour deffallanz, tant come li plez soient; mes se li I s'offre dedenz l'ore mise, la justice en puit bien celui envoier, s'il s'est offers, — et sera l'autre deffaillens, — et fera metre jour as parties par si comme alé est.

XXXVII. Il est usage que se aucun font eschange d'estrange fié, que il en doivent bien rendre vantes [4].

Braiaco, en contestation avec les moines de Marmoutier : l'acte est d'une parfaite clarté (Mabille, Cart. de Marmoutier pour le Dunois, p. 86, *acte n°* 95). *Option analogue dans une affaire plaidée devant Geoffroi, comte de Bretagne (Cod. Niger, fol.* 127; — *d'Espinay, Cartulaires angevins, p.* 292, *n.* 3). *Elle figure déjà dans les Capit. (Cap. de* 811 *dans Pertz, Leg., t. I*er*, p.* 170) *et dans plusieurs lois barbares (Voyez Siegel, Geschichte des deutschen Gerichtsverfahrens, t. I*er*, pp.* 207, 208).

1. *Rapprochez sur la procédure bretonne de* finport *Très anc. cout. de Bretagne, VI*e *partie, art.* 185, 186, 187; *Laurière, Glossaire, t. I*er, 1704, *p.* 484, *V*o Fimport; *ci-dessus* § 19.

2. *Cf. Ét., liv. I*er*, ch.* 13 (*ci-dessus t. II, p.* 24) *et ci-dessus* § 28.

3. *Cf. Ét., liv. I*er*, ch.* 69 (*ci-dessus t. II, p.* 104); *liv. I*er*, ch.* 163 (*ci-dessus t. II, pp.* 302, 303). *Ces passages nous montrent la prescription d'un an dans la Coutume de Touraine-Anjou : cf. au même point de vue Beugnot, Olim, t. I*er*, p.* 748. *Voyez ci-dessus* § 27.

4. *Cf. Ét., liv. I*er*, ch.* 160 (*ci-dessus t. II, pp.* 296, 297).

XXXVIII. De parties, ne d'eschanges[1] de lignage n'i a nules vantes.

XXXIX. Il est usage et droiz que quant molins qui siet en eve est vanduz, que cil qui l'achate en doit v souls de vantes; et est apelez meuble puisque l'en le puit mener de leu à leu sanz empirer.

XL. Il est usage en Enjou que entre vaisins[2] n'avient pas jurée de terre fors entre roy et baron, ou entre II barons.

XLI. Il est droiz et usage que home qui est apelez de chose qui torne à desloy, et qui, pour ce, est mis en prison, n'a nule voiz de plaidoier pour autre en cort jusques il soit espurgez dou fet dom l'en accuse.

XLII. Il est usage que gentil home puit doer sa fame à porte de mostier dou tierz de sa terre[3]; et se il autrement le fet, ce est contre l'usage; ne ne li puit pas asener por tierz toute la terre qui muet de vers son pere.

XLIII. Il est usage que gentil home puit aumoner de sa terre la tierce partie sanz contenz[4].

XLIV. Il est usage que se contenz est entre genz de funz de terre et l'un touge jour à l'autre après veüe an aucune maniere, que cil qui taoust à l'autre le jour après la veüe, piert la querele ou sesine, se il ne puit prover par bone resson pour quoy il li toust son jour[5].

XLV. Il est droiz et usage que quant aucuns demende à autre à frareschier, et il est conneüz à frere ou à plus pres dou lignage, que il doit avoir sa fraresche; et se l'autre partie demande autre lignage à venir avant, il n'i doit pas venir, quar en frareche ne vient mie lignage.

1. *Cf. Ibid.*

2. *Texte dérivé : Livre des droiz*, 966. *Le Livre des droiz donne* vavasseurs *au lieu de* vaisins. — *Cf. plus haut* § 1er, *ci-dessus t. Ier*, *p.* 213 ; *t. II*, *p.* 136.

3. *Cf. Ét.*, *liv. Ier*, *ch.* 15, 16 (*ci-dessus t. II*, *p.* 25. — *Texte dérivé : Livre des droiz*, 393, 1er *alinéa.*

4. *Cf. Ét.*, *liv. Ier*, *ch.* 10, 68 (*ci-dessus t. II*, *pp.* 19, 103), *et ci-après* § 78. — *Texte dérivé : Livre des droiz*, 393, 2e *alinéa.*

5. *Cf. Ét.*, *liv. Ier*, *ch.* 71 *in fine* (*ci-dessus t. II*, *p.* 115).

XLVI. Il est usage que home parjur ne puit demander ne desrener par sa voiz, mes il puit bien fere demander par I autre[1].

XLVII. Il est usage que nul home pris ne repont, se ce est[2] de choses dom l'en doie pleges prendre; et doit avoir sa delivrance ou plege; et après repondra au plaintif.

XLVIII. Il est usage que quant l'en vient prover aucun commandement que aucuns prodons qui soit mors hors dou pays ait fet par tesmoinz, et les tesmoins viennent avant et le garentissent, et l'autre partie lour deffent que issi ne fu onques[3], I des tesmoins jurra ens armes des autres et en la soe, que à oye de lui et des autres qui ce ont garenti, fut fet le commandement, et einsi porra demander et desrenier[4] par le commandement puis qu'il i a prove.

XLIX. Il est usage que se I home tient d'aucun chevalier à cens et il ait meffet dou censis vers le segnor, que li sires puit bien par usage[5] metre terme à son censier à son loin manoir, mes li censier n'i repondra pas se il ne vieut, ainz s'en tournera arriere à son parroisage.

Mes cil qui tient à foy et à omage i repondra.

L. Il est usage que nus n'enporte cort, de deffaute qui est fete en la cort le roy[6].

LI. Il est usage que sires ne prent pas pleges de son relevage, ne de son rachat, se il ne vieut.

LII. Il est usage et droiz que se aucun home apele autre de toute faite en chemin le roy, ou aillors, soit de petite chose, ou de grant, que la desrene[7] i est.

LIII. Il[8] est usage que il let à chacun pledeoier de mariage,

1. *Texte dérivé : Livre des droiz,* 339, 1er *alinéa. Corrigez dans ce texte* deffiener *en* desrener.

2. μ n'est. *Je corrige* est.

3. μ ons.

4. μ esrenier.

5. puit bien *est répété dans* μ *après* usage.

6. *Cf. Ét., liv. I*er, *ch.* 61 (*ci-dessus t. II, pp.* 88, 89).

7. μ defense. *Je corrige* desrene. — *Texte dérivé : Livre des droiz,* 339, 2e *alinéa. Cf. ci-dessus t. I*er, *p.* 315.

8. *Cf. Ét., liv. I*er, *ch.* 20, 137 (*ci-dessus t. II, pp.* 30, 263); *Livre des droiz,* 89.

ou d'aumone, ou de doaire, davant le roy, ou devant l'evesque, ou devant le segnor dou fié; nul n'enporte cort d'autre, ne ne doit avoir.

LIV. Il est usage que se aucun valet gentil home demande à aucun autre ou fié ou censif, que cil à qui il demande doit avoir l'atante de chevalerie, se il la demande, pour quoy cil qui demande ne[1] soit en l'aage de XXI an.

LV. Il est usage et[2] droiz que l'en ne repont pas à juef de dete que il baut à crestien, se il n'en a gages, ne[3] por pleges que il en ait n'en doit avoir reponse; et pour ce establit le roy que il ne prestassent à nuluy sanz bon gage[4].

LVI. Il[5] est usage en Enjou que toutes batailles sunt prisées par amendemant; et qui l'amendemant puit montrer, de la bataille point n'i a; lors doit l'en reguarder devant qui ele fu jugée, et par quel genz et de quiez mouz[6], et de quel chose, et à quele journée.

1. *On pourrait tout d'abord songer à supprimer la négation* ne; *ce serait une erreur. Cf. Ét., liv. Ier, ch.* 78 (*ci-dessus t. II, p.* 126).

2. et *manque dans* µ.

3. µ *porte* : u; *je corrige :* ne.

4. *M. Beautemps-Beaupré pense à l'ordonnance de* 1234, *art.* 3 (*Ord., t. Ier, p.* 54; *Beautemps-Beaupré, Cout. et Instit. de l'Anjou et du Maine,* 1re *part., t. Ier, pp.* 39, 40). *Il me paraît difficile d'accepter le rapprochement proposé. Les mots* bonam garanticationem *de l'ordonnance ne veulent pas dire :* bon gage, *mais* bons témoins du gage donné. *Je songerais plutôt à l'ordonnance du* 29 *juin* 1299 *et surtout à celle du* 28 *juillet* 1315, *art.* 15 : Ils ne presteront ne ne porront prester sus lettres, mes que sus gages. (*Ord., t. Ier, pp.* 333, 334, 597; *Brussel, Nouvel examen de l'usage des fiefs, t. Ier, p.* 616, *note : l'ordonnance est datée ici du* 28 *juin.*) *Si ce rapprochement est légitime, la Compilatio pourra être considérée comme postérieure à juin ou juillet* 1315. *Voyez plus bas note sur le* § 94 *du présent texte. Sur les créances des Juifs cf. Vuitry, Études sur le régime financier de la France, Paris,* 1878, *pp.* 315-332.

5. *Ce* § *et le suivant ont pour dérivé le ch.* 341 *du Livre des droiz. Le sens est qu'une des parties peut toujours essayer d'empêcher le duel judiciaire. — Cf. Brunner, Wort und Form, p.* 718, *n.* 5.

6. µ monz. *C'est toujours sur les* mots (mouz), les paroles prononcées *qu'une décision est prise. Cf. Ét., liv. Ier, ch.* 109.

LVII. Il est usage que puis que bataille est jugée que toujors en puit l'en demander amendement en cordes et hors cordes, puis que li champion sunt armé, pour quoy l'en puisse montrer reson pour coi ele soit despeciée; et se contens est des mouz de la bataille : que li uns die que ele fu jugée en une maniere, et l'autre en autre maniere, et cort et jugeors en soient treiz et nomez, de la bataille point n'i a, quar ele chet de la querele.

LVIII. Il[1] est usage que se aucun home se plaint d'un autre qu'il le force en ses choses, que li pleintif doit metre plege à meintenir[2] la force; et se il le met dedanz brief terme que la justice l'i metra, la justice doit rendre à celui sus qui la cesine fu prise ses choses, ou pleges metant d'etre (*sic*) à droit.

LIX. Il[3] est usage que se meson ou vigne eschiet à aucun, et cil qui les tenoit i eüt mis granz couz en les amender, se il les demende à celuy à qui i ssunt eschoetes, que il n'est pas tenuz au rendre, se il ne furent fet par son commandement.

LX. Il[4] est usage que se aucun home tient de plussours segnors, et il ait desouz checun d'eux herbergement, et il se remue de l'un pour aler à l'autre, que il metra estagiers en celuy dom il sera remuez, qui puissent[5] fere les devoirs à segnor, c'est à savoir l'oust, ou la chevachée, ou son[6] lige estage.

LXI. Il[7] est usage et droiz que toz commandement de roy, ou de roine, ou de prince vaut juegement; et sus ce ne siet point de pleit, quar il n'i a fors dou fere se gré, se celi commendemans n'est rapelez par nouveau commendement.

LXII. Il est usage que nul ne pert sa reson, de terre, en

1. *Cf. Ét., liv. Ier, ch.* 69 (*ci-dessus t. II, pp.* 104 *et suiv.*).
2. meintenir la force *signifie* maintenir, soutenir qu'il y a eu force.
3. *Texte dérivé : Livre des droiz,* 90.
4. *Texte dérivé : Livre des droiz,* 395.
5. μ puisse. *Je corrige :* puissent.
6. μ *donne :* sou beig (*et une abréviation*). *Marnier a lu :* s'ouberger. *M. Beautemps-Beaupré a proposé :* son leigement. *Je préfère à mon tour :* son lige estage. *Sur le* lige estage, *voyez ci-dessus t. II, p.* 81.
7. *Texte dérivé : Livre des droiz,* 967, 1er *alinéa.*

demandent, se il n'[1] en est partiz par juegement, ou par tenue d'an et de jour, em pez et sanz chalonge.

LXIII. Il[2] est usage que se terre eschet à III suers, que l'einée avra les II pars, et en fera le tierz as autres II seurs sanz desmambrer la baronnie.

LXIV. Il[3] est usage que file de chevalier s'ampart de la terre son pere, quant il la marie, en tel mariage comme il li donne; ne ne puit plus demander rien en la tierre son pere, fors par reson d'eschoete, ou par deffaute de hoir.

LXV. Il[4] est usage que nul ne puit fere testament contre usage, ne contre coutume de terre, ne contre droit escript, fors pour (*sic*) l'acort de ceux à qui les eschoetes doivent retourner.

LXVI. Nul[5] terme n'est ou juegement de mainz que quinzaine; et se il est de mains, de reponse point n'i a.

LXVII. Nus[6] terme mis par justice ne puit estre remuez, se n'est par[7] justice, ou par consentement de II parties.

LXVIII. Il[8] est usage que se vavaserie eschiet entre suers, que l'einée avra I herbergement et I chesé, et le remegnant sera parti.

LXIX. Il[9] est usage que l'eritage dou frere puisné, quant il muert sanz heir, vient aus hers de l'ainé; et ce est usage et costume d'Enjo.

1. μ n'en n'est partiz.

2. *Cf. Ét., liv. I*er*, ch.* 12, 26 (*ci-dessus t. II, pp.* 23, 36) *et ci-après* § 68. — *Texte dérivé : Livre des droiz,* 396.

3. *Cf. Ét., liv. I*er*, ch.* 11 (*ci-dessus t. II, p.* 22). — *Texte dérivé : Livre des droiz,* 397.

4. *Texte dérivé : Livre des droiz,* 91.

5. *Cf. Ét., liv. I*er*, ch.* 76, 77 (*ci-dessus t. II, pp.* 124, 125). *Le ch.* 72 (*ci-dessus t. II, p.* 117) *parle d'un* ajournement o jugement *de sept jours et de sept nuits. Il n'y a pas accord entre les deux textes.* — *Texte dérivé : Livre des droiz,* 29.

6. *Texte dérivé : Livre des droiz,* 267.

7. μ pas.

8. *Cf. Ét., liv. I*er*, ch.* 12 (*ci-dessus t. II, p.* 23). *Ce* §, *parfaitement d'accord avec le ch.* 12 *au liv. I*er *des Ét., prouve que ce dernier chapitre ne concerne pas les baronnies, mais seulement les fiefs inférieurs.* — *Texte dérivé : Livre des droiz,* 398.

9. *Cf. Ét., liv. I*er*, ch.* 23 (*ci-dessus t. II, p.* 33). — *Texte dérivé : Livre des droiz,* 399.

LXX. Il n'est pas usage en Enjo que li vavasor envoiant en l'oust le roy, se il sont malades, se li maius ou la maladie n'[1] estoit durable à vie d'ome.

LXXI. Il[2] est usage et droiz que se li rois ou son baillif apele aucun sien home lige d'aucun service que il li doie, dum il ait meffet vers li, que li hons lige doit avoir enqueste[3] de XL jours, se il la demande.

LXXII. Il[4] est usage que se batart muert sanz heir qui de lui soit et de sa fame, que riens que il ait ne vient à son lignage.

LXXIII. Il[5] est usage que enfent ou vallet, puis que il[6] est isus de bail, ne puit demander à celui en cui[7] bail[8] il a esté, nul meuble; et se il les demande, il n'en doit pas estre oïz par droit, se li meubles n'a esté bailliez certeins au bail.

LXXIV. Il[9] est usage que se aucun demende la cort de bataille qui est juegé[e] par champions loeis, il la tendra tantot le jor maïmes; et si ele est par le cors des quereleors[10], il metra jour avenant à la tenir autre que celui.

LXXV. Il[11] est usage et droit que se aucun home mest son

1. *Faudrait-il corriger* n'estoit *en* estoit? *Cf. Livre des droiz*, 967, 2e *alinéa.*

2. *Cf. Ét., liv. Ier, ch.* 50 (*ci-dessus t. II, p.* 69).

3. *Sic dans* μ : *ce mot est certainement altéré; il faut y substituer quelque chose comme* terme, délai : essoinne *est tentant au point de vue paléographique, mais ne paraît guère admissible au sens du texte; peut-être faudrait-il substituer* respit. *Ce délai de* 40 *jours n'est pas mentionné dans Ét., liv. Ier, ch.* 105, *qui traite la même matière.*

4. *Cf. Ét., liv. Ier, ch.* 101 (*ci-dessus t. II, p.* 172); *Livre des droiz*, 92, 1re *phrase.*

5. *Texte dérivé : Livre des droiz*, 400.

6. μ il esus de : *je corrige* il est isus de.

7. *Entre* cui *et* bail *on a écrit puis exponctué avec raison* le.

8. μ baille esté : *je corrige* bail il a esté.

9. *Texte dérivé : Livre des droiz*, 340.

10. μ quelereors.

11. *Cf. Ét., liv. Ier, ch.* 143 (*ci-dessus t. II, p.* 274). *Texte dérivé : Livre des droiz*, 93. — *Rapprochez un acte de* 1255 *dans manuscrit latin* 10108, *fol.* 36 *verso.* (*Bibl. nat.*)

mariage, et son meuble, et son gaengnage en communauté ou autrui enfanz, et seant ensemble d'un pain et d'un vin, sanz despartir les choses communaus, les meubles seront partiz par tierz egaument : le mari avra le tierz, la fame le tierz, les enfenz estrange le tierz. Mes se la fame est morte, il avra la moitié et fera l'aumone à la fame.

LXXVI. Il[1] est usage que de terre qui[2] eschiet de pere à filz n'a point de rachat, ne de frere à frere; toutes autres personnes le doivent.

LXXVII. Il[3] est droiz et usage que quant I home baille son avoir à I autre à garder en sa chambre sanz garent apeler, que de bataille point n'i a, se l'autre le li nie, fors le plain[4] seirement ou l'anqueste.

LXXVIII. Il[5] est usage que home ne puit donner en aumone à

1. *Cf. Ét., liv. Ier, ch.* 24 (*ci-dessus t. II, p.* 33) *et ci-après* §.103. — *Texte dérivé : Livre des droiz,* 401.

2. qui eschiet *est devenu dans le Livre des droiz* qui est achatée.

3. *Texte dérivé : Livre des droiz,* 94.

4. *Rapprochez le* sagramant plan *de la Coutume de Charroux :* Negus hom de Charros ne doit prendre ley ne batailhe contre le seigneur de la ville por apeau que il li face en sa personne, mais il se deit excuser vers lui tant solament par sagrament plan. (*Cout. de Charroux dans Giraud, Essai sur l'histoire du droit français, t. II, p.* 403.) *Brunner s'est occupé du* plain serment : *il oppose* le plain serment *des textes angevins au* juramentum fractum *ou* divisum *des textes anglo-normands.* (Brunner, *Wort und Form, p.* 720, *n.* 4.) *Je ne crois pas que cette opposition soit ici légitime :* plain *n'est pas dans nos textes l'opposé de* divisum *ou de* fractum (*Voyez des textes où cette opposition paraît bien exister dans du Cange, Glossarium, t. III, p.* 938, *col.* 1 *et* 2, *édit. Didot*). *Le* plain serment *c'est le* serment pur et simple, *un serment qui a lieu dans les procès où, en aucun cas, le duel n'est possible. Ce serment semble être le serment de la partie, sans cojurateurs. Le serment qu'il faut lui opposer est, si je ne me trompe, le* serment plégé : *ce serment est prêté dans les affaires où le duel peut avoir lieu : la partie qui est sous le coup d'une provocation en duel évite le duel en prêtant serment avec cojurateurs,* serment plégé. *Rapprochez Comp.* 32, 85, 101, 112. *Cf. ci-dessus p.* 123, *n.* 9.

5. *Rapprochez Livre des droiz,* 393; *Ét., liv.* 1er, *ch.* 10, 68 (*ci-

Religion que le tiers de son fié, et la metié dou coutumier. Et se il est malades ou meseau, le tout le sivra à sa vie, se plus de c lb. de rente n'i a; et fera l'eritier, après lui, la foy et les devoirs.

LXXIX. Il[1] est usages que, se li prevoz prent I larron que il ait jugié et l'ait banni ors dou pays pour son mefet, et il reveint arrier, et la justice le sache et ne le praigne, et il s'en vet et ne soit pris, la justice en doit porter autel paine comme l'autre.

LXXX. Il[2] est usage et droit que quant home tient fié à foy de segnor, et il li feit aïe, que li home cotumer qui tiennent de lui, la li font : ce est à savoir de la seterée de terre I denier, et dou herbergement I denier, et se il ne tient plus d'une seterée, et le pressour V s., et dou molin V s. Et se il achete en son fié grant achat, il double ses cens jusques à VII deniers, et nul double ne passe VII deniers, et tel servise, et tel aïe. Mes se[3] li sire fet s'aïe à son segnor avant que il semonge ses tenanz qui li doivent fere aïe, et sanz lour metre jour que il veignent voer fere l'aye au segnor, il ne li en feroient point, se il ne veulent.

LXXXI. Il[4] est usage que, se aucun borjois tenant d'aucun chevalier à foy, et le borjois[5] muere, que li chevaliers doit rece-

dessus t. II, pp. 19, 103); *plus haut* § 43 *et ci-après* § 94. *Cette quotité disponible paraît étonner un savant jurisconsulte* (*Beautemps-Beaupré, Cout. et instit. de l'Anjou et du Maine,* 1re *partie, t.* Ier, *p.* 37) : *elle n'a cependant rien d'insolite. Voyez Ét., liv.* Ier, *ch.* 68, *et la Cout. d'Anjou, dite de* 1411, *qui s'exprime ainsi, art.* 236 : Car, comme dit est, nul, soit gentil homme ou coustumier, ne peut donner que le tiers de son heritaige ou Mainne, et en Anjou la moictié des choses censives et le tiers des choses hommaigées. (*Beautemps-Beaupré, Ibid., p.* 531 : *il faut évidemment* le tiers des choses hommaigées *d'après un ms. dont la leçon est en note et non* l'autre partie.)

1. *Texte dérivé : Livre des droiz,* 342.

2. *Cf. Ét., liv.* Ier, *ch.* 46 (*ci-dessus t. II, p.* 64); *ci-dessus t.* Ier, *p.* 31. — *Texte dérivé : Livre des droiz,* 402.

3. se *manque dans* μ.

4. *Texte dérivé : Livre des droiz,* 403. *Cf. Coutume dite de* 1411 *dans Beautemps-Beaupré, Cout. et instit. de l'Anjou et du Maine,* 1re *partie, t.* Ier, *pp.* 491, 492.

5. μ chevalier. *Je substitue* borjois.

voir l'oir au bourgoys, en tel maniere et en tel foy comme son pere le tenoit[1] quant il morut; pour quoy il requiere le chevalier dedans les VII jours, et dedanz les XL, saves les devoirs au chevalier.

LXXXII. Il[2] est usage que se I chevalier brise la cesine dou roy, non savent, et en facet levés, que il jurra sur sainz que il ne seüt que la chose fust en la main le roy, et retorra arriere ce qu'il en avra levé et, ou tant, s'en passera. Et se c'est son fié, la cesine li en sera rendue à fere ce que il devra, et à celui sus qui il avoit prise la sesine de l'eritage, et fera ver son segnor ce que il devra.

LXXXIII. Il[3] est usage que de meffet de chemin de roy nus n'enportet cort.

LXXXIV. Il[4] est usage que puis que bataille est jugée que la justice y a X s.; et se les champions jurent, LX s.

LXXXV. Il[5] est usage que de chose qui ne passe V s. de domages ou de querele, que il n'i a point de desrene que lour plain sairement.

LXXXVI. Il est usage que se aucuns pledoie en court, et il soit trouvez en dit et en desdit, en defense et en quenoissance de aucune querele, que la justice y a X s.; et se il maintient que il ne maintenit ce dum il est commendez à jueger, et le recort de la cort le preigne, il pert X s. plus.

LXXXVII. Il est usage que se aucun home a letres[6] sur I autre

1. *On sentait le besoin de donner ces décisions depuis l'ordonnance de* 1275 *si défavorable aux acquisitions de fiefs par les bourgeois (Isambert, t. II, p.* 659), *ordonnance qui fut suivie de plusieurs autres dans le même esprit. La question n'est résolue qu'implicitement dans la Cout. de Touraine-Anjou et les Établissements (liv. Ier, ch.* 147); *elle ne se pose pas encore.*

2. *Cf. Ét., liv. Ier, ch.* 97, 158 (*ci-dessus t. II, pp.* 165, 293). *Rapprochez Beaumanoir, XXX,* 77. — *Texte dérivé : Livre des droiz,* 967, 3e *alinéa.*

3. *Texte dérivé : Livre des droiz,* 968, *dernier alinéa. Rapprochez ici un acte de* 1244-1245 (*Teulet, Layettes, II,* 564) *où le chemin du roi joue un grand rôle.*

4. *Texte dérivé : Livre des droiz,* 343, 1er *alinéa.*

5. *Texte dérivé : Livre des droiz,* 343, 2e *alinéa. Cf. plus haut* § 32.

6. *Vraisemblablement il faut après* letres *suppléer* de roi ou de prevost. *Cf. ci-dessus t. Ier, p.* 231.

de sa dete que il li doie; et le terme passe senz ce que il rande[1], et il les montre à justice[2]; que la justice les doit fere sigre comme chose queneüe et jugée[3], ne ne doit rien oïr encontre, se il ne montre paiement.

LXXXVIII. Il[4] est usage que se la chose à aucun prodome est prise en la main le roy, à la plainte d'autrui, et jor en soit mis as parties, et cil qui se plaint ne viegne au jour qui mis li est, et l'autre partie soit presente et requiere droit, que li pleintif soit semons encores ou suffisant recort; et se il ne vient au segont terme, que cil sus qui la chose est prise l'a ou pleges metant, et quant l'autre se plaindra, si soit droiz fez.

LXXXIX. Il est usage et droiz que si aucun prent les bestes à I autre en son pré deffansable[5], et l'autre le desfande, cil qui les bestes a prises jurera que il les bestes prist en sa chose deffansable, et ou tant avra de checune beste IIII deniers; mes les bestes aletanz ne paieront rient[6].

XC. Il[7] est usage que se aucun vée reponse à autre por ce que

1. μ randre.

2. *Cf. Ét., liv. II, ch.* 37 (*ci-dessus t. II, p.* 461).

3. *Ces mots* comme chose queneüe et jugée *rappellent l'origine de l'exécution parée : on a feint, lorsqu'on a imaginé les lettres exécutoires, une* confessio in jure : *voyez ci-dessus t. Ier, p.* 229 *et suivantes.*

4. *Cf. Ét., liv. Ier, ch.* 70 (*ci-dessus t. II, p.* 110 *et plus haut* § 58).

5. *Cf. Ét., liv. Ier, ch.* 158 (*ci-dessus, t. II, p.* 293).

6. *Je comprends qu'il ne sera pas alloué de dommage pour le tort fait par les volatiles. Dans Jostice et plet, il n'est question de dommage que pour le tort fait par une bête à quatre pieds* (*p.* 322). *Divers textes de droit romain ne paraissent aussi accorder d'action qu'en cas de dommage causé par un quadrupède* (*Dig.*, IX, I, 1); *cependant les jurisconsultes romains décidaient que l'individu lésé aurait une action utile, même si l'animal était un bipède* (*Dig.*, IX, I, 4). — *Texte dérivé : Livre des droiz,* 98.

7. *Cf. Ét., liv. Ier, ch.* 70 (*ci-dessus t. II, p.* 110); *liv. II, ch.* 7 (*ci-dessus t. II, p.* 341); *Livre des droiz,* 99, *ainsi conçu :* Nul ne doit estre oy à avoir response à son adversaire pour ce qu'il die estre dessaisi, s'il ne doit (*corr.* dit) que son adversaire l'ait fait ou procuré. *Dans ce petit texte il faut corriger évidemment les mots* à avoir response *en* à veer response.

il est[1] desesit, que il ne doit pas estre oïz, se il ne dit que il l'ait desesi, ou que ce soit par sa plainte.

xci. Il est usage et droit que si aucun apele I autre filz à putain, ribaut, pugnès, que il n'en doit pas fere amande conme de folie desleal[2], quar icel folie ne desleaute pas home; mes fauseté, et larrecin, et traïson, et parjure, cestes choses desleaute[n]t home.

xcii. Il[3] est usage que de là Leire choichent avant des defautes que de la querele, et de çà de ver Saumur mest l'en avant la querele et puis les deffautes; et puit l'en suivre par les deffautes et par le chef de la querele.

xciii. Il[4] est usage que home qui apele autre de domage que il li ait fet, que il n'en doit pas estre oïz se il ne dit en quoy il li a les domages fet.

xciv. Il[5] est noveaus commandemenz dou roy que nul ne doit aumoner, ne soffrir à aumoner en ses fiez, en maniere que ses fiez, ne ses redevances en descroissent.

1. μ ait.

2. *Cf. Ét., liv. Ier, ch.* 154 (*ci-dessus t. II, p.* 288). *Texte dérivé : Livre des droiz,* 101. *Voyez aussi Cout. dite de* 1411, *art.* 101, 102 : *La distinction entre la* simple injure *et l'*injure déloyale *a un intérêt pratique très grand ; car* en simples injures à amende de loy qui est xx s. ou Maine et x s. en Anjou. En injures desloyaulx, comme appeller autre traitre, laron, meurtrier ou autre injure equipolent ad ce, a amende de VI l. ou Maine et LX s. en Anjou. (*Liger, art.* 1336, 1337 *dans Beautemps-Beaupré,* 1re *partie, t. II, p.* 495 ; *cf. art.* 1399, *p.* 509.) *Cf. ci-dessus t. Ier, pp.* 32, 33, 243.

3. *Cf. Ét., liv. Ier, ch.* 71 (*ci-dessus, t. II, p.* 111). *Ce § semblerait indiquer que la Compilatio fut rédigée au sud de la Loire : toutefois le §* 105 *ci-après est probablement relatif à la ville d'Angers. Même doctrine dans le Livre des droiz,* 32. *Cf. Beaumanoir, LXVII,* 27, *édit. Beugnot, t. II, pp.* 469, 470.

4. *Cf. Livre des droiz,* 103.

5. *Cf. Ét., liv. Ier, ch.* 129 (*ci-dessus t. II, p.* 244) *et plus haut* § 78. *Je n'aperçois pas clairement à quelle ordonnance il est fait ici allusion : voyez sur cette matière l'ordonnance de* 1275 *et les textes que Laurière en a rapprochés* (*Ord. I,* 305, *notes*) ; *celle du* 24 *février* 1316 (*a. s.*) *qui a très fort l'allure d'une prohibition* (*Ord., I,* 631) ; *celle du* 18 *juillet* 1326 (*Ord., II,* 797) ; *celle du* 23 *novembre* 1328

XCV. Il est usage et droiz que fame mariée ne puit demander en cort sanz son segnor, se il ne met à fin sur le ; et est usage que il ne puit rienz demender de ce que il a mis à fin sur le ; mes qui la batroit ou feroit vilennie, ale (*sic*) avroit bien reponse sanz son mari dou fet de son cors, ou de sa marchandise, se ele estoit marchande[1].

XCVI. Il[2] est usage que aucun doere à aucune dame veuve est apeticez per aucun fet, ou par don que ses sires eüst fet en sa vie, que li hers est tenuz à li randre autretant en change de son heritage qui muet de vers le pere.

XCVII. Il[3] est usage que se aucun est atermez devant le prevost et devant le baillif tout à une journée, que cil qui est ajournez ne doit point aler au terme au prevot, ainz[4] ira au terme au baillif qui le gardera de la defaute dou prevost.

XCVIII. Il est usage en Enjo que se II homes s'entrebatent, et li I est plaiez ou chief et l'autre ou cors, que l'un fera amande à l'autre ; mes cil qui est feruz ou chief avra amende de LX s., et cil qui est feruz plus bas de XV s.[5].

XCIX. Il[6] est usage que nul gentil home ne puit terre tenir, ne soy combatre, jusques à XXI an.

C. Il[7] est usage que quanque vient à enfant de par bourse marcheande, est frarechau.

(*Ord., II,* 23), *qui paraît en supposer une perdue. Enfin il faut aussi songer à une ordonnance perdue de* 1322 *citée dans Ord., IV,* 235. *Cf. ci-dessus t. Ier, p.* 30. — *Texte dérivé : Livre des droiz,* 969, 1er *alinéa.*

1. *Cf. Ét., liv. Ier, ch.* 153 (*ci-dessus t. II, p.* 287) ; *ci-après Abrégé champenois,* 13.

2. *Texte dérivé : Livre des droiz, p.* 404.

3. *Décisions analogues dans les Ét., liv. Ier, ch.* 124 (*ci-dessus t. II, pp.* 230, 231) *où il est dit que l'ajournement en la cour du roi sert d'excuse et dispense de comparaître en la cour du baron.*

4. µ an : *je corrige :* ainz.

5. *Cf. Ét., liv. II, ch.* 24 (*ci-dessus t. II, p.* 415) *et ci-dessus t. Ier, pp.* 242, 246.

6. *Cf. Ét., liv. Ier, ch.* 78, *pp.* 141, 146 (*ci-dessus t. II, pp.* 126, 270, 280) ; *Abrégé champenois,* 77, 100. — *Texte dérivé : Livre des droiz,* 405, 1er *alinéa ; cf. ci-dessus t. Ier, p.* 380, *n.* 1.

7. *Texte dérivé : Livre des droiz,* 105, 1er *alinéa. Cf. Ét., liv. Ier, ch.* 136 (*ci-dessus t. II, pp.* 256, 257) ; *ci-dessus t. Ier, p.* 380.

CI. Il est usage que nul desesi ne puit fere chois au sesi, ne doit prendre le sesi par droit[1]; et si en jueja Emeri de La Chevriere chevalier le contraire : que le desesi puit fere le chois au sesi par reson que gage de bataille en peut estre pris, et en la voulenté dou desesi estoit de prendre la desresne ou le seirement.

CII. Il[2] est usages que sire qui a banz ne le puit tenir que XL jours en sa vile.

CIII. Il[3] est usage que quant gentil home muert, et il a oir male qui de lui remaint, que cil qui est plus près dou lignage au pere avra le bail de la[4] terre et de l'enfent; mes se il a mere, il ne se partira point de son baile; et se le pere a fet le rachat, son filz à qui la chose vient, doit fere le rachat après luy.

CIV. Il[5] est usage en Enjou que le cotumier ne puit fere à ses enfenz l'une partie meindre de l'autre de eritage ne de meuble, fors tant comme il vit, quar après sa mort il sunt tuit frarechau, en raportent arriere ce que il ont eü.

CV. Il[6] est usage que le juegement qui est contanduz à la cité

1. *Je comprends :* Le dessaisi ne peut laisser le saisi libre de choisir la voie du serment ou du duel; et le saisi ne peut lui-même choisir l'une ou l'autre voie. —Emeri de la Chevrière jugea le contraire, *poursuit le rédacteur : je n'ai pu identifier cet Émeri de la Chevrière : deux localités dites de la Chevrière sont sises au nord de la Loire (commune de Briolay et commune de Morannes).*

2. *Texte dérivé : Livre des droiz,* 405, 2e *alinéa.*

3. *Cf. Ét., liv. Ier, ch.* 19, 121 (*ci-dessus t. II, pp.* 28, 219). — *Livre des droiz,* 406, 466; *ci-dessus* § 76. *Il y a une différence sensible entre cet art. de la Compilatio et le ch.* 121 *du livre Ier des Ét., cf. ci-dessus t. Ier, pp.* 28, 29.

4. μ sa.

5. *Cf. Ét., liv. Ier, ch.* 136 (*ci-dessus t. II, pp.* 256, 257).

6. *Il s'agit probablement ici de la cité et du château d'Angers. La cité d'Angers est un quartier spécial situé entre la cathédrale et le château, jadis entouré de murs. La cité était exempte de la juridiction du comte et de celle de la ville; elle appartenait au Chapitre de la cathédrale qui seul y exerçait les droits de haute et basse justice. Je puise ces renseignements dans une lettre que veut bien m'adresser M. d'Espinay. — Texte dérivé :* Jugement qui est contendu en la cité il ne puet estre ailleurs remué. (*Livre des droiz,* 105, 3e *alinéa.*) — *Cf. Liger, art.* 308 *et Ét., liv. II, ch.* 32 (*ci-dessus, t. II, pp.* 442, 443). *Le cas prévu est probablement très analogue à*

ne puit pas estre renoez au chastiau; et se il est contandus au chastiau, il puit estre amendez à la cité.

CVI. Il[1] est usage que se aucun segneur pledoie son home qui tient de lui à foy, et il ne l'eit mis en la foy, que il ne li repondra pas, se il ne vieut, jusques il ait mis en la foy, et lors li repondra.

CVII. Il[2] est usage que toz desesiz doit avoir sa sesine ou plege, quant il la requiert, quar nul ne doit repondre desesiz à chef de querele.

CVIII. Il est droiz et usage que II parties elisant arbitres de lor contens, chacun le sien, que checune partie doit avoir son arbitre au jour qui est mis; et se il ne le puit avoir, il doit venir au jour qui mis est et soy offrir, et offrir autre suffisant en leu de celui arbitre qui deffaut; et se il ce ne fet, il est tenuz aus domages de celui amander à l'autre partie, se les premiers arbitres n'ont queneü de la querele; mes se il en ont queneü, il ne puit estre changié.

CIX. Il[3] est droiz et usage que se aucun segnor sert aucun home de ses hommes liges, rente ou fié en parage, et son home lige li ait meffet ou soit deffaillanz de droit par devant luy, que il ne se puit vanger sur le paraige, ne lui arester pour celui meffet, se il i a tant de l'aliance que il se puisse vanger desus.

CX. Il est usage que se aucun enfent se forpaïse avant la mort son pere ou sa mere pour fere son preu, et desmoret XX ans ou plus; et quant il retornera en son païs, et[4] il trovet estrange en sesine de son heritage, que il, dedanz l'an que il est retornez, en face plainte, et que il se maintegne avant que juegement de veüe ne d'autre chose quore, quar se il ne fesoit, il perdroit.

CXI. Il[5] est usage que home coutumier puit fere homage à

celui que vise le jurisconsulte orléanais en ce dernier passage des Établissements : on suppose que l'officier de la cité ou celui du château vient requérir un justiciable après litiscontestation.

1. *Texte dérivé : Livre des droiz,* 408.

2. *Cf. Ét., liv. Ier, ch.* 70; *liv. II, ch.* 7 (*ci-dessus t. II, pp.* 110, 341); *Livre des droiz,* 106.

3. *Texte dérivé : Livre des droiz,* 409.

4. *Cette conjonction* et *que fournit* μ *n'est pas utile au sens; mais elle semble pouvoir être maintenue comme explétive.*

5. *Cf. Ét., liv. Ier, ch.* 25, 146, 147 (*ci-dessus t. II, pp.* 36, 280); *plus haut* § 99; *Livre des droiz,* 410. *Cet article est difficile à*

son segneur sanz foy, à quinze anz; et se il le fet autrement, il n'est pas estable par droit.

CXII. Il est usage que se aucun se vient deffendre par sa tenue, et l'autre partie l'an veille deffendre par pleintes que il en ait fetes dedanz le premier an[1], et après, de terme en terme, jusques à la journée que il le vueille resnier; se l'autre le deffent, e ill i at tant de la querele[2] que l'un le puit chalonger et l'autre desrener[3], il le puit fere; ou pregnez plege dou seirement[4].

CXIII. Il[5] est usage que, puis que chose est veüe en la cort le roy, que ele porte fin en toutes autres cours, et que l'en ne rent pas cort jusques[6] après veüe.

entendre. Sur la distinction entre la foi *et* l'hommage, *on peut lire Brussel, Nouvel examen de l'usage général des fiefs* (*t. Ier, p.* 30, *note a*) : *il reste à expliquer pourquoi ici le roturier âgé de quinze ans peut faire* hommage *mais* hommage sans foi. *Laurière enseigne que le roturier faisait souvent* la foi sans l'hommage *et Brussel reproduit cette observation* (*Laurière, Ord., t. Ier, préface, p.* XXIV; *Brussel, Nouvel examen de l'usage des fiefs, t. II, p.* 894). *On peut invoquer en ce sens un passage important de Beaumanoir.* (*Beaum., ch. XLVIII, édit. Beugnot, t. II, pp.* 256, 257.) *Enfin je citerai une série de pièces de ma collection qui intéressent le Vivarais : il résulte de ces pièces du XIVe s. que le* feudum nobile et gentile *donne seul lieu à* hommage et fidélité; *que les autres fiefs ne donnent lieu qu'à un serment de* fidélité. *Mais nous nous trouvons ici en présence du cas inverse : comment expliquer cet* hommage sans foi *du roturier? Je suppose qu'il faut s'attacher à cette circonstance que le roturier n'a pas* 21 *ans : il ne pourra prêter la* foi *qu'au jour de ses* 21 *ans. Il est peut-être légitime de conclure du ch.* 78 *au liv. Ier des Ét. que le gentilhomme lui aussi peut être admis à* l'hommage *mais non à la* foi *avant* 21 *ans.*

1. *Cf. Ét., liv. Ier, ch.* 70 (*ci-dessus t. II, p.* 110).

2. *Cf. plus haut* § 32.

3. μ deffendre. *Je conjecture* desrener *mot qui contient une allusion au duel judiciaire et donne un sens à la phrase.*

4. *Cf. plus haut* §§ 32, 101.

5. *Cf. Ét., liv. Ier, ch.* 60 (*ci-dessus t. II, p.* 86).

6. jusques après veüe, *c'est-à-dire* on ne rend la cour qu'après vue. *Pour comprendre ce passage ainsi que tout le* § 113, *il faut avoir sous les yeux le ch.* 60 *au liv. Ier des Ét. — Texte dérivé : Livre des droiz*, 968, 1er *alinéa. Rapprochez Livre des droiz*, 969, 2e *alinéa.*

AVERTISSEMENT.

Ce texte, représenté par deux manuscrits bien postérieurs à l'ouvrage lui-même, dérive d'une ordonnance de Philippe le Hardi et des *Établissements de saint Louis*. Voyez ce qui a été dit cidessus t. Ier, pp. 323-328; pp. 429, 430. Le ms. de Rome ξ n'a été que rapidement reconnu et examiné par moi-même. Mon ami M. Müntz a bien voulu en faire faire une copie qu'il a contrôlée lui-même : je suis l'orthographe de ξ.

III. ABRÉGÉ CHAMPENOIS DES ÉTABLISSEMENTS

I[1]. *Ci commancent li establissemant de Parlemant.* — 1. Nulles causes ne soient aportées an Parlemant[2] qui puissent estre delivrées par les baillis.

2. Qui sera ajornez se[3] presante à celui jor meïsmes et se face mestre an escrit, et atande tant qu'il soit apelez.

3. Et n'antre nus avesques cels qui plaideront, que cels qui avront mestier à la querelle.

4. Cil qui demande face sa demande brieve et li deffanderres responne selonc la demande.

5. Li faiz proposez et niez des parties soit ordeenez par aucun des maistres, et le facent mestre an escrit, à oster le descort qui tout jor naist antre les parties.

6. Li faiz mis an escrit soit envoiez aus auditors ou païs don cil seront qui plaideront.

7. Nus avocat n'alligue droit là où coustume a leu.

8. Nus ne soit oïz an cort laie à plaidier por autre, se il n'est tiex que la cort puisse joutisier sa persone. Mais clers por soi, ou por s'esglise, ou por persone qui li soit jointe de lignage ou d'affinité ou por son seignor de qui il tient an fié.

9. Nus avocaz ne doibt redire ne recomancier la parole que li autres avra dite; mais il i puet bien ajouter aucune chose nouvelle, se il voit qu'elle i face à ajouter.

1. *Tout ce chapitre Ier est l'abrégé d'une ordonnance de Philippe le Hardi plusieurs fois imprimée. (Mém. de l'Acad. des inscript., t. XXX, p.* 625; *Ord., t. XI, p.* 354; *Desmaze, Le Parlement de Paris,* 1860, *pp.* 489-494.). *Ce titre manque dans* v.

2. ξ Parlemanz.

3. v ξ se se *au lieu de* se.

10. Li arest de chascune jornée soient delivré le jor ou l'endemain.

11. Les requestes oyes des maistres qui contandront grace, soient portées au roi; les autres soient comandées aus baillis.

12. Qui demandera jor de consoil, le[1] jor ou l'andemain.

13. Qui apelera de defaut de droit, ou de faus jugemant et il ne preuve, il ancorra an grant poine.

14. Les querelles des nouvelles dessaisines li baillif doivent delivrer.

15. Plainte de prevoz et de sergenz li baillif ne les doivent pas soutenir; ains facent bon droit et hastif aus plaintis an telle meniere que plainte n'an veigne à cort.

II. *De[2] la devision de joutise, et des comandemanz de droit.* — Joutise est une voulantez estable qui done à chascun son droit et ne se fleschist por amor, ne por hayne, ne por priere, ne por don, ne por promesse. Et li comandemant de droit si sont tiex :

Honestemant vivre, nulle persone despire, donner à chascun son droit, voloir paiz antre les parties.

III. *De[3] l'ordre de plait à l'uz de Champeaignes.* — La joutise tandra ceste forme an ses plaiz : se aucuns vient devant lui qui se plaigne d'un autre de marchié, ou de convenance, ou de deste, ou d'eritaige, ou de vilenie faite ou dite, la joutise li metra jor, et semondra celui de qui il se plaindra, et respondra à celui jor meïsmes, se ce est de sa deste, ou de plevine, ou de son fait. Et se ce est de l'autrui, il avra I autre jor tant seulemant à respondre, se il le demande, et à celui jor il respondra.

Et quant les parties seront venues au jor, li demanderres fera sa demande; et cil à qui l'an demande, respondra à celui jor meïsmes des choses devant dictes, fors d'eritaige don il avra jor de montrée, se il le demande, ou de deste que l'an demant à fame à

1. *Sous-entendez* avra : *je n'ajoute pas ce mot dans le texte. Ce tour rapide peut appartenir à la rédaction primitive.*

2. *Cf. Ét., liv. II, ch. 1er.*

3. *Cf. Ét., liv. Ier, ch. 1er.*

qui ses mariz sera morz novellemant, ou de deste que l'an demant à oirs de meuble ou d'eritaige qui lors sera escheoiz de pere ou de mere ou d'aucun de ses paranz, car ce est d'autrui fait : à[1] quex la joutise donra jor d'[2] apansemant après la demande VIII jors tant seulemant ; et de nulle autre querelle, non.

Et se cil à qui l'an demande quenoist ce que li demanderres dira contre lui, li juges li comandera que il an ait fait son gré dedans I jor que la joutise li metra ; et se il ne le faisoit, il seroit an l'amande anvers la joutise, se li demanderres s'an replaignoit : et l'an feroit la joutise joir, se il avoit de quoi, selonc ce qui est acoutumé. Se cil à qui l'an demande ne dit aucune raison qui valoir li doie à sa deffanse, et se li demanderres nie ce que li deffanderres dira contre lui par raison, il provera par tesmoinz ou par lestres qui valoir li doient : et se il avenoit que cil à qui l'an demande meïst an ni ce que l'an li demandera, li demanderres provera par tesmoinz jusqu'à LX s.[3], ou par lestres, s'elles sont de la joutise ou dou roi qui est souverains ; car austres lestres ne sont receües que por I tesmoin.

1. v à quoy la.

2. v de pensement.

3. *L'ord. de Moulins de* 1566 *établit la limite de* 100 *livres* (*art.* 54) *et notre Code civil celle de* 150 *fr.* (*art.* 1341). *Ces* 100 *livres et ces* 150 *fr. sont loin d'excéder comme valeur relative les* 60 *s. de ce texte champenois : au XIIIe s., le roncin de service tout harnaché est estimé* 60 *s.* (*Jostice et plet, p.* 239) ; *ailleurs,* 50 *s.* (*Liber bonarum gentium, copie de Dom Betancourt, transcrite par Salmon, ms.* 1267 *de la Bibl. de Tours, vers la fin du vol.*) *Sur la faveur accordée à la preuve par titres voyez un article curieux d'une supplique des églises de la province de Reims, adressée au roi en* 1344 : Se aucune personne de sainte Eglise en veut estre payée d'aucun sens, etc. (*Varin, Arch. adm. de Reims, t. II,* 2e *part., p.* 926, *note*) ; *voyez aussi l'art.* 51 *de la première Cout. de Reims du XVe s.* (*Varin, Arch. lég.,* 1re *part., Cout., p.* 626.) *En* 1245, *les Statuts d'Arles posaient déjà à la preuve testimoniale la limite de* 100 *s.* (*Statuts d'Arles, art.* 157, *dans Giraud, Essai sur l'hist. du droit fr., t. II, p.* 237 ; *sur la véritable date de ces Statuts* (1245) *voyez Giry, dans Revue hist., t. XV, p.* 189, *note* 1.)

Li tesmoin seront receü an apert jusqu'à xx[1] s. : et dou sorplus jusqu'à LX s. seront li tesmoing receü chascuns par soi, et au secré; mais li deffanderres porra dire contre les tesmoinz au demandeor au sairemant faire, ou avant : et se il dit chose don il doie estre oïz et que il voille prover, l'an li metra I jor au prover tant seulemant, et li demanderres reporra dire contre les tesmoinz au desfandeor an la meniere devant dite.

Dou sorplus de LX s. l'an ne recevra pas[2] tesmoinz, ne lestres, s'elles ne sont de la joutise dou leu ou dou roi, se cil à qui l'an demande ne le viaut ou otroie.

Et se li demanderres ne povoit ou ne voloit prover par tesmoinz ou par lestres, si come nos avons dit desus, et il ne l'ofre à prover par gaiges, et il die[3] que il soit pres de faire ce que la cort esgardera[4] et ce que elle an[5] a acoustumé à[6] faire, la cort dira che : se il viaut jurer sor sainz que ce est voirs que il mest an sa plainte ou an sa demande, il arramira le sairemant; et se cil à qui l'an demande ne reçoit[7] le sairemant dou demandeor, l'an le fera joir de sa demande le demandeor; ainz le contredit, et arramist por[8] autant, il fera le sairemant aus VII nuiz; et li demanderres l'amandera ausi come cil à qui l'an demande feïst. Mes se il ne faisoit le sairement aus VII nuiz, il paieroit l'amande : et li demanderres an seroit quites, et l'an feroit la joutise joir, se cil avoit de quoi.

IV. De[9] toutes querelles don clamor sera faite devant jou-

1. *On estime sans doute que jusqu'à* 20 *s. le témoin gardera facilement son indépendance, sans nécessité de recourir à la garantie du secret. Qu'on ait voulu au début de la procédure secrète assurer, par ce procédé, la liberté et par suite la sincérité des témoignages, la chose n'est pas douteuse. Voyez notamment Décret. de Grég. IX*, V, I, 21 ; *Sexte*, V, II, 11 *et surtout* 20.

2. v par.

3. die *manque dans* v ξ.

4. v ξ an dira. *Je crois pouvoir corriger* esgardera.

5. an *manque dans* v.

6. v en *au lieu de* à.

7. ξ recolt.

8. v pour tant il.

9. *Cf. Ét., liv. I*er*, ch.* 4.

tise, et tesmoinz ou lestres ou autres preuves soient amenées, se li demanderres ne preuve sa demande, il l'amandera ausi à la joutise come feïst cil à qui l'an demande, se il estoit prové contre lui, car il l'amanderoit.

v. Se li forains se plaint à la joutise de son joutisable, de deste ou de plevine, et li joutisables voille montrer paié par deniers, ou par danrées, ou par ouvraiges, ou par servise, ou par quitance, il sera oïz, tout ne plaise il pas au demandeor.

vi. Se li forains se plaint dou joutisable de fait de cors[1] ou de vilenie dite, il doit dire le jor et l'eure et le leu que ce li avra esté fait ou dit; et se li joutisable se plaint de celui de celle meïsmes chose faite ou dite, an celui meïsmes[2] leu et à celui jor et à celle heure que li autre a dit desus, il semble que il an doie[3] respondre, se il n'est clers (et li clers de sa volanté), por ce que les plaintes sont d'un meïsmes fait; mais se il li avoit fait devant ou après, il n'[4]an respondroit pas iqui, se il ne voloit.

vii. Se clers ou forains se plaint à seignor de son joutisable, il doit doner ploige ou asseürer, se l'an l'[5]an requiert que il ne le travaillera an autre cort de celle cause.

viii. De ces qui seront semons et seront am plait devant joutise, se aucuns an i a qui ne voille respondre de ce don il sera tenuz à[6] respondre devant la joutise, la joutise li[7] dira que il doit respondre et que il responde; et se il ne viaut respondre, la joutise li dira que il n'an port pas le droit de la cort; et se il s'an vet, sor ce, hors de la porprise au seignor, il sera an l'amande de LX s., se il n'a franchise.

Qui demande heritaige am plet devant joutise il doit tytre; ou il ne sera pas oïz, se l'autre partie ne s'i consant.

ix. Plaintis de danrées, de pain, de vin, de char, de poisson,

1. V tors.
2. V mesme jour et à.
3. V doient.
4. E n'a.
5. V le.
6. V de.
7. li dira... joutise *manque dans* V.

est creüz par son sairemant jusqu'à v s., se cil à qui l'an demande li[1] quenoist partie petite ou grant.

x[2]. La forme dou sairemant de verité[3] est telle : cil qui demande jurera que il croit avoir droite demande et que il respondra droite verité à ce que l'an li demandera selonc ce que il croit avoir droite demande, et que il ne donra riens à la joutise ne ne prometra pendant la querelle ne aus tesmoinz fors lor despens, ne n'ampeschera les preuves de son aversaire, ne riens ne dira contre les tesmoinz qui seront amené contre lui, que il ne croie que voirs soit, et que il n'usera de fauses preuves.

Cil à qui l'an demande jurra que il croit avoir droit de lui deffandre, et jurra les choses dessus dites.

Après ces sairemanz, la joutise demandera la verité aus parties de ce qui sera dit par devant lui; et se cil à qui l'an demande met an ni ce que l'an li demandera, cil qui demande provera par tesmoinz et les amanra à jor assigné.

xi[4]. Qui sera atainz ou repris de faus tesmoignaige il demorra an la volanté de la joutise por l'amande.

xii. Cil qui fera[5] arester aucune chose donra ploige tout avant ou asseürera dou domaige et de l'amande, se il est trovez an tort.

xiii[6]. Fame qui a seignor n'a pas response an cort laie, se n'est de vilenie que elle ait faite ou dite : ou se elle est marchande, elle avra response de sa marcheandise, et autremant non.

1. v en *au lieu de* li.

2. *Cf. Ét., liv. Ier, ch. 1er* (*ci-dessus, t. II, p.* 1).

3. *Les expressions* serment de verité *et* juramentum calumpniæ *sont à peu près synonymes :* Posicionum officium est locus in curia ubi post litem contestatam, recipiuntur juramenta calumpnie, vel de veritate dicenda. (*Privilegia Curie Remensis archiepiscopi de l'année* 1269 *dans Varin, Archives législ. de la ville de Reims*, 1re *partie, Cout., p.* 24.) *Sur la différence technique entre ces deux serments voy. Fournier, Les officialités au moyen âge, Paris*, 1880, *pp.* 174, 175.

4. *Cf. Ét., liv. Ier, ch. 1er, in fine.*

5. ꝫ sera. — *Cf. Ét., liv. Ier, ch.* 122 *et ch.* 138 (*ci-dessus t. II, pp.* 222, 264).

6. *Cf. Ét., liv. Ier, ch.* 153 (*ci-dessus t. II, p.* 287); *Compil.* 95.

XIV[1]. Nus ne doit plaidier dessaisiz, se ce n'est de sa volanté, et n'est mie tenuz à respondre des poilliez.

XV[2]. Nus ne doit demander saisine, se il n'a esté[3] an saisine ou cil pour qui il la demande; et doit dire tytre. Et se dui demandent saisine d'une meismes chose, la joutise doit tenir la chose an sa main[4], jusqu'à tant[5] que chascuns ait provée sa possession; et celui que l'an trovera tenant ou tens que li plaiz est antamez avra la saisine : mais que il ne la teigne par force, ou an depost[6], ou à[7] amprunt, ou par louaige.

XVI[8]. Se li sires prant en sa mein aucune chose ou[9] an sa saisine, soit meuble, soit heritaige, et le nome et die : « je praing ceste chose an ma main, et an ma saisine, » ou se li prevoz ou li sergenz ou li certains comandemanz au seignor la

D'un certain nombre de textes rémois il paraît résulter qu'à Reims la femme mariée ne pouvait ester en justice sans l'autorisation du mari, à moins qu'elle ne fût marchande publique : encore cette exception n'était-elle pas reçue sans contestation; car nous voyons toujours le mari intervenir et simplifier ainsi la question : c'est le cas en 1252, *dans une affaire entre Huelon le harignier et la femme Yevelet le harignier; en* 1344, *dans une affaire entre Ysabelet de Roucis, femme Doumengin de Sorcy, et Benoît le Flaimain* (*Varin, Arch. adm. de Reims, t. Ier*, 2e *part.*, *p.* 738; *t. II*, 2e *part.*, *p.* 896, *notes*, 2e *col.*). *Cf. Varin, Ibid., t. Ier*, 2e *part.*, *pp.* 766, 767, 773 (*affaires des années* 1255 *et* 1256).

Sur la manière dont on a interprété au moyen âge les textes du droit romain sur cette matière, voyez le Décret de Gratien, Secunda pars, Causa II, *qu.* I, *c.* 14, *et magister Drogo, Libri aurei, dans Varin, Arch. lég. de Reims,* 1re *part., Cout., p.* 423.

1. *Cf. Ét., liv. II, ch.* 7 (*ci-dessus t. II, p.* 341).
2. *Cf. Ét., liv. II, ch.* 4 (*ci-dessus t. II, p.* 334).
3. ξ est.
4. *Cf. Ét., liv. Ier, ch.* 70 (*ci-dessus t. II, p.* 110). *Cf. Liber practicus de consuetudine remensi dans Varin, Arch. lég. de la ville de Reims,* 1re *partie, Cout., p.* 161.
5. ξ tal.
6. ξ repost.
7. v en.
8. *Cf. Ét., liv. Ier, ch.* 97, 159 (*ci-dessus t. II, pp.* 165, 295).
9. ξ au.

prant et die : « je praing ceste chose en la main mon seignor, et an sa saisine, quel que chose que ce soit, meuble ou heritaige, — et la nomera — cil qui l'ostera ne ne fera oster, ne qui force i fera, ne ne fera faire, sera an l'amande au seignor jusqu'à LX s., et restablira le[1] seignor et le leu de la chose ou de la value.

XVII[2]. Se aucuns estrainges vient ester an la vile à aucun seignor; et il ne fait seignor dedans l'an, il est espletables au seignor.

XVIII[3]. Se aucuns muert sanz oir et sans lignaige, toutes choses sont au seignor souz qui il demeure, se li sires a grand joutise an sa terre, et randra li sires sa deste et son lais.

XIX[4]. Se aucuns achate d'un autre qui riens ne li teigne, icelui achat avra li sires don il meut, se il le viaut avoir.

XX[5]. Se aucuns achate, et il ne rant les vantes dedans les VII nuiz, il est an l'amande, se il n'an a respit.

XXI[6]. Terres à terraige, sans autres redevances, li sires les puet prandre à sa charrue ou à son demaine; mais il ne les puet pas baillier à autruy.

XXII. Se aucuns tient terres ou[7] vignes ou autre heritaige, et il an rande moins dou cens que la chose ne doit, li sires puet prandre et tenir an sa main ce don[8] cil rant pou[9] de cens, se il ne le viaut amander et randre les arreraiges.

XXIII. Qui ne rant son cens à jor, il est an l'amande[10] et qui

1. v au.

2. *Cf. Ét., liv. Ier, ch.* 92 (*ci-dessus t. II, p.* 149).

3. *Cf. Ét., liv. II, ch.* 31 (*ci-dessus t. II, p.* 428); *Cout. de Reims de* 1481, *art.* 239, 240, 242 *dans Varin, Arch. législ. de Reims,* 1re *partie, Cout., pp.* 717, 718.

4. *Cf. Ét., liv. Ier, ch.* 164 (*ci-dessus t. II, p.* 304).

5. *Cf. Ét., liv. Ier, ch.* 167 (*ci-dessus t. II, pp.* 309, 310).

6. *Cf. Ét., liv. Ier, ch.* 103, 170 (*ci-dessus t. II, pp.* 174, 312).

7. *Cf. Ét., liv. Ier, ch.* 104 (*ci-dessus t. II, pp.* 185, 176).

8. v dont il tient pour cens.

9. ξ pro cens. — *Pour* v *voyez note précédente; mon texte est le résultat d'une conjecture.*

10. *Amende de* v *s. d'après la première Coutume de Reims du XVe s.,*

laisse son cens à randre par plusors années il ne doit que une amande[1], le cens des années trespassées randu; et qui laisse la terre por le cens, il la doit laissier au jor que li cens doit estre randuz, et randre le cens trespassé sans amande; mais se il la laisse après le jor dou cens, il randra le cens de l'année à venir et des années trespassées.

XXIV[2]. Se aucuns done à aucune Religion ou à aucune persone qui aparteigne[3] à Sainte Eglise, aucun heritaige, li sires ne le souferra pas, se il ne viaut; maïs cil à qui l'aumone a esté donée doit venir au seignor et li doit dire: « sire, CE nos a este doné; se il vos plaist, nos le tandrons; et se il ne vos plaist, nos l'osterons de nostre main; » et se il plaist au seignor, il lor dira que il l'ostent de lor main dedans l'an et le jor, ou li sires la saisira.

XXV[4]. Se aucunes gens changoient terres an censives les uns aus autres et elles n'estoient d'une censive, li seignor feroient les terres prisier par prodes homes et an avroient les vantes ou les[5] autres droictures selonc l'us dou païs; mais se elles estoient d'une censive et d'une chastelerie, il n'an avroient nulles vantes, se ainsi n'estoit que les terres fussient an II chasteleries, tout feussent elles d'un seignor.

XXVI. Escheoites qui viennent de lignaige sont au plus prochain dou lignaige, de celle part don li heritaiges muet, tout soit il de condicion; mais li mueble et li conquest sont à celui

art. 82 (*Varin, Ibid., p.* 636). *Cf. Cout. de* 1481, *art.* 232 (*Varin, Ibid., p.* 714).

1. *Même principe dans la première Coutume de Reims du XVe s., art.* 84 (*Varin, Ibid., p.* 636), *et dans celle de* 1481, *art.* 236 (*Varin, Ibid., p.* 716).

2. *Cf. Ét., liv. Ier, ch.* 129.

3. v apreigne.

4. *Cf. Ét., liv. Ier, ch.* 160, *et Cout. de Reims de* 1481, *art.* 225, 226 *dans Varin, Arch. lég. de Reims,* 1re *part., Cout., p.* 713. *Dans la dernière Coutume de Reims, les ventes cessent d'être dues, même quand les héritages sont assis en diverses censives* (*art.* 152 *dans Varin, Ibid., p.* 958).

5. ꝭ lor.

qui plus près et de par lignaige de char, de quelque part que ce soit, tot soit il de condition.

XXVII. Batarz ne puet heriter par lignaige nul, ne de pere ne de mere; mais il puet bien vangier par apel la mort ou le sanc de son frere ou de sa seur de par la mere : et de par le pere non.

XXVIII[1]. Quant batarz muert sans oir de sa fame espousée, toutes ses choses sont au seignor souz qui il demeure, se il a grant joutise an sa terre; et li sires doit randre sa deste et son lais; et se il tient de fié, au seignor de qui il tanra.

XXIX. Sires qui prant main morte, doit paier la deste et le lais fait raisnable; mais il ne rant que tant com il prant.

XXX. Orfelins de pere et de mere, li sires souz qui il sont les puet baillier an garde là où il verra que sera li preuz et li profiz des orfelins.

XXXI. De tous dons d'eritaige qui ne sont fait propremant por Dieu ou por cause de pitié à povre home ou à povre fame, li sires don li heritaiges muet le fera prisier et an avra sa droiture.

XXXII[2]. Frans hons et franche fame peuvent bien laissier le tierz de lor heritaige an cest païs de[3] Champeigne, et an

1. *Cf. Ét., liv. II, ch.* 31.
2. *Cf. Ét., liv. Ier, ch.* 10, 68.
3. *Les mots* de Champeigne *manquent dans* v; *ont été ajoutés dans* ξ *en marge. La quotité disponible n'était pas du tiers, mais de la moitié du naissant à Reims, pour le mari ou la femme sans enfants : la présence d'enfants empêchait le père ou la mère de disposer d'une seule parcelle du naissant* (*première Coutume de Reims du XVe s., art.* 56, 57 *dans Varin, Arch. lég. de Reims,* 1re *partie, Cout., pp.* 628, 629). *Le droit de disposer de la moitié du naissant se retrouve dans la Coutume de Reims de* 1556, *même quand il y a des enfants* (*art.* 292). *A Troyes* (*art.* 95), *à Châlons* (*art.* 70), *à Auxerre* (*anc.* 91, *nouv.* 225) *quotité disponible du tiers des propres; libre disposition des meubles et des acquêts. Dans le droit orléanais, la quotité disponible est du cinquième des propres : libre disposition des conquêts et meubles* (*Jostice et plet, liv. XII, tit.* III, § 1. *Cf. Cout. d'Orléans de* 1509, *art.* 232; *de* 1583, *art.* 292). *Il en est de même dans le Vermandois* (*Pierre de Fontaines, ch. XXXIII,* § 15, *édit.*

France[1] le quint, et leur meuble et lor conquest; et cil de condition, le quint de lor heritaige et le tierz de leur meuble.

XXXIII[2]. Escoumeniez a response an cort laie et en cort de Sainte Esglise non, mais il y respont.

XXXIV[3]. Se aucuns viaut angaiger son heritaige ou sa teneure,

Marnier, p. 386; *Coustumes des pays de Vermendois, édit. Beautemps-Beaupré, pp.* 36, 37); *dans le Beauvaisis* (*Beaumanoir, XII,* 3).

1. *Cf. Benjamin Guérard, Du nom de France et des différents pays auxquels il fut appliqué, dans l'Annuaire de la Société de l'Hist. de France pour* 1849, *p.* 152-168.

2. *Cf. Ét., liv. Ier, ch.* 127. *En Champagne comme ailleurs le droit d'*avoir response en cour *laissé par les tribunaux laïques aux excommuniés était un des griefs dont se plaignait l'Église. Voyez supplique des églises de la province de Reims adressée au roi en* 1344, § Combien que les excommuniés, etc. *dans Varin, Arch. adm. de la ville de Reims, t. II; 2e part., p.* 925, *note. Cf. sur les excommuniés ci-après, ch.* LXXI.

3. *Aucune division dans* v ξ. *La Très ancienne Coutume de Champagne admet l'engageure pour une durée de trois ans* (*art.* 4. A quans ans on puent loier ou engaigier fiez, *alias* Comment nobles gens, etc.; *dans Bourdot, Cout. gén., III,* 210).

Joignez : 1° la Coutume de Reims de 1481, *art.* 384 : Le vassal ne peult, sans la licence et consentement de son seigneur feodal, engaiger son fief pour deniers par lui empruntez, ou pour autre chose dont il soit tenu, en le mettant hors de ses mains et possession à plus long terme de trois ans, que le seigneur feodal n'ait quint denier du pris de l'engaigement, à payer par le proprietaire qui l'a engaigé; et quand il le racheptera, et rendera les deniers pour descharger, acquicter ou recouvrer son fief, il n'an devera pour ce rachapt aulcun quint denier; 2° *la Coutume de Reims de* 1556, *art.* 88 (XLVIII) : Pour engaigement faict par le vassal, sans le consentement du seigneur feudal, de son fief, mectant icelluy hors de ses mains et possession à plus long terme que de troys ans, est deu par le proprietaire d'icelluy fief quint denier de la somme pour laquelle a esté engaigé ledict fief; neantmoins, peult ledict vassal bailler à louaige son fief à tant d'années qu'il lui plaist, au dessoubz de dix ans, en recevant par chacun en les louages d'icelluy, sans qu'il doibve aucun prouffict pour ce audict seignor feodal. *Cf. Vitri,* 22; *Châlons,* 193; *Troyes,* 34 (*Varin, Archives lég. de Reims, 1re part. Cout., pp.* 836, 942).

il doit venir par devant le seignor, car autre angaigeure n'est pas tenable et se doit desvestir an la main dou seignor et doit dire le pris et le terme : mais li termes ne doit pas passer l'an, se n'est de l'asantemant au seignor; et avra li sires la moitié des vantes aus nuiz; et tandra an sa main la desvesteure jusqu'au terme qui sera desus diz et nomez : et quant vaudra au terme, cil à qui l'angaigeure sera faite doit venir au seignor et requerre que il le reveste de la chose et meste an escrit[1] et doit randre au seignor antieremant[2] les vantes ou autres droitures, se plus y avoit; et ne seroit pas conté à la desvesteure ce que li sires en avroit eü à l'angaigeure : mais se cil à qui l'angaigeure est faite ne venoit dedans les VIII jorz après le terme, il l'[3]amanderoit au seignor, ou l'angaigeure seroit nule, et seroit li angaigierres ransaisiné[4] come devant, se cil ne pooit mostrer essoine raisnable.

XXXV[5]. Retraite n'est pas de don, ne d'eschainge, ne de conquest[6]; mais se cil qui a conquis l'eritaige l'avoit tenu an et jor, et droiz poïst soufrir et acorder la retraite par aucun de son lignaige, il sambleroit que ce fust avenant et biens; car il samble heritaige, se li vanderres ne l'avoit vandu por conquest.

XXXVI[7]. Cil qui viaut retraire heritaige doit venir dedans l'an et faire ajorner l'acheteor; et doit offrir et montrer les deniers an presant par devant la joutise et dire : « veés ci vostre argent de ce que vous avez achaté qui m'apartient d'eritaige : et contés tous vos loiaus couz et je suis prez de vos paier. » Et se il ne fait et dit ainsin, cil ne sera pas tenuz à lui respondre.

XXXVII[8]. Procurators n'est pas receüz an cort laie, se ce n'est

1. et doit randre au seignor *est répété deux fois dans* ξ.
2. ξ antinemant.
3. v la demanderoit.
4. ξ an saisine.
5. v ξ XXXIV. *Cf. Ét., liv. Ier, ch.* 161.
6. *Sur le droit de retrait lignager restreint aux propres voyez notamment la première Cout. de Reims du XVe s., art.* 28, *et la Cout. de Reims de* 1556, *art.* 190, *dans Varin, Ibid., pp.* 618, 968.
7. v ξ XXXV. *Cf. Ét., liv. Ier, ch.* 162.
8. v ξ XXXVI. *Cf. Ét., liv. II, ch.* 9.

de persone autantique, de baron, ou d'evesque, ou de Chapitre; ou se ce n'est por cause de commun profit de cité ou de vile ou d'université; ou se ce n'est de consentemant de persones. Ne nus procurators ne puet faire que ce don ses sires li done comandemant, qui soit estable; et doit avoir lestres de celui por qui il est; et le puet li sires rapeler, se il viaut et restablir autre.

XXXVIII[1]. Baus est de fié non de censive. Nus n'a bail d'anfanz coustumiers que li peres ou la mere, puis que il puissent dire à qui il voillent aler de lor amis; et cil doit garder leur chose an bon estat.

XXXIX[2]. L'an ne doit pas vaer[3] recreance par ploiges metant, se ce n'est de present feit[4] ou de chose juigie, ou[5] de queneüe, ou de cas de haute jostise.

XL[6]. D'androit, le cri cil qui ne le tandra et gardera, ains fera contre, sera an l'amande vers le seignor de par qui li criz sera faiz, selon la paine dou cri.

XLI[7]. D'endroit l'esqueuesse que l'an fait aus sergenz jurez, li[8] sergenz sera creüz de celz qui seront manant an la terre; et des forains, il et uns autres tout ne soit il pas sergenz; et se il est sergenz, tant est mieuz. Et cil qui fera l'esqueusse sera an la merci de la joutise jusqu'à LX s., se il n'a frainchise de paier moins.

XLII[9]. D'androit, la fausse mesure qui sera trovée, li sergenz

1. v ξ XXXVII. *Cf. Ét., liv. Ier, ch.* 141; *liv. II, ch.* 19.
2. v ξ XXXVIII. *Cf. Ét., liv. II, ch.* 8, 10.
3. v avoir.
4. v ξ seü.
5. v ou descongneüe.
6. v ξ XXXIX. *Les Établ. parlent aussi du* cri (*liv. Ier, ch.* 95; *liv. II, ch.* 17, 18); *mais en un tout autre sens. Ce que l'Abrégé appelle le* cri, *c'est le* ban *des Établissements* (*Ét., liv. Ier, ch.* 26).
7. v ξ XL.
8. ξ le sergent.
9. v XLI. *Cf. Ét., liv. Ier, ch.* 151, *et ci-après ch.* LXXIX. *Je retrouve, dans beaucoup de textes, cette amende de* 60 *s. pour le cas de fausse mesure : voyez notamment la Cout. de Reims de* 1481, *art.* 257, 260 *dans Varin, Arch. lég. de Reims,* 1re *part., Cout., pp.* 723, 724, 725.

jurez sera creüz, ou dui autre, tout ne soient[1] il pas sergent, se il ne sont trop mal renomé. Dou renon apartient à savoir à la joutise; et l'amande monte LX.

XLIII[2]. De vilenie dite à home ou à fame, de ferir legieremant sans sanc, de tiez forfaiz et de samblables l'amande monte V s.[3], qui n'a frainchise. Et se il a sanc ou bleceure LX s.[4], se li sans n'est de nes ou de boiche.

XLIV[5]. De petiz forfaiz si comme de semonses, de defaus, de prise de bestes et de choses samblables l'amande monte V s.[6], qui n'a frainchise.

XLV[7]. De prise de bestes des après vandaiges jusqu'à avril an vignes, am prez, et an autres forfaiz la berbiz paiera obole et aquite son aignel; la vaiche IIII d. et aquite son veel; li chevaus, li bues, li asnes, chascuns IIII d.[8] de celles bestes tant seulemant qui seront trovées an forfait par le tesmoing dou sairemant au sergent. Et des avril jusqu'après vandainges de celles bestes qui seront trovées an domaige, et que li sergenz tesmoignera par son sairemant l'amande, et le vin au sergent, selonc la prise : et ne puet monter li vins au plus de VI d. tor-

1. V soit.

2. V § XLII. *Cf. Ét., liv. II, ch.* 25.

3. *Cf. Très anc. Cout. de Champagne, art.* 41.

4. *Cf.* 1re *Cout. de Reims du XVe s., art.* 72, *et Cout. de* 1481, *art.* 267 *dans Varin, Ibid.,* 634, 727.

5. V § XLIII.

6. *Cf. Cout. de Reims de* 1481, *art.* 281, *et* 2e *part., ch. Ier, art.* 7, *dans Varin, Ibid., pp.* 729, 765; *Ét., liv. II, ch.* 27. *Je retrouve aussi le même tarif dans une décision de l'échevinage de Reims de* 1253 :

Li prevos demandoit Naudet le Convers V s. por une defaute par devant eschevins, et II s. demi pour la justice de I jugement. Droiz fu diz qu'il devoit les V s. d'amende, pour ce que on clammoit sor lui, ne il ne se deffendi de nul essoigne; et II s. demi pour le jugemant randu. (*Varin, Arch. adm. de la ville de Reims, t. Ier,* 2e *part., p.* 742.)

7. V § XLIV.

8. *Voyez un tarif différent dans la Cout. de Reims de* 1481, *art.* 273 (*Varin, Ibid., p.* 728).

nois. Et de toutes ces choses devant dites les domaiges randuz. Et des porciaus et des autres bestes ausin le domaige randu.

XLVI[1]. La deffanse que li sires fera, ou ses prevoz, ou ses sergenz jurez, ou ses certainz commandemanz, cil qui fera contre sera an l'amande vers le seignor.

XLVII[2]. Des choses au seignor de son demoine[3], si come vignes, prez, bois, aigues, blez, terres, et aultres choses semblables de son demoine, l'amande est plus grans que des autres. Des[4] mesprisons faites à sergenz à seignor l'amande i ert[5] telle comme li sires verra que fera à faire selonc le meffait qui sera faiz an son servise.

XLVIII[6]. Qui sorprant chemin par areure dou lonc, ou par fossé, ou par fosse, ou par haie, ou par closture quelle qu'ele soit, il paye LX s. d'amande au seignor, se il n'a frainchise.

XLIX[7]. Qui sorprant santier, use, ou ruelle, ou yssue, il paye V s. d'amande : et qui le prant tout, ou ancombre, ou estoupe, il paie LX s. d'amande, se il n'a frainchise.

L[8]. L'an ne doit pas coper arbres portanz fruit an censive sans congié de seignor : car l'an puet bien amander sa censive, non pas ampirier.

LI[9]. Se aucuns estefie maison qui contaigne feste et chambres, et li estefierres ait laissié de sa terre pour cheoir son agout, et

1. v § XLV.
2. v § XLVI.
3. *Dans la Cout. de Reims de* 1481, *l'amende croît aussi quand le dommage est fait sur le propre domaine de la seigneurie* (*art.* 273, *dans Varin, Ibid., p.* 728).
4. § De.
5. v est.
6. v § XLVII. *Je retrouve cette amende de* LX *s. dans les Cout. de Reims de* 1481, *art.* 275 (*Ibid., p.* 728), *de Reims de* 1556, *art.* 373 (*Ibid., p.* 1034-1036), *de Troyes de* 1509, *art.* 130.
7. v § XLVIII. *La Cout. de Reims de* 1481, *art.* 275, *parle aussi de la sente publique* (*sentier public*) *et assimile l'obstruction d'un sentier à l'obstruction d'un chemin* (*Varin, Ibid., p.* 728). *Cf. aussi Très anc. Cout. de Champagne, art.* 35.
8. v § XLIX.
9. v § L.

la maison soit partie par escheoite, ou[1] par partaige, ou par achat, ou par autre chose, et li[2] uns ait la partie dou feste, et li autre ait la partie desouz le feste, lor agout charra communemant an celle terre que li estefierres laissa por cheoir son agout; mais se li estefierres prant toute sa terre et meste goutiere, et la maison soit departie sans faire devisance d'agout; ne de goutiere, d'une part ne de d'autre, cil qui avra le feste à sa part avra son agout sor l'autre partie qui sera plus basse que la soue, par l'usaige dou païs; et se cil qui tient la basse partie hauce sa maison[3], il metront goutiere antre les II maisons, chascuns par moitié.

LII[4]. Et se il y a mur parçonnier ou autre cloison mitoiere (*sic*), et li uns des deus lait sa maison fondre, il sera tenuz à celui mur ou à cette cloison soutenir par moitié; et se il se puet après habergier, il se porra habergier sor celui mur ou sor celle cloison; car il y a proprieté par moitié[5].

1. ou par partaige *manque dans* ξ.

2. v les ungz ayent la partie dou feste et les aultres ayent la partie.

3. *Voyez, sur les questions de ce genre, une décision de l'échevinage de Reims de* 1252 (*Varin, Arch. adm. de Reims, t. Ier, 2e partie, pp.* 737, 738); *le Liber practicus de consuetudine remensi,* § 2, Si communem parietem (*Varin, Arch. lég. de Reims, 1re part., Cout., p.* 35); *l'art.* 494 *de la Cout. de Reims de* 1481 (*Varin, Ibid., pp.* 863, 864).

4. v ξ LI.

5. *Voici plusieurs textes rémois qui sanctionnent le même principe : Liber practicus de consuetudine remensi,* 3 : Si clausura inter me et te fuerit, et corruerit, et ego eam reficere voluero, tunc solves medietatem expensarum, non obstante si dicas te nichil habere in dicta clausura; nam semper communis judicabitur, nisi per impositionem tigni vel alio modo tua ostendatur.

Coutume de 1481, *art.* 472 : Toutes personnes qui ont heritages dedans la cité dudict Reims, si aucuns des ediffices sont ruynez, et que l'un d'eux requiert clausure contre son voisin, tel voisin est tenu y contribuer, tant en maneuvres que à la peine de l'ouvrier, jusques à quatorze piedz de haulteur, et non plus, si bon ne luy semble.

Coutume de 1556, *art.* 370 : Si aucun ayant heritage ne peult

LIII[1]. Se aucuns fait maison atenant d'[2]une place à I autre et

contribuer à faire closture, soit dens ou hors la ville, il sera quicte, si bon luy semble, de bailler de sa place à l'estimation raisonnable que le mur pourra couster; et vault tel mur pour closture seullement; et si la partie veult edifier plus hault, il s'en faict comme cy devant est escript. (*Varin, Arch. lég. de la ville de Reims, 1re part., Cout., pp.* 35, 859, 1019-1022).

1. V § LII. *Cf. les deux décisions suivantes de l'échevinage de Reims qui sont conçues dans le même esprit que le présent article :*

(1251). Warnos de Sueil se clamma de Jehenin le semonneur de ce que cil Jehenins avoit une fenestre dont on veoit en la court Warnot là où il n'avoit ne fer, ne fût, ne pierre tailliée; et voloit que ele fut estoupée. Cil Jehenin disoit qu'il avoit cele fenestre tenue en tel manniere, tenure ou plus. Droiz en fu diz que chose que Jehenins metoit avant de la tenure ne li valoit rien.

(1269). Hues-à-la-Tache trast en cause Guiot Couzine et fu plaignans de ce que cil Guios avoit faite une fenestre en son mur qui ouvroit sour les greiz celui Huet de la maison qui fu la mere Reinnier Vezin, qui estoit en la grevance celui Huet; si voloit que elle fust ostée. Et cis Guios disoit que il vouloit que elle i demourast, se droiz les wardoit; et s'en mis[tr]ent à droit. S'en fu droiz diz d'eschevins, par conseil de bones gens, que la fenestre devoit estre ostée, pour ce qu'elle estoit en la grevance celui Huet. (*Varin, Arch. adm. de Reims, t. Ier, 2e part., pp.* 730, 905). *Cf. décision de l'échevinage de* 1251, 1252, 1253, 1266 (*Varin, Arch. adm. de la ville de Reims, t. Ier, 2e part., pp.* 730, 738, 742, 893).

Le texte des Coutumes rémoises est conforme à la jurisprudence : Liber practicus 1 : Si murus inter me et te positus adeo bassus est, quod tu supra meum, et ego supra tuum videamus, et postea levatus fuerit murus, nec tu, nec ego fenestram faciemus, ut tu supra meum et ego supra tuum videamus sicut ante; nam etsi in publico supra tuum videro, non propter hoc visuram absconditam habebo.

Liber practicus 7 : Si tecti mei stillicidium in tuo solo recipiatur, non tamen propter hoc in pariete meo fenestram facere possum, quamvis alias fuerit.

Conf. Cout. de 1481, *art.* 487; *de* 1556, *art.* 352, 356, 357 (*Varin, Arch. lég. de la ville de Reims, 1re part., Cout., pp.* 35, 36, 862, 1011).

2. § de la *au lieu de* d'une.

face fenestres[1] par devers la place à celui, et cil à qui est la place fait maison atenant de celle, il puet estouper la veüe des fenestres à celui; mais li uns ne li autres ne[2] puet ne ne doit faire an sa maison fenestres par quoi il voie an la maison, ne ou vergier, ne an la[3] priviere son voisin, que il ne puisse estouper par cloison faite en sa propre terre.

LIV[4]. Se aucuns se plaint de son seignor à droit, il n'an fera ja amande; et se il s'an plaint à tort, et il an est atainz, il l'amandera.

LV[5]. Se aucuns se plaint à joutise que autres li ait fait domaige et il ne l'an puet attaindre, il li amandera et à la joutise.

LVI[6]. Toutes escheoites qui aviennent de fié sont partables antre freres; et an censive antre freres et serors[7].

LVII[8]. Fame ne paie riens dou lais son seignor, s'elle ne s'i acorde; et prant la moitié des meubles et paie la moitié des destes[9]. Et ausin li hons de sa fame.

LVIII[10]. Se uns hons avoit fame, et il feïst amandemanz an

1. v fenestre.
2. ξ n'i.
3. v la privaulté de son.
4. v ξ LIII.
5. v ξ LIV.
6. v ξ LV.
7. *Cf. Ét., liv. Ier, ch.* 23 (*ci-dessus t. II, p.* 33) *et liv. Ier, ch.* 136 (*Ibid., p.* 256). *La décision de notre texte est tout à fait contraire à celle du ch.* 23 *au liv. Ier des Ét., parce qu'en effet le droit champenois établissait le partage égal précisément dans le cas où l'usage tourangeau-angevin reconnaissait à l'aîné un droit absolu : cf. un jugement du Parlement de Paris de* 1286 *dans L. Delisle, Restauration d'un vol. des Olim, n°* 585, *à la suite de Boutaric, Actes du Parlement de Paris, t. Ier, pp.* 400, 401.
8. v ξ LVI. *Cf. Cout. de Reims de* 1481, *art.* 97, *et Cout. de Reims de* 1556, *art.* 294 (*Varin, Arch. lég. de Reims, 1re partie, Cout., pp.* 680, 996).
9. *Cf. Ét., liv. Ier, ch.* 17.
10. v ξ LVII. *Cf. Ét., liv. Ier, ch.* 145.

l'eritaige à la fame, et elle morust sanz oir, li heritaiges atout les amandemanz seroit au lignaige à la fame.

LIX[1]. Sires n'a pas la cort de son home puis plait antamé an autre cort.

LX[2]. Nus ne doit boner sans joutise qui[3] ne soit an amande à la joutise de chascune bone de LX s. Mais cil qui partissent pevent seigneir lor parties de piex ou de pierres; mais ce n'est pas chose estable.

LXI[4]. Se aucuns achate heritaige qui n'ait couté que x lb. et an demande xx à celui qui retrait; et cil qui retrait les porchace toutes xx, et li ait[5] offert et montré les x lb. par devant joutise et il voille avoir le sairemant de l'acheteor que li achaz li ait couté les xx lb. an loiaus couz, et li acheterres ne l'ose jurer; et, après ce, demant les x lb. et die que li achaz ne li a plus couté, cil qui retrait avra l'achat sans denier.

LXII[6]. Se aucuns de qui l'an se plaint defaut après montrée d'eritaige, et il an soit provez, l'an baudra au demandeor la saisine par ploiges d'estre à droit; et se il preuvè, il avra ses domaiges; mais por ce n'avra il pas gaaignié la chose, se li autres puet montrer que ce soit sa droiture.

LXIII[7]. Home qui a essoine de vieillesce ou de foibleté ou de maladie puet establir procurator por soi, son fil l'[8]ainzné ou celui qui doit avoir le retor de sa terre.

LXIV[9]. En moulin parçonnier où il faut, par quoi il ne puet

1. v § LVIII. *Cf. Beaumanoir, VII,* 21 (*édit. Beugnot, t. Ier, p.* 134).
2. v § LIX. *Cf. Ét., liv. Ier, ch.* 138.
3. v qu'il.
4. v § LX. *Cf. Ét., liv. Ier, ch.* 166.
5. v ait monstré et offert les.
6. v § LXI. *Cf. Ét., liv. Ier, ch.* 71, *in fine. Au commencement du XIVe s., la jurisprudence de l'échevinage de Reims est entièrement conforme.* (*Varin, Arch. adm. de Reims, t. II,* 1re *part., pp.* 117, 118.)
7. v § LXII. *Cf. Ét., liv. Ier, ch.* 106.
8. v aisné *au lieu de* l'ainzné.
9. v § LXIII. *Cf. Ét., liv. Ier, ch.* 112.

modre, li uns le doit montrer par devant joutise à celui qui a part o lui; et se il dit : « je n'i voil riens mestre, » cil puet faire afaitier le molin; et prandra toute la mosture jusqu'à la value de ses couz.

LXV [1]. Se li rois ou autres done à aucun, aucun heritaige à lui et à son oir, et cil se muire, et il ait oir qui soit en aage de foi et partiz de mere, et elle demant douaire an celui don, elle n'an i avra point; car se il fust morz sans oir, li dons retornast à celui qui le donna.

LXVI [2]. Fame, tant come elle est saine, après mariaige ne puet rien doner à son seignor an aumone qui soit estable; mais devant le mariaige ou à la mort, le tierz de son heritaige.

LXVII [3]. Qui met autre am ploige, il le doit garder de touz domaiges et i est tenuz; et se li ploiges quenoist la plevine, li deteurs puet prandre dou sien; et autremant non sans joutise; car il est an sa volanté de soi prandre au ploige ou au principal.

LXVIII [4]. Cestes essoines sont raisonnables : quant li hons est malades, ou son pere, ou sa mere, ou ses filz, ou ses oncles, ou ses niés, am peril de mort; ou se il alloit à l'anterremant d'aucun d'aus; ou se il est semons devant le roi; ou se il ne puet passer esve où l'an passe port; par [5] son sairemant.

LXIX [6]. Se aucuns moine sa beste an leu commun, et elle morde ou fiere aucune persone, li bleciez avra son domaiche à [7] sa preuve.

LXX [8]. Se aucuns demande à un autre la deste de son pere qui est morz, il la provera soi [9] tierz ou il n'an avra point.

1. v § LXIV. *Cf. Ét., liv. Ier, ch.* 117.
2. v § LXV. *Cf. Ét., liv. Ier, ch.* 118.
3. v § LXVI. *Cf. Et., liv. Ier, ch.* 122.
4. v § LXVII. *Cf. Ét., liv. Ier, ch.* 124.
5. *Suppléez avant* par *les mots* et s'en passera *ou une tournure analogue.*
6. v § LXVIII. *Cf. Ét., liv. Ier, ch.* 128.
7. v par.
8. v § LXIX. *Cf. Ét., liv. Ier, ch.* 126.
9. soi tierz *manque dans* v.

LXXI[1]. Escoumeniez de plus d'un an doit estre contrainz à asodre et à paier par la joutise seculiere et par la prise de ses choses. Et quant il sera asolz, il doit paier IX lb. d'amande.

LXXII[2]. Li anfant à home coustumier, autant a li uns comme li autres[3] es meubles et es heritaiges et es conquez; car borse à vilain est patremoines.

LXXIII[4]. Fame à coustumier a la m[o]itié de l'eritaige son seignor an douaire; et le doit tenir en bon estat. Et am puet plaidier an la cort au seignor dou leu ou an la cort de Sainte Esglise.

LXXIV[5]. Nus hons coustumiers ne puet faire juigemant, ne fauser, ne contandre; et se il demande amandemant de bon juigemant[6] loial, il paiera v s.; et se il dit que il soit faus, et il soit bons et loiaus, il am paiera LX s. d'amande et à chascun gentil homme presant, v s.

LXXV[7]. Se coustumier a fol anfant ou fil ou fille, autretant prandra il an l'eritaige et ou meuble et ou conquest come touz[8] li plus saiges.

LXXVI[9]. Tuit moble sont commun antre home et sa fame de quelque part que ce soit.

LXXVII[10]. Home coustumiers est bien an aage, quant il a passé XV ans, d'avoir sa terre et de tenir de seignor, et de porter garantie; mais il n'est pas en aage de soi combatre, devant que il ait XXI[11] an, se ce n'est de son gré.

1. v § LXXX. *Cf. Ét., liv. Ier, ch.* 127, *et ci-dessus ch.* XXXIII.
2. v § LXXXI. *Cf. Ét., liv. Ier, ch.* 136, *et ci-dessus ch.* LVI.
3. v autre en meubles et heritaiges et en concquestz.
4. v § LXXXII. *Cf. Ét., liv. Ier, ch.* 137.
5. v § LXXXIII. *Cf. Ét., liv. Ier, ch.* 142.
6. v jugement et de loyal.
7. v § LXXXIV. *Cf. Ét., liv. Ier, ch.* 144.
8. touz *manque dans* v.
9. v § LXXXV. *Cf. Ét., liv. Ier, ch.* 143.
10. v § LXXXVI. *Cf. Ét., liv. Ier, ch.* 146. *Cf. Très anc. Cout. de Ch., art.* 5 (*cet art. concerne la majorité dans les familles nobles*).
11. v § XXXI. *Cf. Ét., liv. Ier, ch.* 78.

LXXVIII[1]. Qui trespasse paage sans le paier, il doit LX s. d'amande.

LXXIX[2]. Qui vant ou achate à fause mesure à son esciant, il doit LX s. d'amande.

LXXX[3]. Marcheanz qui vant faus dras provez par le sairemant des drapiers dou païs, paie LX s. d'amande. Et se il est prové que il les ait faiz, il pert le poing.

LXXXI[4]. Home coutumier qui met main an son seignor gentil homme par mau respit pert le poing, se li sires ne l'avoit avant feru. Et se il bat son sergent de son ostel, il paie LX s. au seignor, et au batu son domaige à sa preuve.

LXXXII[5]. Se aucuns suit ses hées sanz la veüe perdre, et elles s'assieent ou manoir à un autre qui cuille les hées, cil qui les suit comme soues les avra à son sairemant, se il les requiert à joutise.

LXXXIII[6]. Se aucuns vant son heritaige, sa fame après sa mort avra son douaire an la vante. Et après la mort à la fame retorra à l'acheteor. Mais se elle li avoit doné lestres de l'oficial l'avesque ou dou deain, de sa propre volanté, sans force, dou quiter, elle n'i porroit ja puis riens demander; car ce qui est fait devant juige ordinaire est tenu tant que li contraires soit provez. Et ce qui est fait par force et par paor n'est pas estable. Et droiz dit que l'an doit prover tel force et tel paor qui contaigne[7] peril de cors et de tormant.

LXXXIV[8]. Quant parties se cuillent[9] an jugemant, la joutise doit faire les parties ruser et apeler soufizanz gens qui ne soient mie des parties; et doit retraire ce don les parties se mestent

1. v ξ LXXXVII. *Cf. Ét., liv. Ier, ch.* 148.
2. v ξ LXXXVIII. *Cf. Ét., liv. Ier, ch.* 151, *et ci-dessus* XLII.
3. v ξ LXXXIX. *Cf. Ét., liv. Ier, ch.* 152.
4. v ξ XC. *Cf. Ét., liv. Ier, ch.* 156.
5. v ξ XCI. *Cf. Ét., liv. Ier, ch.* 172.
6. *Pas de division ici dans le* v ξ. *Cf. Ét., liv. Ier, ch.* 173.
7. v ξ contraigne. *Je corrige* contaigne.
8. v ξ XCII. *Cf. Ét., liv. II, ch.* 16.
9. *Sic* dans v ξ : colent *ou* coulent *paraîtrait meilleur*.

en juigemant por l'une partie et por l'autre et livrer les paroles aux juigeors qui doivent loiaumant juiger les filz des homes et avoir Deu devant lor ieuz, sanz remanbrance d'amor, ne de hayne, de don, ne de promesse. Et quant juigemanz est anterinez par acort, sans contredit, la joutise le doit randre aus parties; mais loiaus joutise fait son pooir de faire pais et depiece les plaiz et les noises et met les querelles à fin loiaumant. Et cil qui se tient agrevez dou juigemant an doit apeler tantost et sans demore au chief seignor, ou an la cort le roi an soupliant, ou an la cort de celui de qui il tandra de degré an degré; car ce qui est juigié an cort de baron, de quoi l'an n'apelle tantost, est tenu estable.

LXXXV[1]. Quant aucuns a bone deffense, li avocaz doit mestre avant et proposer ses deffenses et ses barres qui valoir li doient et puissent loiaumant, sanz vilenie dire ne[2] an fait, ne an dit : car ce que li avocaz dit est estable por les parties antandanz ce que il dit, quant elles ne le contredient; et ne doit faire nul marchié à celui por qui il plaide, plait pandant. Et doit faire retenue de plus faire et de plus dire[3] en lieu et en temps; car l'an puet mestre et oster an sa demande jusqu'à juigemant. Et la joutise li doit faire esgarder droit des choses proposées par devant lui par cels qui le pueent faire et doivent.

LXXXVI[4]. Li rois puet prandre cors, et avoir et heritaige por sa deste; ne nus n'est mis en prison por deste que por la soue.

LXXXVII[5]. Sers qui s'an fuit de son seignor fait larrecin de soi meïsmes; ne sa fuite ne puet faire domaiche à son seignor.

LXXXVIII[6]. Se aucuns quenoist an droit que il doie aucune deste à aucun autre, et an ait doné lestre de juige ordinaire, et soit defaillanz de paier[7] au terme nomé; et li deteurs s'am pleigne, la joutise le doit porforcier par la prise de ses choses

1. v ξ XCIII. *Cf. Ét., liv. II, ch.* 15.
2. ne *manque dans* ξ.
3. en lieu et en temps *manque dans* ξ.
4. v ξ XCIV. *Cf. Ét., liv. II, ch.* 22.
5. v ξ XCV. *Cf. Ét., liv. II, ch.* 32 (*ci-dessus t. II, p.* 445).
6. v ξ XCVI. *Cf. Ét., liv. II, ch.* 37.
7. ξ paie.

à faire paiemant; et se il n'a riens, il doit abandoner ses biens par son sairemant; et se il mant, il doit estre puniz.

LXXXIX[1]. D'ousurier prové li mueble sont au seignor dou leu. Et doit estre puniz par Sainte Eglise.

XC[2]. Se aucuns ou aucune gist VIII jorz qui ne se voille confesser et muire desconfès, tuit si meuble sont au seignor dou leu. De mort soubite non, se li sires a grant joutise.

XCI[3]. Nus n'a fortune d'or, se il n'est rois. Celle d'argent est au seignor qui a grant joutise an sa terre. Et se aucune trovaille estoit trovée sor terre d'ome qui n'aüst vaierie an sa terre, elle seroit au vavassor à qui seroit la vaierie; et cil qui l'avroit perdue l'avroit à son sairemant, se il estoit de bone renomée. Et se homes de foi la treuve qui la celle à son seignor qui l'ait demandée, il l'amandera : et se il dit que il ne savoit pas que il la li deüst randre, il an est quites par son sairemant et randra la trovaille au seignor. Fortune est don terre est effondrée.

XCII[4]. Se aucuns fait ajorner I autre, et il bate celui que il avra fait ajorner dedans le jor, cil[5] qui avra esté batuz ne respondra pas à l'autre; ains respondra cil qui l'avra batu avant à sa demande; et se il prueve que cil ait[6] mis main[7] an lui dedans le jor, se n'est sor[8] son cors deffandant, il paiera LX s. d'amande à la joutise et au batu ses domaiges.

XCIII[9]. Se dui home ont terres communes où li uns n'eüst plus de l'autre, don li uns voille avoir sa partie, et li autre[s] ne voille partir, cil qui requiert la partie partira, et li autres choisira : et se li uns avoit plus de joutise an la terre que li autres, il ne partiroit pas par droit, se il ne voloit.

XCIV[10]. Se aucune joutise prant I home le roi, ou joutisable

1. v ꝫ XCVII. *Cf. Ét., liv. Ier, ch.* 91.
2. v ꝫ XCVIII. *Cf. Ét., liv. Ier, ch.* 93.
3. v ꝫ XCIX. *Cf. Ét., liv. Ier, ch.* 94.
4. v ꝫ C. *Cf. Ét., liv. Ier, ch.* 107.
5. v le batu *au lieu de* cil qui avra esté batuz.
6. ꝫ est.
7. v mains.
8. v en.
9. v ꝫ CI. *Cf. Ét., liv. Ier, ch.* 110.
10. v ꝫ CII. *Cf. Ét., liv. II, ch.* 2.

qui au roi s'aveue, an presant fait, et il nie le presant, cil qui le sigra provera le presant par devant la gent le roi qui an seront en saisine avant toute œuvre[1]. Et, le presant prové loiaumant, l'an le li randra por joutisier. Et se li presanz n'est provez, il demorra an la cort que il avra avoée por joutisier.

xcv[2]. Se aucune joutise a à marchir au roi d'eritaige, ou de seignorie, ou d'autre chose, li rois, por le debat, prandra la chose an sa main; et si esgardera droit à soi et à autrui, car li rois n'amporte pas saisine d'autrui; mais l'an l'anporte de lui.

xcvi[3]. *Ci comancent li cas des gentis homes.* — Nus ne tient frainchemant, se il ne tient an baronie ou an partie de baronie, ou de don de roi, sanz riens retenir fors le resort. Et porte lor cort recort.

xcvii[4]. Se aucuns desaveue mauvaisemant le fié de son seignor et il an est atainz, il pert le fié.

xcviii[5]. Nus ne doit estre chevaliers, se il n'est de paraige de par pere, tout le soit il de par mere; car la fame ne frainchist l'ome; mais li hons frainchist[6] la fame.

xcix[7]. Gentis fame, quant elle a anfant avant qu'elle soit mariée, ou se elle se fait despuceler, elle pert son heritaige, quant elle an est provée.

c[8]. Gentis fame vefve tient le bail de son oir masle jusqu'à

1. ξ hueure.
2. v ξ ciii. *Cf. Ét., liv. II, ch.* 3.
3. v ξ civ. *Cf. Ét., liv. II, ch.* 33 (*ci-dessus t. II, pp.* 448, 449).
4. v ξ cv. *Cf. Ét., liv. II, ch.* 38.
5. v ξ cvi. *Cf. Ét., liv. Ier, ch.* 134.
6. v affranchit.
7. v ξ cvii. *Cf. Ét., liv. Ier, ch.* 14.
8. v ξ cviii. *Cf. Ét., liv. Ier, ch.* 19. *Sur la majorité champenoise visée dans cet art. cf. Très anc. Cout. de Champagne, art.* 5. *Cet article fixe la majorité à quatorze ans accomplis (quinzième année) pour les garçons; à onze ans accomplis (douzième année) pour les filles : le jurisconsulte cite à l'appui de cette doctrine une décision rendue à Troyes, en* 1278. *La Cout. de Troyes de* 1509 *continue à fixer la majorité à quatorze ans pour les garçons (art.* 18). *Un acte champenois de* 1283 *est entièrement conforme à l'art.* 5 *de la Très anc. Coutume :*

XXI an an France, et am Champeigne à XV; et le bail de la fille

il établit que la femme, âgée de onze ans accomplis, peut prêter l'hommage. Voici le texte de ce document que je dois à une obligeante communication de M. Anatole de Barthélemy :

Inquesta sive informatio super etate predicte Johanne.

Anno Domini millesimo CC° octogesimo tertio, Sabbato post Reminiscere, inquesta facta per dominum de Falevi, condam comitem Pontivi et per magistrum Guillelmum de Poilli, prepositum Insulensem super etate heredis Campanie et super consuetudine Campanie : ad quam etatem domicella possit facere homagium.

Testes isti recepti super etate comitisse Campanie : Li arcediacres de Blois jurez dit par son sairement requis dou quel aaige la dame de Champaigne est, dit qu'il croit qu'ele est antrée ou douziesme an, et le croit par ce que onze anz out entre Noel et la Thiephaine novalement passé que il aloit à Lions du comandement le roy; et lors la royne gisoit de ceste fille à Bar-sur-Saigne. Li mareschauls de Champaigne, tesmoinz, dit par son sairemant: « out unze anz à la saint Hylaire novalemant passée; » et le sait par ce que il la leva de fonz. Jaques d'Ervi tesmoinz jurez dit par son sairemant que la damoisele out unze anz à la huictaine de Noel qui passa novalemant, et le sait par ce que il fu le premiers honz qui la vit. Adamz de Cervainé, chevaliers, dit par son sairemant que la damoisele out unze anz XV jours devant la Chandeleur novalement passée et dit que il la vit baptisier. Aalis, dame du Bois, tesmoin jurée, dit par son sairemant que entre Noel et la Chandeleur novalement passée out unze ans que ele estoit à Troies où ele oï les novales que la damoisele étoit née à Bar-sur-Saigne. Micheauz de Bar-seur-Saigne, tesmoinz jurez, dit par son sairement que il croit que la damoisele de Champaigne out unze anz vint jours de Noel ou à la Chandeleur passée novalement, et le sait par ce que li abbes de Moustier Arramey dist au mareschaut de Champaigne en l'ostel à celui qui parole : « nous avons une bele fillole ». Jehanz Becassiers d'Essone, tesmoinz jurez dit par son sairemant que il out unze anz vint jours de Noel novalement passée que la damoisele out unze anz; et dit que lors courroit li Carnation par LXXII. Reniers Acourre, tesmoinz jurez, dit par son sairemant que la damoisele out unze anz an chief des XX jours de Noel novalement passé, ou l'andemain des vint jours; et le sait par ce que lors li rois Henriz le manda querre. Gomboz de Sesanne, tesmoing jurez, dit par son sairement que la damoisele

à xv ans an France et am Champeigne à xii, et les choses an

hout unze anz an chief des xx jours de Noel novalement passée et le sait par ce que il la vit baptisier. Belossiers d'Ormoi, tesmoinz jurez, dit par son sairemant que la damoisele, environ les xx jours de Noel out unze anz ele, fu née; et le sait par ce que il estoit au roy Henri, et estoit à Troies où il oï dire les novales que la royne estoit acouchie.

Testes super consuetudine : le mareschaut de Champaigne, madame du Bois, monseigneur Gile de Brion, le seigneur d'Arcies, maistre Anseaul de Montagu, le prevost de Paris, le vidame de Chaalons, Goulart, monseigneur Pierre de la Malemaison, Jaques d'Ervi, maistre Estienne d'Asnieres, le doyen de Bar-sur-Saigne, Jehan de Becasie, Jehan d'Essone, le prevost de la Villenueve, monseigneur Girart d'Anguisi, chevalier, Mile de Ferreux, chevalier, Reniers l'Acourre, monseigneur Guillaume de Loissi, monseigneur Gui de Blois, chevaliers, Adamz de Servigni, chevaliers, maistre Jehan, clerc au bailli de Senz, maistre Estienne Becart, Jehan de Vernon, Symon de Courtisour, monseigneur Robert de Thorote, l'arcediacre d'Aucuerre, le seneschaul de Champeigne, maistre Jehan de Taillefontaine, Florenz de Roye. Testes recepti utrum sit consuetudo in Campania quod mulier que complevit undecimum annum et intravit duodecimum possit facere homagium et recipere homagia a vassallis: Monseigneur Giles de Brions, chevaliers, dit ou non de luy et de touz les autres tesmoinz jurez et en leur presence, que c'est costume de la contrée de Champeigne et par tout l'eritaige le conté de Champeigne de cuy que il le tieigne que famme qui ha unze anz acompliz, et est entrée ou douziesme an puet faire hommage envers ses seigneurs et recevoir ses hommaiges : et ainsint l'ont vehu user en pluseurz cas sans contredit, tout n'ait ele pas le douziesme an acompli. Et ce li hont tesmoignié tuit li autre et aggreé par leurs sairemenz.

In cujus rei testimonium, nos predicti, Johannes, dominus de Falevi, condam comes Pontivi et magister Guillermus de Poilly, prepositus Insulensis qui dictam inquestam ad requisitionem reverendorum in Christo patrum Guidonis, Dei gratia Lingonensis et Guillelmi Autissiodorensis episcoporum, Roberti illustris ducis Burgundie ac venerabilis fratris Mathei eadem gratia abbatis sancti Dionisii in Francia coram quibus de predictis cognitio vertebatur ratione feodorum suorum, fecimus presentibus nobiscum religioso viro G. abbate sancti Stephani Divionensis, magistris Hugone de Armanto, canonico Autissiodorensi et Hugone de Castro canonico Brivatenci, legum professore, sigilla

bon estat : et se il i a bois ou estanz que[1] ses sires ait autre fois vanduz, elle les puet vandre. Et an ceste meïsmes meniere tandroit ses sires les choses, se elle se remarioit. Et se elle et ses sires laissoient le manoir decheoir ou fondre, ou il vandissent bois[2] ou estanz qui n'eüssent autre foiz esté vanduz, cil à qui li retorz de la terre devroit avenir, porroit demander le bail de la terre par droit.

CI[3]. Se gentis hons a ayol et ayole et pere et mere, et il ait

nostra presenti inqueste duximus apponenda. Actum Parisius, anno et die predictis. (*Bibl. nat. ms. lat.* 5188, *fol.* 2 *v°*, 3 *r° et v°*. Johannes, dominus de Falevi *est* Jean de Nesle, seigneur de Falvi-sur-Somme, *veuf de Jeanne, comtesse de Ponthieu. — Art de vérifier les dates*, t. II, 1784, p. 755. — *On a corrigé dans cette pièce en* Falevi *les formes* Falcui, Faloni *et en* Pontivi *la mauvaise leçon* Pontisnii.)

La majorité à Reims est également très précoce : les jurisconsultes rémois paraissent cependant l'avoir un peu reculée. Les Coutumes de Reims de 1481 (*art.* 337) *et de* 1556 (*art.* 113) *nous parlent de quatorze ans accomplis pour les garçons et de douze ans accomplis pour les filles* (*Varin, Arch. lég. de Reims,* 1re *part., Cout., pp.* 827, 949). *Cette dernière solution, contraire aux décisions champenoises de* 1278 *et de* 1283, *n'est pas non plus en parfait accord avec notre ch.* C; *car ce chapitre paraît reculer la majorité des garçons jusqu'à la seizième année. Cette majorité de quatorze ou quinze ans n'était pas uniformément établie en France pour les familles nobles : elle est commune dans l'Est, mais ne se trouve généralement pas à l'Ouest. Il y eut, à cet égard, des incertitudes et des contradictions dans le droit champenois : ainsi, malgré cette majorité fixée à quatorze ou quinze ans, nous voyons parfois dans ce pays le bail se prolonger jusqu'à vingt et un ans : on peut citer notamment le bail de Thibaud, comte de Champagne* (*D'Arbois de Jubainville, Recherches sur la minorité et ses effets, pp.* 64-68). *Nous voyons aussi certains actes déclarer que les mineurs de vingt et un ans ne peuvent ester en justice* (*Chantereau le Febvre, Traité des fiefs, p.* 40).

La majorité de quatorze ou quinze ans était constante dans toute la France pour les coutumiers. (*D'Arbois, Ibid. Cf. Flach, Étude historique sur la durée et les effets de la minorité, p.* 53 *et suiv.*)

1. v que les sires ayent autre fois.

2. *L'art.* 22 *de la Très ancienne Coutume de Champagne contient une décision qu'il est intéressant de rapprocher de celle-ci.*

3. v § CIX. *Cf. Ét., liv. Ier, ch.* 22.

pris fame, et il muire avant que sa fame, et cil n'aient nul oir, quant li peres et la mere et l'ayol et l'ayole seront mort, elle avra an ces escheoites son douaire. Et an toutes escheoites, soient de freres ou de serors, ou d'oncles, ou de neveuz, ou d'autre lignaige, elle n'an i avroit point, s'elles n'estoient avenues devant le mariaige.

CII[1]. Gentis hons ne puet faire que III droiz : le gaige de sa loi, et de son fié, et de son meuble; se ce ne sont de droiz establiz, c'est-à-dire : se il apelle home ou fame de folie desloial, ou se il trainche an forest don li droiz soit de LX s. Li gaiges de sa loi si est V s. en la cort le roi et am plusors seignories.

CIII[2]. Se gentis hons met main en son seignor par mal respit[3] avant que li sires l'ait mise en lui, il pert son fié par droit. Et se il vet[4] sor son seignor an guerre o[5] gens qui riens ne li teignent, il am pert son fié. Et se uns liges ot apeler son seignor lige de traïson et il ne l'oufre à desfandre, il an pert son fié.

CIV[6]. Se uns gentis hons bailloit à I autre gentil home son home, à garder une pucelle, fust de son lignaige ou d'autre, se il la despuceloit et il an estoit provez, il an perdroit son fié, tout fust il à la volanté de la fame. Et se ce estoit à force, et il an povoit estre provez, il en seroit panduz.

CV[7]. Quand li sires vée à son home le juigemant de sa cort, et il en est provez, il ne tandra jamais riens de lui, ains tandra dou pardesus. Et ausi seroit il, se il gisoit à la fame son home ou à sa fille pucelle; ou se li hons avoit aucune de ses parantes pucelle baillie an garde à son seignor et il la despucelast[8], il ne tandroit jamais riens de lui.

CVI[9]. Cil qui doit garde à seignor o fame il la doit faire o sa fame : et[10] s'il la doit sans fame, il et ses sergenz i doivent

1. v ξ CX. *Cf. Ét., liv. Ier, ch.* 51.
2. v ξ CXI. *Cf. Ét., liv. Ier, ch.* 52.
3. respit *manque dans* v ξ.
4. v va.
5. v avec.
6. v ξ CXII. *Cf. Ét., liv. Ier, ch.* 55.
7. v ξ CXIII. *Cf. Ét., liv. Ier, ch.* 56.
8. v ξ despuceloit. *Je corrige :* despucelast.
9. v ξ CXIV. *Cf. Ét,, liv. Ier, ch.* 57, 1re *partie.*
10. et... fame *manque dans* ξ.

estre et gesir toutes les nuiz; et se il ne le faisoit ainsi, il l'amanderoit au seignor.

CVII[1]. Cil qui doit lige estaige i[2] doit estre o[3] sa fame et o[4] son sergent et o[5] sa mesnie la plus grant partie; mais il ne laira pas à aler an ses afaires soufisanmant; et se il ne s'i tient soufisanmant, et li sires li die que il li[6] ait laissié agastir[7] son lige estaige, il an puet avoir son sairemant. Et se il n'ose faire le sairemant, il l'amandera.

CVIII[8]. Li bers n'a mie an la cort le roi la cort de son home de defautes; mais il a sa cort à son gré por anteriner ce qui est conneü devant la joutise le roi. Mais se il an defaut, et li hons res'amplaigne, et li bers an soit provez, et il en demant autre fois la cort, il ne l'avra mie; ainçois feroient la gent le roi enteriner ce qui avroit esté fait par devant aus.

CIX[9]. Gentis hons ne doit coutume, ne paage de riens que il achate, ne que il vande, se il ne le revant por gaaigner; et se il l'achate et gart I an et I jor, il n'an doit riens. Et ainsin garantist gentis hons ses sergenz de coutumes de[10] norretures norries sos aus. Et vavassors qui a son prevost il le garantist d'ost et de chevauchie.

CX[11]. Nulle dame vefve ne fait rachat; mes se elle se remarie, ses sires le fera au seignor à qui elle sera. Et li sires, se il li plaist, avra l'issue dou fié une année. Et se il i a bois[12] comancié à vandre, et que la dame et son premier seignor aient vandu autre fois, et qu'elle puisse bien vandre, par droit et par raison du rachat, li sires le puet vandre à celui meïsmes fuer commancié, sanz an faire greignor marchié.

1. v § CXV. *Cf. Ét., liv. Ier, ch.* 57, 2e *partie.*
2. v § et. *Je corrige :* i.
3. v avec.
4. v avec.
5. v avec.
6. li *manque dans* v.
7. v gaster.
8. v § CXVI. *Cf. Ét., liv. Ier, ch.* 61.
9. v § CXVII. *Cf. Ét., liv. Ier, ch.* 63, 64.
10. v des.
11. v § CXVIII. *Cf. Ét., liv. Ier, ch.* 66.
12. bois *manque dans* v.

CXI[1]. Li sires atandra son home qui li doit homaige XL jors, ainz que il aseine au fié; et le fera semondre par home soufisant ou gentil home ou sergent juré à jor de VIII jors, de XV, de XL, de I an et I jor, o juigemant. Et se il ne vient dedanz ces ajornemanz, il a le fié perdu par droit; et ainsin remaint li fiez au seignor. Mais se il vient avant que il ait fait touz sez exploiz seur lui, il ne perdra pas son fié; ains[2] il avra perdu ce que li sires an avra levé; et fera droit des defauz.

CXII[3]. Se li bers est apelez an la cort le roi de ce qui apartient à son heritaige, et requiert le juigemant de ses pers, il l'avra, au mains, jusqu'à III, o autres chevaliers.

CXIII[4]. Nus ne rant roncin de servise jusques il se part de foi à celui à qui il l'avra randu. Car se cil à qui il l'avroit randu se moroit, il le randroit à celui à qui la terre escherroit. Et se ainsinc avenoit que aucuns eüst randu son roncin de servise à son seignor, et ses sires le vousist doner à son fil ou à sa fille, et li hons respondist : « je ne me voil pas partir de vostre foi, se je ne m'an part come foi servi, quant je vous ai randu vostre roncin de servise, » il ne s'an partira pas par droit, se il ne le fait quiter à l'autre à qui il le devroit randre, se celui moroit; ou il li fera otroier que il ne prandra point de ronsin de servise, tant comme cil vive à qui il l'avra randu.

CXIV[5]. Nus gentis hons ne puet demander amandemant de juigemant que il ne fausse tout[6] outre, ou teigne por bon, se n'est an la cort le roi; car ileuc le puet l'an demander par droit; car qui le voudroit fauser, il ne troveroit qui droit li an feïst : li rois ne tient que de Dieu et de lui.

CXV[7]. Se aucuns laisse son servise à randre à seignor par IIII anz ou par V à jor nomé, ganz ou esperons, ou autre servise trespassé, et li sires l'an apele, il an fera le droit gaige[8] de sa

1. v ξ CXIX. *Cf. Ét., liv. Ier, ch.* 72.
2. ξ mes.
3. v ξ CXX. *Cf. Ét., liv. Ier, ch.* 76.
4. v ξ CXXI. *C. Ét., liv. Ier, ch.* 80.
5. v ξ CXXII. *Cf. Ét., liv. Ier, ch.* 83.
6. v ξ dou tout *au lieu de* tout autre.
7. v ξ CXXIII. *Cf. Ét., liv. Ier, ch.* 105.
8. v ξ le gaige.

loi; et si puet li sires prandre an son fié ou demoine à son home bestes ou autres choses et vandre par defaut de servise. Et se li hons treuve la soue chose an la main[1] au seignor avant qu'elle soit vandue, il l'avra o[2] ploige; et fera le servise et le gaige de sa loi.

cxvi[3]. Se li bers doit deniers au roi, li rois ne s'en puet prandre aus homes au baron par droit, fors aux[4] redebvances que[5] il li doivent; et à leur meuble non; ne por autre mesfait ausin, por quoi li home ne l'aüssent desservi. Tout ausin li bers des homes au vavasor.

cxvii[6]. Nus gentis hons ne puet doner son home de foi, se n'est à son frere ou à sa seur en partie, et à autre non, se[7] il ne le done o toute l'obeïssance, sanz riens retenir; car se li bers le donoit à I de ses vavasors, ce seroit au domaige de l'ome : car il li covandroit faire II obeïssances : à celui à qui il le donroit, et au baron de qui il tandroit son fié : ainsin feroit il d'une obeïssance II; mais li vavassors le porroit doner à I autre vavasor, por quoi cil à qui il le[8] donroit tenist de celui de qui li vavasors tandroit.

cxviii[9]. Se gentis hons et sa fame meurent, et aient oirs, cil qui doit avoir le retor de la terre n'avra pas la garde des anfanz; mais uns autres dou lignaige : et avra de la terre par raison por les anfanz norrir; car soupeçons seroit que cil qui doit avoir le retor de la terre vossist plus la mort des anfanz que la vie por la terre avoir.

cxix[10]. Qui rant roncin de servise, il le doit amener au seignor dedans les XIIII jors à frain et à selle, ferré de IIII piez et

1. v § maison. *Je corrige* main.
2. v avec.
3. v § CXXIV. *Cf. Ét., liv. Ier, ch.* 116.
4. v an.
5. v qui lui doivent.
6. v § CXXV. *Cf. Ét., liv. Ier, ch.* 120.
7. v se ce n'est o toute.
8. le *manque dans* v.
9. v § CXXVI. *Cf. Ét., liv. Ier, ch.* 121.
10. v § CXXVII. *Cf. Ét., liv. Ier, ch.* 135.

tel qu'[1] il puisse faire II jornées d'aler et de venir XII lieues de terre atout I escuier, et une chauces de fer et I haubert troussé darrieres lui. Et se li sires le[2] refuse I tel, li hons ne li en randra jamais point tant com li sires vive. Mais se il plaist au seignor, il li puet bien randre dedans l'an, por quoi li chevaus soit[3] ausin sains comme cil li bailla : et li hons ne le puet refuser : et jusqu'à I an ou jusqu'à II, li sires puet demander son roncin de servise; et cil li doit amener, si com il est dit desus. Et se li sires le tient plus d'un an et I jor, li hons ne le reprandra pas, se il ne viaut par droit.

CXX[4]. Se cil qui doit tenir de seignor ne le requiert dedanz XL jorz, li sires puet et doit assener au fié por defaute d'ome : et sera ce que il i trovera sien, sanz retor; et fera cil vers le seignor ce que il devra faire dou rachat. Et qui viaut entrer an foi de seignor, il le doit requerre, si come il est dit desus, et dire : « sire, je vous requier comme à mon seignor que vos me metiez « an vostre foi et an vostre homaige de TELLE CHOSE assise an « vostre fié; » — et la nomera, — et se il l'a achetée, il doit dire : « de TEL HOME. » Et doit cil estre presanz qui est an la foi et soi desvestir an la main au seignor qui an doit l'autre saisir. Et cil li doit dire, à jointes mains : « sire, je deveing[5] vostre « home et vos promet feaulté[6] et loiauté des cest jor an avant « anvers toz homes qui puissent vivre ne morir, an faisant vers « vos comme vers mon seignor telle redevance comme li fiez « aporte, de vostre rachat, » et doit dire de quoi : de bail, ou d'escheoite, ou de heritaige, ou d'achat. Et li sires doit presantemant respondre : « et je vos recoif et praing à home, et vous « an baise an non de foi, sauf mon droit, et l'autrui selonc « l'usaige de divers païs. » Et li sires puet prandre la desblée de l'année et les rantes, se il ne fine dou rachat; mais nus

1. ξ qui.
2. *Tournure singulière, mais qui semble devoir être maintenue, parce qu'elle rappelle la rédaction des Établissements.*
3. soit *manque dans* ξ.
4. v ξ CXXVIII. *Cf. Ét., liv. II, ch.* 19.
5. v *offre au lieu de* deveing *un mot que je ne déchiffre pas.*
6. ξ foiauté.

ne fait rachat de pere, ne de mere, ne d'ayol, ne d'ayole.

CXXI[1]. Nus vavassors ne gentis hons ne puet frainchir[2] son home de cors en nulle meniere, sanz l'asantemant dou baron, ou dou chief seignor, selonc l'usaige de cort laie.

CXXII[3]. Nus vavassors ne puet relachier larron ne larronesse sans l'assantemant dou chief seignor ; et se il le relasche et il am puisse estre provez, il am perdra sa joutise. Et se il voloit dire que il ne l'eüst pas relachié, et que il fust eschapez et que il en eüst fait la meiglor garde que il onques[4] an pot faire, et que il die : « je an feré ce que j'en devré faire, » si li porroit li sires esgarder I sairemant ; et se il l'ose faire, il an sera quites à itant.

CXXIII[5]. Se gentis hons se voloit hebergier, et ses hons coutumiers eüst une piece de terre ou II que il tenist de lui, li sires les prandroit, se il voloit, à[6] soi hebergier, à[7] li faisant eschainge avenant, soit à faire son estan, ou son moulin, ou son habergemant.

CXXIV[8]. Se gentis hons avoit maison qui li fust escheoite an la terre le roi, ou au chastel[9] à baron, et la maison fust taillable avant qu'elle venist an sa main, se il i faisoit son estaige por lui propre, elle ne seroit pas taillable : mes se il l'avoit loiée ou baillie à ferme à home coustumier, il ne la porroit garantir de la taille.

CXXV[10]. *Ci comancent li[11] cas de haute joutise à l'us de France.* — Nos comandons que se hons viaut apeler I autre de

1. v ξ CXXIX. *Cf. Ét., liv. II, ch.* 32.
2. v affranchir.
3. v ξ CXXX. *Cf. Ét., liv. Ier, ch.* 43.
4. v oncques eüst peu faire.
5. v ξ CXXXI. *Cf. Ét., liv. Ier, ch.* 98.
6. v pour.
7. v en.
8. v ξ CXXXII. *Cf. Ét., liv. Ier, ch.* 99 (*ci-dessus t. II, p.* 168).
9. *Sic pour* chastellerie. *Cette faute dérive du ms. des Ét. utilisé, lequel ne se rattachait pas à F L* (*Cf. t. II, p.* 168, *n.* 45).
10. v ξ CXXXIII. *Cf. Ét., liv. Ier, ch.* 4.
11. ξ la.

murtre, que il soit oïz antantivemant, et quant il vouldra faire sa clamor, que l'an li die : « se tu viaus nelui apeler de murtre, tu seras oïz, mais il convient que tu te lies à soufrir telle poine come tes aversaires souferroit, se il an estoit atainz. » Et se cil qui viaut apeler, quant l'an li avra ainsin dit, ne viaut porsuigre sa clamor, laissier la puet sans peril, et sanz poine de cors; et se il viaut sa clamor porsuigre, il la fera si comme l'an doit faire par coutume dou païs et de la terre : et an avra ses respiz et ses contremanz. Et[1] cil que l'on apelle avra ses deffences et ses contremans, selonc la coustume dou païs et de la terre.

CXXVI[2]. An telle meniere comme vous avez oï, ira l'an avant es querelles que nos vos nomerons : de traïson, de rat, de arson, de larrecin, de murtre, de ancis. Et de tous ces crimes desus diz doit li atainz et li consanterres estre panduz et trainez; et li meuble et li heritaige sont à chascun seignor souz qui li meuble et li heritaige sont, se il a haute joutise an sa terre.

CXXVII[3]. Rat est quant hons gist à fame à force, soit pucelle, ou autre qui ne soit pas pucelle.

CXXVIII[4]. Ancis est ferir fame ancinte, et elle meurt dou coup et lui et l'anfant.

CXXIX[5]. Se aucuns est apelez de servaige, ou de murtre, ou de cas don l'an doie perdre vie ou mambre, et preuves soient amenées d'une part et d'autre, et les preuves soient parigal, droit[6] s'acordent plus à assordre que à condampner.

CXXX[7]. Qui est apelez des cas de haute joutise, il doit res-

1. et cil... contremans *manque dans* ξ.

2. v ξ CXXXIV. *Cf. Ét., liv. Ier, ch.* 5; *liv. II, ch.* 36. *La Cout. de Reims de* 1481, *art.* 247 *et suiv.* (*Varin, Arch. lég. de Reims,* 1re *part., Cout., p.* 719), *et la Très anc. Cout. de Champagne, art.* 49 (*Bourdot de Richebourg, t. III, p.* 217) *admettent, comme le présent texte, la confiscation des immeubles.*

3. v ξ CXXXV. *Cf. Ét., liv. Ier, ch.* 27.

4. v ξ CXXXVI. *Cf. Ét., liv. Ier, ch.* 27.

5. v ξ CXXXVII. *Cf. Ét., liv. II, ch.* 34.

6. ξ droiz s'acorde.

7. v ξ CXXXVIII. *Cf. Ét., liv. Ier, ch.* 27, 44.

pondre an la cort au seignor, an[1] qui cort il est apelez, se li sires a haute joutise an sa terre.

CXXXI[2]. Se aucuns estoit en prison por soupeçon de murtre ou de larrecin ou des cas de grant joutise don il deüst perdre vie ou mambre, et il s'an alast de la prison, il an seroit aussi bien atainz come se il avoit fet le fait; et an seroit an merci ou an juigemant de cors et d'avoir[3], se il pooit estre pris, tot n'eüst il pas fet le fait.

CXXXII[4]. Se aucuns est soupeçoneus de[5] cas de grant joutise don il doit perdre vie ou mambre, la joutise le doit semondre par VIII jors; et se il ne vient, par XV; et se il ne vient, par XL. Et se il ne vient dedans ces III ajornemanz, il sera banniz an commun : et se il venoit après ce à la joutise et deïst que il estoit venuz si tost comme il[6] sot les ajornemanz, come cil qui estoit hors dou païs par essoine raisonable, et que il est apareilliez de soi deffandre ou[7] despurgier, si come la cort esgardera, la joutise doit prandre son sairemant que il dit voir. Et le puet bien retenir por la soupeçon, et fera semondre le lignaige

1. v en la quelle court.

2. v § CXXXIX. *Cf. Ét., liv. Ier, ch.* 88. *Même principe, semble-t-il, dans la Très anc. Cout. de Champagne, art.* 31, *in fine :* Se uns homes est mis en prison ferme, pour quelconque fait que ce soit, et il brise la prison, et s'en va, et il est prouvez, il est tenu, et le doit l'en punir, selon le fait pour quoy il avra esté mis en prison. Et ainsi en use l'en generalement. (*Bourdot de Richebourg, t. III, p.* 214.)

3. *Cette addition au texte primitif sent le droit champenois qui admettait la confiscation des immeubles* (*Cf. ci-dessus, p.* 175, *n.* 2, *sur le ch.* CXXVI).

4. v § CXL. *Cf. Ét., liv. Ier, ch.* 28, 29.

5. v des.

6. v il a seü les.

7. v ou de se purgier. *Les mots* ou despurgier *ne se trouvent pas dans les Établissements. J'y vois une allusion à la procédure d'escondit si usitée et si vivace à Reims.* (*Cout. de Reims du XVe s., art.* 74, 77 *dans Varin, Arch. lég. de la ville de Reims,* 1re *part., Cout., p.* 634; *Cout. de* 1461, *dans Varin, Ibid.,* 2e *part., Statuts,* 1er *vol., p.* XIII. *Cf. Arch. lég.,* 1re *part., Cout., p.* 730, *note* 3; *Arch. adm., t. II,* 2e *part., p.* 907, *notes.*)

dou mort, se ce est por soupeçon de murtre, se il l'a, ou dire au moustier ou au commun à cri, et le puet tenir par trois quaranteines. Et se nus ne vient dedans[1] les III quaranteines por lui apeler, la joutise le doit laissier aler par ploiges, se il les puet avoir; et se il ne les puet avoir, par son sairemant que il ne se destornera dedanz l'an, et que il suigra le droit de la cort, qui le voudra apeler.

CXXXIII[2]. Se aucuns apeloit de murtre, ou de traïson, ou de cas de haute joutise, la joutise doit tenir les cors d'aus deus[3] an igal prison. Et se elle laissoit aler l'un hors de prison par ploiges establiz por lui de porsuigre le droit de la cort, et tenist l'autre, et cil qui avroit mis les ploiges s'an fouist et ne venist pas au jor que l'an li avroit mis, la joutise ne porroit esploitier les ploiges ne à plus mener que de C s. et II d.; et sambleroit que l'an feïst tort à l'autre partie.

CXXXIV[4]. Se aucuns apelle un autre par gaige de bataille de chose qui aparteigne à meuble ou à heritaige, se la bataille est juigée[5] cors à cors, quant il vandront au jor de la bataille et il seront devant les sainz, la forme dou sermant sera telle : Cil qui apelle prandra celui que il apelle par la main et dira an telle maniere : « oïz, tu, home que je tien par la main, et vous, la joutise, se Diex m'aïst et li sainz!, CESTE CHOSE de quoi je[6] t'apel CEST HOME, — et[7] la nomera, — est ma droiture et mon droit; » et li autres doit jurer ancontre et dire : « se Diex m'aïst et li sainz[8]! tu, t'an es parjurez. » Et se la bataille est juigie par champions, il jurront ou non d'aus et de cels por qui il se combatront. Et ainsi les puet l'an mestre ou champ : et cil qui apele doit l'autre requerre; et cil qui sera vaincuz ne perdra ja vie ne mambre, por ce que il s'antrapelent de meuble ou de heritaige, et non de traïson ne de murtre. Mais li vaincuz paiera à

1. v dens *au lieu de* dedans.
2. v ξ CXLI. *Cf. Ét., liv. Ier, ch.* 108.
3. v deux esgalles prisons.
4. v ξ CXLII. *Cf. Ét., liv. Ier, ch.* 95.
5. *Sic dans* ξ *qui ailleurs présente la forme* juigie.
6. v j'apelle cest homme.
7. et la nomera *manque dans* v.
8. *Ce singulier se trouve dans* v ξ, *au lieu du pluriel* saint *des Ét.*

l'autre son champ[1] et tot quanque il li avra cousté et les couz des conteorz dou jor que la bataille avra esté juigie; mais il ne metra riens autres couz; et si fera le droit à la joutise de s'amande.

CXXXV[2]. Home qui amble à son seignor et il vit de son pain et de son vin, il est pandables por la traïson.

CXXXVI[3]. Home qui ocit autre an meslée qui puisse montrer plaie que cil li ait fait avant que il l'ait ocis, il ne sera pas panduz par droit, fors que an une meniere : se aucuns dou lignaige l'apelle de la mort à celui et li meste sus que il ait mort son parent sanz ce que cil l'eüst feru ne navré, et die que li mors li an ait doné coumandemant et avoerie dou prouver et dou desraisnier, li autres porra dire que il ne croit mie que li morz li an ait doné comandemant, ne avoerie, et à[4] itant puet l'an d'aus II[5] juig[i]er [une bataille. Et se li quiex que] soit [avoit LX anz, il porroit bien me]tre [I autre por lui en son lieu; mais il li convendroit jurer qu'il eüst itant d'aage et cil qui] ser[oit vaincuz, seroit panduz].

CXXXVII[6]. [Se einsinc estoit que I home aüst] ga[rde d'un autre

1. *Sic pour* champion : *la leçon fautive* champ *dérive d'un ms. des Ét. autre que E : voyez ci-dessus p.* 55, *l.* 1 *et n.* 1.

2. v ξ CXLIII. *Cf. Ét., liv. Ier, ch.* 33.

3. v ξ CXLIV. *Cf. Ét., liv. Ier, ch.* 30.

4. v avant *au lieu de* à itant.

5. *Après le mot* d'aus *commence dans* v *une lacune qui s'étend jusqu'aux mots* [hau]te joutise *exclusivement du ch.* CXLV : *cette lacune est représentée par un blanc. Dans* ξ *la lacune commence un peu plus loin : les lettres* iger *de* juig[i]er *sont effacées : après quoi même lacune, mais elle est moins absolue : ce vide est semé dans* ξ *de quelques points de repère, c'est-à-dire de quelques mots ou lettres qui m'ont guidé pour suppléer entre crochets, d'après les Établissements, une partie du texte disparu.*

6. *Aucun numéro dans* v ξ. *En cet endroit plus de deux pages ont été laissées en blanc dans* ξ. *Au commencement de cette lacune on lit sur trois lignes différentes les lettres* gu, jo, d. *D'autre part, la table permet d'affirmer qu'il y avait ici un chapitre sur les assurements, dérivé sans doute du ch.* 31 *au liv. Ier des Établissements : les débris* gu, jo, d *confirment cette hypothèse. En effet, corrigeons* gu *en* ga *(premières lettres du mot* garde*); complétons* jo *en* joutise, d *en* doit *et nous nous trouvons en présence de mots qui figurent dans les*

et il venist à la] jo[utise pour lui faire asseürement, la joutise le] d[oit. . . . .

CXLV. . . . .]
haute joutise, il pueent mestre champions por aus ou autres[1].

CXLVI[2]. Qui apelle autre de murtre et de traïson devant joutise, il doit dire ainsin : « je me plain de Guillaume qui à tel jor et an tel leu, sanz tort que je li feïsse, sanz droit que je li veasse par devant joutise, nuitantre et an traïson, et an aguet

premières lignes du ch. 31 au liv. Ier des Ét. Dès lors les trois premières lignes de ce ch. de l'Abrégé peuvent être restituées, comme je l'ai fait dans le texte. Je ne pousse pas plus loin cette restitution, parce que rien ne permet plus de soupçonner de quelle manière l'abréviateur a traité les textes des Établissements qu'il avait sous les yeux; mais je transcris ici les rubriques de la table d'après ξ, en ajoutant entre crochets un numéro d'ordre et entre parenthèses un renvoi à la source présumée de ces chapitres en déficit.

[CXXXVIII]. De consenteors de larron (*Cf. Ét., liv. Ier, ch.* 36). *Cette rubrique manque dans* v.

[CXXXIX]. D'acusement de larron (*Cf. Ét., liv. Ier, ch.* 37). *Dans* v *cette rubrique est numérotée* CXLVII.

[CXL]. De bataille de chevalier et de villain (*Cf. Ét., liv. Ier, ch.* 87). *Cette rubrique manque dans* v.

[CXLI]. De joutise de clerc (*Cf. Ét., liv. Ier, ch.* 89). *Dans* v *cette rubrique est numérotée* CXLIX.

[CXLII]. De bougres punir (*Cf. Ét., liv. Ier, ch.* 90). *Cette rubrique manque dans* v.

[CXLIII]. D'ome qui se tue. (*Cf. Ét., liv. Ier, ch.* 92). *Dans* v *cette rubrique est numérotée* CLI.

[CXLIV]. De bataille de freres (*Cf. Ét., liv. Ier, ch.* 174). *Cette rubrique manque dans* v.

[CXLV]. De bataille de mahaigniés (*Cf. Ét., liv. Ier, ch.* 175). *Dans* v *cette rubrique est numérotée* CLIII.

A l'extrême marge du fol. 27 r° de ξ *se trouve cette note :* Memorare de recouvrer le petit livre vert in-8° du grefe, parlant des combats, auctore Feron (*même main que le reste de* ξ).

1. *Cette fin de ch. paraît dériver du ch.* 11 *au liv. II des Ét.; mais les conjectures suggérées par la table feraient songer, au contraire, pour ce ch. à Ét., liv. Ier, ch.* 175. *Peut-être manque-t-il une rubrique à la table : cette ligne appartiendrait alors à un chapitre qu'il faudrait intercaler entre les ch.* CXLV *et* CXLVI.

2. v ξ CLIV. *Cf. Ét., liv. II, ch.* 12.

apansé de chemin, et me feri de ses armes amolues et me dona cos et colées, don cuirs creva et sans issi ; et me fist plaies mortiex aparissanz et montrées à joutise à tel jor ; don[1], se il le quenoist, je requier que il an soit puniz comme de tel fait et mi domaige me soient[2] amandé jusqu'à la value de xx lb. ; et se il le nie, je l'oufre a prover, si comme la cort esgardera que faire le doie. » Et li autres doit faire presantemant tel ni ou tel deffanse, come il doit, car, an fait de cors, n'a point de jor de consoil.

CXLVII[3]. Maurenomez par cri qui n'est pris à nulle quenoissance, ne à nul presant fait, la joutise ne le doit pas condampner à mort ; mais se anqueste le tesmoigne de granz cas, l'an le doit forbannir ; car il apartient à loial jostise de netoier sa province des mauvais. Et, se puis le forban, est trovez ou païs, il est pandables.

CXLVIII[4]. Se aucuns acuse I autre de larrecin devant joutise, il doit avoir ses preuves prestes et doit nomer le larrecin et dire ainsin : « je me plain de tel home qui m'a amblé TEL CHOSE : et, puis le larrecin, je l'an ai veü an saisine, » et doit mestre IIII d. desus la chose. Et se il defaut de preuve, il demorra à punir à la joutise, se cil que il acuse ne quenoist le larrecin ou il n'a esté pris an presant fait, ou n'a esté trouvez saisiz et vestuz ; car quenoissance faite en juigemant vaut chose juigie.

CXLIX[5]. Se aucuns se plaint d'un[6] autre qui li ait fait sanc ou plaie qui soit aparissant, et montrée à joutise, cil qui sera trovez an tort et avra donée la colée et an soit atainz par tesmoinz, il paiera LX s. d'amande au seignor et XV s. au plaintif et XII d. por son cop, se il les an viaut lever ; et amandera au plaintif ses domaiges et ses chomaiges et li fera sa plaie garir au sien.

Ci fenissent li establissement abrigié.

1. v dont il se congnoist.
2. v soit.
3. v ξ CLV. *Cf. Ét., liv. II, ch.* 17.
4. ζ ξ CLVI. *Cf. Ét., liv. II, ch.* 13.
5. v ξ CLVII. *Cf. Ét., liv. II, ch.* 24.
6. ξ une.

[TABLE[1] DES CHAPITRES.]

1. *Cette table est dans* v ξ *en tête de l'Abrégé. Elle n'est pas annoncée par une rubrique spéciale : on lit seulement au-dessus de* Des : *dans* ξ *le mot* Qui; *dans* v *la lettre* Q. *C'est sans doute dans* ξ *le premier mot, dans* v, *la première lettre d'un titre qui débutait ainsi.* Qui *ou* Iqui commencent, etc. *Je me suis décidé, non sans hésitation, à ne pas intercaler dans le texte les rubriques que la table de* v ξ *fournit seule; j'ai pensé que le texte sans rubriques était plus voisin de l'original qu'un texte rubriqué.*

2. *Cette rubrique manque dans* v.

3. v ξ *ont seulement :* V.

4. v ξ *portent :* VII.

5. *Cette rubrique manque dans* v.

6. *J'ajoute, entre crochets, les numéros qui manquent dans* v ξ; *mais je ne supplée pas les rubriques, parce que les mss. ne me les fournissent pas.*

7. *Cette rubrique manque dans* v.

1. v estrangier.

2. *Cette rubrique manque dans* v.

3. v § XXXV.

4. v § XXXVII.

5. v § XXXIX.

6. v § XLI.

7. v § XLIII.

8. v § XLV.

9. *Cette rubrique manque dans* v.

10. v § XLVII.

1. *Cette rubrique manque dans* v.

2. v ξ XLIX.

3. *Cette rubrique manque dans* v.

4. v ξ LI.

5. *Cette rubrique manque dans* v.

6. v ξ LIII.

7. *Cette rubrique manque dans* v.

8. v ξ LV.

9. *Cette rubrique manque dans* v.

10. ξ Demander.

11. v ξ LVII.

12. *Cette rubrique manque dans* v.

13. v ξ LIX.

14. *Cette rubrique manque dans* v.

15. D' *manque dans* ξ.

16. v ξ LXI.

17. *Cette rubrique manque dans* v.

18. v ξ LXIII.

19. *Cette rubrique manque dans* v.

20. v ξ LXV.

21. *Cette rubrique manque dans* v.

22. v ξ LXVII.

1. *Cette rubrique manque dans* v.

2. v ξ LXIX. *Ce numéro est le dernier qui soit porté dans* ξ.

3. *Cette rubrique manque dans* v.

4. v IIII^XX I.

5. *Cette rubrique et les deux suivantes manquent dans* v.

6. ξ *donnerait plutôt :* parere. — v partie d'enfans à vilain.

7. enfant *manque dans* ξ.

8. IIII^XX V *dans* v.

9. *Cette rubrique manque dans* v.

10. IIII^XX VII *dans* v.

11. *Cette rubrique manque dans* v.

12. IIII^XX IX *dans* v.

13. *Cette rubrique manque dans* v.

14. IIII^XX XI *dans* v.

15. IIII^XX XIII *dans* v.

16. *Dans* ξ *cette rubrique précède la rubrique* D'avocaz. *Elle manque dans* v.

17. IIII^XX XV *dans* v.

18. v prins.

19. IIII^XX XVII *dans* v.

1. iiii^xx xix *dans* v.

2. ci *dans* v.

3. *Cette rubrique manque dans* v.

4. ciii *dans* v. *La table se continue dans* v *uniformément suivant ce système : c'est-à-dire qu'une rubrique sur deux est constamment omise avec son numéro : les rubriques se présentent donc ainsi :* cv, cvii, etc. *Enfin le numéro de* v *est toujours en avance de huit unités sur le mien : le dernier numéro de* v *est donc* clvii.

5. v responcin (*sic*).

1. *En marge dans* ξ : 144.
2. *En marge dans* ξ : 145.
3. *En marge dans* ξ : 146.
4. *En marge dans* ξ : 147.
5. *En marge dans* ξ : 148.
6. *En marge dans* ξ : 149.
7. ξ bougers.
8. *En marge dans* ξ : 150.
9. *En marge dans* ξ : 151.
10. *En marge dans* ξ : 152.
11. *En marge dans* ξ : 153.
12. *En marge dans* ξ : 154.

Ci [4] fenissent les rebriches de li Establissemant.

1. *En marge dans* ξ : 155.
2. *En marge dans* ξ : 156.
3. *En marge dans* ξ : 157.
4. *Cet explicit manque dans* v.

AVERTISSEMENT.

Sous ce titre : *Ordonnance de Jean II,* je publie un document très célèbre dans l'histoire du droit breton : d'Argentré, Hévin et bien d'autres jurisconsultes ou historiens s'en sont longuement occupés ; j'en ai parlé moi-même au t. Ier du présent ouvrage, pp. 290 et suiv. Tous, depuis d'Argentré jusqu'à D. Morice, jusqu'à M. de Blois et à moi-même, nous avons considéré ce texte comme une assise ou ordonnance du duc de Bretagne, Jean II ; mais une lecture plus attentive ne permet pas de maintenir cette attribution : elle n'a d'autre origine que la date fort douteuse de 1301 qui figure dans l'art. 1er et intéresse cet article, non pas l'ensemble du document. Si je laisse subsister le titre *Ordonnance de Jean II,* c'est qu'il est consacré ; mais nous sommes évidemment ici en présence de *Règles coutumières* analogues à celles qui seront publiées ci-après à la suite de l'*Ordonnance de Jean II;* nous n'avons pas sous les yeux un acte législatif émané d'un duc de Bretagne ; et ce n'est pas à ce document que fait allusion l'art. 209 de la *Très ancienne Coutume;* nous retombons, par conséquent, dans l'incertitude dont on était sorti à tort depuis d'Argentré. L'*Ordonnance* ou plutôt la prétendue *Ordonnance de Jean II* n'est peut-être que du xve siècle : ce texte qui, en l'état, n'est évidemment pas une ordonnance ducale, contiendrait-il néanmoins un résumé de l'ordonnance de Jean II ? On pourra se poser cette question ; mais je ne vois aucun indice sérieux qui permette de la résoudre affirmativement.

Outre les mss. indiqués ci-dessus t. Ier, pp. 430-432, j'ai utilisé, pour l'établissement du texte, une édition donnée par D. Morice et quelques fragments recueillis par d'Argentré et Hévin. Voici les indications nécessaires :

υ = texte publié par D. Morice dans *Mémoires pour servir de preuves à l'histoire de Bretagne,* t. Ier, p. 1166 et suiv. : D. Morice ajoute ce renseignement insuffisant : *Copié sur l'imprimé à Rennes en* 1736.

φ = fragments des art. 7, 8, 12, 17, 18, 19, 32, 38, 40 publiés d'après divers mss. par Hévin, *Consultations et Observations,* pp. 517, 518, et par le même Hévin dans ses notes sur Frain, t. II, pp. 554, 558.

χ = fragment cité par d'Argentré, *Commentarii,* Parisiis, 1621, col. 2195, 2196.

J'adopte l'orthographe de o.

IV. TEXTES BRETONS DÉRIVÉS DU DROIT TOURANGEAU-ANGEVIN.

1. *ORDONNANCE DE JEAN II.*

I. Par[1] la coustume de Bretaigne aultresfois ordrennée en parllement et commandé[e] à tenir, que null pledeour ne soit ouy[2] à pledoier en null lieu en Bretaigne, s'il n'a juré l'assise[3],

1. o' *présente pour chaque paragraphe des rubriques qui sont probablement le fait du copiste du XVIIIe s.; je ne les reproduis pas.*

2. υ receü *au lieu de* ouy.

3. *L'assise ici visée et que l'avocat doit jurer d'observer est l'assise de* 1259 *sur les honoraires des avocats* (*Cf. ci-dessus t. Ier, p.* 289). *Cette assise contient la prescription suivante :* Et touz les pledeours qui sont et jamaiz seront, avant qu'ilz soint ouïz à pledoier en la court au conte contre ceulx ne o qui avront greé ceste covenance ne es courtz à iceulx qui ceste covenance avront octroiée jureront sur saintz, avant qu'ilz soient ouïz à pledoier es courtz devant dicte, cestes convenances tenir, sanz venir encontre *et la suite. Sur les avocats voyez encore une ordonnance ducale de* 1307 *dans le ms. fr.* 14396, *fol.* LXI *recto. Le serment prescrit par l'ordonnance de* 1259 *est souvent visé par les ordonnances ducales : dans une ordonnance de Jean III, comte de Bretagne, comte de Richemond, vicomte de Limoges, je lis en effet :* avons ordrenné et commandé par pluseurs foiz et publié de par nous en noz parllementz et ailleurs que pledeours ne pledeassent causes ne ne fussent ouïz à pledoier jucques à tant qu'ilz eüssent juré l'asisse par dessus dicte tenir et garder sanz enfraindre, etc. (*Bibl. nat., ms. fr.* 14398, *vers la fin du vol.; D. Morice, Mém. pour servir de preuves, t. Ier, col.* 1165.)

Au XVe s., sous le duc Pierre II, ce serment donne lieu à une formalité de chancellerie et évidemment à la perception d'un droit : En confermant les ordrenances qui sur ce furent aultresfoiz faictes est avisé que nul ne soit receü à estre juge ne advocat, s'il n'a juré l'asisse, par l'un de nos juges capitaulx et que tout paraillement il en ayt lettre et povoir de nous, soubz le seau de

soubz umbre[1] de bataille, ne aultrement[2], si n'est pour son[3] pere ou pour sa[4] mere, ou pour son[5] frere, ou pour sa[6] suer, ou pour son[7] fils, ou pour sa[8] fille, ou[9] pour le pere, ou pour la mere[10] sa famme, ou pour son sourorge. Et ceste ordrennance est ordrennée et[11] commandée à tenir aux[12] seneschaulx et[13] pledeours et à tous aultres; et est deffendu que null ne face le[14] contraire. Et si les pledeours le font, le proceix est[15] null et de nulle vallue[16], et seront x les pledeours en[17] l'amende de Monseigneur, et en[18] sa voulenté. Ce[19] fut fait[20] et ordrenné ou parllement de Vannes amprès la Saint Martin

nostre chancellerie par la certifficacion du juge qui en aura prins et receü le serament. (*Ord. du duc Pierre II de l'an* 1451, *art.* 9, *même ms. plus loin vers la fin du vol.; éditée dans D. Morice, Mém. pour servir de preuves, t. II, col.* 1586. *Cf. art.* 3 *d'une ordonnance promulguée par le même duc en* 1455 *et éditée par D. Morice, Mém. pour servir de preuves, t. II, col.* 1649, 1650.)

1. umbre *manque dans* υ. — π l'ombre.
2. ρ aultre *au lieu de* aultrement.
3. son *manque partout sauf dans* π υ.
4. sa *manque partout sauf dans* π υ.
5. son *manque partout sauf dans* π.
6. sa *manque partout sauf dans* π.
7. *Leçon de* π. — ρ le *au lieu de* son. — son *n'est pas représenté dans les autres mss.*
8. *Leçon de* π. — ρ la *au lieu de* sa. — sa *n'est pas représenté dans les autres mss.*
9. ou pour... sourourge *manque dans* π.
10. o mere de sa.
11. υ valeur.
12. et commandée *manque dans* ρ.
13. π o υ ez.
14. o ρ ez.
15. o du *au lieu de* le.
16. ρ n'est *au lieu de* est.
17. o en amende de Monseigneur et. — ρ en l'amende du seigneur et à sa. — υ en l'amende de Monsieur. — *Je suis la leçon de* π.
18. ρ à.
19. π Et *au lieu de* Ce.
20. fait et *manque dans* ρ.

ou[1] second jour commenzant l'[2]an de[3] Grace mill IIIc et[4] ung.

II. Pour[5] trop dire ou[6] pour poy dire avant jugement, null

1. *Au lieu de* ou ρ *porte :* le. — π *porte :* au. — υ *porte :* le.

2. l'an de grace *manque dans* o.

3. de grace *manque dans* π.

4. π et un an. — *Faudrait-il corriger* 1401 ? *Une ordonnance du duc Pierre II de l'an* 1455 *vise en ces termes le même parlement* (*je transcris le texte de D. Morice*) : Item par autre constitution faite en l'an 1401, que homme ne soit reçu à pledoier, s'il n'a juré l'assise fors pour son pere, ou pour sa mere, ou pour son frere, ou pour sa sœur, ou pour ses fils ou fille; et s'ils le font, ils en seront en nostre amende. (*Ord. de* 1455 *dans D. Morice, Mém. pour servir de preuves à l'hist. de Bretagne, t. II, col.* 1648.) *Si* 1301 *est exact dans notre texte, il faut alors le substituer à* 1401 *dans l'ord. du duc Pierre II. Si, au contraire, la date de* 1401 *était exacte dans l'ord., il conviendrait de l'introduire dans notre texte; mais je ne vois pour l'instant aucun motif formel de décision.*

5. *Même règle dans un document publié par D. Morice comme ord. de Jean III, art.* 11 : Pour trop dire ou point dire, le juveigneur ne perdra pas la querelle, ne son repons, etc. (*D. Morice, Mém. pour servir de preuves, t. Ier, col.* 1253.)

Dans un autre document breton intitulé : Memoire d'aucunes ordrenances, convencions et moderacions qui sont valables et neccessaires à estre à cest prouchain parlement, *je lis :*

Item, combien que es temps passez quant parties estoint appointées à jugement et que le jugié demourroit en garde de court ou qu'il tardoit par dilacion de parllier, et l'une des parties vouloit augmenter aucunes raisons, par avant l'en avoit acoustumé nelui recepvoir, si ce ne fust au jour de l'esplet; et pour ce que antan, par inadvertance des advocatz ou aultrement, les causes des parties estoint souventesfoiz perdues, est avisé que desoremaiz en avant partie sera receü à augmenter à ses raisons de droit, tousjours et de fait jucques aux prouchains pletz et dedanz, amprès le jugement, à les esclerdir et interpreter auxin qu'il verra l'avoir à faire avant qu'il soit jugié et affermé par celle court, sanz nouvel ajournement; ainxin qu'il desdomagera partie à l'esgart du juge et le jour changer. (*Bibl. nat., ms. fr.* 14398, *vers la fin du vol.; Constitution de Jean V, art.* 14, *dans D. Morice, Mém. pour servir de preuves, t. II, col.* 759.)

6. ρ ou pouay dire. — π ne pou dire.

ne doit perdre sa[1] cause[2], se courrigent aveneaument, avant jugement, comme dit est.

III. Obligacion que famme fait[3] pour aultre personne n'est tenable, si elle ne renuncie aux[4] droits et previlleges de[5] Velleyan et divi Adriani[6] qu'eulx sont[7] pour les fammes, et que[8] de ce elle soit acertainée[9] en sa propre loquance.

IV. Gentile[10] famme puet pledoier de son douaire en la court que elle vouldra; et est[11] en son choix. Ne null seigneur ne puet avoir retraict[12] de nulle court[13] suseraine, nonobstant que le[14] heritaige que elle demande en[15] douaire soit en son fié.

1. sa *manque dans* ρ υ.
2. π cause, s'il se corrige aveneaument. — υ cause, se corrigeant aucunement, avant.
3. π fait sanz son mari pour.
4. π ρ es *au lieu de* aux.
5. de *manque dans* ρ. — *Le sénatus-consulte Velléien défendait aux femmes d'intercéder pour qui que ce fût, c'est-à-dire de s'obliger pour autrui. Voy. Dig.* XVI, I; *Code,* IV, XXIX.
Les cartulaires fournissent bien des exemples de femmes qui renoncent au bénéfice du Velléien après avoir été acertainées en leur propre loquance : asserens se esse certioratam quod (?) sit senatus consultum Velleianum (*Acte de* 1277 *dans Chart. ins. Eccles. Cenom., p.* 345; *cf. p.* 346). *Cf. ord. de Philippe le Bel de* 1304 *sur les notaires* (*Ord., t. Ier, p.* 416); *Pasquier, Recherches de la France, liv.* IX, *ch.* XLI.
6. ο Dividrian. — *Sur l'*Epistola divi Adriani *voyez Justinien, Instit.,* III, XX, 4. (*Cf. Gaius, Inst., III,* 121, *et Machelard, Dissert. de droit romain et de droit franç.; édit. Labbé,* 1882, *p.* 438, *note* 1.) *Rapprochez une bonne explication de la renonciation au bénéfice* divi Adriani *dans Mazure et Hatoulet, Fors de Béarn, pp.* 294, 295.
7. ρ υ qui eulx sont.
8. υ que pour elle soit certainée en. — ρ que de elle.
9. ρ certaine. — π ençairtainée. — υ certainée.
10. *Cf. Coutume de Touraine-Anjou,* § 11; *Ét., liv. Ier, ch.* 20.
11. est *manque dans* υ.
12. π retoit.
13. ο court sussaine. — π court suss. nonobstant. — υ cour... fust nonobstant.
14. υ heritage *au lieu de* le heritage.
15. π en son douaire. — en douaire *manque dans* ρ.

v. Sy[1] gentil homme marie son filz aesné, et le mariage soit fait de son assentement[2], il luy doit bailler le tiers de sa terre en pourvoiance; et autant s'il a esté fait[3] chevalier de son assentement[4].

vi. Et[5] si ainxin advenoit que gentil homme eüst pere et mere ou[6] eoul ou eoulle, et il prenist[7] famme, et il mourust[8] avant sa famme, et ilz n'eussent nul[9] hoir, quant le pere ou la mere ou l'ayeul ou l'ayeule seroint mortz, elle avroit son douaire. Mais si les[10] eschoittes vendroint[11] de freres ou de suers, ou de oncles ou de nepvou, ou d'aultres du[12] lignage, elle n'avroit riens, s'ilz n'estoint[13] eschaites paravant la mort de son mary. Et toutes les eschaittes qui adviennent[14] entre freres es choses nobles sont à l'esné puis la mort[15] au pere ou à la mere, ou[16] de l'ayeul ou de l'aieule, ou d'aultre du[17] lignage; que l'on appelle[18] eschoittes advenues droittes.

1. ρ Le *au lieu de* Sy. — *Cf. Cout. de Touraine-Anjou,* § 12; *Ét., liv. Ier, ch.* 21; *ci-après Règles Cout., 1re série, art.* 20.
2. π consentement.
3. fait *manque dans* ρ.
4. π ensentement.
5. *Cf. Cout. de Touraine-Anjou,* § 13, 14; *Ét., liv. Ier, ch.* 22, 23; *ci-après Règles Cout., 1re série, art.* 40.
6. υ ou coul ou coulle.
7. ρ et s'il prenist. — o et il prend. — υ et il prenit. — π et il preïnt. *Je corrige :* et il prenist.
8. υ π mouroit. — ρ moureist et il avant.
9. *Leçon de* π. — υ nul quant. — *Les autres mss.* nuls hoirs.
10. les *manque dans* o π.
11. *Leçon de* o π (*dans* π ne *a été effacé avant* vendroint). — *Les autres mss.* devendroient.
12. du *est fourni par* π; *manque dans les autres mss.*
13. ρ s'il n'estoit eschait. — υ s'il n'etoient echaits. — o si n'estoient eschaittes. *Je suis* π.
14. π viennent. — o advient.
15. π mort du pere.
16. υ ou de aieul ou aieule.
17. du *manque dans tous les mss., sauf* π.
18. *Après* appelle *le petit mot* ces *ou* tiex *indispensable au sens est tombé dans tous les mss.*

VII. Baronnie[1] ne[2] despart mie entre freres, si le pere ne leur fait parties; mais l'esné doit faire avenant[3] bienfait es[4] puixnez et doit les filles marier.

VIII. Noble[5] homme[6] d'[7]assise a[8] en sa terre le murtre, et[9] le rap, et l'[10]ancys. Rap si est famme forcée. L'[11] ancis si est famme ançainte quant l'[12]en la fiert ou l'enffant est[13] tué[14]. Murtre si est de homme[15] quant en le[16] tue. Escharpellerie[17] si[18] est de[19] homme quant[20] l'en lui[21] toult le sien ou[22] en chemin[23], ou en boays, ou de jour, ou de nuyt. Et touz ceulx qui[24] font tieulx meffaiz devent estre panduz[25] et trainez, s'ils pevent estre trouvez. Et[26] s'ilz ne pevent estre trouvez, ils debvent

1. *Cf. Cout. de Touraine-Anjou*, § 17; *Ét., liv. Ier, ch.* 26.
2. o ne se despart.
3. o aveneaument.
4. *Tous les mss. ont cette forme :* es.
5. *Cf. Cout. de Touraine-Anjou*, §§ 18, 19; *Ét., liv. Ier, ch.* 27, 28. — o π ung noble. — φ gentil homme.
6. homme d'assise *manque dans* ρ.
7. d'assise *manque dans* π.
8. a *est reporté dans* ρ *après* terre.
9. et *manque dans* o. φ.
10. Le lancys.
11. ρ Et l'ancis.
12. υ l'en a fiert ou enfant li est. Meurtre.
13. est tué *manque dans* ρ.
14. π mort. — tué *manque dans les autres mss., sauf* o.
15. de homme *manque ici dans* o υ; — *est remplacé par les mots* homme ou femme *après* tue. — φ π homme *au lieu de* de homme.
16. le *manque dans* o π.
17. *Je restitue ce mot.* — υ *porte* escharpillie. — o π ρ escharpisie.
18. si est de homme *manque ici dans* ρ; *voyez note suivante.*
19. de homme *manque dans* υ; — *est reporté dans* ρ *après* sien *avec la variante* d'un homme.
20. υ quant l'on bat un homme ou en.
21. lui *manque dans* ρ.
22. ou *manque dans* ρ.
23. o chimin. — π chemin ou en voie, ou en.
24. π qui sont tieilx meffaisantz.
25. π puniz et penduz.
26. π Et aultrement ilz doivent estre semons.

estre semons par jugement là où ilz avront[1] acoustumé à demourer, et par les voisins d'entour amprès debvent estre adjournez au mouttier de leur parroisse; amprès en plain marché[2], en la chastelennie dont ilz sont, jucques à houyt foiz; et, puis, la IXe[3], en[4] l'eglise cathedral de leur evesché; et sur tant les juger à mort et envoier les chevestres à[5] Rennes.

IX. Si[6] aucun est en une ville et vait[7] voulentiers en[8] la tabverne et ne gaigne riens, ains[9] despand sanz avoir riens de propre, justice le doit prandre, pour savoir de quoy il vit.

X. Si[10] li bers fait l'aïde sur ses[11] vavasseurs, il les doit mander devant soy. Et si le vavessour avoit aucun ramager[12] qui devroit estre en[13] l'aïde, il luy doit mettre jour pour venir en l'aïde du chieff seigneur; et[14] doit avoir terme ad ce faire[15] du chieff seigneur. Et quant il avra adjourné ses ramageurs pour y[16] venir, s'ilz ne vouloint venir, ne[17] lerra mie pour ce à faire l'aïde, et il[18] leur convendra contri-

1. π avroient. — υ ont.

2. o marché et en. — υ marché de la.

3. π IXe faiz, en.

4. *Leçon de* π. — o υ *portent :* à. — en *manque dans* ρ *ou est remplacé par le mot* par. (*Les notes que j'ai fait prendre ne sont pas claires ici.*)

5. π es rus *au lieu de* à Rennes.

6. *Cf. Cout. de Touraine-Anjou*, § 28; *Ét., liv. Ier, ch.* 38. *Voyez, en outre, ce que j'ai déjà dit ci-dessus t. Ier, p.* 292.

7. π voit.

8. *Leçon de* π. — o en tabverne. — ρ à la taverne.

9. ρ et *au lieu de* ains.

10. *J'adopte la leçon de* υ. — Si *manque dans* o ρ. — π *porte :* Si seigneur (seigneur *paraît remplacer un mot gratté*) fait. — *Cf. Cout. de Touraine-Anjou*, § 36; *Ét., liv. Ier, ch.* 46.

11. π les.

12. *Leçon de* o. — υ π ramage. — ρ ramageour.

13. υ o à *au lieu de* en.

14. Et doit... seignour *manque dans* υ π.

15. faire *manque dans* ρ. *Cf. la note précédente.*

16. y *manque dans* ρ.

17. υ ne leur advis pour.

18. ρ ilz.

buer[1]. Mes s'[2]il greoit l'[3]aide sans les[4] requerre, ilz[5] ne contribueroint pas par droit.

XI. Null[6] homme qui tient en paraige ne fait aïde à son parageur[7], s'il ne fait au[8] chieff seigneur. Si ung homme a parageurs[9] qui tienent de[10] luy en parage, il ne leur puet mettre terme hors dou paraige par droit.

XII. Homme[11] qui tient en paraige tient auxi noblement et[12] auxi[13] gentilment comme celuy de qui il tient, et a autant de justice en icelle[14] terre qu'il tient en parage.

XIII. Null[15] gentil homme ne rand coustume ne peage[16] de rien qu'il achatte en sa maison pour son faitiz[17], s'il ne l'achatte pour revandre. Et s'il avoit[18] bestes en sa maison qu'il[19] eüst achattées, et les eüst gardées jour et an, il ne payera coustume[20] ne peage[21] de riens qu'il

1. υ y contribuer.
2. ο s'ils greoint. — π s'il groiet.
3. *Au lieu de* l'aïde ο *porte* s'aïder; — ρ *porte :* sa aïde.
4. υ le.
5. ilz *manque dans* ρ. — ο ilz ne contribueront.
6. *Cf. Cout. de Touraine-Anjou,* § 37, 1er *alinéa; Ét., liv. Ier, ch.* 47, 1er *alinéa.*
7. υ paragoin.
8. ο *porte* à son *au lieu de* au.
9. υ paragoins.
10. *Leçon de* υ. — *Les autres mss.* de.
11. ρ Le homme. — *Cf. Cout. de Touraine-Anjou,* § 37, 2e *alinéa; Ét., liv. Ier, ch.* 47, 2e *alinéa.*
12. et auxi gentilment *manque dans* ρ.
13. ο π *portent :* si *au lieu de :* auxi.
14. ο celle.
15. *Cf. Cout. de Touraine-Anjou,* § 53; *Ét., liv. Ier, ch.* 63.
16. ρ paraige. — υ passage. — ο pennage.
17. *Leçon de* π ο ρ. — υ fait.
18. υ π n'avoit.
19. ο elles.
20. υ coustume de passage de rien. — ρ coustume ne paraige de. — ο coutume de peage de.
21. ο pennage.

achatte[1] ne qu'il vande pour son faitiz[2], comme dit est.

XIV. Quant[3] une terre est eschoitte[4] en main de rachat, si son[5] homme avoit boays qui fut mis en vante, ou commencé à le[6] vandre, il puet continuer[7] à le vandre, sanz[8] faire greigneur marché que le possesseur faisoit.

XV. Gentil[9] homme n'a pas aage de soi[10] combattre, jucques à tant qu'il ayt vingt et ung an passez.

XVI. Si[11] ung roturier appelloit ung gentil homme de cas de crime[12], pour[13] quoy bataille seroit jugée entr'[14] eulx, le gentil homme ne se[15] combattra pas à[16] pié, s'[17]il ne veult; mais si ung gentil homme appelloit ung villain, il se combatroit à[18] pié, si le villain vouldroit.

XVII. Sy[19] gentil homme faisoit sa[20] maison ou son moulin ou son estang, et ung sien homme eüst aucune piecze de terre

1. ρ ait achatté.
2. *Leçon de* π ο ρ. — υ fait.
3. *Cf. Cout. de Touraine-Anjou,* § 55; *Ét., liv. Ier, ch.* 66.
4. ρ cheüe. — υ echue. — π achatée.
5. son *manque dans* υ; — *est remplacé dans* π *par* un.
6. ο les.
7. ο ρ la vente *au lieu de* à le vendre.
8. ο sanz en faire.
9. *Rapprochez Ms. fr.* 14398, *vers la fin, art.* 6, 7, 8 *d'un texte publié sous la rubrique Const. du duc Jean III, dans D. Morice, Mém. pour servir de preuves, t. Ier, col.* 1253; *art.* 4, 5, *du texte publié sous la rubrique Petite Coutume dans D. Morice, Mém. pour servir de preuves, t. II, col.* 1779; *ci-après Règles Cout.,* 2e *série, art.* 4, 5. *Cf. Cout. de Touraine-Anjou,* § 67; *Ét., liv. Ier, ch.* 78.
10. *Leçon de* π. — *Les autres mss.* se.
11. *Cf. Cout. de Touraine-Anjou,* § 75; *Ét., liv. Ier, ch.* 87.
12. υ terme.
13. ρ par.
14. ρ entr'eulx doux, le.
15. se *manque dans* ρ υ.
16. π am pies.
17. s'il ne veult *manque dans* ρ π.
18. π am piés.
19. *Cf. Cout. de Touraine-Anjou,* § 87; *Ét., liv. Ier, ch.* 98. — ο υ Si ung gentil homme.
20. sa *manque dans* π ρ.

qui[1] fust neccessaire à[2] cela faire[3], il l'avroit, donnant eschange suffisant.

XVIII. Gentil[4] homme ne puet donner à ses enffans puixnez de son heritage[5] que le tiers; mais il puet donner[6] ses[7] achats à celui qui luy plera de ses enffans et ses conquestz, si feroit il à ung estrange[8], s'il vouloit : mais s'il avoit fait achatz, qui fussent de son fié, et il les donnast à[9] aultre que à son esné, l'esné les avroit o le my denier payant[10] de[11] ce que son pere avroit poyé. Et si les puixnez demandoint leur[12]

1. π que.
2. ρ à ce le fere.
3. faire *manque dans* υ.
4. *Cf. Cout. de Touraine-Anjou*, § 1er; *Ét., liv. Ier, ch.* 10.

Rapprochez des §§ 18 *et* 19 *ces textes bretons :* Pere et mere pevent donner à leur fille aesnée de leur fié gentil plus ou moins que son advenant en mariage. Pere et mere ne pevent donner de leur heritage sanz la voulenté de leur filz aisné à leurs enffans juveigneurs, s'ilz sont nobles. Si aucun juveigneur desmande de son esné avoir son advenant es biens de ses parentz ou ancesseurs selon la quantité d'iceulx et le nombre des enffans, et ce lui soit adjugié, l'esné doit monstrer où l'on commencera l'advenant en choses nobles; et sera commencé là où il monstrera; et parfornira l'en de prouchain en prouchain au plus pres de là où l'en avra commenczé; et pour ce l'en doit regarder où l'en commencera. (*La fin de cet article dérive évidemment de la Très anc. Cout., art.* 209 *in fine*...), *etc.* (*Ms. fr.* 14398 *vers la fin; art.* 1, 2, 3, 4, 5 *d'un texte publié sous la rubrique Const. du duc Jean III, dans D. Morice, Mém. pour servir de preuves, t. Ier, col.* 1252, 1253; *art.* 1, 2, 3 *du texte publié sous la rubrique Petite Coutume, dans D. Morice, Mém. pour servir de preuves, t. II, col.* 1779; *ci-après Règles Cout.* (2e *série*), *art.* 1er.) *Hévin a cité un de ces articles dans ses notes sur Frain, t. II,* 1684, *p.* 557.

5. φ heritage plus que.
6. ο υ π φ donner de ses.
7. π ses eschez à quel qui. — ρ υ ses achats au quel qu'il luy. — χ ses conquests auquel il lui plaist de ses.
8. υ χ estranger.
9. υ à un autre.
10. χ payant ce qu'avroit payé son pere. Et si.
11. de *manque dans* ρ.
12. ο leurs parties.

partie de leur esné, il leur fera le tiers de la terre par droit. Si[1] c'estoint fiez enterins, l'esné ne[2] fera la foy et garra[3] aux[4] aultres en paraige. Et si ainxin estoit qu'il ne leur baillast[5] fiez enterins, il leur garroit[6] en paraige[7]. Et[8] si

1. χ Si ce n'estoient. — υ si ce n'estoit fés. *Hévin avait sous les yeux cinq ou six mss. portant la leçon :* si ce n'estoient fiefs enterins, l'aisné fera la foy; *mais s'appuyant sur un ms. qui porte* si ce estoient (*nous en pouvons maintenant produire deux*, ο π). *Hévin corrigeait déjà* si c'estoient fiez enterins, l'esné ne fera : *leçon que nous adoptons de notre côté; il invoquait la Cout. de Touraine, art.* 264, 266; *la Cout. du Loudunois, ch.* XXVII, *art.* 9, 12; *la Cout. d'Anjou, art.* 232; *la Cout. du Maine, art.* 249; *celle de Blois, ch.* VI, *art.* 69, *qui disposent que quand l'aisné baille partage à ses puisnez en fief entier et indépendant de la seigneurie qu'il retient, il n'est point tenu de faire la foi et hommage pour ses puisnez et ne les en garantist point par la foy et hommage qu'il fait; c'est en ce cas aux puisnez à s'en acquitter vers le seigneur duquel ils tiennent le fief indépendant et séparé de la seigneurie de l'aisné; mais que s'il leur baille le tiers de sa seigneurie, en ce cas la foi et hommage qu'il fait les acquitte de la faire et garantist en franc parage sous son hommage le tiers des puinez. (Hévin sur Frain, t. II, p.* 556.) *On voit qu'Hévin fait porter la seconde négation* ne *non seulement sur* fera la foy, *mais aussi sur* garira. *Cf. ci-après la note de Laurière sur le passage correspondant d'Ét., liv. I*er*, ch.* 10. *Dans ses Consultations et Observations Hévin, déjà préoccupé de ce passage, le commente et le critique* (*Consult. et Observ., pp.* 517, 522), *sans proposer encore la leçon à laquelle il s'arrêtera plus tard dans ses notes sur Frain.*

2. ne *manque dans* ο π ρ χ υ; — *n'est donné que par* φ. — π *porte :* faira faire et. *Cf. note précédente et ci-dessus t. II, p.* 20, *note* 33 (*variantes citées à la fin de cette note*).

3. φ garira. — ο υ χ esgaillera. — π deseguallera. — ρ gerra (*ou* esgerra).

4. *Leçon de* ρ. — ο les. — π χ φ es.

5. υ π ο bailloit.

6. ο greveroit. — ρ gerroit. — φ χ υ garentiroit. — π grefferoit. *Je restitue* garroit. *Sur la valeur des mots* garantir en parage *voyez Hévin sur Frain, t. II, pp.* 557, 570.

7. υ parage et egaillera. Et.

8. ο π Et s'il estoit ainxin que. — υ Et s'il estoint ainsin que.

ainssi estoit que le frere esné ne[1] fust en tiers, et leur en feïst la tierce partie trop petite, les[2] puixnez ne la prandroient[3] pas, s'ils ne vouloient, ainz remaindroit[4] à[5] l'esné, et les puixnez[6] luy partiroient la terre en deux parties ; et l'esné prandroit[7] celle qu'[8]il vouldroit. Et ainxin a l'esné les[9] dous pars et avra le hebregement en avantage.

XIX. Si[10] gentil homme a suer, et la marie, et[11] luy donne[12] moins que son avenant, celuy qui la prend ne puet aultre demander : mais quant le mari[13] sera mort, elle puet bien[14] demander son droit avenant, si[15] son frere[16] luy eüst poy donné; c'est à dire moins que son advenant.

XX. Null seigneur de ramage ne[17] prand amande de son pro-

1. ο π ne fait. — *Je laisse avec intention ici un passage évidemment corrompu, parce que l'accord des mss. fait supposer que, dès l'origine, ce passage a été ainsi mal copié sur la Coutume de Touraine-Anjou et s'est introduit défiguré en Bretagne. Pour le texte primitif qui seul présente un sens, voyez Cout. de Touraine-Anjou,* § 1er *(présent vol., p. 4), et Ét., liv. Ier, ch.* 10 *(ci-dessus t. II, p.* 21).

2. φ *porte :* ils *au lieu de* les puixnez.

3. *Leçon de* ρ. — *Les autres mss.* prandront.

4. *Leçon de* ρ. — *Les autres mss.* veulent.

5. *Leçon de* ρ. — χ reviendroit. — ο φ reviendront. — π υ reviendroient.

6. ρ *porte :* o *au lieu de* a.

7. π puixnez appartiront la. — ο υ φ puixnez lui partiront la.

8. prandroit *manque dans* χ.

9. χ qui voudroit.

10. *Leçon de* ρ. — χ les deux parts et ainsi l'herbergement. — les dous pars et avra *n'est pas représenté dans les autres mss.*

11. *Cf. Cout. de Touraine-Anjou,* § 2; *Ét., liv. Ier, ch.* 11, 2e §. *J'adopte la leçon de* ρ. — *Les autres mss.* Se ung gentil.

12. υ et il y donne. — π et se donne.

13. ρ frere ainzné *au lieu de* mari.

14. bien *ne se trouve que dans* ρ.

15. si son... advenant *manque dans* ρ.

16. υ frere ne luy eüst point donné.

17. π ne peut avoir amande de son prochain en chief pour deffaute en sa court. — υ ne prend amende de son prochain pour defaillir en la cour. — ο ne prand rien de son prouchain en chieff en sa court.

chain de ramaige en chief pour deffaillir en sa court la premiere fois, s'il ose jurer que ce ne fust en despit de son esné[1]; mais s'[2]il deffault aultre[3] fois, il l'[4] amendera.

XXI. Sy ung gentil homme desadvouoit[5] son seigneur lige d'une journée de terre, et avouoit[6] ung autre seigneur[7], celui[8] seigneur le pourroit vaincre et mettre à fin de[9] la desadvouance devant[10] la suseraine seigneurie. Celui qui l'[11] avra desavoué perdra celle terre[12] et[13] tout le remanant[14] qu'il tendroit de celui seigneur qu'[15]il avroit desavoué; car qui mant la[16] foy pour ung petit, pert[17] le grant; car[18] l'en dit[19] : par le petit pert l'[20]en le grant.

XXII. Si[21] l'adveour n'avoit presenté nullz tesmoings dedans

1. ρ seigneur *au lieu de* esné.
2. s'il *manque dans* ρ.
3. π une aultre.
4. υ amendera *au lieu de* l'amendera.
5. ο desadvoue.
6. π advouroit.
7. seigneur *manque dans* ρ π. — ο une aultre foiz *au lieu de* un autre seigneur.
8. π et cellui.
9. *Leçon de* υ ρ. — π de sa advouance. — ο de s'avouance.
10. ρ avant.
11. υ l'avroit.
12. terre *manque dans* υ.
13. ο *porte* : de *au lieu de* et.
14. υ revenant.
15. υ qui *au lieu de* qu'il.
16. υ *porte :* en *au lieu de* la.
17. ρ doit perdre. — υ perd l'en le.
18. car l'en dit... grant *manque dans* υ π.
19. ρ dit que par.
20. l'en *manque dans* ρ.
21. π Si l'actour n'avoit. — *Cet art.* 22 *semble le commentaire de la règle coutumière suivante :* Quant aucunes parties sont tournées sur clein, l'adveour avra quatre producions à prouver son adveu; et auxi avra en cas d'imformacion et pourra produire sur chascun article de son adveu quinze tesmoigns; et quant les tesmoigns seront publiez, s'il y a sapvour de prouve par la disposi-

les quatre productions, a ill null[1] remede qu'il ne soit vaincu? Oïl[2] : car, s'il veult, il mettra sa[3] partie en chois[4] de loy, et convendra qu'il face le[5] serment[6]. A il aultre remede? Oïl : s'il a lettres[7] pour faire sa prouve, et[8] il les puet presenter[9], il doit estre receü. Posons[10] qu'il a lettres et tesmoings à prouver son aveu, les puet il mettre ensemble? Oïl, s'il veult.

XXIII. Posons[11] qu'il ait lettres et tesmoings[12], et les ait publiez avant bailler ses[13] lettres : peut il amprez[14] bailler ses lettres à faire sa prouve? Nennil, s'il n'a baillé ses lettres avant publicacion.

XXIV. Posons qu'il ait[15] baillé ses lettres à faire sa prouve : peut il amprès[16] bailler tesmoings[17] à prouver son adveu? Nenil[18], si les lettres baillées pour prouve sont publiées et levées et baillées pour prouve.

cion de ceulx, il avra remfors de tesmoigns à remforcer sa dicte prouve, s'il le veult requerre aveneaulment ou greer la publicacion sanz remffortz. (*Bibl. nat., ms. fr.* 14398, *vers la fin du vol., art.* 26, 27 *du texte publié sous la rubrique Constit. du duc Jean III dans D. Morice, Mém. pour servir de preuves, t. I*^er^, *col.* 1255; *art.* 22 *du texte publié sous la rubrique Petite Coutume dans D. Morice, Mém. pour servir de preuves, t. II, col.* 1781.)

1. υ nulle.
2. oïl *manque dans* π.
3. υ la.
4. ρ choucies.
5. le... A il *manque dans* υ.
6. ρ choues.
7. υ lettre.
8. et *manque dans* ρ.
9. υ presenter et estre reçu. — ρ presenter et doibt.
10. *Ces mots* Posons... veult *manquent dans* ρ.
11. *Rapprochez Règles Cout.*, 1re *série, art.* 48.
12. υ tesmoins et fait publier. — π ρ tesmoings ne l'ait.
13. ρ les.
14. π amprès les bailler à faire.
15. υ *porte* a.
16. amprès *manque dans* υ.
17. π ses tesmoinz.
18. ο Nennil, s'il a baillé les lettres pour prouves. — π Nennil, si les lettres sont baillées pour prouve. — υ Nenni, si les lettres baillées pour preuve.

XXV. Posons qu'il dige qu'il ait[1] lettres et[2] ne les eüst présentées avecque les[3] tesmoings : puet l'en excepter contre lui qu'il ne puet presenter tesmoings? Nennil, si les lettres ne seroint publiées avant[4] publication des[5] tesmoings.

XXVI. En action de meuble puet[6] l'en excepter contre[7] les tesmoings de[8] lignage dedens le tiers degré ou pour[9] estre du conseil, ou pour[10] estre personnes infames? Oïl[11]; mes pour estre roturiers, non[12].

XXVII. Et[13] si aulcun a eü[14] ampans[15] sur les tesmoings,

1. ο ρ υ a.
2. ρ υ π et les veult presenter avecques.
3. υ ses.
4. υ avant la publication.
5. ο π *portent :* de.
6. υ peuvent excepter.
7. contre *manque dans* υ ρ.
Cet autre texte breton est en désaccord avec notre article 26 : Et lignage qui passe cousin germain ne deffand pas sellon les establissements à estre tesmoign en cause de meuble; mes il deffand en aultres causes. (*Ms. fr.* 14398, *vers la fin du vol.; art.* 33 *du texte publié sous la rubrique Const. de Jean III, dans D. Morice, Mém. pour servir de preuves, t. I*er*, col.* 1255; *art.* 31 *du texte publié sous la rubrique Petite Coutume, dans D. Morice, Mém. pour servir de preuves, t. II, col.* 1782.)
8. υ π ρ par.
9. ρ par.
10. ρ par.
11. oïl *manque dans* ρ.
12. *Cette règle coutumière bretonne reproduit la même pensée :* Null roturier ou issu de roturiers ne doit estre reçeu à tesmoign en esplet de court, ne sur la personne d'un gentil homme son heritage ou saesine immeuble. Mes il sera bien tesmoing en cause de meuble. (*Bibl. nat., ms. fr.* 14398 *vers la fin du vol.; art.* 31 *du texte publié sous la rubrique Constitution de Jean III, dans D. Morice, Mém. pour servir de preuves, t. I*er*, col.* 1255; *art.* 28 *du texte publié sous la rubrique Petite Coutume dans D. Morice, Mém. pour servir de preuves, t. II, col.* 1781, 1782.)
13. Et *manque dans* ρ. *Cf. Règles cout.* 1re *série, art.* 51.
14. π oy.
15. ρ appens.

et[1] il deffault à dire dessus ès aultres termes où il doit dire dessus ou les[2] greer, ils doivent estre tesmoings en la[3] cause.

XXVIII. Si[4] aulcun deffailloit amprès[5] le clein engigné, et il soit[6] desdiseur, si[7] l'adveour presente tesmoings le[8] jour, ils debvent estre tesmoings. Et ne doit celui qui sera deffaillant estre ouy à[9] dire riens contre les tesmoings qui seroint presentez le jour de la deffaille, par la coustume.

XXIX. Si aulcun est adveour en aucune[10] cause, et deffault es prouchains termes du prouchain clein engigné à pourseuldre son adveu, le jour de la deffaille[11] lui[12] doit valloir production.

XXX. Il[13] est dit que roturiers ne debvent parller sur gentils hommes[14] en cause de heritaige. Lesqueulx sont appellez roturiers? Celui[15] est appellé villain roturier qui demeure soubz la taille son seigneur, ou qui[16] paye convenant, ou[17] ceulx pour la taille poyer.

XXXI. Posons que ung homme soit[18] yssu de noble sang ou lignage et il[19] s'est mis soubz la taille d'aucun : doibt il estre

1. υ est.
2. υ le.
3. ρ sa.
4. *Cf. ci-après Règles Cout.*, 1re *série, art.* 30, *et Très anc. Cout. de Bretagne, art.* 197.
5. amprès *manque dans* υ.
6. υ doit.
7. ο l'adveour s'il presente *au lieu de* si l'adveour presente.
8. υ premier *au lieu de* le jour.
9. à dire *est répété deux fois dans* π.
10. υ une *au lieu de* aucune.
11. π deffaulte.
12. *Leçon de* υ. — π ο lui devroit valloir. — ρ lui vauldra production.
13. *Cet article semble faire allusion à la règle que j'ai citée plus haut sur le* § 26 (*voyez p.* 203, *note* 7).
14. υ gens *au lieu de* hommes.
15. Celui... roturier *manque dans* π.
16. υ qui a convenant en ceux.
17. ou ceulx... poyer *manque dans* π.
18. ρ ait.
19. il *manque dans* ρ. — π il est.

tesmoing? Nenil[1], s'il a demouré soubz la taille cinq ans, car par tant il a renoncé à sa noblesse; et[2] s'il n'a demouré cinq ans, il puet reconcilier sa noblesse, et puet parller sur debat de heritage noble[3].

XXXII. Quant ung aveour presente tesmoings, et le dedisseur[4] excepte contre eulx[5], si les excepcions sont desdictes, à prouver chacune des excepcions, il puet amener XV tesmoings. Quant l'aveour amene[6] tesmoings, et[7] le deffensour excepte encontre et amene tesmoings à les[8] reprouver, doit il estre ouy ne receü? Oïl.

XXXIII. Quant[9] l'aveour veult reprouver celle prouve[10], doit il estre receü? Oïl.

XXXIV. En[11] action de meubles[12] parllent roturiers sur nobles.

XXXV. Qui est vaincu[13] de l'accessoire qui despend[14] du principal, le[15] principal n'[16]a mes point de lieu.

1. *J'adopte la leçon de* o' *qui paraît ici reproduire un autre ms. que* o. — o *porte :* Nenil, s'il n'a demouré soubz la taille cinq anz, il puet. — π Nanil, s'il demeure soubz la taille cinque anz, il peut reconcilier à noblesce. — υ Nenni, s'il a demeuré sous la taille cinq ans, il peut reconcilier.

2. ρ et ne puet.

3. noble *manque dans* ρ.

4. υ deffailleur.

5. eulx *manque dans* o.

6. υ mene.

7. et le... tesmoings *ne se trouve que dans* ρ.

8. υ le.

9. *Ce § manque dans* υ.

10. ρ prouve, le deffenseour doit il.

11. π Et en.

12. ρ meuble.

13. ρ vaincu du principal qui. — υ vaincu des accessoires qui dependent du. — *La même règle figure dans un texte publié sous la rubrique Const. du duc Jean III, dans D. Morice, Mém. pour servir de preuves, t. Ier, col.* 1256, *art.* 43, *et dans le texte publié sous la rubrique Petite Cout., art.* 39 *in fine, Ibid., t. II, col.* 1782.

14. o despart.

15. *Ces mots* le principal *ne sont fournis que par* ρ.

16. π n'aient point de. — υ n'a jamais de.

XXXVI. Quant[1] ung tutour est baillé à ung enffant, et l'on veult faire[2] demende vers[3] luy des choses dont le pere au mineur mourit vestu[4] et saesy, le tutour ne respondra pas jucques à[5] tant que l'enfant ait[6] aage. Quand[7] il vendra en aage, si fera la demende vers l'enffant. Et si aucunes choses sont occupées au[8] temps du tutour, il est tenu à[9] faire restitucion à l'enfant quand il vendra en aage, car tutour ne[10] curatour ne sont donnez que pour le prouffit du mineur ; pour le dommaige, non.

XXXVII. Amprès vingt anz et ung jour enffans[11] sont en aage.

1. *Rapprochez cet autre texte breton :*

De saesine au mineur.

Enfant noble vandra à la saesine ou son garde pour lui de ce dont ses parentz ou ceulx de qui il a cause, s'ilz sont nobles et en mourirent saesiz et vestuz paesiblement ; et ne repondra pas sa garde auxi desdictes choses et saesines, jucques à tant qu'il ayt son dit aige acomply. Si les choses audit enffant sont occupées ou temps de son tuteur ou curateur, ilz sont tenuz de lui faire restitution, quand il vandra en aige et de lui rendre compte de ses biens et levées, car ilz sont tenuz à les garder et faire son prouffit, non pas son dommaige. (1re *partie de l'art.* 6 *du texte publié sous la rubrique Petite Coutume, dans D. Morice, Mém. pour servir de preuves, t. II, col.* 1779, *sous la rubrique Const. de Jean III, Ibid., t. Ier, col.* 1253, *art.* 9 ; *ci-après Règles Cout.* (2e *série*), *art.* 5 ; *Bibl. nat., ms. fr.* 14398, *vers la fin du vol. Rapprochez Coutume de Touraine-Anjou*, § 67 ; *Ét., liv. Ier, ch.* 78.)

2. ρ demander *au lieu de* faire demande.

3. ρ à.

4. o saesy et vestu *au lieu de* vestu et saesy.

5. à tant que *manque dans* ρ. — à tant *manque dans* υ.

6. υ ait l'age. Et quand.

7. Quand... aage *manque dans* π. — ρ Quand l'enfant avra age.

8. o en.

9. à *manque dans* ρ.

10. ρ et.

11. ρ est fant à aage. — *Voyez la même majorité dans Cout. de Touraine-Anjou,* § 67 ; *Ét., liv. Ier, ch.* 78.

XXXVIII. La seur ne[1] vandra pas en sa vie à son frere à[2] luy faire foy ne à ceulx qui descendront de lui de fié gentil, mais au suserain seigneur; mais ses hoirs amprès[3] luy le feront.

XXXIX. Quelle maniere de boays puet une douairere coupper en son douaire? Toute maniere de boays revenant, sans coupper null[4] boays qui porte fruit, ne null boays ancien.

XL. Si ung[5] gentil homme marie sa fille o[6] du meuble[7] tant seulement, savoir[8] mon si, amprès la mort de son pere, elle[9] avroit son advenant en l'heritaige, rapportant icelui meuble[10]? Oïl[11] : mes si elle tenoit aucune[12] partie[13] de l'heritage, elle ne doit pas[14] avoir, si le pere ne lui a reservé son advenant, si[15] n'est de la voulenté à l'esné.

XLI. Celui qui s'[16]applege doit il bailler par escript son plegement[17] par coustume? Oïl. Il le[18] doit bailler aveneaulment

1. ο ne obeïra asterie à. — φ n'obeïra pas. — *Rapprochez cette règle coutumière* : La suer ne ses hoirs ne vont pas à leur aisné de son fié noble; mes au susserain seigneur, mes ses hoirs le font de ramage. (*Bibl. nat., ms. fr.* 14398, *vers la fin du volume; D. Morice, Mém. pour servir de preuves, t. Ier, col.* 1252, 1253; *t. II, col.* 1779, *ci-après, Règles Cout.* (2e *série*), *art.* 2.)

2. à luy faire foy *n'a été conservé que par* ο.

3. amprès luy *ne se trouve que dans* ο.

4. π nul boais encien, ne boais qui porte fruit (*fin du* §).

5. ung *ne se trouve que dans* ρ.

6. ο *manque dans* ρ. — π o meuble.

7. υ mobile.

8. savoir mon si *manque dans* φ. — υ sçavoir moust après.

9. *Tous les mss., sauf* υ, si elle.

10. υ mobile.

11. oïl *manque dans* φ.

12. φ une.

13. partie *manque dans* π.

14. υ plus.

15. π s'il n'est.

16. *Leçon de* π. — ο ρ υ se plege.

17. *Leçon de* ο π. — υ plegement par coutume? Oui, il doit bailler plegement par coutume avant. — ρ plegement aveneaulment avant.

18. le *ne se trouve que dans* π.

avant les termes, c'est assavoir troys jours[1] ou plus en accion de meuble et de ouyt jours en fait de heritaige.

XLII. Quant ung[2] homme presente à[3] tesmoing un bastard qui luy est ou tiers ou ou quart degré, comme ung aultre doit il parller? Il[4] ne doit pas estre reffusé, si aultre achaison n'y a que de[5] lignage.

XLIII. Ung cousin germain[6] d'ung mort de deux costez; et ung aultre qui n'est que d'ung costé dit: « mon cousin germain est mort sans hoir[7] de son corps et a acquis[8] heritaige d'estrange[9] ligne, je vueil avoir la moitié de ses conquests; » l'aultre qui est cousin de deux costez[10], dit: « je suis cousin de deux costez; vous n'[11]estes que d'ung costé. » Que doit l'en juger? Celui cousin[12] de[13] deux costez avra les deux partz, et l'aultre d'[14]ung costé, le tiers: si celui mort fust viff et vandroit de ses conquests d'estrange ligne, il y[15] avroit premesse; chacun[16] doit succéder, c'est assavoir les deux parts au cousin[17] de deux costez et le tiers à l'aultre.

XLIV. Quant ung homme fait demande d'un autre[18], et est

1. *Leçon de* o. — π jours avant ou plus (*fin du* §). — υ jours ou plus (*fin du* §). — ρ jours ou plus sellont la coustume.
2. ung *manque dans* π.
3. à *manque dans* υ π.
4. ρ υ Il n'est (υ n'est pas) reffusé.
5. ρ le.
6. π germain du mort.
7. υ hoirs.
8. υ conquis.
9. ρ estrange *au lieu de* d'estrange.
10. costez *manque dans* υ.
11. o ρ n'estes pas que.
12. cousin *manque dans* ρ.
13. *Leçon de* o π. — *Les autres mss.* des.
14. d'ung costé *manque dans* ρ. — π d'ung costé avra le.
15. y *manque dans* ρ υ.
16. o ρ et chascun.
17. π cousin germain de.
18. υ autre souvenance, soit de.

sourannée[1], soit de meuble, ou de heritaige, il puet troys fois[2] mander exoine ou se exoiner; et an droit, et en chacune exoine exprimer[3] sa[4] demende. Et[5] sur la tierce exoine doit l'en juger[6] venir ou envoier sur les deux exoines mandées en querelle, et doit exprimer en chacune exoine et an droit.

XLV. Qui demande terme de parller en sa deffense retarde[7] ses aultres demandes[8] en sa sieulte, jucques aux aultres termes ensuyvantz, par la coustume.

XLVI. Si[9] aulcun mandoit[10] exoine à la court d'[11]aultrui maladie, il doit venir aux[12] prouchains termes pour affermer l'exoine; ou aultrement doit estre convertie l'[13]exoine en deffaille.

XLVII. Quant aucun fait demende vers[14] ung autre, soit de meuble ou de heritage, s'il prand rien de fait qui soit en[15] la saesine au[16] deffanseur, le[17] deffanseur puet[18] excepter contre lui qu'il n'est pas tenu à lui respondre, ne de proceder envers lui sur[19] le principal qu'il ne soit premier et avant restitué en

1. ο sourannele.
2. fois *manque dans* υ.
3. ρ dire.
4. π la.
5. π Sur *au lieu de* Et sur.
6. juger *manque dans* ο π.
7. ρ il retarde.
8. υ demandes ensuites.
9. *Const. de Jean V, art.* 8, *dans D. Morice, Mém. pour servir de preuves, t. II, col.* 758.
10. ρ demanderoit. — υ demandoit. — π mande.
11. d'aultrui *manque dans* ο *qui porte :* par maladie. — υ d'autrui maladre.
12. υ ο π es.
13. *Les mots* l'exoine *manquent dans* ρ ; — *sont reportés dans* υ *avant* doit.
14. υ pour *au lieu de* vers.
15. ο *porte :* de *au lieu de* en.
16. π du.
17. *Les mots* le deffanseur *manquent dans* ο. — π le deffandour il peut.
18. ο puet l'en excepter.
19. υ pour *au lieu de* sur.

saesine; et[1] est l'excepcion raisonnable appellée[2] excepcion de despeuille[3].

XLVIII. Posons que l'aveour lui desdit[4] la saesine[5] : le deffanseur[6] avra[7] il quatre[8] producions à faire sa prouve? Nenil[9] : ainz doit faire sa prouve dedanz XVII jours amprès que le clein sera engigné. Et s'il ne fait sa prouve dedanz icelui[10] temps, il est hors de sa despueille[11] : et s'il [le][12] veult requerre, doit[13] la court lui[14] bailler commissaire devant[15] qui il face sa prouve dedanz iceluy temps.

XLIX. Posons[16] qu'il[17] trouve deux tesmoings de son adveu,

1. et *manque dans* o. — π et l'exception est raisonnable.
2. appellée excepcion *manque dans* o π. — υ appellée l'exception.
3. *Par allusion au principe ainsi formulé :* Spoliatus ante omnia restituatur. *Cf. ci-dessus t. Ier, pp.* 113, 114.
4. π l'actour. — ρ l'autour. — υ l'auteur.
5. υ denie sa saisine.
6. π deffandour.
7. ρ avra le.
8. avra il *manque ici dans* ρ. — υ avra quatre.
9. Nenil *manque dans* υ. — *La règle suivante n'est donc pas applicable :* Quant aucunes parties sont tournées sur clein, l'adveour avra quatre producions à prouver son adveu : et auxi avra en cas d'informacion. (*Ms. fr.* 14398, *vers la fin du vol.; art.* 26 *du texte publié sous la rubrique Const. du duc Jean III, dans D. Morice, Mém., t. Ier, col.* 1255; *art.* 22 *du texte publié sous la rubrique Pet. Cout., Ibid., t. II, col* 1781.)
10. υ icelui terme de se depouille.
11. *C'est-à-dire qu'il perd l'exception de* dépouille; *voyez sur cette exception l'art.* 47 *et la note* 3 *ci-dessus. La décision de notre art.* 48 *est conforme à l'art.* 25 *d'un texte publié comme Ord. de Jean V, dans D. Morice, Mém. pour servir de preuves, t. II, col.* 1160.
12. *Je supplée* le *qui manque partout.*
13. *Leçon de* ρ. — *Les autres mss.* droit.
14. *Leçon de* ρ. — o υ lui doit bailler. — π lui est tenu de bailler.
15. υ devant qu'il y fasse.
16. *Ceci est conforme à une règle ainsi conçue :* En fait pruvé fault trois tesmoings à faire pleniere prouve, ou deux au moins o le serament de la partie, par coustume. (*Art.* 29 *du texte publié sous la rubrique Const. de Jean III, dans D. Morice, Mém., t. Ier,*

et dit que, jurant, que son adveu est vray[1], avecques le record de[2] deux tesmoings qu'il a trouvé de son adveu : peut l'en dire que par[3] tant il ayt[4] prouvé? Oïl.

L. Posons qu'il prouve son adveu : il sera restitué de[5] ce dont il avra[6] esté despueillé, avant entrer en[7] cause, s'[8]il puet estre trouvé : et[9] s'il ne puet estre trouvé, il sera restitué de la value de la chose[10].

col. 1255; *art.* 25 *du texte publié sous la rubrique Petite Cout., Ibid., t. II, col.* 1781; *cf. Bibl. nat., ms. fr.* 14398, *vers la fin du volume.*) — 17. υ il est trouvé.

1. υ graié. — π voir.
2. υ des.
3. υ partout il est prouvé.
4. π est est (*sic*) *au lieu de* ayt.
5. *Leçon de* ρ υ. — π de ce que dont. — ο de la chose dont.
6. υ a.
7. ο en sa cause.
8. s'il puet estre trouvé *manque dans* π.
9. et *manque dans* υ.
10. ρ cause *au lieu de* chose. — ο *ajoute :* etc. Explicit l'assise au comte Gieffroy. Deo gracias. (*Cet explicit n'est point justifié : c'est une erreur matérielle.*)

AVERTISSEMENT.

Ces *Règles coutumières* (1re *série*) semblent dater du xve siècle. La parenté directe ou indirecte avec la Coutume de Touraine-Anjou est souvent certaine; je l'ai signalée dans les notes. L'auteur paraît aussi avoir utilisé, entre autres textes, soit les *Règles coutumières* (2e *série*), publiées en partie ci-après, soit un texte voisin. Voyez plus loin p. 216, n. 5; p. 222, notes 1, 2.

Cf. ci-dessus t. Ier, pp. 306, 307, 432.

---

2. *RÈGLES COUTUMIÈRES* (1re *série*).

I. Nota[1] que gentil homme peut donner à sa fille plus grant mariage que avenent. Et s'il lui donne moins que avenent, si ne peut elle retourner à la freresche.

II. Nota[2] que gentil famme peut pledoier pour son douaire en la court de Sainte Église, s'il luy plaist.

III. Nota[3] que toutes eschaetes qui adviennent à freres gentils d'empuix la mort du pere sont à l'aisné, s'ils ne sont du pere, ou mere, ou aieul, ou aieulle, que l'on appelle eschaetes droites.

IV. Nota[4] que si gentil famme est mariée à villain coustumier, les enfans qui ystront d'eulx deux avront ou fié de vers leur mere autant l'un comme l'autre, s'il n'y a foy à faire ; ou quel cas l'aisné la fera et avra le herbergement, s'il y est, et une chesé ; et s'il n'y a herbergement, ne chesé, il avra du fié à l'avenent ; et en ceste maniere sera tousjours departi, jusques à ce qu'il descende à la tierce foy ; et par après tousjours gentillement, ou ne se departira mye.

V. Nota[5] que nul ne peut aulmosner ne donner son heritaige à l'Église, sans la volunté et consentement du seigneur de qui l'heritaige est tenue.

VI. Nota[6] que s'il meschet tant à famme que elle tue son enffant, elle ne sera pas arse pour le premier, et la doit justice rendre à Sainte Église.

1. *Plusieurs articles sont résumés en marge dans σ ; ces résumés doivent dater du XVIII*[e] *s. ; je ne les reproduis pas. De cet art.* 1er *rapprochez Cout. de Touraine-Anjou,* § 2 ; *Ét., liv. I*[er], *ch.* 11.

2. *Cf. Cout. de Touraine-Anjou,* § 11 ; *Ét., liv. I*[er], *ch.* 20 ; *prét. ord. de Jean II, art.* 4 ; *ci-après, art.* 45.

3. *Cf. Cout. de Touraine-Anjou,* § 14 ; *Ét., liv. I*[er], *ch.* 23 ; *prét. ord. de Jean II, art.* 6.

4. *Cf. Cout. de Touraine-Anjou,* § 16 ; *Ét., liv. I*[er], *ch.* 25.

5. *Cf. Cout. de Touraine-Anjou,* § 118 ; *Ét., liv. I*[er], *ch.* 129.

6. *Cf. Cout. de Touraine-Anjou,* § 29 ; *Ét., liv. I*[er], *ch.* 39.

VII. Nota[1] que baron ne peut establir coustume en sa terre sans le consentement de ses vavasseurs; ne aussi le roy[2] les mettre ne establir en la terre au baron, sans le consentement du baron.

VIII. Nota[3] que nul vavasseur ne doit faire forban; ne ne peut à homme forjurer chastelenie, sans le consentement du baron en quelle chastellenie il est; et si il le fait, il en perdra sa justice.

IX. Nota[4] que justice laye, par le commandement de la justice d'Église, peut destraindre ung homme qui a esté excommunié par XL jours, par prendre sa terre, et levées d'icelle, et doit tenir toute sa terre en sa main tant qu'il soit absolz; et, luy absolz, il payera IX lb., scavoir LX s. à la justice seculiere, et VI lb. à la justice d'Église; quels VI lb. seront poiez à la justice d'Église par la main de la justice seculière.

X. Nota[5] que si le bastard vendoit de son heritaige, ses freres ou cousins, ou autre lignage, excepté ses enfans faits en loail mariage, n'y avront premesse.

XI. Nota[6] que si bastard meurt sans hoir de son corps procreé en loial mariage, ses heritages seront ez seigneurs de qui elles sont tenues.

XII. Nota que si bastard meurt qui ait heritages, sa femme, s'il est marié, avra son douaire dessus; et puis, elle morte, les seigneurs de qui les heritages seront tenues avront iceulx heritages que elle tenoit à douaire.

1. *Cf. Cout. de Touraine-Anjou,* § 17; *Ét., liv. Ier, ch.* 26.

2. *Sur ce mot le copiste de σ a fait, au XVIIIe s., cette observation que la critique des sources vient amplement justifier :* Ce terme ferait juger que cet article est postérieur au mariage de la reine Anne; mais ces articles sont bien plus anciens.

3. *Cf. Cout. de Touraine-Anjou,* § 24; *Ét., liv. Ier, ch.* 34.

4. *Cf. Cout. de Touraine-Anjou,* § 116; *Ét., liv. Ier, ch.* 127.

5. *Cf. Cout. de Touraine-Anjou,* § 91; *Ét., liv. Ier, ch.* 102; *ci-après art.* 47.

6. *Cf. pour cet art. et le suivant Cout. de Touraine-Anjou,* § 90; *Ét., liv. Ier, ch.* 101.

XIII. Nota[1] que si ung homme lige veut apeller son seigneur lige de traïson, et il n'offre à deffendre, il pert son fié.

XIV. Nota[2] que homme qui dement son seigneur ou met mains malicieusement en luy ou en son alloué, ou fils, ou son messaiger, ou luy escout sa proye, ou pesche ses estangs, ou prant ses connins[3] ez garaines, ou couche o sa famme, ou sa fille pucelle, pert ce qu'il tient de luy, s'il est prouvé.

XV. Nota[4] que seigneur qui baille à son homme subget pucelle à garder, soit ladite pucelle du lignage du seigneur ou d'aultre, s'il la depucelle, ja soit que soit de la volunté d'elle, il perdra ce qu'il tient du seigneur; et si c'est par force, il sera pendu.

XVI. Nota[5] que de plainte ne cause de juiffs, soit en action ou deffense, la court ne descent, mais en est la congnoessance au prince et barons; et avront les meubles au juiff, sçavoir celi en qui juridicion[6] il sera.

XVII[7]. Ensuist la declaracion des renunciacions que les notaires doivent mettre ez contrats et obligacions :

Quant une famme s'oblige pour ung autre, et elle ne renunce au droit de Velleien[8], l'obligacion est nulle; et pour tant en ce cas convient mettre ladite renunciation de Velleien.

Quant elle s'oblige pour son mary, neantmoins que elle ait renuncié au droit Velleien, l'obligacion ne vault rien, si expressement elle ne renunce à l'autentique *Si*[9] *qua mulier*.

Quant deux ou plusieurs s'obligent l'un pour l'autre, et chacun pour le tout, sans division de personne ne de biens, il convient qu'ils renuncent à l'epistolle[10] de div. Adrien, et à

1. *Cf. Cout. de Touraine-Anjou*, § 42; *Ét., liv. Ier, ch.* 52.
2. *Cf. Cout. de Touraine-Anjou*, § 44; *Ét., liv. Ier, ch.* 54.
3. σ connis.
4. *Cf. Cout. de Touraine-Anjou*, § 45; *Ét., liv. Ier, ch.* 55.
5. *Cf. Cout. de Touraine-Anjou*, §§ 121, 122; *Ét., liv. Ier, ch.* 132, 133.
6. σ jurdicion.
7. *J'ajoute ce numéro qui manque dans* σ.
8. *Voy. Dig.*, XVI, I; *Code*, IV, XXIX.
9. *Code de Justinien*, IV, XXIX, *Auth.* Si qua mulier *sous l.* 22.
10. *Voyez Inst. de Justinien*, III, XX, 4 (*Cf. Gaius, Inst.*, III, 121).

l'autentique *De*[1] *duobus reis stipulandi et promittendi;* car aultrement ils ne sont tenus chacun que pour sa porcion.

Quant deux ou plusieurs s'obligent l'un pour l'autre, et chacun pour le tout, neantmoins qu'ils aient renuncé à l'autentique *De duobus reis stipulandi et promittendi* et l'epistolle de div. Adrien, ils ne seront tenus que chacun pour sa porcion, si expressement ils ne renuncent à l'autentique *Hoc*[2] *ita*, qui dit que quant deux ou plusieurs s'obligent l'un pour l'autre et chacun pour le tout, et qu'ils ont renuncé ez renunciacions susdites, ce neantmoins, s'ils sont tous deux nés et solvables, chacun ne poira que pour sa porcion, si à ce n'ont expressement renuncé. Et ainsi à ce est appropriée l'autentique *Hoc ita.*

Quant deux pleges s'obligent pour ung principal obligé, neantmoins que les deux pleges se sont obligez l'un pour l'autre et chacun pour le tout, et qu'ils aient renuncé à l'autentique *De duobus reis* et à l'epistolle divi Adrien, à l'autentique *Hoc ita*, si expressement ils ne renuncent à l'autentique *Presente*[3], l'obligacion n'est pas bonne. Et dit l'autentique *Presente* que, neantmoins les choses dessus dites, s'il y a ung des pleges qui soit absent et hors la jur[i]dicion, il sera baillé temps à celi plege qui est present de convenu[4], de amener son compaignon et plege ; quel temps sera arbitré par le juge.

XVIII. Doctrine et enseignement pour departir les meubles entre deux enffans qui sont de deux mariages, et le pere ou la mere, et le survivant du derrein mariage ; et est de maistre Pierre de l'Hospital[5] autreffois president de Bretaigne et seneschal de Rennes :

1. *Voyez Code de Just.*, VIII, XL; *Nov.* 99.
2. *Code de Justinien,* VIII, XL, *Auth.* Hoc ita *sous l.* 2.
3. *Code de Justinien,* VIII, XLI, *Auth.* Præsente *sous l.* 3.
4. *Je ne cherche pas à corriger ces mots* de convenu *qui me paraissent une traduction manquée du mot* conveniendum *de l'authentique* Præsente.
5. *En marge de σ* : Il mourut en 1444 et estoit seneschal de Rennes dez l'année 1410. Voiez l'histoire de Bretagne, t. II. *J'ajoute que ce même personnage avait donné la mesure de la lieue, à savoir :* corde contenante seix vigntz piez assise par seix vigntz

Les biens meubles doivent estre departis entre lesdits freres et le pere ou la mere du derrain mariage quel sourvivant, en la maniere qui en suit : sçavoir est que les biens meubles doivent estre mis en deux lots, en chacun une moitié, de quoy les enfans et le sourvivant du derrein mariage doivent avoir une desdites moitiez, de laquelle les enfans du derrain mariage avront le tiers et le parsur demourera au sourvivant; et l'autre moitié sera departie teste à teste entre les enfans des deux mariages, autant à l'ung que à l'autre.

Et pour monstrer clerement que ainsi se doist faire, il est vroy que s'il n'y eüst enfans du derroin mariage, le sourvivant eüst la moitié des meubles; et ainsi ce que moins en prant le sourvivant, doit estre au prouffit de ses enfans qu'est le tiers de la moitié, comme dit est; et l'autre moitié s'étoit aux enfans à departir teste à teste, *ut supra.*

Et, à le remonstrer par exemple : si les meubles se montent XII livres, la moitié sera VI lb. en prenant les enffans du derrain mariage XL s. qui est le tiers d'icelle somme de VI lb.; le parsur qui est IV lb. et qui est le tiers de tous les XII lb. appartient au sourvivant au regard des enffans du derrain mariage; et en l'autre moitié ont les enffans du premier mariage auxi grant droit comme celx du derrain mariage, et ainsi se doivent departir teste à teste, comme dit est.

Et au regard de l'autre moitié, les enfans des deux mariages ont aussi grand droit les ungs comme les autres, et departiront *ut supra.*

Vel sic : Posons que une famme a eü deux enffans de son premier mari. Elle est decedée, *relicto secundo marito, superstite cum heredibus tam primi quam secundi matrimonii,* comant sera fait le partaige des meubles? *Dato* que les premiers

foiz. (*Bibl. nat., ms. fr.* 14398 *vers la fin du vol.*) *Il règne encore aujourd'hui en Bretagne un vague et une incertitude singulières sur la valeur du mot* lieue : *quiconque a voyagé à pied dans certaines parties de la Bretagne en sait quelque chose : la décision de maistre Pierre de l'Hospital n'a pas fait disparaître, comme il l'espérait, le* doubte de la grandeur et mesure de la leue pour la diversité qui en puet estre. (*Ibid.*) *Joignez ci-dessus t. Ier, pp.* 306, 307.

eurent leur droit après le deceis de leur pere, le derrain pere avra son tiers, et puis, sur les deux pars, les derrains enffans avront un sixte, et le sourplus sera divisé entr' elx teste à teste. *Vel aliter :* Le tiers à la mere, le tiers aux hoirs du second mariage, et l'autre tiers à tous. *Vel aliter :* Le tiers à la mere; sur les deux autres tiers, les enfans du second mariage prendront un sexte; et puis le parsur à tous les enffans teste à teste.

XIX[1]. Ung arpent de terre de pré ou vigne tient cent pieds de long et autant de travers. L'arpent tient quatre quarterons. Mais les saiges[2] de l'an M CCC XXIII regarderent et accorderent que de vigne l'en povoit mettre VI^xx pieds de long et autant de leisse pour aucunes necessitez qu'ils virent ez vignes; et cette coustume tient en Anjou, ou Maine et Poytou.

XX[3]. Si gentil homme a esté fait chevalier de l'assentement de son pere, il avra la tierce partie de l'heritaige au pere, s'il luy plaist.

Les art. XXI (σ 19), XXII (σ 21; il n'y a pas de numéro 20), XXIII (σ 22) à XXIX ne sont pas transcrits dans σ; le copiste se contente de renvoyer aux art. VI, VIII, X, XI, peut-être XII, XIII, XVIII, XXI, XLII (?), XLIII de l'*Ordonnance de Jean II* (*o' Assise au conte Gieffroy*). Je ne reproduis donc pas ces articles, puisque je n'aurais qu'à reprendre ceux de la prétendue *Ord. de Jean II* sans aucun changement.

XXX. Quant il y a eü plet entre parties et clein engigné[4], et l'on est adjourné selon esplets et proceix et en reprinse, si la partie adjournée deffault au temps, ce neantmoins, l'autre partie pourra produire tesmoings; et vauldra, neantmoins que par l'adjournement ne soit dit qu'il soit adjourné à voir donner tesmoings.

1. *Cet art. est numéroté* 17 *dans* σ.
2. *En marge de* σ *cette note du* XVIIIe *s. :* On veut peut-estre parler de Mahé, Copu et Treal qui firent la très ancienne coustume; et cela fixeroit le temps de ceste coustume. *Cf. ci-dessus t. Ier, p.* 301.
3. *Cet art. est numéroté* 18 *dans* σ. — *Cf. Cout. de Touraine-Anjou,* § 12; *Ét., liv. Ier, ch.* 21; *prétendue ord. de Jean II, art.* 5.
4. σ croie. *Je corrige :* engigné. *Cf. prét. ord. de Jean II, art.* 28. *Cf. Très anc. Cout., art.* 197.

Les art. xxxi à xxxvi incl. ne sont pas transcrits dans σ : le copiste se contente de renvoyer aux art. xxii, xxiii, xxiv, xxviii, xxxi, xlii de l'*Ordonnance de Jean II* (o' *Assise au conte Gieffroy*). Je ne reproduis donc pas ces articles, puisque je n'aurais qu'à reprendre la prétendue *Ord. de Jean II*, sans aucun changement.

xxxvii. Nota[1] que les trouvailles d'or et d'argent sont aux barons et autres nobles qui ont justice en leurs terres, posé qu'ils y soient trouvées.

xxxviii. Nota[2] que homme qui emble à son seigneur, puix qu'il est de son pain et vin, est pendable, car c'est traïson; et celi à qui le meffait est fait le doit prendre, s'il a vayrie en sa terre.

xxxix. Nota[3] : qui deffault au jour qu'il doit donner cheff respons, est vaincu o le serment de sa partie.

xl. Nota[4], que si gentil homme qui ait pere et mere, aieul ou aieulle, ou aucun d'icelx se marie et meurt avant sa femme, et il n'ait nuls hoirs d'elle, sa femme sera endouairée ez eschaites de pere, mere, aieul ou aieulle, après leur deceix.

xli. Nota que si quelque seigneur donnoit aucune chose à quelqu'ung pour lui et ses heritiers, après le deceix du mari donnant, la famme de lui n'avra douaire en la chose donnée.

xlii. Nota[5] que nul homme ne puet avoir four à ban où il puisse contraindre ses hommes à cuire à ban, s'il n'a bourg ou partie de bourg.

xliii. Nota[6], que gentil homme tient sa vie durant ce que lui a esté donné en mariage à la porte du moustier, pour ce que sa femme fust pucelle et qu'il en ait eü enfant.

1. *Cf. Cout. de Touraine-Anjou*, § 83; *Ét., liv. Ier, ch.* 94.
2. *Cf. Cout. de Touraine-Anjou*, § 23; *Ét., liv. Ier, ch.* 33.
3. *Cf. texte publié sous la rubrique Const. de Jean III, art.* 39, *dans D. Morice, Mém. pour servir de preuves, t. Ier, col.* 1256, *et texte publié sous la rubrique Petite Coutume, art.* 36, *Ibid., t. II, col.* 1782.
4. *Cf. prét. ord. de Jean II, art.* 6; *Cout. de Touraine-Anjou*, § 13; *Ét., liv. Ier, ch.* 22.
5. *Cf. Cout. de Touraine-Anjou*, § 102; *Ét., liv. Ier, ch.* 113.
6. *Cf. Cout. de Touraine-Anjou*, § 4; *Ét., liv. Ier, ch.* 13.

XLIV. Nota[1] que gentil famme prouvée d'avoir eü enffant avant estre mariée pert son droit heritel.

XLV. Nota[2] que gentil homme peut pledoier par court d'Église de son mariage lui donné et prouvé à la porte de l'Église.

XLVI. Nota[3] que toutes les choses qui sont en main de justice vallent autant que si elles estoient monstrées.

XLVII. Nota[4] que les freres d'ung bastard n'ont point de premesse ez aquets dudit bastard.

XLVIII. Nota[5] que en publicacion l'en peut publier lettres et tesmoings, mais après avoir publié l'un, l'on ne peut publier l'autre.

XLIX. Nota[6] que le roturier subget qui met mains en son seigneur doit perdre le pouain, si le seigneur ne l'avoit premier frapé.

L. Nota[7] que gentil famme, combien que elle prenne ez meubles, si ne mect elle rien en l'aumosne son seigneur.

LI. Nota[8] que en actions de meubles roturiers parleront sur nobles personnes.

LII. Nota[9] que les meubles d'ung usurier prouvé sont au seigneur en qui jur[i]dicion il est.

LIII. Nota[10] que si aulcun estoit fait chevalier et ne fust pas gentil homme de vers son pere, neantmoins que sa mere fust gentil famme[11], et ne le pourroit pas estre, et pourroit le roy ou

1. *Cf. Cout. de Touraine-Anjou,* § 5; *Ét., liv. I*er*, ch.* 14.

2. *Cf. Cout. de Touraine-Anjou,* § 11; *Ét., liv. I*er*, ch.* 20; *plus haut, art.* 2.

3. *Cf. Cout. de Touraine-Anjou,* § 62; *Ét., liv. I*er*, ch.* 73.

4. *Cf. Cout. de Touraine-Anjou,* § 91; *Ét., liv. I*er*, ch.* 102; *ci-dessus art.* 10.

5. *Comparez ord. de Jean II, art.* 23.

6. *Cf. Cout. de Touraine-Anjou,* § 145; *Ét., liv. I*er*, ch.* 156.

7. *Cf. Cout. de Touraine-Anjou,* § 8; *Ét.. liv. I*er*, ch.* 17.

8. *Cf. Ord. de Jean II, art.* 26; *Pet. Cout., art.* 28, *dans D. Morice, Mém. pour servir de preuves, t. II, col.* 1781, 1782.

9. *Cf. Cout. de Touraine-Anjou,* § 79; *Ét., liv. I*er*, ch.* 91.

10. *Cf. Cout. de Touraine-Anjou,* § 123; *Ét., liv. I*er*, ch.* 134.

11. σ fammes. *Je corrige :* famme.

le seigneur en qui juridicion il seroit, lui prendre ou faire prendre ses esperons, et iceulx mettre sur un femier, et seroint ses meubles au seigneur en qui seigneurie il seroit; car il n'est mie saige qui cuide que famme franchisse homme : mais homme franchist bien la famme, car si ung homme de grant lignaige prenoit la fille à ung villain, les enffans pourront estre chevaliers.

LIV. Nota[1] que si gentil homme marie sa fille, ou la mere, si elle ne avoit pere, ou son frere germain qui avroit povair de la marier, et ung d'eulx dist à la porte du moustier : « je vous donne certe damoiselle et tant de terre avec elle, » et en ce mariage eüssent enffans, puix le mari mourust, et elle se remariast, et pareillement eüst enffans du second, les enfans du second mariage n'avroint aucun droit en le heritage de la mere donné à la porte du moustier.

LV. Nota[2] que nulle dame coustumiere n'a responce en court laye puys que elle est mariée, sans l'auctorité de son seigneur; si ce n'est de folie de son corps; mais qui lui avroit dit injures, ou l'avroit battue, elle en avroit responce sans son seigneur : et aussi si elle estoit marchande, avroit elle responce sans son seigneur de ses marchandises baillées.

LVI. Nota[3] que, si aucun homme appelloit ung autre *larron*, ou une femme *putain*, ou lui disoit aultre desloyalle, et l'injurié en demandast raison à justice, s'il n'y avoit prouve et le malfaicteur jurast ne l'avoir dit, il s'en iroit quitte; et s'il ne juroit, il payeroit LX s. à la justice et C s. I d. au plaintiff.

LVII. Nota[4] que les seneschaulx doivent faire residence en leurs seneschaussies et ne doibvent manger avec leurs subgets.

1. *Cf. Cout. de Touraine-Anjou*, § 108; *Ét., liv. Ier, ch.* 119.
2. *Cf. Cout. de Touraine-Anjou*, § 142; *Ét., liv. Ier, ch.* 153.
3. *Cf. Cout. de Touraine-Anjou*, § 143; *Ét., liv. Ier, ch.* 154.
4. *Cette règle résume évidemment l'art.* 1er *d'une ordonnance de Jean III, duc de Bretagne, ainsi conçu :* Premierement, que nos seneschaux, pour pluseurs inconveniens qui se pevent ensuyvre, et pour justes cause ad ce nous esmouvans, ordrenasmes aultrefois et encore ordrenons qu'ils demeurent et facent leur residence en leurs seneschaulcies convenables, selon que le conseil ordren-

LVIII. Nota[1] que des testamens le pere sera tesmoing pour le fils, soit des acquestz, par son seü[2] ou par effet.

LIX. Nota que en cause de mariage et de conter le lignage, amis charnels sont tesmoings de droit et de coustume.

LX. Nota[3] les cas à reprouver tesmoings, savoir une per-

nera, et ne mangeront à aucuns subgiz de nos seneschaulcies, sur lesquieulx ils pourroient exercer juridicion. (*D. Morice, Mém. pour servir de preuves à l'hist. de Bretagne, t. Ier, col.* 1161, 1162.)

1. *De cet art. et du suiv. rapprochez une partie de l'art.* 29 *du texte publié sous la rubrique Const. de Jean III, dans D. Morice, Mém. pour servir de preuves, t. Ier, col.* 1255 : Le pere peut etre temoin au testament son fils de ses acquets par son sceü; en cause de tout mariage et lignage et aage peuvent les amis charnels etre temoins de droit et de coutume et non en autre cause; car ils sçavent mieux le lignage que etranges. *Rapprochez aussi la seconde partie de l'art.* 26 *du texte publié sous la rubrique Petite Coutume, Ibid., t. II, col.* 1781 : Le pere puet estre tesmoin ou testament de son fils fait de ses conquests par son seü, ou par estre faits en cause de mariage, de contrat et de lignage; et ad ce puent les amis charnels d'ung et d'autre costé estre tesmoins de droit et de coutume, et non en autres causes ; car ils sçavent mieux le lignage que estranges. *Le dernier texte dérive probablement du ms. fr.* 14398, *vers la fin.*

2. σ saü; *je suis* o. *La suite paraît être le débris informe d'une coupure faite sur le texte cité en dernier lieu portant :* seü, ou par estre faits, etc. *Cette seconde partie de la phrase est devenue l'art.* 59 ; *mais il en est resté quelque chose à la fin de l'art.* 58.

3. *Rapprochez ce texte :* Les repprouves de droit, en oultre ce qui est specifié en cest livre, sont recepvables en court laye comme elles sont cy escriptes en amprès : ung homme en son fait, les compaignons ou participanz et les accuseurs, les conseillanz, les aydans ou procureurs, les familiers ou domesticques, les serfz, les hommes ou subjetz obeïssantz à la court, aucun ennemy mortel, ou homicides, ung infamme prouvé par court, ung crime ou accusé de crime prouvable, ydiot, muet ou sourt, ung degasteur prouvé, ung mineur dedanz quatorze anz, ung povre qui par sa grant povreté l'en povroit suspectionner de soy de legier parjurer pour avair; tielles gens ne debvent pas estre tesmoings; ne celui qui pledeera contre aucun en cas de heritage ou de crime ne sera pas

sonne en son fait, les aidans, soustenans, conseillers, compaignons, accusans, participans, procureurs, familliers, administrateurs, les serffs, les hommes et subgets, obeïssans à sa court, l'ennemy mortel, infame prouvé par court, ung crime en cause de crime prouvable, ung indiot, muet, sourt, degasteur prouvé, ung mineur dedans XIV ans, ung povre quel par sa povreté l'on pourroit suspeczonner de estre aisé à corrompre, celi qui pledoie contre la partie de heritaige ou crime.

contre luy tesmoign. Une famme ne mineur dedanz vignt anz en cas de crime ne seront pas tesmoigns; mes de coustume l'en use du contraire. (*Ms. fr.* 14398, *vers la fin du vol.; art.* 34, 35 *du texte publié sous la rubrique Const. de Jean III, dans D. Morice, Mém. pour servir de preuves, t. Ier, col.* 1255, 1256; *art.* 32 *du texte publié sous la rubrique Petite Coutume, Ibid., t. II, col.* 1782.) — *Cf. Dig.*, XXII, v; *Code*, IV, xx; *Nov.*, 90; *Decrét. de Greg. IX*, II, xx.

AVERTISSEMENT.

Je publie sous ce titre : *Règles coutumières* (2e *série*) un très court fragment d'un texte antérieur aux *Règles coutumières* (1re *série*) et déjà imprimé deux fois par D. Morice : une première fois sous la rubrique *Constitution du duc Jean III*, une seconde fois sous la rubrique *Petite coutume de Bretagne* (*Mémoires pour servir de preuves à l'histoire de Bretagne, t. Ier, col.* 1252 *et suiv.; t. II, col.* 1779 *et suiv.*). Je me suis souvent référé à ce texte dans les notes sur la prétendue *Ordonnance de Jean II* et sur les *Règles coutumières* (1re *série*). J'en reproduis ici quelques passages parce que les premiers articles rappellent peut-être de loin quelques dispositions de la Coutume de Touraine-Anjou.

Voyez sur ce texte ci-dessus t. Ier, pp. 306, 307, 432.

Je suis l'orthographe de τ : j'appelle ψ les leçons du ms. fr. 14398 dont je me sers aussi pour l'établissement du texte.

3. *RÈGLES COUTUMIÈRES* (2e *série*).

I. *Des donnoisons de pere et de mere à leurs enffans.*

Pere[1] et mere pevent donner à leur fille aesnée de leur fé gentil plus ou mains que son avenant en mariage.

Pere[2] et mere ne pevent donner riens de leurs heritages sans la volunté de leur filz aesné à leurs enffans juveigneurs, s'ilz sont noblez.

Si aucun juveigneur[3] demande à son aesné son avenant es biens de ses[4] parentz ou ancesseurs, segond la quantité d'iceulx et le numbre des enffans, et celuy soit adjugié[5], l'esné doit monstrer où l'on commencera son avenant en choses[6] nobles; et sera commencé là où il mostrera, et parfornira l'en de prochain en prochain au plus près de ce que l'en avra commencé. Et pour ce, l'en doit regarder où l'en commencera.

II. *Comment le juveigneur*[7] *tendra sa partie.*

Le juveigneur[8] masle tendra sa partie, si baillée luy est, de son aesné en[9] ramage; et lui fera hommage, et au seigneur la ligence. La[10] seur n'obeïst pas au frere aesné, mais ses hers le font en ramage, et au seigneur la ligence.

1. *Cf. Cout. de Touraine-Anjou,* § 2; *Ét., liv. Ier, ch.* 11; *prét. Ord. de Jean II,* art. 18.

2. *Le droit tourangeau-angevin est plus favorable aux puînés. Cf. Cout. de Touraine-Anjou,* § 1er; *Ét., liv. Ier, ch.* 10.

3. τ mineur. *Rapprochez Cout. de Touraine-Anjou,* § 1er; *Ét., liv. Ier, ch.* 11 (*ci-dessus t. II, pp.* 20, 21).

4. τ ses peres ou ses seurs, segond. *Je suis* ψ *toutes les fois que je corrige* τ.

5. τ aagé.

6. τ chose noble.

7. τ minour.

8. τ mineur. *Cet hommage du puîné à l'aîné n'est pas dans les habitudes angevines. Cf. ci-dessus t. Ier, pp.* 125, 126.

9. *Dans* τ *les mots* en ramage *sont reportés plus loin après* hommage.

10. *Cf. Règles cout.,* 1re *série, art.* 38. — ψ de la suer ne ses hoirs

III. *De*[1] *garde de enffans.*

Ung enfant noble[2] qui est hors du povair son pere doit avoir ung garde de tuteur, c'est assavoir le filz jucques à[3] tant qu'il ait passé XIIII ans; et la fille XII ans et jucques alors ne pevent contracter par serment ne aultrement. Après celui[4] age, il sera hors de garde de tutour; et avra curatour, s'il le[5] requiert; et peut fere serment.

IV. *De*[6] *mineur deceü.*

Enffant il peut rapeller les choses qu'[7]il avra faictes dedans ledit temps et en pourra estre restitué, s'il est deceü dedans son aage. Enfant[8] a age de tenir sa terre à XXI an et ung jour et à ester en jugement; et peut après ledit[9] aage requerre restitution, s'il est deceü avant son dit aage acompli jucques à quatre an en après.

V. *De la saesine au mineur.*

Enfant[10] noble vendra à la saesine ou son garde pour luy de ce dont les parens[11] ou ceux de qui il a cause, s'ilz sont nobles, meurent[12] saesiz et vestuz paesiblement; et ne respondra pas ne[13] sa garde des saesines jucques à tant qu'[14]il ait son dit aage accompli. Et si les choses dudit enfant sont occupées ou[15] temps

ne vont pas à leur aisné de son fief noble; mes au susserain seigneur; mes ses hoirs le font de ramage (*fin du* §).

1. D'enfant mineur et de sa garde.
2. τ mineur *au lieu de* noble.
3. à tant *manque dans* τ.
4. τ seul.
5. le *manque dans* τ.
6. τ *Du*.
7. ψ qu'il fera dedanz.
8. ψ Enfant est en aige à gouverner sa terre.
9. τ ladicte.
10. *Cf. Cout. de Touraine-Anjou,* § 67; *Ét., liv. Ier, ch.* 78.
11. τ parens dont il a.
12. ψ et en mourirent.
13. ne *manque dans* τ.
14. τ que son dit aage soit accompli.
15. ou temps *manque dans* τ.

de son tutour ou curatour, ils seront[1] tenuz de lui en fere restitution, quant il vendra en aage et de lui rendre compte de ses biens et levées; car ils sont tenuz à les garder et fere son proufit, non[2] pas son dommage. Si l'esné frere vieult fere demande à son jouveigneur par sa court, il le doit fere ajourner de ouyt jours[3] devant ou de plus et specifier la demande en[4] l'ajournement; ou aultrement il ne respondra pas, s'il ne veult..........

1. τ sont.
2. τ et non.
3. τ jours ou plus.
4. τ ou l'ajournement. — ψ en adjournement. *Je restitue :* en l'ajournement.

TROISIÈME PARTIE

NOTES DES PRÉCÉDENTS ÉDITEURS

ET

NOTES NOUVELLES

AVERTISSEMENT.

Le commentaire assez considérable du texte des *Établissements* que je présente ici au lecteur se compose : 1° des notes de du Cange et de Laurière ayant conservé de l'intérêt, c'est-à-dire de la plus grande partie desdites notes, déduction faite des notes intéressant les variantes de mss.; 2° d'un très petit nombre de notes de l'abbé de Saint-Martin; 3° de mes observations personnelles; 4° çà et là de quelques variantes qui, pour une raison ou pour une autre, n'avaient pas pris place dans le tome II. Toutes ces notes ou ces variantes sont présentées dans une série unique suivant l'ordre du texte des *Établissements;* mais les notes de mes prédécesseurs du Cange, Laurière, l'abbé de Saint-Martin sont toujours distinguées par des guillemets et suivies du nom de leur auteur. Lorsque du Cange et Laurière citent longuement des sources très connues, je supprime la citation et me contente d'un renvoi.

Quant à mes observations personnelles, en voici l'économie : je renvoie, dès qu'il y a lieu, à l'*Introduction* (t. Ier du présent ouvrage) où on trouvera la plupart du temps le commentaire général de chacun des chapitres des *Établissements*. Ce renvoi évite toute espèce de répétition. J'essaye, sous chaque chapitre, de donner un aperçu des textes postérieurs aux *Établissements* qui ont subi l'influence de cet ouvrage : toutefois je ne distingue pas l'influence exercée par les *Établissements* eux-mêmes de celle qui est due à la Coutume de Touraine-Anjou isolée; et je ferai observer ici une fois pour toutes que la prétendue *Ordonnance de Jean II* et toutes les *Règles coutumières bretonnes* dérivent non des *Établissements* eux-mêmes, mais de la Coutume de Touraine-Anjou isolée. Je dois ajouter, à l'occasion de ces textes dérivés, que les nombreuses Coutumes angevines dont j'ai parlé dans le tome Ier, pp. 372-380, n'ont pas été systématiquement dépouillées en vue des présentes notes : je me contente, à leur égard, de ce qui a été dit au t. Ier, *loc. cit.* J'ajoute enfin un certain nombre d'observations que m'ont suggérées mes lectures.

Les références aux sources des *Établissements* ne reparaissent pas ici : elles ont déjà été indiquées en note dans l'édition même des *Établissements,* au tome II du présent ouvrage.

NOTES DES PRÉCÉDENTS ÉDITEURS

ET NOTES NOUVELLES.

1. *Supplément à la notice des manuscrits* (ci-dessus t. Ier, p. 420).

Un opuscule rarissime du vieux Catherinot, le bon jurisconsulte berruyer, présenté tout récemment au public par MM. Laboulaye et Flach[1], contient la description d'un manuscrit de droit que M. Laboulaye veut bien me signaler et que je reproduis textuellement :

Vers 1300, Établissemens du roy de France selon l'usage du Châtelet de Paris, d'Orléans et de court de baronie, en deux livres. Le premier commence : Justice et volenté, etc., et consiste en 189 chap., et le deuxième en 105[2].

Le titre *Établissemens du roy de France selon l'usage du Châtelet de Paris, d'Orléans et de court de baronie* indique, à n'en pas douter, un ms. des *Établissements de saint Louis* (voyez ci-dessus t. II, p. 1, note 2). Le nombre considérable des chapitres du livre II, lequel paraît avoir reçu, dans ce ms. comme dans nos mss. *I G*, un numérotage spécial, me fait songer à ce ms. *Y* non retrouvé, que j'ai signalé ci-dessus t. Ier, p. 420, ms. qui avait au livre II un ch. 84, tandis que mon édition n'a en tout que 38 ch. au livre II et que *G* en a seulement 37 ; ce qui confirme mes soupçons, c'est que nous connaissons *Y* par des citations de la Thaumassière, berruyer comme Catherinot et en relation fréquente avec Catherinot ; c'est encore qu'immédiatement après avoir cité ce ms., Catherinot signale une Coutume de Bourges qu'il a communiquée, dit-il, à Thaumas de la Thaumassière : il est évident pour moi que Catherinot et Thaumas de la Thaumassière ont visé ici le même manuscrit des *Établis-*

1. *Les axiomes du droit français par le sieur Catherinot avec une notice sur la vie et les écrits de l'auteur,* par Ed. Laboulaye, *et une bibliographie raisonnée des écrits de Catherinot,* par Jacques Flach dans la *Nouv. rev. hist. du droit français et étranger,* 1883.

2. Catherinot, *Le droit de Berry,* p. 6.

sements de saint Louis, ms. non retrouvé que j'ai appelé *Y* et qui, comme je l'ai dit, devait contenir un texte assez profondément remanié : le reviseur de *Y* avait, aussi bien que l'auteur de l'*Abrégé champenois*, reporté en tête de l'ouvrage le préambule du livre II, emprunté aux *Institutes* de Justinien.

2. *Notes sur les Établissements, liv. Ier, Incipit et ch. 1er* (ci-dessus t. II, pp. 1-7).

Voyez, en général, sur ce chapitre ci-dessus t. Ier, pp. 5-8, 276-279, 331. Textes dérivés : *Abrégé champenois*, 3, 10, 11.

T. II, p. 1, ligne 1. *Establissement.* — « Ce mot se trouve « souvent dans le sire de Joinville, et autres écrits de ce temps- « là, pour signifier les ordonnances et les édits de nos roys, « comme celui de *stabilimenta*, au même sens dans Guill. de « Nangis en la *Vie de saint Louis* et autres auteurs. » (Du Cange.)

T. II, p. 1, lignes 1, 2, 3. — L^1 offre cet Incipit : *Ici se comencent li establissement le roi de France selonc l'usage de Paris et d'Orliens et de Tourainne et d'Anjou et de l'office de chevalerie et de court de baronnie.*

T. II, p. 2, lignes 3, 4. *De marchié qu'il ait fait encontre* I *autre ou demande heritage.* — « C'est-à-dire, si quelqu'un intente « une action *personnelle* ou *réelle*. » (Laurière.)

T. II, p. 2, ligne 5. *Li prevoz semondra.* — « Les prévosts « estoient comme aujourd'huy inférieurs aux baillis. Suivant ce « chapitre, le prevost devoit donc faire faire les semonces par ses « sergents ou bedaux, car les prevosts comme les baillis avoient « de ces sortes de bas officiers, qu'ils commettoient eux-mesmes, « soit pour faire les ajournemens, soit pour executer leurs juge- « mens. Et c'est pour cela que saint Loüis deffendit aux prevots « et baillis par l'art. 17 de son ordonnance de 1254 d'avoir un « trop grand nombre de ces officiers : *Baillivi nostri et alii « officiales caveant sibi a multitudine bedellorum et quanto « paucioribus poterunt, sint contenti*, etc.

« Les choses estoient ainsi dans les pays où la justice estoit « administrée par les prevots ou les baillis, ou dans les lieux « où la justice se rendoit par hommes ou pairs, lorsque les « semonces estoient faites à des roturiers et des personnes non « franches, mais, quand les semonces estoient faites à des gen-

« tilshommes, ou des possesseurs de fiefs, ce devoit estre, suivant Beaumanoir, par le ministère de leurs pers. *Puisque li « sires*, dit cet auteur, *veut semondre son gentilhomme, par la « raison de che que il tient de luy fief, il doit penre deux de « ses hommes, qui soient per à cheli que il veut semondre, et « se il n'a nul homme, il les doit emprunter à son seigneur, et « li sires li est tenu à prester. Et adonques il leur doit dire « que il voisent adjourner son homme, et leur doit chargier « que il disent la cause à son homme, pour quoy il est semons. « Et adonques chils doivent faire la semonce, laquelle semonce « doit au moins contenir quinze jours d'espace.* Beaumanoir, « ch. 2, p. 17. Voyez des Fontaines dans son *Conseil*, ch. 3. » (LAURIÈRE.)

T. II, p. 2, lignes 6, 7. *Li demanderres fera.* — « La semonce, « comme on le voit dans le passage de Beaumanoir que l'on « vient de rapporter, devoit contenir la cause pourquoy elle « estoit faite, ce qui estoit nécessaire, afin que celuy qui estoit « adjourné pût estre en estat de se deffendre, quand l'action « seroit formée devant le juge. *Quâ quisque actione agere volet, « eam edere debet. Nam æquissimum videtur, eum qui acturus « est actionem edere, ut proinde sciat reus, utrum cedere, an « contendere ultra debeat. Et si contendendum putet, veniat « instructus ad agendum cognita actione, qua conveniatur. « Edere est etiam copiam describendi facere, vel in libello « complecti et dare, vel dictare. Eum quoque edere Labeo ait, « qui producat adversarium suum ad Album, et demonstret « quod dictaturus est, vel id dicendo, quo uti velit, etc.* leg. 1, « *Digestis, De edendo.*

« Comme cette procédure se pouvoit faire verbalement chez « les Romains, elle se faisoit aussi souvent en France verbalement, du temps de saint Louis, ainsi qu'on en peut juger par « cette ordonnance, ce qui est aboli il y a longtemps. Voyez « l'ordonnance de 1667, titre II. » (LAURIÈRE.)

T. II, p. 2, ligne 11. *quenoit ce que l'en dira.* — « C'est-à-dire « si le deffendeur acquiesce. » (LAURIÈRE.)

T. II, p. 2, ligne 13. *enteriner.* — « Accomplir, exécuter. *Enteriner* « est proprement rendre *entier. Integer.* Enterin. » (LAURIÈRE.)

T. II, p. 3, ligne 10. *cil qui demande jurera.* — « Voyez le titre « du *Code*, *De jurejurando propter calumniam dando*, et ce que « les jurisconsultes ont écrit à ce sujet. » (Du Cange.) — Voyez aussi *Instit. de Justinien*, IV, xvi; Vincent de Beauvais, *Spec. doctr.*, liv. VIII, ch. 49, 50; Pseudo-Ulpianus, *De edendo*, édit. Meywerth et Spangenberg, Gœttingæ, 1809, p. 25; une pseudo-constitution de Justinien qui date du xiᵉ s. dans Bethmann-Hollweg, *Der germanisch-roman. Civilprozess im Mittelalter*, t. II, 1871, p. 440; *Decret. de Greg. IX*, II, vii, etc., etc.

T. II, p. 3, lignes 12, 13. *qu'il ne donra riens à la joustise.* « — C'est-à-dire qu'il ne donnera rien secrètement aux juges « pour les corrompre. » (Laurière.)

T. II, p. 4, lignes 8, 9. *se cil qui demande.* — Cette leçon se retrouve dans *L*[1] *O*[1] : on pourrait croire, d'après une note de Laurière, que ces deux mss. portent comme *E* : *cil à qui l'en a demandé;* ce serait une erreur.

T. II, p. 4, lignes 10, 11. *Cil qui demande porra avoir* II *jorz s'il viaut, à prover.* — Beaumanoir fait allusion à ce passage (ch. 39, § 21).

T. II, p. 5, ligne 1. *contre les personnes.* — « Cecy est encore « pratiqué, et mesme en matière criminelle. Voyez l'ordonnance « de 1670, au titre *Des recellemens et confrontations*, art. 16 avec « la conférence. » (Laurière.) — Voyez aussi *Stil de la cour de Parlement*, 1629, pp. 253, 255. — Laurière dit que les mss. de Mgr le chancelier ont : *contre les personnes* (comme dans mon texte); ceci est inexact pour *O*[1] qui porte : *contre les tesmoinz et les personnes.*

Au sujet des témoins, Vincent de Beauvais fournit d'utiles et abondants renseignements (*Spec. doctrin.*, liv. VIII, ch. 51, 55, 56, 57, 58, 66). Saint Thomas d'Aquin traite amplement des récusations de témoins : voy. Sancti Thom. Aquin. *Opera*, t. XXV, *Tabula*, Parmæ, 1873, p. 494. Voyez encore Beaumanoir, ch. 39, § 30 (édit. Beugnot, t. II, p. 103 et suiv.), et lisez une énumération minutieuse des reproches qui peuvent être adressés aux témoins dans le ms. de la bibl. de Tours dit *Statuta et juramenta*, p. 286 (document de l'année 1375).

L'ancien coutumier d'Artois pose cette règle au sujet du moment où doit se faire la récusation : « *Et quiconque* » *veut dire encontre* (les témoins) *dire le doit anchois qu'ils facent sairement et qu'ils soient examinés* (*Anc. usages d'Artois*, LI, 30, dans Maillart, *Cout. général d'Artois*, p. 53). On peut dire « contre les témoins » quand même ils auraient déjà parlé pourvu qu'ils n'aient pas encore prêté serment (Jugement de l'échevinage de Reims de 1253, dans Varin, *Arch. adm. de Reims*, t. Ier, 2e partie, pp. 742, 743). Cf. Beaumanoir, ch. 39, § 27; ch. 40, § 28 (édit. Beugnot, t. II, pp. 102, 144, 145). Voyez ce qui sera dit plus loin sur les ch. 4 et 8 du liv. Ier.

T. II, p. 5, lignes 7, 8. *et jurera chascuns par soi.* — Rapprochez ce texte de l'an 998 : *Domnus Leo dixit : separate eos ad invicem et interrogate, ut non audiat unus de altero quod loquatur* (Plaid extrait du Cartulaire de Farfa publié dans Bethmann-Hollweg, *Der germanisch-romanische Civilprozess im Mittelalter*, t. II. Bonn, 1871, p. 446). Dans le même sens *Tractatus de synedr.* apud *Legum Mischn. liber qui inscribitur Ordo damnorum*, édit. Surenhusius, t. IV, p. 224.

T. II, p. 5, ligne 8. — *L*[1] porte : *soutivement.* — Rapprochez ici les *Anciens usages d'Artois : A ce sairement prendre, li juges doit estre en privé lieu et en seur; et doit avoir* II *bonnes personnes avec lui* (*Anc. usages d'Artois,* LII, 5, dans Maillart, *Coutumier général d'Artois*, 1756, p. 54).

T. II, p. 5, ligne 9. *et tantost les puepleera.* — Une décision très importante du Parlement de Paris de l'an 1276 statue qu'on ne fera pas de publications de témoins en la cour du Parlement, mais qu'on continuera à en faire comme par le passé devant les baillis, les prévôts et les autres justiciers (Boutaric, *Actes du Parlement*, t. II, p. 185, n° 2007. Beugnot, *Olim*, t. II, p. 74. Arsenal, ms. Jurisprudence, 79, in-fol., fol. LXXVI recto). Beugnot ne me paraît pas avoir bien senti toute la portée de cette décision (*Olim*, t. II, p. 861 : rapprochez ci-dessus t. Ier, p. 273, note 2). A cette décision trop peu remarquée de 1276 remontent les errements du XVIe s. : *Qu'en matière civile il y aura partout publication d'enquêtes, excepté en nostre cour de Parlement et requêtes de nostredit Parlement à Paris où il n'y a accoustumé avoir publications d'enquestes, jusques à ce qu'autrement en soit ordonné.* (Ord. d'août 1539 dans Isambert, t. XII, p. 617.)

T. II, p. 5, ligne 10. — *diz des* manque dans *L*[1]; *des* manque dans *O*[1]. — Sur la discussion des dépositions des témoins par les avocats il faut lire des détails fort curieux dans Bonaguida, *Summa super offic. advoc.* apud Wunderlich, *Anecdota quæ processum civilem spectant*, p. 301. Rapprochez aussi un document de 1259 dans *Olim*, t. Ier, p. 452; ce passage d'un acte de Jean, archevêque de Tours, de l'an 1215 : *Testes eorum recepimus et examinavimus diligenter : quibus tandem secundum rationem publicatis, data utrique parti copia dicendi in testes et eorum depositiones.* (Bibl. de Tours, recueil manuscrit de Salmon intitulé *Saint-Julien de Tours*, p. 231, n° 1278.)

T. II, p. 5, ligne 11. — *O*[1] porte : *avenoit chose, quant; L*[1] porte : *avenoit que quant li.* — Le meilleur commentaire de ce passage est un paragraphe de Beaumanoir qui très probablement avait, en écrivant, notre texte sous les yeux. (Beaumanoir, ch. 39, § 28, édit. Beugnot, t. II, p. 102.)

T. II, p. 7, ligne 7. *Ne ne porra l'en apeler de son jugement.* — « On void par là qu'il n'y avoit point alors tant d'appellations « en la court qu'il y en a aujourd'huy, et que le Parlement qui « n'estoit pas encore sedentaire, estoit bien moins surchargé « d'affaires. Dans les cas qui sont icy marquez, on demandoit « en la justice du roy *amendement de jugement*, ce qui devoit « estre fait le jour mesme que le juge royal avoit rendu sen- « tence, et, ce jour passé, il n'y avoit plus que la voye d'appel, « dont l'usage commençoit de s'introduire suivant le ch. 78 « (présente édition, 83) de ce livre. Joignez l'art. 18 de l'ordon- « nance de Charles VII à Montil-les-Tours, en 1453.

« L'*amendement de jugement* se demandoit au mesme juge « par *supplique* ou par *supplication*, et il estoit par cette raison « plus respectueux que *l'appel*, qui, selon les praticiens, conte- « noit *félonie*, ainsi qu'il est dit au ch. 15 (présente édition, 16) « du second livre de ces *Establissemens*. Et le juge dans ce cas « faisoit venir une seconde fois ceux mesmes qui avoient assisté « au jugement et autres preud' hommes, qui connoissoient de « droit et de jugement, comme il est dit dans le ch. 80 (pré- « sente édition, 85). Voyez la note sur le ch. 78 (présente édition, « 83) de ce livre. L'*appel* suspendoit le jugement, l'*amendement* « ou la *rétractation* ne le suspendoit pas.

« Suivant le ch. 76 (présente édition, liv. Ier, ch. 81) nul gen-« tilhomme ne pouvoit demander amendement de jugement, et « il devoit le fausser ou le tenir pour bon à moins que ce ne « fut en la court le Roy où tout le monde pouvoit demander « *amendement* et où personne ne pouvoit *fausser*.

« Et suivant le ch. 136 (présente édition, liv. Ier, ch. 142) « l'homme coutumier ne pouvoit jugement[1] faire, ne fausser, ne « contendre. Et si après que son seigneur luy avoit rendu jus-« tice, il avoit demandé l'amendement de son jugement, il en « estoit amendable envers son seigneur.

« Nous apprenons du ch. 78 (présente édition, liv. Ier, ch. 85) « que l'amendement se demandoit ainsi au baillif, ou autre juge « en suppliant : « sire, il me samble, etc. » Vide Cujacium ad « tit. *Codicis, De precibus imperatori offerendis,* in Paratitl. et « ad tit. *Cod.*, *De sententiis Præfectorum prætorio ;* et les « ch. 76 (présente édition, 83), 78 (présente édition, 85) avec « les notes. » (LAURIÈRE.) — Rapprochez ci-dessus t. Ier, p. 487, note 4.

3. *Notes sur les Établissements, liv. Ier, ch.* 2 (ci-dessus t. II, pp. 7, 8).

Voyez, sur ce ch., ci-dessus t. Ier, pp. 5-8.

T. II, p. 8, lignes 7, 8, 9. *Et seront li tesmoin,* etc. — Sur l'obligation de porter témoignage imposée aux témoins voyez *Code de Justinien*, IV, XX, 16 ; *Decret. de Grég. IX*, II, XXI, 5 ; Bulgarus, *De judiciis* dans Wunderlich, *Anecdota quæ processum civilem spectant*, p. 19 ; Damasus, *Summa de ord. jud.*, *Ibid.*, p. 112; bulle d'Innocent III du 29 oct. 1206 dans Desplanque, *Recherche sur l'abbaye de la Capelle en Calaisis*, p. 43.

Dans un serment prêté en 1251 par les habitants de Paris à la reine Blanche je lis : *et quod si aliquod maleficium fuerit in villa, non se substrahent quod possent testimonium perhibere veritati, nisi in videndo posset eis corporis periculum imminere, et quod dicent veritatem de maleficiis quando fecerint requisiti et quod malefactores et turbatores pacis nominabunt in secreto illi vel illis qui villam ex parte dominæ regis custo-*

1. Laurière dit : *faire froissier, ne contredire jugement.*

dient (Bibl. nat., ms. fr. 20630, p. 295). Rapprochez le serment de l'Université en 1251 et l'addition faite à ce serment en 1286 (*Ibid.*, p. 296); l'art. 6 de l'ord. contre le *vilain serment* (*Ord.*, t. Ier, p. 101).

4. *Notes sur les Établissements, liv. Ier, ch.* 3 (ci-dessus t. II, pp. 8, 9, 10).

Voyez, en général, sur ce chapitre ci-dessus t. Ier, pp. 5-8; 266-269. Rapprochez *Ét.*, liv. II, ch. 11, 35 *in fine.*

T. II, p. 8, lignes 10, 11. *De deffandre batailles.* — « On a prouvé « ailleurs par l'autorité de Velleius Paterculus, ch. 118, que « l'usage estoit chez les anciens Allemans, de terminer par le « duel tous leurs différens, soit en matière civile ou criminelle. « On a encore remarqué que ce mauvais usage fut approuvé « par Gondebaud, roy des Bourguignons, dont l'ordonance est « rapportée dans le ch. 45 de la loy des Bourguignons, et « qu'enfin cet usage, contre lequel les evesques de France s'es- « toient élevez de toutes leurs forces, fut receû generalement « dans tout le royaume. Voyez ce qu'on a remarqué sur les « *Institutes* de Loisel, liv. VI, tit. I, ch. 20, p. 263.

« Saint Loüis se crut obligé de remédier à ce funeste désordre, « et, après avoir deffendu les guerres privées par son ordon- « nance du mois d'octobre 1245[1], il fit celle-cy pour abolir les « duels. Mais, comme l'autorité royale n'estoit pas alors aussi « grande qu'elle devoit l'estre, cette dernière ordonnance ne fut « faite que pour les lieux qui estoient des domaines du roy, et « il fut au pouvoir des barons d'user du duel dans leurs sei- « gneuries, comme il se void par l'autorité... de Beaumanoir, « qui composa sa pratique en 1283, ch. 61, p. 309. Voyez « l'*Histoire de saint Loüis* de M. de la Chaise, t. II, pp. 284, « 285.

« Il faut à présent observer que, quand cette ordonnance fut « faite, il y avoit en cour laie, huit sortes de preuves, dont le « demandeur ou l'accusateur se pouvoit servir, mais avec cette « particularité que, quand il en avoit choisi une, si elle suffi-

1. Il y aurait beaucoup à dire sur cette ordonnance (Cf. *Ord.*, t. Ier, p. 56); quant à la date, elle est tout à fait problématique.

« soit, il ne pouvoit plus varier, pour en prendre une autre, ce « que nous apprenons du passage de Beaumanoir, extrait du « ch. 39 de ses Coûtumes du Beauvoisis. . . . . »

« De ces huit sortes de preuves, saint Loüis ne supprima que « la troisième par gages de batailles, et il conserva toutes les « autres, comme on le va voir dans la suite. » (Laurière.)

« Cette deffense des duels dans les jugemens, faite et ordon- « née par S. Louys, eut lieu seulement dans l'étenduë de ses « terres, mais non pas de ses vassaux : *dominus rex amovit* « *duellum de terrâ suâ,* sed[1] non de terris vassalorum suorum, « ainsi qu'il est rapporté dans un arrest rendu entre ce prince « et le prieur de Saint-Pierre-le-Moustier, qui se lit inter « *judicia et consilia expedita Parisiis in Parlamento octavâ* « *Candelosæ anno* 1260[2]. » (Du Cange.)

T. II, p. 8, ligne 12. *Nous deffandons les batailles.* — « Tant en « matières criminelles que civiles. En matières criminelles pour « toutes sortes de crimes, et en matières civiles, quoy qu'il fut « question de propriété, et quoy qu'en l'un et l'autre cas, il n'y « eût nulles preuves, sçavoir nulles preuves par témoins en « matière criminelle, ou nulles preuves par letres ou par « témoins en matière civile. Voyez Beaumanoir, ch. 61.

« Cette loy n'estoit que pour avoir lieu dans les domaines du « roy, et non dans les terres des barons, mais il faut observer « que quand le plet estoit commencé, suivant cette ordonnance, « dans les justices des barons, on ne pouvoit plus revenir à « l'ancien droit, ni ordonner les gages de batailles. *Il est*, dit « Beaumanoir, *à la voulenté des houmes dou comte de Cler-* « *mont de tenir leur court, se il leur plest de ches cas, selonc* « *l'ancienne coûtume, ou selon l'establissement le roy. Mes se* « *li ples est entamé sur l'establissement par la souffrance dou* « *seigneur, li sires ne le puet puis mettre à gages, se partie s'en* « *vieut aïdier. Et aussi se li ples est entamés sur les gages par* « *l'anciene coûtume, li sires ne le puet pas ramener à l'esta-*

1. Ces mots *sed ... suorum* sont de du Cange et non de l'arrêt. Cf. *Olim,* édit. Beugnot, t. Ier, p. 494.

2. Je ne reproduis pas la seconde partie de cette note de du Cange qui a perdu de sa valeur.

« *blissement le roy, se che n'est par l'accord des deux par-*
« *ties, etc.*, p. 309.

« Les seigneurs refusèrent longtemps de se soumettre à cette « pieuse ordonnance par pur interest, car, quand il y avoit gages « de batailles, l'amende du vaincu roturier estoit pour eux de « soixante sols, et du gentilhomme de soixante livres. Voyez « Beaumanoir, ch. 61, p. 309, l. 19. » (LAURIÈRE.)

Il faut connaître le motif de la suppression du duel judiciaire, suivant les *Grandes chroniques de saint Denis ;* le voici *: il abati en sa terre le champ de bataille pour ce qu'il avenoit souvent que quant un contens estoit meu entre un povre homme et un riche où il convenoit avoir gage de bataille, le riche homme donnoit tant que tous les champions estoient de sa partie, et le povre homme ne trovoit qui lui voulsist aïdier; si perdoit son corps ou son heritage*[1].

Rapprochez le motif de la suppression du duel judiciaire d'après Guillaume de Chartres :

S. Lud. monomachiam quæ bellum dicitur vel duellum, convocato discretorum et jurisperitorum consilio ex diversis regni partibus, intellecto per eos quod sine peccato mortali exerceri non poterat, cùm non videatur esse justitia, sed potius tentatio sit in Deum, de dominio suo penitus exterminari decrevit, etc.[2].

T. II, p. 9, lignes 1, 2. *Mais nous n'ostons mie les clains, les respons.* — « Les *clains, clamores,* sont les plaintes en matières « criminelles et les demandes en matières civiles. Voyez le ch. 57 « de la Coûtume de Normandie anciene, et le *Glossaire du droit* « *françois* sur le mot *clameur* et *clain.* Les *respons* sont les def- « fenses. Voyez Pierre des Fontaines dans son *Conseil*, ch. 13. » (LAURIÈRE.)

T. II, p. 9, ligne 2. *les contremanz.* — Le contremant estoit « la raison proposée pour remettre, ou différer l'ajournement, et « il différoit de l'essoine, en ce que celuy qui contremandoit,

1. *Grandes chroniques de France,* édit. Paulin Paris, t. IV, 1838, p. 427. Cf. p. 430.

2. G. de Chartres, *De vita et mirac. S. Lud.*, liv. Ier, ch. 2, cité par du Cange sur *Ét.*, liv. II, ch. 11.

« remettoit l'ajournement à un jour certain, au lieu que celuy « qui proposoit l'essoine ne remettoit pas l'ajournement à un « jour certain et estoit obligé d'affirmer que la cause qu'il alle- « guoit estoit veritable. Les contremans estoient en usage en « gages de batailles comme en matieres purement civiles. Beau- « manoir, ch. 61, p. 309[1]. » (Laurière.)

« Le contremand n'est rien autre chose qu'une excuse pro- « posée en jugement, pour laquelle on ne peut se trouver à « l'assignation qui a esté donnée. Il en est parlé amplement, et « de la forme qui s'observoit dans ces occasions, aux loix de « Henry Ier, roy d'Angleterre, ch. 59 et 60; dans les *Assises du « royaume de Hierusalem,* ch. 49; dans Philippes de Beauma- « noir, ch. 3, qui est intitulé : *Des essoines et des contremans « qu'on pot faire par coustume.* Il en parle encore au ch. 67 et « ailleurs. Les anciennes ordonnances du Parlement : *Diem « habens in curia, ipsa die veniat, vel procuratorem consti- « tuat in casibus in quibus potest constitui procurator, vel con- « tramandet, si contramandatum locum habeat; alioquin « sequenti die infra prandium deficiens reputetur.* Guillaume « Guiart, en l'an 1292, décrivant comme Édoüard, roy d'An- « gleterre, fut ajourné par le roy Philippes le Bel :

« *Qu'à Paris viengne au Parlement*
« *Oïr reson, et jugement*
« *De ce c'on lui demandera,*
« *Se droit de soi*[2] *s'escusera,*
« *Devant les mestres se deffende :*
« *Més ne vient, ne ne contremande.* » (Du Cange.)

T. II, p. 9, lignes 2, 3. *Ne touz autres erremenz.*— « Le duel « judiciaire se faisoit par gages, qui consistoient ordinairement « en un *gand*, que celuy qui provoquoit, ou appelloit, jettoit par « terre. En matiere civile les *erremens* ou *arrements* estoient « comme les gages du procés. » (Laurière.)

T. II, p. 9, lignes 5, 6. *Et en leu de batailles, nos metons prueves*

1. Je supprime la citation.

2. *Sic* dans du Cange : lisez : *soi escuser a.* Cf. G. Guiart, v. 12815 à 12820 dans *Recueil des hist.,* t. XXII, p. 217.

de tesmoinz. — « Avant cette ordonance, quand les faits estoient « si publiques (*sic*), que le juge n'avoit qu'à se transporter sur « le lieu pour en connoistre la verité, la preuve s'en faisoit par « témoins, et non par le duel, ce que nous apprenons de Beau- « manoir, qui écrivoit dans le Beauvoisis, où cette ordonance « n'estoit pas receüe. (Beaumanoir, ch. 61, p. 308.)

« Mais quand le fait n'estoit pas publique, les parties en « venoient d'abord au duel, s'il n'y avoit pas de témoins. Et lors « que le demandeur, l'accusateur ou le deffendeur adminis- « troient des témoins, le demandeur, le deffendeur ou l'accusé « pouvoient appeller en duel les témoins. Saint Louis crut abo- « lir entierement les duels, ou les gages de bataille, en ordon- « nant que dans ces deux cas la preuve par témoins seroit « encore necessaire, mais ses pieuses intentions restèrent sans « effet, comme l'on en peut juger par l'ordonance que Phi- « lippes le Bel fut obligé de faire sur ce mesme sujet, le pre- « mier juin 1306. » (LAURIÈRE.)

5. *Notes sur les Établissements, liv. Ier, ch. 4* (ci-dessus t. II, pp. 10-14).

Voyez en général sur ce ch. ci-dessus, t. Ier, pp. 5-8, 265-276.

Textes dérivés : *Abrégé champenois*, 4, 125.

Cf. *Ét.*, liv. Ier, ch. 108 ; liv. II, ch. 12.

T. II, p. 10, ligne 5. *apeler.* — « Ce mot ne signifie pas icy... « *se porter appellant d'une sentence*, mais *ajourner*, *assigner*, « *accuser*. Le mot *appellare* pour *judicio convenire* se trouve « dans la loi 29, *Dig.*, *De judiciis ;* dans la loi 15, § *Si quis*, « *Dig.*, *De injuriis*. » (LAURIÈRE.)

T. II, p. 10, ligne 6. *demurtre.* — « Voyez le ch. 25[1] (présente « édition, 27) et le 38 (présente édition, 36) du premier livre de « ces *Establissemens*, et le ch. 11 (présente édition, 12) du second « livre. » (LAURIÈRE.)

T. II, p. 10, ligne 7. *faire sa clamor.* — « C'est-à-dire « intenter son accusation de meurtre. » (Laurière.)

T. II, p. 10, lignes 8, 9. *que tu te lies à souffrir tel poine*

1. Par suite d'une faute d'impression, l'édit. des *Ord.* porte 11.

come tes aversaires soufferroit. — « Par l'ancien droit de la « France, quand le duel avoit esté ordonné, ou le gage de « bataille reçeû, pour meuble ou pour heritage, celuy qui estoit « battu perdoit la chose contentieuse avec amende, et s'il avoit « combatu par avoué, ou par champion, le champion ou l'avoüé « avoit le poing coupé, ce qui fut introduit avec raison pour « empescher que les champions gagnez par argent, ne se lais- « sassent vaincre. Beaumanoir, ch. 61, p. 315, vers la fin. »

« Lors que le gage de bataille ou le duel estoient pour crimes, « le talion avoit lieu soit pour la mort, ou la mutilation de « membres, comme il se void par ces vers de Guillaume le Bre- « ton, tirez du livre VIII de la Philippide, c'est-à-dire du poëme « qu'il fit en l'honneur de Philippe-Auguste, d'où nous appre- « nons que ce prince establit ce droit dans la Normandie aprés « l'avoir conquise.

« *Quædam autem in melius juri contraria mutans*
« *Constituit pugiles ut in omni talio pugna*
« *Sanguinis in causis ad pœnas exigat æquas.*
« *Victus ut appellans, sive appellatus eadem*
« *Lege ligaretur, mutilare aut perdere vitam.*
« *Moris enim extiterat apud illos hactenus, ut si*
« *Appellans victus in causa sanguinis esset*
« *Sex solidos decies, cum nummo solveret uno*
« *Et sic impunis omissa lege, maneret.*
« *Quod si appellatum vinci contingeret, omni*
« *Re privaretur, et turpi morte periret.*
« *Injustam justus hoc juste rex revocavit*
« *Re qua pares Francis Normannos fecit in ista.* »

« Voyez Beaumanoir, ch. 61, p. 315, à la fin, et l'anciene « Coûtume de Normandie, ch. 107, etc.

« Saint Loüis derogea à cette ordonance de Philippe-Auguste, « en ce qu'il deffendit les gages de bataille, mais il la confirma « en ce qu'il en prit le talion. Vide legem 7 et 14, *Cod. Theod.*, « *De accusationibus*. Et ibi Jacobus Gothofredus. » (LAURIÈRE.)

Rapprochez *Code de Théodose*, IX, II, 3; *Edictum Theodorici regis*, 13 apud Walter, *Corpus juris germ.*, t. Ier, p. 398; *Lex Romana Wisig.*, édit. Hænel, 1848, p. 172; Zell, *Delectus inscript. Romanar.*— *Handbuch der röm. Epigr.*, t. Ier. Heidelberg, 1850, p. 321; Harmenopule, *Manuale legum sive Hexabiblos*, édit. Heimbach, 1851, p. 765; *Libri aurei de omni facultate* dans Varin, *Arch. lég. de Reims*, 1re *part., Cout.*, p. 372; Michel Duperray, *Traité des dispenses de mariage.* Paris, 1759, pp. 505, 506.

La jurisprudence n'était pas unanime au moyen âge sur cette question; voici une décision contraire au principe posé par le présent ch. des *Établissements :* en 1348, à Reims, un individu dénonce au prévôt de Reims un certain Aubri Froide qu'il accuse de l'avoir battu sur assurement. Aubri nie et consent à se mettre en enquête. Le dénonciateur perd son procès. Sur ce, le bailli délivre Aubri et poursuit le dénonciateur afin de le faire condamner par les échevins; car il doit *estre atains d'autele peinne comme li autres eüst souffert, se il eüst prouvé.* Mais les échevins n'admettent pas ce raisonnement et acquittent le dénonciateur. (Varin, *Archives adm. de Reims*, t. II, 2e part., pp. 1186, 1187, notes.)

T. II, p. 10, ligne 7. *sa clamor.* — « C'est-à-dire intenter « son accusation de meurtre. » (Laurière.)

T. II, p. 10, ligne 11. *l. finali.* — « C'est la loy derniere, « *Dig.*, *De privatis delictis*, qui ne parle pas clairement du « talion, non plus que la loy 3, § 2, et la loy 7, in princ. *Dig.*, « *De acusat.* On auroit pu mieux citer le ch. 21 de l'*Exode;* le « 19 du *Deuteronome;* la *Loy des Douze tables,* où il y a *Si* « *membrum rupit, ut cum eo pacit, talio esto;* la loy 14, *Cod.* « *Theod.*, *De accusationibus.* Voyez Jacques Godefroy sur la « loy 7e de ce titre; Formulam 29, *Secundum legem Romanam* [1]; « doctores ad legem 3, *Cod.*, *Qui accusare non possunt*, et « Imbert, liv. III, ch. 1, vers la fin. » (Laurière.)

T. II, p. 11, ligne 3. II *bons, au moins.* — Cf. Guido Padelletti, *Fontes juris italici medii ævi*, t. Ier, 1877, pp. 487, 488; *Libri aurei de omni facultate* apud Varin, *Arch. lég. de Reims*, 1re partie, *Cout.*, p. 372; *Ét.*, liv. Ier, ch. 126, et ci-dessus t. Ier, p. 203.

1. Laurière vise probablement ici la form. 29 de Sirmond. Voyez Baluze, *Capit.*, Paris, 1780, t. II, p. 484, *Lex Romana,* etc.

T. II, p. 12, ligne 11. *Et se cil encontre qui.* — Voyez ci-dessus la note sur p. 5, ligne 1.

T. II, p. 13, ligne 4. *saüe.* — Suivant Laurière, l'un des mss. de M. le Chancelier porterait *sauvée;* d'après mes notes, ni *L*[1], ni *O*[1] n'ont cette variante.

T. II, p. 13, ligne 5. *L*[1] porte *chose* au lieu de *raisons.*

T. II, p. 13, ligne 6. *l'en enquerra les tesmoinz de l'une part et de l'autre.* — « Cela ne se pratique plus ainsi. Voyez « l'ordonance de 1670, au titre 38 : *Des faits justificatifs* et « l'ordonance civile de 1667; au titre 22 : *Des enquestes.* » (LAURIÈRE.)

T. II, p. 13, lignes 6, 7, 8. *L*[1] offre cette variante : *partie, li tesmoing seront oï et seront publié aus parties.*

T. II, p. 13, lignes 7, 8. *et seront*[1] *li dit des tesmoing pueploié as parties.* — « Le *dit* de témoin *pueploié*[2] est la deposi- « tion des témoins *publiée* ou *lue* aux parties, suivant le droit « canonique dans le ch. *Præsentium, Extra, De testibus.* Cette « procedure se faisoit ainsi selon Durand dit le Speculateur, « dans sa *Pratique* au titre *De teste*, § *Satis*, 8 : *Testibus « productis examinatis, partes debent renuntiare testium pro- « ductioni, quo facto postulent attestationes publicari, vel « saltem pars producens, et hoc redigatur in actis. Judex igi- « tur volens attestationes publicare vocabit partes : quia, eis « non vocatis, non debet aperire, vel publicare, maxime ea « contra quam sunt producti... Eis ergo præsentibus, vel per « contumaciam absentibus... præcipiat notario, quod legat « coram se, et coram testibus publice in judicio dicta testium; « vel ipsemet legat. Et si sunt multæ attestationes, vel prolixæ, « sufficit unam pro omnibus legere. Quo facto, dicat judex : « Hæ sunt tales attestationes, habeatis pro publicatis. Publi- « catio autem scribetur sic*, etc. *Post publicationem attestatio- « num fiebant rubricæ.* C'est-à-dire que l'on donnoit aux parties « des copies des depositions, *et postea sequebatur testium repro- « batio,* les reproches des témoins.

1. Laurière donne ce texte : *et adonc l'en jugera selon le dit.*
2. Laurière, *peuplé.*

« Il paroist par cette ordonance que cela se pratiquoit ainsi, « tant en matiere civile que criminelle. Voyez Imbert dans sa « *Pratique*. Tout ce droit est changé. Voyez l'ordonance de « 1667, au titre 22, *Des enquestes*, art. 1, 2, 3, 4, etc., et l'or-« donance criminelle de 1670, au titre 15, *Des recollemens*, « art. 15 et 16, etc. » (LAURIÈRE.)

T. II, p. 13, lignes 10, 11. *vousist dire, amprès le pueplement, aucune chose raisonable.* — « Cecy paroist contre les « regles. Le reproche[1] est contre la personne du témoin, ainsi « il faut qu'il soit opposé au témoin avant le puepleement, « c'est-à-dire avant que l'on sache sa deposition. Cela doit donc « estre entendu suivant le chapitre *Præsentium*, 31, *Extra, De* « *testibus*, qui ne permet les reproches apres le *puepleement* « qu'en trois cas. Le premier lors que celuy qui les oppose jure « qu'il en use ainsi sans fraude. Le second, lors qu'avant la « publication il s'est reservé par sa protestation la faculté de « reprocher, et le troisième, lors que depuis le peuplement il a « appris des choses du témoin qu'il ne sçavoit pas auparavant. « Ce droit est changé, et suivant les art. 15 et 16 de l'ordonance « criminelle de 1670, au titre *Des recollemens, la lecture doit* « *estre faite à l'accusé des premiers articles de la deposition* « *du témoin, contenant son nom, âge, qualité et demeure, la* « *connoissance qu'il aura dit avoir des parties, et s'il leur est* « *parent ou allié. Et l'accusé est ensuite interpellé par le juge* « *de fournir sur le champ ses reproches contre le témoin, si* « *aucuns il a, et averti qu'il n'y sera plus reçeû aprés avoir* « *entendu la lecture de sa déposition, dont est fait mention.* « Voyez l'article 19. » (LAURIÈRE.)

Voyez surtout *Decret. de Greg. IX*, V, I, *De accusationibus*, c. 21 ; II, XX, 35.

1. Le texte des *Ét.* suppose une discussion des témoignages (*encontre les diz des tesmoinz*) plutôt que des reproches contre les personnes : il n'y a donc rien ici de contraire aux règles générales, comme le dit Laurière ; mais ses observations restent importantes en elles-mêmes et peuvent être utilement rapprochées d'un passage du ch. 8 ci-après.

6. *Notes sur les Établissements, liv. Ier, ch.* 5
(ci-dessus t. II, pp. 14, 15).

Voyez, en général, sur ce chapitre ci-dessus t. Ier, pp. 5-8; 265-276. Texte dérivé : *Abrégé champenois*, 126.

T. II, p. 14, ligne 5. *arson.* — « Ou *arsin*, ainsi qu'il est « écrit dans divers titres qui se lisent aux preuves de l'*Hist.* « *de Guines*, p. 278; dans Hemerœus in *Augustâ Verom.*, p. 294, « et in *Regesto*, p. 61; dans les *Annales de Noion*, p. 946; dans « van der Haër au liv. Ier des *Châtelains de Lille*, pp. 142, 143. « Joignez Monstrelet au 1er vol., ch. 155. Ce mot, qui signifie « *incendium*, vient d'*ardere*. Ph. de Beaumanoir, ch. 67 : *Vos* « *ardistes cele meson.* Guill. Guiart, en l'an 1304 :

« *Qui*[1] *l'orent trovez en la cendre*
« *Des arsis, et les veulent vendre.* » (Du Cange.)

T. II, p. 14, ligne 5. *larrecin.* — « Dans la suite on ne « permit plus le duel pour le larcin. *Per statuta regum Fran-* « *ciæ*, dit Jean Faber, *toleratur duellum in omni casu cui* « *pœna est mors, excepto furto, quando crimen est ita occultum* « *quod non potest et clare probari per testes ad tit. Instit. De* « *hereditatibus ab intestato*, § *Per contrarium.* De là est venu « que le larcin a esté un cas de basse justice, au lieu que la con- « noissance du duel appartenoit au haut justicier. » (Laurière.)

T. II, p. 14, ligne 5. *traïson.* — Voyez Beaumanoir, ch. 30, « et l'observation sur le ch. 10 (présente édition, 12) de ce « livre. » (Laurière.)

T. II, p. 14, ligne 8. *bailli.* — « Charles IX, par un des « articles de l'ordonnance d'Orléans de 1560, voulut qu'à l'ave- « nir tous baillis et sénéchaux fussent de robe courte, au moyen « de quoi l'administration de la justice resta entierement à leurs « lieutenans. En France, les baillis ont encore une ombre de « leurs anciennes prérogatives, et sont considérés comme les « chefs de leurs districts. C'est en leur nom que la justice s'ad- « ministre, c'est devant eux que se passent les contrats et les « autres actes, et ce sont eux qui ont le commandement des

1. *Sic* dans du Cange; corrigez : *qu'il orent.* Cf. G. Guiart, v. 19865, 19866 dans *Recueil des hist.*, t. XXII, p. 285.

« milices. Les baillis seuls des seigneurs ont éprouvé moins de « révolutions et rendent encore eux-mêmes la justice dans « l'étendue des seigneuries auxquelles ils sont attachés. » (Abbé « DE SAINT-MARTIN.)

7. *Notes sur les Établissements, liv. Ier, ch. 6* (ci-dessus t. II, pp. 15, 16).

Voyez, en général, sur ce chapitre, ci-dessus t. Ier, pp. 5-8; 265-276. Rapprochez *Ét.*, liv. II, ch. 31, et ci-dessus t. Ier, pp. 174-179.

T. II, p. 15, ligne 1. *nous i envoierons.* — « Des Fontaines, « dans son *Conseil*, ch. 22, art. 14, dit qu'en pareil cas *li rois « Philippes envoya jadis tout son conseil en la cour l'abbé de « Corbie, pour un jugement qui y estoit faussez.* » (LAURIÈRE.)

Une pensée analogue à celle qui inspire ici saint Louis se retrouve dans la législation de Ferry III, duc de Lorraine : il décida qu'aucun jugement en dernier ressort ne serait plus rendu dans les assises du duché, sans avoir été préalablement communiqué au duc et sans qu'audit jugement le duc eût mis son « scel et vouloir. » (Bonvalot, *Les plus princ. et gén. Coust. du duché de Lorraine*, pp. 22, 23.)

T. II, p. 15, ligne 6. *En querelle de servage.* « Voyez ci-après, liv. II, ch. 31. » (LAURIÈRE.) — « La querelle de servage « se terminoit ou par témoins ou par gages de bataille... Et « quand il y avoit ainsi combat entre gentilhomme et homme « de poote, l'homme de poote combattoit à pied en forme de « champion, et le gentilhomme à cheval. Voyez Beaumanoir, « ch. 61, p. 308 à la fin. Saint Loüis, par cette ordonance, « osta dans ce cas les gages de bataille et retint la preuve par « témoins. Voyez des Fontaines, dans son *Conseil*, ch. 22, « art. 7. » (LAURIÈRE.)

T. II, p. 16, ligne 1. L^1 offre cette variante : *einsinc covient que cil qui.*

8. *Notes sur les Établissements, liv. Ier, ch. 7* (ci-dessus t. II, p. 16).

Voyez, en général, sur ce chapitre, ci-dessus t. Ier, pp. 5-8; 62, 63; 217-221; 278-280. Rapprochez *Ét.*, liv. Ier, ch. 83, 142;

liv. II, ch. 16; *Jostice et plet*, pp. 331, 332; Pierre des Fontaines, édit. Marnier, pp. 303, 304, 305.

T. II, p. 16, ligne 5. *fausser jugement.* — « *Fausser* est declarer et dire qu'une chose est fausse. *Falsare accusationem*, « dans les loix d'Edgar, roi d'Angleterre, art. 9, apud Bromptonum est dire que l'accusation est fausse. De sorte que fausser « un jugement est dire que le jugement qui a esté rendu a esté « rendu méchamment par des juges corrompus ou par haine. « Philippes de Beaumanoir, ch. 66, établit deux sortes de faux « jugemens, dont il y a appel : le premier qui se doit *demener* « *par erremens, sur quoi li jugemens fu fais*, comme, quand « celui qui est grevé dans le jugement, appelle simplement, en « disant : *cis jugemens est faux et malvés, et requiers l'amen-* « *dement de la cort mon seigneur;* l'autre, quand avec « l'appel simple on ajoûte quelque vilain cas et on dit : *vous* « *avez fet le jugement faux et malvés comme malvés que* « *vous estes*, *ou par loier*, *ou par promesse*, *ou par malvese* « *autre cause*, *laquelle il met avant*. Tel appel de faux juge- « ment se demenoit par gage de bataille. Je parleray du pre- « mier appel ci-aprés sur le ch. 78 (présente édit., 85). Quant « au second, le méme Beaumanoir, ch. 62, dit que *qui appelle* « *de faus jugement*, *il doit appeler tantost aprés le jugement;* « *et, s'il se part de cort sans appeler*, *il pert son appel*, *et tient* « *le jugement*. Ailleurs il ajoûte que *cil qui appele par defaute* « *de droit ou par faus jugemens, doit appeler devant le seigneur* « *de qui on tient le cort où li faus jugemens fu fés*, etc. Les « *Assises du royaume de Hierusalem,* ch. 103, expliquent fort « au long la matiere de ces appels, qu'il importe d'inserer en « cét endroit, pour expliquer un sujet qui n'est pas commun. « En voici les termes : *Se un homme veut la court fausser et* « *dit que l'esgart*, *ou le jugement*, *ou la connoissance*, *ou le* « *recort que la court a fait est faus ou déloiaument fait ou* « *que il n'est mie de droit fait*, *ou en aucune autre maniere la* « *veille fausser*, *disant contre aucune des avant dites choses*, « *que la court aura fait*, *ou retrait*, *tous ceaus de la court le* « *doivent maintenant dementir et offrir maintenant à la court* « *aleauter de lor cors contre le sien; et se il la veut fausser*, *il* « *convient que il se combatte à tous les hommes de celle court*

« *l'un aprés l'autre, et aussi ceaus qui n'auront esté à la con-* « *noissance, ou à l'esgart, ou à recort faire, comme ceaus qui* « *l'auront fait; car se il fausse la court, il ne fausse pas tant* « *seulement ceaus qui l'esgard, ou la connoissance, ou le* « *recort auront fait, mais tous ceaus qui sont homes de celle* « *court. Et pour ce que le honnour, ou la honte est à tous com-* « *mune, ceaus qui sont de celle court, le doit chascun des* « *homes de celle court deffendre, et aloiauter la de son cors,* « *contre celui qui la veut fausser. Car court qui est faussée ne* « *peut puis faire esgart, ne connoissance, ne recort qui soit* « *vallable, se aucun veut dire à l'encontre.* Et plus bas sur le « sujet du gage receu : *Et quand ils sont au champ pour la* « *bataille faire, il doit estre d'une part, et tous les homes d'une* « *autre, et un des homes lequel que ils esliront se doit premier* « *combattre vers lui soul à soul; et se celui qui est parti est* « *vaincu, maintenant se doit mouvoir un des autres, en quelque* « *point que celui qui vodra la cour fausser sera, et, se il vainc* « *maintenant cel autre, un autre doit maintenant mouvoir; et* « *ensi se combattent tous un à un, et que il les vainc tous en* « *un jour, et se il ne les vainc tous en un jour, il doit estre* « *pendu.*

« On pouvoit neantmoins, sans fausser la cour, appeller de « faux jugement un ou plusieurs des hommes qui se seroient « vantez d'avoir fait quelque chose contre la partie, sans faire « mention de la court, auquel cas, *se il vainc tous, pour ce* « *n'est pas la court faussée, et ne perd rien de son honnor, et le* « *jugement qu'elle a fait est estable, et tous ceus que il vain-* « *quera seront pendus, et il sera pendu, se il est vaincu.* Enfin, « au chapitre suivant, il est dit que c'est une grande temerité à « un homme de vouloir fausser la court : *Si me semble que nul* « *home, si Dieu ne faisoit apertes miracles pour lui, qui la* « *faussât en dit, la faussât en fait, et se il s'en asaïat que il* « *peut eschaper d'avoir le chief copé* (c'estoit la peine de celuy « qui appelloit de faux jugement, s'il ne vouloit combattre contre « tous) *ou d'estre pendu par la goule; si ne le doit nul home qui* « *aime son honour et sa vie, emprendre à faire ce, que qui s'en* « *assaiera au faire, il mora de vil mort et hontouse.* Pierre des « Fontaines au ch. 22 de son *Conseil* traite encore amplement

« de cette matiere. Il en est parlé aussi en divers autres endroits « de ces *Etablissemens*, sçavoir au liv. Ier, ch. 76, 78, 79, 136 « (présente édition, 83, 85, 86, 142), liv. II, ch. 15 (présente « édition, 16), et dans *Regiam majestatem*, liv. III, ch. 24, « §§ 6, 7, 8, où il fait mention comme le faux jugement se deci- « doit par le duel. Par les loix de Guillaume le Bâtard, qui ont « esté données au public par Selden en ses notes sur Eadmer, « et par Welhoc en son recueil des loix d'Angleterre (Cantabr., « 1644), suffisoit que le juge qui avoit fait faux jugement fist « serment sur les evangiles qu'il avoit rendu le jugement selon « sa conscience. En l'art. 15, *altresi qui faus jugement fait, pert « sa were, si il ne pot prover sor sains qui melz ne sot juger*; ce « qui est repeté en l'art. 41 : *Ki tort eslevera, û faus jugement fra « par curruz, ne par hange, û per aveir, seit en la forfature le « rei de* XL *sols, s'il ne pot aleier qui plus dreit fair nel sot*; « c'est-à-dire en termes plus usitez, parce que Selden ne les a « pas bien conceus : *Celui qui fera tort ou qui fera faux juge- « ment par courroux ou par haine, ou par argent, soit en la « forfaiture du roy de* XL *sols, s'il ne peut se purger par serment, « qu'il n'a pû rendre mieux la justice.* (DU CANGE.)

« *Falsare*, dans la moyenne et la basse latinité signifioit « *accuser de fausseté.* Capitulare anni 819, t. Ier, capit. col. 610, « art. 11 : *Si servus chartam ingenuitatis adtulerit, si servus « ejusdem chartæ autorem legitimum habere non potuerit, « domino servi ipsam chartam falsare liceat.* Fausser juge- « ment estoit se pourvoir contre un jugement, comme faux ou « mal rendu. Ce qui se faisoit en deux manieres ou en apellant « sur le champ purement et simplement, ou en accusant celuy « qui l'avoit rendu d'avoir esté corrompu. Voyez le ch. 78 (pré- « sente édition, 83) de ce livre avec la note. (LAURIÈRE.)

Selon Beaumanoir « les jugemens se faussoient, ou parce « qu'ils n'estoient pas juridiquement rendus, par defaute de « droit et deny de justice, ou parce qu'ils estoient faussement « rendus, car, comme dit Pierre des Fontaines dans son *Conseil*, « ch. 22, art. 19, celuy qui faussoit de la seconde maniere « devoit prendre le seigneur à partie en luy disant : *je fausse le « mauvais jugement que vous m'avez fait par loyer que vous « en avez eü ou promesse*, etc. » Cf. Beaumanoir, *Coutumes de Beauvoisis*, ch. 67, p. 337 à la fin et p. 315. (LAURIÈRE.)

T. II, p. 16, lignes 5, 6. *en*[1] *païs là où faussemenz de jugement afiert.* — « C'est vraysemblablement aux pays coutu-« miers. » (LAURIÈRE.)

T. II, p. 16, ligne 9. *tenir.* — « Confirmer. » (LAURIÈRE).

T. II, p. 16, lignes 9, 10. *depecier le jugement.* — C'est le « mettre en pieces ou le mettre au neant. » (LAURIÈRE.)

T. II, p. 16, ligne 11. *costume de la terre.* — Même expression en latin *secundum consuetudines ipsius terræ.* (Beugnot, *Olim*, t. Ier, p. 4.)

9. *Notes sur les Établissements, liv. Ier, ch.* 8 (ci-dessus t. II, pp. 17, 18).

Voyez, en général, sur ce chapitre, ci-dessus t. Ier, pp. 5-8; 180 avec la note 4; pp. 265-276. Rapprochez Beaumanoir, ch. 61, § 53; Faustin Hélie, *Traité de l'instr. crim.*, t. Ier, 1866, p. 204.

T. II, p. 17, ligne 2. *Se aucuns*, etc. — « *Quiconques voul-« loit son seigneur appeller de faux jugement ou de defaute de « droit, il devoit tout avant son seigneur requerre que il luy « fit droit et en la presence de ses pers. Et se li sires li veeoit, « il y avoit bon appel du* (*sic*) *defaute de droit. Et se il apelloit « avant qu'il eût son seigneur sommé en cheste maniere, il estoit « renvoyé en le court son seigneur, et li devoit, pour che que il « le traioit en le court du souverain, seur si vilain cas; et « estoit l'amende en le voulenté dou seigneur, de tout ce que li « appellieres tenoit de luy. Tout ainsint se un homme de poote « voulloit appeller de defaute de droit, il devoit sommer le « seigneur de qui il tenoit, par trois quinzaines; et s'il se has-« toit trop, il cheoit de son appel, et il estoit renvoyé en le « court de cheli de qui il appella, et estoit l'amende en le « volenté dou seigneur de che qui estoit tenu de li*, etc. Voyez « Beaumanoir, p. 311 à la fin, p. 312, ligne 21, et le premier « livre des *Establissemens*, ch. 76 et 136 avec les notes (présente édition, ch. 81, 140).

« Quand le jugement estoit faussé pour vilain cas, des Fon-

1. Laurière : *au pays où il appartient que jugement soit faussé.*

« taines dans son ch. 22, nombre 1, dit que *chil contre ki jugement estoit donnés pouvoit tantost demander au qués k'il li plaisoit des hommes ki estoient au jugement rendre, s'il usoient de tel jugement, et aussi au secons, et puis au tiers. Et se il disoient que il s'y assentoient, li faussieres povoit dire à aus trois : je vous fausse de cest jugement que il n'est ne bons, ne loiaus; et en devoit porter son gage en la main son seigneur, et devoit requerir jor resonable à prover che k'il arami.*

« Lors que le jugement ainsi faussé avoit esté rendu par pers « ou par jugeurs, si celuy qui le faussoit n'y prenoit garde, il « pouvoit arriver qu'il fût seul obligé de combattre contre plu« sieurs. » Cf. Beaumanoir, pp. 312, 313, 31, et les notes sur « le ch. 78 (Cf. présente édition, ch. 83, 85), du premier livre « des *Establissemens.* » (LAURIÈRE.)

T. II, p. 17, ligne 7. *et se la defaute est provée.* — « Voyez « Beaumanoir, ch. 61, p. 312. » (LAURIÈRE.)

T. II, p. 18, ligne 6. *encontre les tesmoinz.*— On se demande s'il s'agit de reproches contre les témoins ou tout à la fois de reproches contre les témoins et de discussion de leurs témoignages. Ce dernier sens cumulatif semble pouvoir être admis; car, dans la pratique, les reproches contre les témoins étaient souvent formulés après la publication des témoignages; c'est ce qui résulte des notes de Laurière reproduites ci-dessus p. 246, et du passage suivant d'une traduction française de l'*Ordinaire* de Tancrède :

Conment tesmoins doivent estre receü.

Nos avons traitié conment tesmoinz doivent estre receü et quel non. Mes pour ceu que il avient aucune foiz que teil sont receü à tesmoin qui ne sont pas leal, voions donc conment cil qui ont esté receü sont cassé. Ileu doit savoir que avant que li tesmoin soient poplié et après, l'en porra dire sus les persones ceu que l'en voudra sur les persones es tesmoinz et sur lor dit et refuser lor diz et lor persones, pour quoy ceu soit fet devant la sentence, se juges n'establist certainz (sic) *terme à l'une et à l'autre partie à amener tesmoins desur la principal besoigne et sur les persones qui ont esté amené. Et après cel terme ne sera pas oïz cil qui vendra amener autres tesmoinz pour dire sur les persones et sur lour diz à cels, si comme nos avons en la Decretale, el titre Des exceptions, qui commence Denique, qui dit ainsi : Sachiés que il a esté esgardé en la cort de Romme par longue costume que quant l'en a riens dit sur les persones as tesmoinz ainz que il aient juré ne ainz que il aient esté examiné, l'en puet dire* (suppléez : *après*) *que les attestacions sont publiées et sur les persones et sur lor diz. Et loial excepcion puet estre opposée contre les dis es tesmoinz et avant que il soient examiné et puis...* » (Tancrède, *Ordinaire*, dans ms. fr. 1075, fol. 61 recto.)

10. *Notes sur les Établissements, liv. Ier, ch. 9* (ci-dessus t. II, pp. 18, 19).

Voyez, en général, sur ce chapitre, ci-dessus t. Ier, pp. 5-8; 265-276.

T. II, p. 18, lignes 10, 11. *en la volenté à la joustise por l'amende.* — Rapprochez Beaumanoir qui est beaucoup plus rigoureux (ch. 39, § 64, édit. Beugnot, t. II, pp. 118, 119).

11. *Notes sur les Établissements, liv. Ier, ch. 10* (ci-dessus t. II, pp. 19-22).

Voyez, en général, sur ce chapitre, ci-dessus t. Ier, pp. 121-130; 292, 296. Textes dérivés : *Abrégé champenois,* 32; *Livre des droiz,* 412; prétendue *Ord. de Jean II, duc de Bretagne*, art. 18; *Régles cout.*, 1re série, art. 26; 2e série, I, 1. Rapprochez *Compil.*, 43, 78; *Livre des droiz*, 750, 838; *Très anc. cout. de Bretagne,* 2e part., art. 42; *Coutume de Bretagne de* 1539, art. 220; *Cout. de Bretagne de* 1580, art. 199; *Ét.*, liv. II, ch. 26; *Jostice et plet*, pp. 224, 225.

T. II, p. 19, ligne 9. *Gentis hom ne puet doner.* — « C'est « de ce chapitre que l'art. 1er de la Coutume du Loudunois au « titre *Des donations entre nobles*, et l'art. 248 de la Coutume « de Touraine ont esté tirez. En Anjou, entre nobles, *le pere ou « la mere peuvent donner seulement à l'un de leurs puinez la « tierce partie de leurs acquets et conquêts, pour en joüir par « heritage avec tous leurs meubles pour en joüir en proprieté.* « Anjou, art. 321; le Maine, art. 334. (Laurière.)

T. II, p. 20, ligne 4. *Mais se il avoit fait achaz.* — « Voilà

« un cas singulier ou en donation il y avoit une espece de retrait.
« Voyez le ch. 14 (présente édition, ch. 16). » (LAURIÈRE.)

T. II, p. 20, ligne 9. *fere partie.* — « C'est-à-dire partager « ses enfans. Demander partie est demander sa part d'une suc« cession : et la part que châcun des enfans avoit droit de deman« der en la succession est vulgairement appellée dans les titres « *pars terræ.* Au Trésor des chartes du roy, laiette *Bologne*, I, « tit. II, est une patente de Philippes, comte de Bologne, par « laquelle il reconnoît que S. Louys, son neveu, lui a donné, sa « vie durant, 6000 liv. tourn. à prendre tous les ans au Temple, « moyennant quoi il promet de ne lui rien demander à l'avenir « *pro parte terræ*, c'est-à-dire pour ce qui lui pouvoit apparte« nir par droit de succession ou d'apanage; et au cartulaire du « comté de Montfort est un titre de l'an 1265 qui commence « par ces mots : *Sçachent tous que comme M. Jean d'Acre*, « *bouteiller de France demandast partie de terre pour damoi*« *selle Blanche, sa fille, en la terre du Chastel du Loir*, etc. « Voyez cy-aprés les ch. 19, 23, 24 (présente édition, liv. Ier, « ch. 21, 25, 26). » (DU CANGE.)

Voici un exemple tourangeau de l'an 1335 d'un aîné, Jehan de Chaumont, qui detient l'heritage de ses puinés :

Item. Monseigneur, je advoe es choses que je tiens à domaine la partie à me pisnez, que je ne leurs ai mie enquore fait desdites choses. (Aveu de Jehan de Chaumont, vassal de l'archevêque de Tours dans *Cart. de l'archevêché de Tours*, copie de D. Betencourt, p. 317-323; transcription de Salmon dans le ms. 1267 de la bibl. de Tours à la fin du volume.) Dans le fragment suivant, nous trouvons, au contraire, un frère qui a *fait partie* à sa sœur : *Le seigneur de Maillé est trouvé home lige deux fois es escris enciens, l'une pour la terre de La Croix-de-Bléré, laquelle il a baillé de nouvel en partaige à madame Marie de Maillé, sa seur, et en l'autre foy doit tenir*, etc. (*Cartulaire de l'archevêché de Tours*, copie de D. Betencourt, pp. 304-385; transcription de Salmon dans le ms. 1267 de la bibl. de Tours, vers la fin du vol.)

T. II, p. 20, ligne 2. *ses achaz et ses conquestes.* — Voyez de nombreuses chartes angevines du XIe et du XIIe s. établissant ce droit de disposer des acquêts dans G. d'Espinay, *Les Cartu-*

laires angevins, p. 255, note 3. Ce droit n'est pourtant pas si absolu, si incontesté que les donataires n'aient intérêt à obtenir, même en ce cas, la ratification des enfants. En voici un curieux exemple : Vers l'an 1115, Pétronille de Chemillé, abbesse de Fontevraud, priait Elisabet, femme d'un certain Achard, de faire ratifier par leur fils Buccard le don d'une terre dont ledit Achard et Élisabet avaient disposé en faveur de Fontevraud. Élisabet, s'appuyant sur le droit de disposer des acquêts, répondit : *quia prædicta terra de emptione sua et adquisitione fuerat, et cui ipsi voluissent eam libere vel quiete dare aut dimittere potuissent*. Malgré cette réponse, Pétronille fit donner six deniers à Buccard pour obtenir de lui la confirmation désirée. (Charte publiée par Marchegay dans la *Bibl. de l'École des chartes*, t. XXXVI, p. 424.)

On pourrait croire que Pierre des Fontaines fait allusion à la coutume de Touraine-Anjou ou aux coutumes analogues dans un passage remarquable de son *Conseil : Trop est cruels*, etc. (ch. 34, § 10, édit. Marnier, p. 420).

T. II, p. 20, lignes 9, 10. *et il n'aüst point de fame, tuit si mueble seroient à l'ainné*. — « S'il y avoit une femme, comme « elle avoit la moitié des meubles, l'aîné ne pouvoit en avoir « que l'autre moitié et non le tout. Voyez cy-aprés le ch. 15 de « la Coûtume du Loudunois au titre de *Succession de fiefs*, « art. 3 et 31 ; celle de Touraine, art. 260, 290. » (LAURIÈRE.)

T. II, p. 20, ligne 11. *mais il randroit les detes son pere*. — « Voyez la Coutume du Loudunois au titre de *Succession de* « *fiefs*, art. 15, celle de Touraine, art. 271. » (LAURIÈRE.)

T. II, p. 20, lignes 13, 14. *Et se ce est fiez exterins*, etc. — « C'est-à-dire *fief entier*. D'*enterin* on a fait *enteriner* pour « *accomplir*, *perfectionner*, *autoriser*. » (LAURIÈRE.)

Voyez le *Glossaire* de Du Cange, édit. Didot, t. Ier, p. 601. Joignez ce fragment d'une bulle d'Innocent III du 22 avril 1210 adressée aux moines de Saint-Julien de Tours : *Si plura integra feuda ad plures personas devenerint, quicumque habuerit integrum cum omni familia sua quam exhibet. Si vero integrum feudum in plures fuerit partes divisum, is qui partem tenuerit principalem ecclesie sancti Florentini parrochianus existat*. (Bulle d'Innocent III, copiée par Marini dans Salmon,

Abbaye de Saint-Julien de Tours, Recueil manuscrit, p. 226, bibliothèque de Tours.)

T. II, p. 20, ligne 14. *ne fera ja fors garans.* — Cf. Cout. dite de 1411, 6e part., art. 158 (Beautemps-Beaupré, *Cout. et instit. de l'Anjou et du Maine*, 1re part., t. Ier, p. 481); Dufrementel, *Conf. de la rédact. de la cout. de Touraine*, etc., t. Ier, 1786, p. 278; Liger, art. 820 (Beautemps-Beaupré, 1re part., t. II, p. 296); ci-dessus *Coutume de Touraine-Anjou*, p. 13, note 3.

Laurière qui avait sous les yeux une leçon que j'ai reléguée en note : *ne fera ja foi au seignor*, commente ainsi ce passage :

« Cet endroit est un peu obscur. Quand l'aîné donnoit à ses « puinez une part du fief, il en portoit la foy et homage pour « eux, parce qu'il les garantissoit en parage sous son homage. « Voyez la Coûtume du Loudunois au titre de *Succession de* « *fiefs*, art. 9, et celle de Touraine, art. 264. Mais quand, pour « leur partage, il leur donna un fief enterin, entier ou separé, « il ne les garantissoit plus sous son homage, et c'estoit à eux « de le faire et d'en porter la foy. Voyez la Coûtume de Tou- « raine, art. 266, et celle de Loudunois au titre de *Succession* « *de fiefs*, art. 12. » (LAURIÈRE.)

Les divers textes auxquels je renvoie plus haut fortifient la plupart le commentaire de Laurière : mais les deux mss. de la Coutume d'Anjou et Maine ε ζ et la glose de η supposent au contraire que l'aîné fait la foi, même si le cadet a reçu un fief enterin. La Coutume d'Anjou primitive a-t-elle été changée plus tard ou bien ε ζ η présentent-ils une leçon fautive? La question est fort embarrassante. Voyez dans le présent vol. ci-dessus p. 199, note 1, ce qui a été observé sur la prétendue *Ord. de Jean II*, art. 18.

Voyez divers hommages tourangeaux faits par des chefs parageurs dans *Cartulaire de l'archevêché de Tours*, copie de D. Betencourt, pp. 316, 317; 343-347; transcription de l'abbé Bourassé, p. 292; d'après Salmon dans le ms. 1267 de la bibl. de Tours, à la fin du volume.

T. II, p. 21, ligne 1. *en parage.* — Cf. sur le parage, *Ét.*, liv. Ier, ch. 46, 47, 48.

T. II, p. 21, ligne 3. *Et se einsi estoit que li freres ainznez fust rioteus et il lor aüst,* etc. — « *Riote* en vieux françois « signifioit *querelle,* et *rioteux*, *querelleur*, *pointilleux*. Voyez « la Coûtume du Loudunois, au titre de *Succession de fiefs*, « art. 15, et celle de Touraine, art. 271. — *L*[1] porte : *fust* « *ennuieus et rioteus.* » (LAURIÈRE.)

12. *Notes sur les Établissements, liv. Ier, ch. 11*

(ci-dessus t. II, pp. 22, 23).

Voyez, sur ce chapitre, ci-dessus t. Ier, p. 132. Textes dérivés : *Livre des droiz*, 413 (1er alinéa évidemment altéré) ; prétendue *Ord. de Jean II, duc de Bretagne*, art. 19 ; *Règles coutum. bretonnes*, 1re série, art. 1er ; 2e série, I, § 3. Rapprochez *Coutume d'Anjou dite de 1411*, art. 163, 164, 166, 224 (Beautemps-Beaupré, 1re part., t. II, pp. 484-486, 527) ; *Liger*, art. 804, 1232 (Beautemps-Beaupré, *Ibid.*, pp. 291, 459) ; *Cout. de Touraine*, ch. 25, art. 26 ; *Cout. de Loudunois*, ch. 27, art. 27 ; *Compilatio*, 64 ; *Ét.*, liv. Ier, ch. 136 ; liv. II, ch. 26 ; document du XIVe s. commençant ainsi : *Nous disons que l'usage de Touraine*, etc., publié par Laurière, *Glossaire*, t. Ier, p. 143, et par M. Beautemps-Beaupré, *Cout. et instit.*, t. III, Préface, p. CXV. Cf. Archives nat., J 179, *Anjou*, n° 106 ; Bibl. nat., *ms. fr.* 14538, p. 51 et suiv. ; Ménage, *Histoire de Sablé*, liv. VI, ch. 5.

T. II, p. 21, ligne 8. *cele qui li pleroit.* — « C'est-à-dire une de « ces deux parties. Voyez les art. de la Coût. du Loudunois et de « celle de Touraine qui viennent d'estre citez. » (LAURIÈRE.)

Voyez aussi Cout. de Touraine de 1461 et Cout. de 1507 (ch. 25, art. 13) ; Cout. d'Anjou dite de 1411, art. 187 (Beautemps-Beaupré, *Coust. et instit. de l'Anjou et du Maine*, 1re part., t. Ier, p. 501).

T. II, p. 22, ligne 1. *aventage.* — « Voyez la Coûtume du « Loudunois au titre de *Succession de fiefs*, art. 5 ; celle de Tou- « raine, art. 273, et le ch. 10 cy-aprés (présente édition, liv. Ier, « ch. 12). » (LAURIÈRE.)

T. II, p. 22, ligne 3. *Gentis hom si puet bien doner à sa fille plus grant mariage que avenant.* — « C'est-à-dire que le pere « noble peut donner en mariage à sa fille, plus que la portion

« hereditaire, coûtumiere et legale, qu'elle auroit *ab intestat* « dans sa succession. L'*avenant* est la portion hereditaire et le « *plus... que avenant* est ce qui excede la portion hereditaire, « ce qui esté fixé dans la Coûtume du Loudunois au quart de « l'avenant. Voyez cette Coûtume au titre des *Donations entre* « *nobles*, art. 5, à la fin, celle de Touraine, art. 254, et Anjou, « art. 247, 241. » (LAURIÈRE.)

T. II, p. 22, ligne 4. *mariage avenant.* — « Voyez l'art. 241 « de la Coust. d'Anjou. *Mariage* est ce que la femme porte en « dot à son mary, dans la Coûtume de Labourt, tit. 9, art. 12, « et en la Coût. de Normandie, art. 262, de sorte que *mariage* « *avenant* est l'avantage que l'on fait aux filles en les mariant « convenablement à leurs qualitez et à leurs biens, ainsi que « porte la méme Coûtume de Normandie, art. 262 et 263, et « celle d'Anjou, art. 254. Au contraire, *mariage desavenant* « est celui qui n'est pas convenable à la fille, soit pour estre « trop petit, soit pour estre grand, comme en la Coûtume « d'Anjou, art. 247; le 1er *Registre de Jean de S. Just.* en la « Chambre des Comptes de Paris : *Pater dat filiæ desavenans* « *maritagium; moritur pater, relicto filio infra ætatem; qui* « *filius tacet per annum et diem, postquam pervenerit ad æta-* « *tem legitimam. Postea conqueritur contra sororem suam et* « *maritum ejus de maritagio desaduenanti : quæritur an pos-* « *sit*[1], etc. » (DU CANGE.)

T. II, p. 22, ligne 5. *ne puet ele retorner.* — « Suivant l'an- « cien usage, la fille noble dotée et apparagée, n'eût-elle qu'un « *chapel de roses* estoit excluse de la succession de son pere ou « de sa mere qui l'avoit dotée. Voyez la Coûtume du Loudunois « au titre de *Succession de fiefs*, art. 26, et celle de Touraine, « art. 284. » (LAURIÈRE.)

1. Ce texte est extrait d'une compilation de jugements de l'Échiquier de Normandie que contenait le *Reg. S. Just.* M. Delisle l'appelle la *seconde compilation*. Ce fragment se retrouve dans Léchaudé d'Anisy, *Grands rôles des échiq. de Normandie*, Paris, 1845, p. 148, 1re col. Les restitutions (très incomplètes) du *Reg. S. Just.*, aux Archives nat., P 2590 (fol. 1-62), P 2288, n'ont pas ce fragment.

T. II, p. 22, ligne 6. *fraresche.* — Rapprochez *fraragium* dans ce texte : ***Petrus de la Ragate, miles de ballivia turonensi, a quo quidam puer frater suus petebat fraragium suum,*** etc... ***Determinatum fuit quod idem puer haberet fraragium suum.*** (Beugnot, *Olim*, t. Ier, p. 507.)

T. II, p. 22, ligne 7. *Se gentis hom marie sa suer et il li done petit mariage.* — « Voyez la Coûtume d'Anjou, art. 244 ; « celle du Loudunois au titre de *Succession de fiefs*, art. 27, et « celle de Touraine, art. 285. » (LAURIÈRE.) Pour exemples de *mariages* constitués par des frères à leurs sœurs, voyez Chevalier, *Cartulaire de Noyers*, pp. 108, 130; Pertz, *Leges*, t. II, pp. 308, 309.

T. II, p. 22, ligne 9. *li sires.* — « C'est-à-dire le mary; il est « dit un peu plus haut que celuy qui a epousé la sœur ne peut « demander autre mariage; d'où il resulte que la sœur ne peut « demander son avenant entier qu'aprés le deceds de son mary, « qui s'est contenté du *petit mariage*, ce qui a esté changé par « la Coûtume du Loudunois au titre de *Succession de fiefs*, « art. 27, et par celle de Touraine, art. 285. Voyez la Coûtume « de Normandie, art. 251, et Cujac. ad leg. 48, *De negotiis* « *gestis*, lib. III (*Quæst. Papin.*), et leg. 12, § ult. *De administr.* « *tutorum.* » (LAURIÈRE.) — Cf. *Coutume de Touraine de* 1507, ch. 25, art. 27; *Cout. de Touraine de* 1460, art. correspond.

T. II, p. 23, ligne 3. *se la mère moroit.* — « Dans le temps « de ces *Establissemens*, le frere faisoit partage à ses puinez, « comme il se pratique encore en Anjou et dans le Loudu- « nois, etc. Et comme il estoit saisi de la succession de son « pere, si le pere estoit mort le premier, il pouvoit luy donner « en mariage *moins qu'avenant*, et si son mary s'en estoit con- « tenté, ni luy, ni elle, tant que son mary vivoit, ne pouvoient « rien demander davantage, comme on vient de le dire. Mais « aprés la mort du mary, elle ou ses enfans, en cas qu'elle fut « decedée la premiere, pouvoient demander le supplement de « l'avenant. En sorte que le frere noble qui marioit sa sœur « pour peu de chose n'en tiroit avantage que contre son mary « et non contre elle, quand elle devenoit veuve, ni contre ses « enfans, en cas qu'elle predecedast, bien qu'il semble qu'il « n'eust peu donné que pour avoir le surplus et le transmettre

« à ses enfans, quand mesme sa sœur decederoit la premiere. » (Laurière.)

Le droit est identique, à cet égard, en Orléanais : le petit texte qui nous renseigne à cet égard nous apprend aussi que la femme a un an et un jour pour réclamer après la mort de son mari. Voyez Beugnot, *Olim*, t. Ier, p. 491.

13. *Notes sur les Établissements, liv. Ier, ch.* 12 (ci-dessus t. II, pp. 23-24).

Voyez, en général, sur ce chapitre, ci-dessus t. Ier, p. 384.

Textes dérivés : *Livre des droiz*, 414, 398 (ce n° 398 dérive à la fois de *Ét.*, liv. Ier, ch. 12, et de *Comp.*, 68).

Rapprochez *Jostice et plet*, pp. 232, 235; *Compil.*, 63, 68; *Livre des droiz*, 396 (dérivé de *Compil.*, 68); Laurière, *Glossaire du droit fr.*, t. Ier, 1704, p. 144.

A lire : Salvandy, *Hist. des gains de survie entre époux*, pp. 145, 165.

T. II, p. 23, ligne 5. *que filles.* — « Les Coûtumes d'Anjou, « art. 222, du Maine, art. 238, 239, et du Loudunois, au titre « de *Succession de fiefs*, art. 3, donnent le droit d'aînesse aux « aînées, quand il n'y a que des filles, comme elles le donnent « aux mâles, mais la Coûtume de Touraine, réformée dans « l'art. 273, s'est conformée à ce chapitre, en ordonnant qu'*ès « successions directes et collaterales procedant du chef des « nobles, chacune d'elles est saisie de sa portion par teste, fors « qu'à l'aînée appartient l'hostel principal, avec le chésé et « avantage, par la forme et maniere que prend l'aîné sur ses « puinez. Et est tenuë ladite aînée faire ses foy et homage, « et garantir en parage les portions de ses puinez, durant « iceluy*, etc. » (Laurière.)

Dans la Coutume de Paris, « les filles partagent également « les fiefs, sans aucun droit, ni réserve pour l'aînée... Quand il « n'y a que *filles venant à succession directe ou collatérale, « droit d'aînesse n'a lieu et partissent également* (art. 19). » (Abbé de Saint-Martin.)

T. II, p. 23, ligne 7. *chesé.* — Suivant la Coutume de Touraine le *chésé* est de deux arpens de terre environ l'hotel (Cout.

de Touraine de 1507, ch. 25, art. 3); la Coutume du Loudunois le définit ainsi : « Le chézé c'est à sçavoir de terre le vol « d'un chapon environ ledist hostel (ch. 27, art. 4). » Voyez encore *Cout. locale de Mirebalais* dans Bourdot de Richebourg, t. IV, pp. 596, 597. — Le mot *chesé* est devenu *chiste* dans *Livre des droiz*, 398.

T. II, p. 24, ligne 1. v. *s.* est devenu c. *s.* dans *Livre des droiz*, 398.

T. II, p. 24, ligne 1. *garra.* — « C'est-à-dire garantira les « autres en parage sous son homage. *Garrir*, d'où l'on a fait « *guerir*, n'est autre chose que *preserver*, *garantir*. Voyez le « ch. 144 (présente édition, liv. Ier, ch. 147) cy-aprés et ce « qu'on y a remarqué. » (Laurière.)

14. *Notes sur les Établissements, liv. Ier, ch. 13* (ci-dessus t. II, p. 24).

Voyez, en général, sur ce chapitre, ci-dessus t. Ier, p. 142.

Textes dérivés : *Livre des droiz*, 415 ; *Somme rural*, 1re part., tit. 45, ch. *Des coustumes de Paris, Orléans et Anjou* (édit. de 1621, p. 326); *Règles coutumières*, 1re série, art. 43. — Rapprochez *Livre des droiz*, 56 ; *Compil.*, 34 ; *Ét.*, liv. Ier, ch. 140.

T. II, p. 24, ligne 2. *De don de mariage.* — « Ce chapitre « est tiré[1] en partie du second capit. de Dagobert, ou de la loy « des Allemans, ch. 92, *Si qua mulier*[2], etc. Et en cela l'on « suivoit l'ancien droit romain qui estoit en usage avant Cons- « tantin. Vide tit. *Cod. Theod.* et *Justinian.*, *De bonis maternis* « et ibi Jacob. Goth. et Cujacium. » (Laurière.)

Voyez cependant ci-dessus t. Ier, pp. 142, 143.

T. II, p. 24, ligne 4. *ce que l'an li done à porte de mostier en mariage.* — « Nous apprenons du ch. 79 du VIIe livre des « Capitulaires que les maris devoient constituer le douaire à « leurs femmes, de l'avis du curé et des amis communs : *conve-*

1. Il est évident que ce chapitre n'est pas *tiré* de la loi des Allemans : il n'y a aucun rapport de texte. Mais le rapprochement fait par Laurière garde un grand intérêt en lui-même.

2. Cf. Pertz, *Leg.*, t. III, pp. 78, 115 (lib. II, ch. 88 et 95).

« *niendus est sacerdos in cujus parochia nuptiæ fieri debent,* « *in ecclesia coram populo... et si licita omnia pariter inve-* « *nerit, tunc per consilium et benedictionem sacerdotis et con-* « *sultu aliorum bonorum hominum, eam sponsare et legitime* « *dotare debet*. De là vient que les doüaires ont esté constituez « aux portes des *moustiers* ou des églises, ainsi que les mariages « des femmes, c'est-à-dire ce que les femmes donnoient ou « apportoient en mariage à leurs epoux, comme il se voit dans « ce chapitre et dans le ch. 18 de ce livre. Voyez Bracton, « liv. IV, *De actione dotis*, cap. 10, fol. 305 verso. » (Laurière.)

« Il est parlé encore de ces dons faits aux portes des mous- « tiers ou des églises aux ch. 18, 19, 113 (présente édition, 20, « 21, 119). Voyez *Regiam majestatem,* liv. II, ch. 16, 18, où « la différence entre le *doüaire* et le *mariage* est remarquée. » (Du Cange.)

« On voit un reste de cet ancien usage dans les cérémonies « de la célébration du mariage : le futur époux, en présentant « à sa future la pièce de monnoie qu'a béni le prêtre, lui dit : « *Je vous doue du douaire qui a été convenu entre vos parens* « *et les miens.* » (Abbé de Saint-Martin.)

T. II, p. 24, ligne 4. *tient, sa vie.* — « Quand mesme l'en- « fant seroit decedé avant la mere. En quelques-unes de nos « Coûtumes, on a suivi le droit establi par Constantin et le « Capitulaire de Dagobert. Vide legem 1, *Cod., De bonis mater-* « *nis*, et les art. 48 et 49 du titre 14 de la Coûtume d'Au- « vergne, avec les commentaires de Basmaison. Ce droit estoit « en Auvergne et dans quelques autres Coûtumes, comme dans « le droit romain, une suite de la puissance paternelle, qui « estoit en 1270 en usage dans tout le royaume, et mesme dans « la prevosté et vicomté de Paris, comme nous l'apprenons de « l'auteur du *Grand Coûtumier*, liv. II, ch. 40, p. 264 à la fin. « On voit des restes de cet ancien droit dans l'art. 230 de la « Coûtume de Paris, à la fin, et dans le 382 de celle de Nor- « mandie, où il est nommé *Droit de viduité*. Ce dernier article, « qui merite d'estre icy transcrit, est en ces termes : *Home* « *ayant eû enfant né vif de sa femme, joüit par usufruit tant* « *qu'il se tient en viduité, de tout le revenu appartenant à* « *sadite femme, lors de son deceds, encore que l'enfant soit*

« *mort avant la dissolution du mariage; et s'il se marie, il ne* « *joüira que du tiers.* » (LAURIÈRE.)

T. II, p. 24, ligne 6. *par coi en ait aü qui ait crié et brait.* — « C'est-à-dire s'il a donné des marques de vie. La même « chose se trouve dans les loix d'Escosse, intitulées *Regiam* « *majestatem*, liv. II, ch. 58, § 1, en ces termes : *Cùm itaque* « *terram aliquam cum uxore sua quis acceperit in maritagio,* « *si ex eadem hæredem habuerit auditum, vel braxantem inter* « *quatuor parietes, si idem vir uxorem suam supervixerit, sive* « *vixerit hæres, sive non, illi viro pacificè in vita sua rema-* « *nebit terra illa. Post mortem vero ejus ad hæredem si vixe-* « *rit, vel ad donatorem vel ejus hæredem, terra revertetur.* « Les loix des bourgs d'Escosse, ch. 44, § 4, expriment cecy en « des termes plus latins : *Ita tamen quod vir ille habeat testi-* « *monium duorum legalium virorum, vel mulierum vicinarum,* « *qui audierunt infantem clamantem, vel plorantem.* Le *Spe-* « *culum Saxon.*, liv. Ier, art. 33 : *Idque mulier cum quatuor* « *viris qui eum plorantem audierunt, et cum duabus mulieri-* « *bus quæ ei in partu ministraverunt poterit comprobare.* De « sorte que *braire* est le *vagire* des Latins ; *brès* ou *brais vagi-* « *tus.* Le Glossaire grec-latin κλαυθμὸς παιδίου, *vagitus.* Le « roman de *Guarin* :

« *Grant sont li brés, et fier furent les cris.* »

(DU CANGE.)

« Voyez l'art. 382 de la Coûtume de Normandie rapporté ci- « dessus » (LAURIÈRE); un testament normand de 1255 publié par Barabé, *Rech. sur le tabel. royal.* Rouen, 1863, pp. 80, 81; une décision de l'Échiquier de 1241 dans Froland, *Mém. concernans le comté-pairie d'Eu*, p. 97; la *Cout. de Charroux* dans Giraud, *Essai sur l'hist. du droit franç.*, t. II, p. 402; Glanville, liv. III, ch. 18, 53; *Anc. cout. de Picardie*, édition Marnier, p. 15; *Assises d'Antioche, Assises des bourgeois*, ch. Ier, pp. 46, 48.

T. II, p. 24, ligne 7. *se einsi est que sa fame li ait esté donée pucele.* — « Quand mesme elle ne l'auroit pas esté et qu'elle auroit « eû quelque mauvais commerce, que le mary auroit ignoré,

« parce qu'il n'auroit pas esté juste[1] que le mary trompé eut « encore esté privé de ce droit de succéder à son enfant. Mais « si sa femme ne luy avoit pas esté donnée pucelle, comme alors « il auroit esté en faute, il y a, ce semble, lieu de dire qu'il auroit « dû estre privé de cette succession. Voyez l'observation sur le « chapitre qui suit.

« L'auteur de la glose de l'ancienne Coûtume d'Anjou nomme « mal icy *don pour noces*[2] ce que la femme donnoit à son mary « à la porte du moutier. On l'appelloit dans la basse latinité « *maritagium*, comme on peut voir dans Bracton et dans *Fleta*. « Chez les Romains c'estoit là dot; mais parmi nous les femmes « n'ont point d'autre dot que leurs doüaires, comme on l'a « prouvé dans le *Glossaire du droit françois* et dans les notes « sur le titre *Du doüaire* de la Coûtume de Paris.

« Ce mesme auteur remarque que le gentilhomme qui avoit « epousé une veuve ne joüissoit pas du benefice de ce chapitre, « ce qui peut estre vray. » (LAURIÈRE.)

15. *Notes sur les Établissements, liv. Ier, ch. 14* (ci-dessus t. II, pp. 24, 25).

Voyez, en général, sur ce chapitre, ci-dessus t. Ier, pp. 144, 145, 387.

Textes dérivés : *Anciens usages d'Artois*, XXXV, 7; *Livre des droiz*, 416; *Règles coutumières bretonnes*, 1re série, art. 44; *Abrégé champenois*, 99.

1. Je laisse à Laurière toute la responsabilité de cette distinction embarrassée : aussi bien, je préviens ici une fois pour toutes que je n'entends pas me rendre solidaire de toutes les opinions émises par les deux illustres annotateurs qui m'ont précédé; mais je reproduis toujours leurs notes, à moins qu'elles ne reposent sur quelque erreur matérielle évidente (ce qui est rare), qu'elles ne concernent des variantes de manuscrits déjà relevées dans mon édition ou qu'elles ne soient par exception dénuées de toute espèce d'intérêt.

2. Cf. Beautemps-Beaupré, *Coutumes et institutions de l'Anjou et du Maine*, 1re part., t. Ier, p. 189.

Rapprochez *Ét.*, liv. Ier, ch. 144; Wilda, *Strafrecht*, pp. 830, 847; Pertz, *Leges*, t. III, pp. 547, 664; Gaupp, *Commentationes de occcup. et div. provinc. agrorumque roman. particula prior*, Vratisl., p. 4; Thonissen, *L'organ. et la procédure pénale de la Loi Salique*, p. 209; Davoud-Oghlou, *Hist. de la législ. des anc. Germ.*, t. Ier, p. 35. 50; *Keurbrief de la châtellenie à Bruges* dans Gilliodts-van-Severen, *Coutumes des pays et comté de Flandre*, *Cout. du Franc de Bruges*, t. II, p. 13; *Keure de Gand* dans Warnkœnig, *Hist. de Flandre*, trad. Gheldolf, t. III, Bruxelles, 1846, p. 291; *Revue hist. du droit français*, t. XIII, p. 238. Joignez le can. 9 d'un concile de Pavie de l'an 850 dans Hefele, *Histoire des conciles*, trad. franç., t. V, pp. 383, 384.

T. II, p. 24, ligne 11. *ainz qu'ele soit.* — « Le sens de ce « chapitre est que la fille noble qui est convaincuë d'avoir eu « quelque mauvais commerce, soit qu'elle en ait enfant ou non, « est privée, de plein droit, de sa part et portion dans la suc- « cession de son pere ou de sa mere. Voyez l'ancienne Coûtume « de Normandie au ch. *De vüe.*

« Ce qu'il faut entendre quand mesme elle auroit epousé « celuy avec qui elle auroit esté en commerce. *Lex Visigoth.*, « lib. III, tit. II, cap. 8, *Si absque cognitione*, etc.

« Par les loix romaines, il n'estoit permis d'exhereder, dans « ce cas, les filles qu'avant vingt-cinq ans, et non aprés, parce « qu'aprés vingt-cinq ans, c'estoit la faute des peres et des « meres de ne les avoir pas mariées : *Si post viginti quinque* « *annos*, etc. (Auth. *Sed si post*, *De inofficioso testamento.*)

« Cette disposition du droit romain a esté suivie dans les « Coûtumes d'Anjou, du Maine, de Touraine et du Loudunois. « Dans les deux premieres à l'égard de la fille noble seulement, « et dans les deux dernieres tant à l'egard de la fille noble que « de la roturiere. Voyez Anjou, art. 251; Loudunois au titre de « *Succession de fiefs*, art. 28. » (LAURIÈRE.)

« Voyez la Coust. d'Anjou, art. 251, et les lois d'Escosse, « liv. II, ch. 49. » (DU CANGE.)

T. II, p. 25, ligne 2. *quant ele en est provée.* — « Voyez « l'anciene Coûtume de Normandie au ch. *De vüe.* » (LAURIÈRE.)

16. *Notes sur les Établissements, liv. Ier, ch.* 15 (ci-dessus t. II, p. 25).

Voyez, en général, sur ce ch., ci-dessus t. Ier, pp. 137, 138. Textes dérivés : *Livre des droiz*, 417. Rapprochez *Comp.*, 42.

T. II, p. 25, ligne 4. *est oirs de terre.* — « C'est-à-dire si « elle est heritiere et proprietaire d'une terre. » (LAURIÈRE.)

T. II, p. 25, ligne 6. *ce est la tierce partie.* — « Le sens de ce « chapitre est donc que la femme noble heritiere de terre joüit « pour son doüaire du tiers de la terre de son mary, mais que « son fils aîné joüit en recompense du tiers de la terre dont elle « est heritiere. En sorte qu'elle ne profite de rien, comme « doüairiere, à moins que la terre de son mary ne soit d'un « plus grand revenu que la sienne, ce qui a esté bien observé « par l'autheur de la Glose sur ce chapitre[1]. » (LAURIÈRE.)

Cette disposition de notre ch. 15 est un acheminement à la suppression pure et simple du douaire quand la femme est héritière de terre, disposition qui figure déjà dans la loi des Burgondes (tit. 74 dans *Fontes rerum Bernensium*, t. Ier, p. 121). En effet, dès le xve siècle, le droit angevin supprime le douaire (à moins d'une convention spéciale), quand la femme est héritière de terre (*Coutume dite de* 1411, art. 206; *Liger*, art. 730, dans Beautemps-Beaupré, 1re part., t. Ier, pp. 515, 516; t. II, p. 265; *Cout. d'Anjou, dernière rédact.*, art. 300, 302). Cette évolution nous ramène aux origines du douaire et nous montre bien qu'il est né de l'exclusion primitive de la femme de toute succession immobilière (voyez ci-dessus t. Ier, p. 135).

Le parallélisme entre les droits du fils aîné et ceux de la mère douairière se retrouve dans l'administration même de leurs biens : *Estrange coustume que, quant l'heritier vendoit sa part des boys de haulte fustaye, la vefve doueriere pouvoit vendre ceulx de son douere, quant il estoit* (corrigez peut-être : *n'estoit*) *memoire que autrefoys avoient esté vendus. Pour la vefve feu Geoffroy de Lezignan* (Delisle, *Restit. d'un vol. des Olim* dans Boutaric, *Actes du Parl. de Paris*, t. Ier, p. 399, no 567).

1. Voyez Beautemps-Beaupré, 1re part., t. Ier, p. 191.

Joignez le droit de retrait accordé au fils pour les achats du père (*Ét.*, liv. Ier, ch. 16).

T. II, p. 25, lignes 7, 8. *tierce partie en la soue.* — « Voyez « le ch. 19 (présente édit. liv. Ier, 21) cy-aprés. » (LAURIÈRE.)

17. *Notes sur les Établissements, liv. Ier, ch.* 16 (ci-dessus t. II, pp. 25, 26).

Voyez, en général, sur ce ch., ci-dessus t. Ier, pp. 132-143.

Texte dérivé : *Livre des droiz*, 418 (commencement du §).

Rapprochez *Compil.*, 42 ; *Ét.*, liv. Ier, ch. 137.

T. II, p. 25, ligne 10. *si n'a que le tierz.* — « Voir la Coust. « d'Anjou, art. 300 et 302, et celle du Maine, art. 314 et 316 ; « celle de Normandie, ch. 15, art. 352 ; celle du Grand Perche, « tit. 6, art. 111. » (DU CANGE.)

« C'est encore l'usage dans l'Anjou, le Maine, la Touraine et « le Loudunois. Voyez la Coûtume du Loudunois au titre de « *Douaire de femme noble*, art. 1er; Touraine, art. 326; Anjou, « art. 299; le Maine, art. 313; et le ch. 133 cy-aprés (présente « édition, liv. Ier, 137). » (LAURIÈRE.)

T. II, p. 26, ligne 3. *achat en son fié.* — Comparez le droit de retrait accordé à l'aîné. *Ét.*, liv. Ier, ch. 10 (ci-dessus t. II, p. 20).

T. II, p. 22, ligne 1. *mes ses sires li puet.* — « Voyez la « Coûtume du Loudunois, au titre de *Donaisons entre roturiers*, « art. 4; Touraine, art. 247, 243; le Maine, art. 334; Anjou, « art. 321, 325. » (LAURIÈRE.)

18. *Notes sur les Établissements, liv. Ier, ch.* 17 (ci-dessus t. II, pp. 26, 27).

Voyez, en général, sur ce chapitre, ci-dessus t. Ier, p. 22, note 4, pp. 108, 109.

Textes dérivés : *Anc. Usages d'Artois*, XXXV, 6; *Regles coutumières bretonnes*, 1re série, art. 50; *Livre des droiz*, 418; *Abrégé champenois*, 57.

Rapprochez : *Livre des droiz*, 548 ; *Ét.*, liv. Ier, ch. 143; Beaumanoir, ch. 13, § 9, 21; Ginoulhiac, *Hist. du rég. dot.*, pp. 308, 310; Kœnigswarter, *Hist. de l'org. de la famille en France*,

p. 221; divers actes cités par M. d'Espinay, *Cart. angevins*, p. 183; acte de 1085 dans Chevalier, *Cart. de Noyers*, p. 152; Laboulaye, *Recherches sur la condition civile et politique des femmes*, p. 337.

T. II, p. 26, ligne 7. *Gentis fame ne met riens en l'aumone son seignor.* — « C'est-à-dire qu'elle ne contribuë pas au paye-« ment des legs, qui ont esté faits par son mary. Voyez la « Coûtume d'Anjou, art. 238, le Maine, art. 255; Touraine, « art. 305; Loudunois, tit. 29, art. 8. Dans l'art. 7 de la « Coûtume de L'Ille, le *legataire* est nommé *aumônier*, et dans « les anciens titres les executeurs testamentaires estoient nom-« mez *eleemosynatores*, *eleemosynarii*. Voyez le *Glossaire du* « *droit françois.* » (LAURIÈRE.)

« Au ch. 112 (présente édition, liv. Iᵉʳ, ch. 118), dame ne « peut rien donner à son seigneur en aumosne, etc. Cecy est « expliqué en la Coust. d'Anjou, art. 238. » (DU CANGE.)

T. II, p. 26, ligne 8. *la moitié es muebles.* — « Anjou, « art. 338. Dans le Loudunois et la Touraine il n'y a que la « femme roturiere qui ait moitié aux meubles. Voyez la Coû-« tume de Touraine, art. 307, et du Loudunois, ch. 29, « art. 11. Entre nobles, la femme survivante a tous les meubles, « si elle veut. Touraine, art. 247. Loudunois au titre de *Suc-« cession de fiefs*, art. 14. » (LAURIÈRE.)

T. II, p. 27, ligne 2. *en son chois.* — Ainsi la femme noble peut renoncer à la communauté. Voyez sur cette question *Grand Cout. de Charles VI*, liv. II, ch. 41, cité par Pardessus, *Mém. de l'Institut*, X, 753. Le 18 juillet 1396, une femme noble, en signe de sa renonciation à la moitié des meubles de la communauté (renonciation qui a pour objet de lui éviter la charge de la moitié des dettes), jette sa ceinture, sa bourse et ses clefs sur le buffet de l'auditoire du Châtelet (Archives nationales, *Châtelet*, *Y* 5220, fol. 264 ou 266 verso; note communiquée par mon ami Gust. Fagniez).

19. *Notes sur les Établissements, liv. Iᵉʳ, ch.* 18 (ci-dessus t. II, pp. 27, 28).

Texte dérivé : *Livre des droiz*, 119.

Rapprochez *Très anc. Cout. de Bretagne,* 2e part., ch. 36.

T. II, p. 27, ligne 5. *Gentis fame doit avoir le herbergement sun seignor.* — « Le ch. 14 (présente édition, liv. Ier, ch. 16) « dit que *gentis fame si n'a que le tiers en douaire en la terre* « *son seignor,* c'est-à-dire de son mari. Et ce chapitre-cy dit « qu'elle *doit avoir le*[1] *herbergement sun seignor après sa* « *mort,* etc. La femme noble avoit-elle et ce tiers et cet[2] her- « bergement? L'autheur de la Glose sur cet article ne decide « pas cette question, mais les commentateurs de la nouvelle « Coûtume d'Anjou sur l'art. 309 tiré de ce chapitre disent que « l'usage est que cet hebergement fait partie du tiers des « immeubles du mary noble, dont la femme joüit par usufruit « pour son doüaire. Voyez du Pineau et Touraille sur cet « article. » (Laurière.)

T. II, p. 27, ligne 6. *jusques à tant.* — « Les Coustumes « d'Anjou, tit. 15, art. 309 et 311, et du Maine, tit. 16, art. 325 « disent la même chose, comme aussi les statuts d'Alexandre II, « roy d'Escosse, ch. 22, et celui de Jean, roy d'Angleterre, « dans Mathieu Paris, an. 1215, p. 178. » (Du Cange.)

T. II, p. 27, ligne 7. *le retour de la terre.* — « Celuy à qui « un bien doit retourner en a le *retour.* » (Laurière.)

T. II, p. 27, ligne 8. *en bon estat.* — « L'art. 311 de la « Coûtume d'Anjou a esté tiré de ce chapitre. » (Laurière.)

T. II, p. 28, ligne 4. *vignes.* — « La nouvelle Coûtume « d'Anjou adjoute que si elle laisse courre les vignes ou partie « d'icelles de tailler, ou de bescher, par deux années conti- « nuelles, elle perd tout son doüaire, et est tenuë neanmoins « de dedommager l'heritier. » (Laurière.)

20. *Notes sur les Établissements, liv. II, ch.* 19 (ci-dessus t. II, pp. 28, 29).

Voyez, en général, sur ce ch., ci-dessus t. Ier, pp. 153-159.

Textes dérivés : *Anciens Usages d'Artois,* XXX, 8, 9; *Livre des droiz,* 420; *Abrégé champenois,* 100.

1. Laurière, *les herbergemens.*
2. Laurière, *ces hebergemens.*

Rapprochez : Ord. de mai 1246, art. 6, 9, dans *Ord.*, t. Ier, pp. 59, 60; *Très anc. Cout. de Bretagne*, 2e part., ch. 35; 3e part., ch. 68; *Comp.*, 103; *Livre des droits*, 169; d'Espinay, *La féodalité et le droit civil français*, p. 195.

« Les articles 85 et 86 de la Coûtume d'Anjou ont été pris[1] « de ce chapitre. » (LAURIÈRE.)

T. II, p. 28, ligne 10; p. 29, lignes 1, 2. *ele tendroit le bail de son oir male jusques à* XXI *an.* — « La majorité feodale qui « estoit aussi la coûtumière des gentilshommes, estoit à vingt-« un an, parce qu'à vingt-un an tout mâle estoit presumé en « estat de porter les armes et de desservir son fief. Ce que « l'autheur de la Glose a trés bien remarqué sur l'art. 11 « de l'ancienne Coûtume d'Anjou. Voyez ce qu'on a remarqué « sur les *Instituts* de Loisel, liv. Ier, tit. 1er, regle 34, et cy-« après l'art. 140. » (LAURIÈRE.)

Aujourd'hui l'âge de la majorité « est fixé par le droit et par « plusieurs coutumes du royaume à vingt-cinq ans. Cependant « il en est qui réputent les enfans majeurs à vingt ans. La « majorité féodale réglée par la Coutume de Paris est la même « que celle réglée par ce chapitre des *Établissemens de saint « Louis*. L'art. 32 de la Coutume de Paris porte que *tout « homme tenant fief est tenu et réputé âgé de vingt ans accom-« plis, quant à la foi et hommage et charge de fief.* » (ABBÉ DE SAINT-MARTIN.)

T. II, p. 29, lignes 1, 2. *et le bail de sa fille jusques à* XV *anz.* — « Le bail finissoit à la fille à quinze ans, parce qu'à « cet âge elle pouvoit prendre un mary pour desservir son fief. « Voyez ce que j'ay remarqué dans mon *Glossaire* sur *Devoir « le mariage* en la lettre *M.* » (LAURIÈRE.)

T. II, p. 29, ligne 2. *por coi il n'i ait oir male.* — « Il y a « ainsi dans les manuscrits, et il semble resulter de là que « quand il y avoit un mâle, la fille ne tomboit pas en garde, ou « en bail, ce qui provenoit peut-estre de ce que l'aîné estoit « saisi des successions, comme on l'a observé sur le ch. 9[2] (pré-« sente édit., liv. Ier, 11), et de ce qu'il gagnoit les fruits des por-

1. Entendez : *s'y rattachent par bien des intermédiaires.*
2. Le texte que je reproduis porte par erreur 6.

« tions de ses puis-nées, jusques à ce qu'elles l'eussent sommé « de leur en faire partage. Voyez la Coûtume du Loudunois au « titre de *Succession de fiefs*, art. 6. » (LAURIÈRE.)

T. II, p. 29, ligne 3. *et toutes les choses doit ele tenir en bonne estance.* — « L'art. 311 de la Coûtume d'Anjou est tiré « en partie de ce chapitre. Voyez cet article. » (LAURIÈRE.)

Rapprochez Joinville, *Vie de saint Louis*, ch. 101, édit. Wailly, 1867, p. 348.

T. II, p. 29, lignes 5, 6, 7. *Et en ceste meïsme meniere tendroit ses sires, s'ele l'avoit.* — « C'est-à-dire si elle passoit en « secondes noces. Il y a dans l'anciene Coûtume d'Anjou glo- « sée : *Et en autele maniere tendroit son mary, si elle l'avoit « predecedé.* » (LAURIÈRE.) A propos des deux leçons *s'ele l'avoit* « et *se elle mouroit* (voyez ci-dessus t. II, p. 29, note 45), Laurière dit : « L'une et l'autre leçon peut avoir un bon sens. »

Il résulte de cette phrase que le beau-père (*vitricus*) a la jouissance des biens de son beau-fils (*privignus*) mineur; ce principe est, en effet, exprimé dans une charte tourangelle du XIe s. : *Hoc autem annuerunt matres eorum, quæ adhuc vivebant, et Galterius cognomento Hiesus, vitricus supradicti Hugonis qui in alio tempore illam terram habebat, sicut mos est vitricorum habere terram privignorum suorum.* (L'abbé Chevalier, *Cart. de Noyers*, p. 127.)

T. II, p. 29, ligne 7. *Et se ele et ses sires*, etc. — C'est cette idée que Loisel a formulée en ces termes : *Bail ou garde se perd par mesusage* (*Institutes*, liv. Ier, tit. IV, règle 20).

T. II, p. 30, ligne 2. *bois ou estanz qui n'aüst autre fois esté vanduz.* — Rapprochez : *Cout. de Bar*, art. 211; *Très anc. Cout. de Champ.*, art. 18.

Sur le revenu et l'importance des étangs au moyen âge il faut lire d'excellentes observations dans Championnière, *De la propriété des eaux courantes*, pp. 611, 613, 619.

T. II, p. 30, lignes 2, 3. *cil à qui li retors de la terre devroit avenir.* — « C'est-à-dire le plus proche heritier paternel de « l'enfant à qui par la mort de l'enfant la terre devroit retour- « ner, etc. » (LAURIÈRE.)

21. *Notes sur les Établissements, liv. Ier, ch.* 20 (ci-dessus t. II, p. 30).

Voyez, en général, sur ce ch., ci-dessus t. Ier, pp. 151-153.

Textes dérivés : *Livre des droiz*, 421; *Prét. Ord. de Jean II, duc de Bret.*, art. 4; *Règles cout. bret.*, 1re série, art. 2, 45.

« Ce chapitre est pris[1] du ch. 4. de la convention qui fut « faite sous le regne de Philippe-Auguste entre les clercs, le « roy et les barons, au sujet de la jurisdiction qui est en ces « termes : *Preterea volunt rex et barones, quod vidua possit « conqueri regi, vel Ecclesiæ, si voluerit, de dotalitio suo. Et « si conquesta fuerit Ecclesiæ, et ille a quo petit dotalitium, « dicat quod respondebit coram domino de quo feodum movet, « Ecclesia potest cogere ipsum ad respondendum et decidere « causam inter eos de jure.* » (LAURIÈRE.)

Rapprochez : *Comp.*, 53; *Très anc. Cout. de Champagne*, art. 36, *On use en Champaingne que toutes femez vevez*, etc.[2]; *Ét.*, liv. Ier, ch. 137; *Livre des droiz*, 89; *Très anc. Cout. de Bretagne*, 2e part., ch. 32; *Anciens Usages d'Artois*, XI, 1; XXXIII, 1.

T. II, p. 30, ligne 6. *gentis fame.* — « Il en estoit de mesme « de la femme roturiere ou de pôte, suivant l'art. 133 (présente « édit., liv. Ier, ch. 137). Voyez les *Institutes* de Loisel, « liv. Ier, tit. Ier, règle 19 avec la note. Ce droit est encore pra- « tiqué en Anjou, comme il se voit par l'art. 313 qui parle de « la femme sans distinguer la noble de la roturiere. Vide « *Regiam majestatem*, lib. II, cap. 59, p. 64, et Glanvillam, « lib. VII, cap. 18. » (LAURIÈRE.)

T. II, p. 30, ligne 6. *puet bien plaidier de son douaire.* — « Voyez les Coustumes d'Anjou, tit. 15, art. 313, et du Maine, « tit. 26, art. 326. » (DU CANGE.)

1. Cet art. 4 que cite Laurière et le présent ch. 20 n'ont entre eux aucun rapport de texte.

2. Je me sers de préférence, pour le texte de cette Coutume, d'une copie manuscrite que M. A. de Barthélemy a bien voulu me communiquer, copie destinée à l'édition nouvelle qu'il prépare et que nous attendons avec impatience.

T. II, p. 30, lignes 7, 8. *en qui chastelerie il sera.* — « La « *chastellerie* est la mesme chose que la *chastellenie*, c'est-à-« dire la justice ou juridiction du chastelain. Voyez les Coû-« tumes d'Anjou, du Maine, de Touraine et du Loudunois aux « titres *Des droits du seigneur chastelain.* La femme noble, « suivant ce chapitre, pouvoit donc demander son doüaire en « la Cour du seigneur chastelain, s'il y estoit, c'est-à-dire si « le doüaire y avoit son assiete, et s'il se prenoit sur des « immeubles... Voyez l'art. 133 (présente édition, liv. Ier, « ch. 137). » (LAURIÈRE.)

T. II, p. 30, ligne 8. *il sera.* — Sur la variante *ele sera* (p. 30, note 11) Laurière remarque : « Ce qui estoit vray, si l'heri-« tage chargé du doüaire estoit dans la mesme chastellerie, ou si « le doüaire devoit estre pris sur les meubles du mary qui y « estoit decedé. » (LAURIÈRE.)

T. II, p. 30, ligne 8. *ou en la cort de Sainte Iglise.* — « C'est-« à-dire en l'officialité. L'Eglise s'estoit attribué ce droit, parce « que suivant les loix romaines, les maris estans obligez de « doter leurs femmes, on ne les marioit pas qu'ils ne les eussent « dotées, ce qui se faisoit à la porte de l'Eglise et du consente-« ment du curé. *Regiam majestatem*, lib. II, cap. 16, *De dote :* « *Dos dicitur duobus modis. Dicitur enim dos vulgariter quod* « *liber homo dat sponsæ suæ ad ostium Ecclesiæ tempore des-* « *ponsationis. Tenetur autem unusquisque tam de jure cano-* « *nico quam de jure seculari, sponsam suam dotare tempore* « *desponsationis.* Vide tit. *Decretal.*, *De donationibus inter* « *virum et uxorem*, et ibi Germonium et Cironium. »

T. II, p. 30, lignes 9, 10. *Et einsi puet faire gentis hom de son mariage qui li a esté doné à porte de mostier.* — « Voyez « la note sur le ch. 11 (présente édition, liv. Ier, ch. 13. » (LAURIÈRE.)

T. II, p. 30, ligne 10. — O^1, comme les nombreux mss. auxquels fait allusion la note 18 de la page 40, porte : *mostier, por quoi sa fame li ait esté donée pucele.* L^1 n'a pas cette addition. — « Voyez ce qu'on a remarqué sur le ch. 11 ci-dessus (présente « édition, liv. Ier, ch. 13). » (LAURIÈRE.)

22. *Notes sur les Établissements, liv. Ier, ch.* 21 (ci-dessus t. II, p. 31).

Voyez, en général, sur ce ch., ci-dessus t. Ier, pp. 121-130.

Textes dérivés : *Livre des droiz*, 422; *Prétendue Ord. de Jean II, duc de Bretagne*, 5; *Règles coutumières bretonnes*, 1re série, art. 20. Rapprochez : *Liger*, 769, 1444, 1509.

« Cet article est obscur. En voicy le sens :

« Lors qu'un gentilhomme marie son fils ou qu'il le fait che-« valier, il doit, suivant la Coûtume, luy donner le tiers de sa « terre.

« Mais la question est de sçavoir s'il luy doit faire partie ou « luy donner part dans ce que sa femme luy a apporté en « mariage à porte de moustier.

« Il faut distinguer : ou la femme n'a pas esté heritiere de « terre, ou elle a esté heritiere de terre.

« Si elle n'a pas esté heritiere de terre, le gentilhomme ne « donne rien de ce que sa femme luy a donné à porte de « moustier.

« Mais si elle a esté heritiere de terre, le fils doit avoir le « tiers de la terre de sa mere. Voyez le ch. 13 cy-dessus (pré-« sente édition, liv. Ier, ch. 15).

« On void par ce chapitre qu'on ne marioit pas alors les « aînez, comme heritiers principaux, et que les institutions con-« tractuelles, ou reconnoissances d'aînez n'estoient pas encore « connuës. V. l'art. 245 de la Coût. d'Anjou. » (Laurière.)

Rapprochez l'analyse suivante d'un acte de 1287 : Geoffroy Savary, seigneur de Montbazon, est fait chevalier et donne quittance de 22 livres qu'il reconnaît avoir reçues *pro pallio novæ militiæ*. (Chalmel, *Tablettes chronologiques*, p. 154.)

T. II, p. 31, ligne 2. *fil.* — Il s'agit évidemment du fils aîné. La prétendue *Ordonnance de Jean II* ajoute avec raison le mot *aîné*.

23. *Notes sur les Établissements, liv. Ier, ch.* 22 (ci-dessus t. II, pp. 31, 32, 33).

Voyez, en général, sur ce ch., ci-dessus t. Ier, pp. 118, 119.

Textes dérivés : *Abrégé champenois,* 101; *Livre des droiz*, 423, 1er alinéa; *Anc. Usages d'Artois*, XXXIII, 3, 4; *Prét. Ord. de Jean II, duc de Bretagne*, 6; *Règles cout. bretonnes,* 1re série, 19, 40.

T. II, p. 32, ligne 1. *Se ainsi estoit que gentis hom.* — « Les « art. 303 et 304 de la Coûtume d'Anjou ont esté pris de ce « chapitre, et ne font neanmoins aucune distinction entre « l'homme coûtumier et l'homme noble. » (LAURIÈRE.)

T. II, p. 32, ligne 5. *elle avroit*[1] *en ses escheoites son douaire.* — « Selon Beaumanoir, dans ses Coûtumes de Beau- « voisis, ch. 13, *Du doüaire*, p. 76, la femme ne devoit avoir « doüaire, que sur les biens qui échoioient à son mary en ligne « directe, pendant le mariage et non aprés, *se aucune descenduë « d'heritage vient à l'omme, ou temps qu'il a fame, comme de « son pere, ou de sa mere, ou de son ayol, ou de s'ayole, ou de « plus loing en descendant, et li hons müert, puis chele descen- « duë, ains que la fame, la fame emporte la moitié pour raison « de doüaire. Mes se la descenduë ne vient devant que li hons « est mors, tout soit che que elle en ait enfans, elle n'i püet « demander doüaire, car li barons n'en fut onques tenant; « ainchois vient as hoirs*, etc., p. 76. Et ainsi il doit paroistre « extraordinaire que ce chapitre donne doüaire à la femme sur « des biens dont son mary n'a jamais esté saisi, et qui ne luy « ont jamais appartenu.

« La decision de ce chapitre ne laisse pas que d'avoir sa « raison, parce que le pere, la mere, l'ayeul et l'ayeule, qui « sont presens au mariage de leur fils, et qui y donnent leur « consentement, constituënt tacitement à sa femme son doüaire « sur leurs biens, de leur consentement, pour en joüir apres « leurs deceds. D'où ce doüaire est appelé *Douvement ex con- « sensu patris*, dans Littleton, au titre *Of douver*, section 4. « Vide *Regiam Majestatem*, lib. II, cap. 16, *De Dote*, nos 75, « 76. Ce chapitre est encore suivi dans plusieurs de nos Coû- « tumes. Voy. celle d'Anjou, art. 303, celles du Maine, art. 317, « de Touraine, 353, de Normandie, 369, et ma note sur les « *Institutes de Loisel*, livre Ier, tit. 3, règle 3. » (LAURIÈRE.)

1. Laurière : *a en ses choses son.*

T. II, p. 32, ligne 6. *Et en toutes autres escheoites.* — « Les « eschoites, selon Beaumanoir, sont les successions collatérales : « *Si terre*, dit cet autheur, *eschoit de costé à cheli qui est « mariés, comme de oncle ou d'antain, de frere, ou de sereur, « ou de plus lointaing degré de lignage, et li hoirs muert, « la feme n'a nul doüaire en tele maniere d'eschoite. Mes si « aucune tele eschoite est eschue à l'oume, avant que il l'ait « epousé, il est aperte chouse que elle en est doüée, aussint bien « comme dou propre heritage de l'oume.* Chapitre *Du doüaire*, « p. 76, et tel est l'usage. Voyez le chap. suivant. » (Laurière.)

24. *Notes sur les Établissements, liv. Ier, ch.* 23 (ci-dessus t. II, p. 33).

Voyez, en général, sur ce ch., ci-dessus t. Ier, pp. 384-385.

Textes dérivés : *Livre des droiz*, 423, 2e alinéa; *Somme rural*, 1re part., tit. 78, *Coustume selon la prevosté de Paris* (édit. de 1621, p. 460); *Règles coutum.*, 1re série, art. 3.

Rapprochez : *Compilatio*, 69; *Jostice et plet*, p. 235; *Abrégé champ.*, 56.

T. II, p. 33, lignes 4, 5. *Toutes escheoites qui aviennent entre freres sunt à l'ainné puis la mort au pere.* — « C'est-à- « dire qu'aprés la mort du pere toutes les successions collate- « rales sont à l'aîné.

« L'autheur de la glose de l'ancienne Coûtume d'Anjou, sur « cet article, qui est le 15. dit que de son temps quelques-uns « soutenoient que l'aîné ne succedoit à celuy de ses freres « puinez qui decedoit, à l'exclusion des autres puinez, que « quant tous les enfans tenoient leurs parts divisément, mais « que quand les enfans joüissoient tous ensemble de leurs « parts par indivis, ils se succedoient reciproquement à l'exclu- « sion de leur aîné.

« Et la question s'estant presentée depuis de sçavoir com- « ment on devoit en user et quand c'estoit l'aîné qui estoit « decedé, l'art. 23 de la Coûtume du Loudunois du titre de « *Succession de fiefs*, et l'art. 282 de la Coûtume de Touraine « ont decidé qu'entre nobles les successions collaterales viennent « à l'aîné ou aînée et n'y prennent rien les puinez, fors en deux

« cas, l'un quand lesdits puinez tiennent leur partage ensemble « et l'autre quand la succession naist et procede du frere aîné « ou d'autre parent chef de la ligne ou souche, dont ils sont « descendus, ou de ceux qui les representent; car si tele succes- « sion advient, tous les membres en sont abbrevez, en maniere « que l'aîné en aura les deux parts, ensemble l'avantage, comme « en succession directe, et tous les puinez le tiers. Voy. l'art. 283 « de la mesme Coûtume et Hevin dans ses notes sur Frain, « pp. 878-879. » (LAURIÈRE.)

T. II, p. 33, note 18, variante *droites aventures*. — « *Rec-* « *tum caducum sive recta escheeta*, en un titre de l'an 1279 « aux preuves de l'*Hist. des ducs de Bourg.*, p. 94. » (DU CANGE.)

25. *Notes sur les Établissements, liv. Ier, ch.* 24 (ci-dessus t. II, pp. 33, 34).

Texte dérivé : *Livre des droiz*, 424. Rapprochez : *Règlement sur les rachats de* 1235 dans *Ord.*, t. Ier, p. 55; G. d'Espinay, *les Cart. angev.*, p. 211; *Jostice et plet*, pp. 231, 232; *Compil.*, 76; *Ét.*, liv. Ier, ch. 66; une reprise de fief de 1255 dans *Bibl. de l'École des chartes*, F, III, 558; une mention de rachat de fief en 1250 dans Chalmel, *Tablettes chronol.*, p. 145; d'Espinay dans *Revue hist. du droit franç.*, t. VIII, p. 551.

T. II, p. 33, ligne 9. *Nuns gentis hom.* — « La raison est « que le parage n'avoit lieu en ce temps qu'entre nobles. Voyez « l'art. 212 de la Coûtume d'Anjou, à la fin. Depuis on l'a « estendu aux *non nobles,* quand les fiefs tomboient *en tierce* « *foy*. Voyez le ch. 23 cy-aprés, à la fin, l'art. 2 de la Coûtume « du Loudunois au titre *De succession de gens roturiers*, et ce « que j'ay remarqué dans mon *Glossaire* sur *Tierce foy et tierce* « *main.* » (LAURIÈRE.)

T. II, p. 33, lignes 9, 10. *ne fait rachat de riens qui li eschie de vers soi jusques il ait passé cosin germain.* — « Sui- « vant ces *Establissemens*, l'aîné noble garantissoit en parage « ses puinez, sous son homage, en sorte que pendant cette « garantie il paraissoit seul seigneur de tout le fief, quoyque « ses freres puinez y eussent leur part. Cette garantie en parage

« duroit jusques à tant que le degré de cousin germain, c'est-« à-dire le quatrieme degré de parenté eut esté passé, et que la « parenté fut du quart au quint qui estoient les degrez où les « mariages estoient permis suivant le ch. *Non debet*, *Extra*, « *De consanguinitate*. Le sens de ce chapitre est donc qu'il n'y « a point de rachat, tant que le parage dure. Voyez Cosme « Beschet dans son Commentaire sur les usages de Xaintes, « p. 149, ligne 18, p. 156, ligne 14, et p. 158, vers la fin, et « ce qu'on remarque sur le ch. 42 (présente édition, 46) de ce « livre. » (LAURIÈRE.)

T. II, p. 34, ligne 2, note 25, *franchise*. — Sur ce mot *franchise* fourni par tous les mss. des *Ét.*, y compris *L*[1] *O*[1], Laurière fait cette observation : « Le parage est appellé *franc* parce « que l'aîné qui garantit ses puinez sous son homage, les affran-« chit de tout devoir, pendant que le parage dure. *Demander* « *franchise* n'est donc icy autre chose que demander la garan-« tie en parage, ce qui ne peut estre demandé que par les cou-« sins germains, ou autres plus proches parens, c'est-à-dire « par ceux qui sont dans le quatrieme degré ou plus prés, « parce que le parage finit dés que la parenté est du quart au « quint degré.

« Dans l'ancienne Coûtume d'Anjou glosée il y a : *Nul* « *homme ne puet demander fraresche ne partie, se il n'est* « *cousin germain ou plus prés.* » Suivant cette Coutume « il « faudroit dire qu'on ne pourroit demander partage, si l'on « n'estoit cousin germain ou plus près, car *frasresche* et *par-* « *tage* ne sont qu'une mesme chose; ce qui n'a aucun sens. » (LAURIÈRE.)

Malgré ces observations de Laurière, j'ai repris *frareshe* dans ε ζ η et l'ai substitué à *franchise* fourni par les mss. des *Établissemens* : *frareshe*, en effet, est souvent synonyme de *parage*, ainsi que du Cange l'a établi[1] : *demander frareshe* serait donc quelque chose comme *demander les avantages du parage* et deviendrait un synonyme de l'expression *demander franchise* préconisée par Laurière. Quant aux deux mots *ne partie* de la

1. Du Cange, *Du frerage et du parage, Dissert.*, III, à la suite de l'*Histoire de saint Louys*, par Joinville. Paris, 1668, pp. 148, 150.

Coutume glosée, ils n'appartiennent ni à la Coutume primitive de Touraine-Anjou, ni à aucun ms. des *Établissements*.

Cette synonymie de *parage* et de *frerage* en certains cas n'est pas surprenante : il est bien certain que dans son sens primitif *frerage* ou *fraresche* est synonyme de *partage* et plus particulièrement encore de *partage entre frères ;* or le *parage* suppose précisément un *partage* ou *frerage* préalable. On voit que les deux mots se rejoignent : je traduisais tout à l'heure *demander fraresche* par *demander les avantages du parage :* c'est peut-être aussi *demander le partage dans les conditions particulières qui entraînent le parage.*

Sur la synonymie de *franchise* et de *fraresche* voyez ci-dessus t. II, p. 23, note 34, et les textes cités t. Ier, p. 376.

T. II, p. 34, ligne 4. *rachat.* — « Le rachat est un droit « féodal dû au seigneur, et qui a lieu en général pour toutes « les mutations non sujettes au quint ou aux lods et ventes. Le « droit de rachat dans la Coutume de Paris consiste en une « année du revenu des biens qui y sont sujets, ou en l'estima- « tion faite de ce revenu par experts nommés tant par le sei- « gneur que par le vassal, ou en une somme offerte de la part « du vassal, au choix du seigneur, qui a quarante jours pour « se décider, d'après les offres qui lui en ont été faites. » (ABBÉ DE SAINT-MARTIN.) Cf. Beautemps-Beaupré, t. IV, pp. 181-186.

26. *Notes sur les Établissements, liv. Ier, ch.* 25 (ci-dessus t. II, pp. 34, 35).

Voyez, en général, sur ce ch., ci-dessus t. Ier, pp. 168, 169.

Textes dérivés : *Livre des droiz*, 425 ; *Règles cout. bret.*, 1re série, art. 4.

Rapprochez : *Ét.*, liv. Ier, ch. 10, 12, 134, 147 ; *Comp.*, 111.

A lire : A. de Barthélemy, *Étude sur les lettres d'anoblissement*, pp. 7, 8 ; A. de Barthélemy, dans *Bibl. de l'École des chartes*, V^e^ série, t. II, p. 128.

T. II, p. 34, ligne 8. *de gentil fame.* « Voir l'art. 252 de « la Coust. d'Anjou. » (DU CANGE.)

T. II, p. 34, ligne 8. *Villain.* — « *Villa.* dans les auteurs du « moien temps, est ce que les Latins appellent *vicus*. La vie de

« saint Georges, premier evesque de Puy en Velay : *in quodam* « *vico, quem situm juxta fluvium Bornæ vulgaris lingua vil*- « *lam nuncupavit, eo quod pollerit quondam frequentia pagen*- « *sium, ac pluribus tuguriis.* Voy. Edoüard Cok sur Littleton, « sect. 171. Delà ceux qui habitoient ces villages ont esté « nommez *vilains*, et dans les auteurs et les titres latins *vil*- « *lani.* Vitalis Episc. apud Blancam in *Comment. rer. Aragon*, « p. 729 : *Villani sunt dicti a villa, eo quod in villis commo*- « *rantur qui et rustici a ruribus quæ excolunt.* Et parce que « ces sortes d'habitans estoient personnes non nobles et ordi- « nairement laboureurs et fermiers, d'où ils sont encore appel- « lez dans les titres *coloni* et par consequent sujets aux tailles « et aux imposts des seigneurs et autres corvées, on a donné ce « nom à tous les roturiers et aux non nobles. Voy. Pierre de « Fontaines, ch. 21. Ils estoient mémes dans le commerce « comme les serfs dépendans des seigneurs, desquels ils rele- « voient, qui en disposoient comme de personnes qui leur « appartenoient, comme on peut recueillir de divers titres rap- « portez par Orderic Vital, liv. VI, pp. 602 et 603 ; par M. de « Marca en l'*Hist. de Bearn*, liv. VI, ch. 13, n. 6 ; en l'*Hist. de* « *S. Martin des Champs*, p. 16 ; par Blanca, au lieu cité et « autres. Et comme ces villains pouvoient posseder des terres, « ces mémes terres estoient dites estre possedées en villenage, « desquelles Littleton a fait un chapitre entier qui commence « à la section 172. J'espere de parler ailleurs plus amplement « de toute cette matiere. » (Du Cange.)

T. II, p. 34, ligne 8. *costumier.* — « *hommes costumables* « au ch. 39. Ces mémes *villains* sont encore nommez *coustu*- « *miers* dans nos Coustumes et dans les titres, parce qu'ils « estoient sujets aux prestations et aux tributs que les seigneurs « exigeoient de leurs hommes, qui sont appellez *consuetudines* « dans Cassiodore, liv. Ier, ep. 10 ; liv. III, ep. 23 ; liv. VII, « ep. 2., Gregoire de Tours, liv. IX, c. 30, etc. ; συνήθειαι dans « la *Novelle* de Justinian (c. 12), 128 ; dans Anne Comnene, « lib. III. *Alex.* p. 85, et dans Leon in *Tact*, c. 19, § 18, etc. ; « d'où ces coustumiers sont appellez *consuetudinarii* dans les « titres latins qui se lisent dans l'*Hist. des comtes de Poitou* de « Besly, pp. 467, 496, 504, 505 et 543, Tom. IV *Gall. Christ.*,

« p. 150; *custumarii* en d'autres, comme je feray voir ail-« leurs. » (DU CANGE.)

T. II, p. 34, ligne 8. *vilain costumier.* — « C'est-à-dire « homme non noble ou roturier. Quelques fois par *vilain* dans « nos Coûtumes on entend un serf, comme quand on dit que « *le chanteau part le vilain*, et quelques fois on entend sim-« plement un *roturier* comme icy. *Vilain* vient de *villa*, d'où « nous avons fait *village*. Le roturier estoit aussi appelé *coûtu-« mier*, parce qu'il estoit sujet aux prestations ou tributs nom-« mez *coûtumes*. Voyez la Coûtume du Loudunois au titre *De « succession de roturiers ou coutumiers.* » (LAURIÈRE.)

T. II, p. 35, lignes 1, 2, 3. *fié de vers la mere... s'il n'i a foi à faire.* — « Icy le fief se prend simplement pour heritage ou « fond. Dans l'art. 63 des *Constitutions du Chastelet*, que j'ay « fait imprimer aprés mes notes sur la Coûtume de Paris, ces « sortes de fiefs sont nommez *vilains*, à la différence des *fiefs « nobles.*

« Anciennement en Normandie et en Angleterre, *fief* se pre-« noit aussi pour toute sorte d'heritage. Voyez Littleton dans « ses *Instituts*, ch. Ier, section 1. Touchant le partage des « coûtumiers par testes voyez cy-aprés les ch. 130, 137[1] (pré-« sente édition, liv. Ier, ch. 136, 143). » (LAURIÈRE.)

T. II, p. 35, ligne 3. *et s'il i a foi à faire.* — « C'est-à-« dire si le fief est franc ou noble. Selon Beaumanoir, qui finit « les Coûtumes du Beauvoisis en 1283, par l'ancien droit de la « France et par nouvel establissement, il n'y avoit que les « nobles ou gentilshommes qui pouvoient posseder des fiefs. « Voyez cet autheur, ch. 48.

« Mais nous apprenons de ce mesme autheur que les enfans « qui estoient nez de mere noble et de pere roturier estoient « nobles et gentilshommes, et que de droit ils pouvoient posse-« der des fiefs. En sorte qu'ils differoient seulement des nobles « et des gentilshommes *de parage* ou *de par le pere* en ce qu'ils

1. Bien que le renvoi soit fait par Laurière, ces numéros sont ceux de l'édition de du Cange. La plupart des renvois de Laurière présentent cette particularité qui peut donner lieu à de graves méprises.

« ne pouvoient estre chevaliers comme les derniers. *Servitude*, « dit Beaumanoir, ch. 45, pp. 252, 255, *vient de par les meres*, « *car tuit li enfant que celle porte qui est serve, sont serf, tout* « *soit il ainsint que li pere soit franc home nez. Se li pere estoit* « *chevaliers et il epousoit une serve, si seroit tuit li enfant sers.* « *Tout soit il ainsint que li gentillesse par laquelle l'en puist* « *estre chevaliers, doie venir de par le pere... Quand le mere* « *est gentilfame et le pere ne l'est pas, li enfant si ne püent* « *estre chevaliers. Et nepourquant li enfant ne perdent pas* « *l'estat de gentillesse dou tout, ainchois sont demené comme* « *gentilhome dou fait de leur corps, et püent bien tenir fief;* « *lesquelles choses vilain ne püet tenir.* Ainsi, au rapport de « Monstrellet, vol. 1ᵉʳ, ch. 57, p. 91, Jean de Montagu, surin- « tendant des finances sous Charles VI, natif de Paris, estoit « gentilhomme de par sa mere. De là vient, suivant ce chapitre, « que les enfans issus de gentilfame et de pere vilain pouvoient « *tenir fié.* Voyez le ch. 128 (présente édition, liv. Iᵉʳ, ch. 134). » (LAURIÈRE.)

T. II, p. 35, ligne 4. *en aventage.* — « Voyez l'art. 2 de « la Coûtume du Loudunois au titre *De succession de rotu-* « *riers.* » (LAURIÈRE.)

T. II, p. 35, ligne 4. *chesé.* — Ici Laurière, commentant la mauvaise leçon *ou une chose à son choix* (note 46), renvoie au ch. 17 de la Coutume d'Anjou glosée où, dit-il, « il y a mieux; « *un choisé, caput mansi*, appellé *chezé* par la Coutume du « Loudunois dans l'art. 4, au titre *De succession de fiefs*, ce « qui n'est autre chose que le *coq* ou le *vol du chapon* dont il « est parlé dans le ch. 10 (présente édition, liv. Iᵉʳ, ch. 12). »

Le mot *coq* est-il autre chose qu'une mauvaise transcription de *chezé?* J'en doute beaucoup : le rapprochement avec *vol du chapon* me paraît plus ingénieux que vrai.

Sur le *chesé* voyez un texte intéressant dans Beautemps-Beaupré, *Cout. et instit. de l'Anjou et de Maine*, t. Iᵉʳ, p. 476, note 8.

T. II, p. 35, ligne 7, note 50. Sur les mots *en parage.* — « Le parage, comme on l'a remarqué sur le ch. 22 (présente « édition, liv. Iᵉʳ, ch. 24), n'a lieu qu'entre nobles de par le « pere, ainsi qu'il est dit dans l'art. 212 de la Coût. d'Anjou,

« de sorte que la garantie dont il s'agit icy et dans le ch. 10 « (présente édition, liv. Ier, ch. 12) n'est pas d'un veritable « parage. » (Laurière.)

T. II, p. 35, ligne 9. *en la tierce foi.* — « Il y avoit lieu à « la tierce foy, quand le fief possedé par l'ayeul et le pere « echoioit au petit fils. Voyez la Coûtume du Loudunois, au « titre *De succession de roturiers*, art. 2. » (Laurière.)

T. II, p. 35, lignes 9, 10. *puis se departira touz jorz mais gentilment.* — « C'est-à-dire *par les deux parts et par le tiers*, « comme entre nobles de par le pere, dont l'aîné a les deux « tiers des fiefs et les puinez le tiers, ce qui est une preuve que « la possession des fiefs, continuée en ligne directe, anno- « blissoit à *la tierce foy*, comme l'a remarqué le Poggio *De* « *nobilitate* dont les termes meritent d'estre icy rapportez : « *Mercatorum aut quorumvis opificum filii, qui divitiis præs-* « *tant*, *aut empto prædio rus se conferunt urbe relicta,* « *atque ejus fructu contenti seminobiles evadunt, suisque pos-* « *teris nobilitatem præbent, aut principibus famulantes atque* « *prædio collato, pro nobilibus honorantur. Ita plus illis rura* « *et nemus conferunt quam urbes ad consequendam nobilita-* « *tem.* Et ce fut une des raisons pour lesquelles ces personnes « furent taxées pour les francs fiefs. Voyez Bouteiller, dans sa « *Somme*, liv. II, tit. 1er, p. 654, ligne 27. » (Laurière.)

27. *Notes sur les Établissements, liv. Ier, ch.* 26
(ci-dessus t. II, p. 36).

Voyez, en général, sur ce chapitre, ci-dessus t. Ier, pp. 123; 167, 168; 299-301; 322, 323.

Textes dérivés : *Anc. Usages d'Artois*, XI, 24; *Prét. Ord. de Jean II*, 7; *Règles cout. bret.*, 1re série, 7; *Livre des droiz*, 426; *Somme rural*, ch. *Du droit au baron ou au ber*, dans l'édit. de 1621, p. 899 (ce passage accuse aussi l'influence des *Établ.*, liv. Ier, ch. 27; liv. II, ch. 33).

Rapprochez : *Assise de Geoffroi, duc de Bretagne,* art. 1er dans *Hévin sur Frain*, t. II, p. 518; *Abrégé champ.*, 40; Laurière, *Glossaire*, t. Ier, p. 143 et suiv.

T. II, p. 36, ligne 2. *Baronie ne depart mie.* — « Plusieurs

« de nos Coustumes sont conformes à ce qui est dit icy, que les « baronies, ni leurs droits et leurs prerogatives ne se partagent « point entre freres, comme celles d'Anjou, art. 215-278; du « Maine, art. 254, 294; de Tours, art. 284; de Lodunois, « ch. XXVIII, art. 1 et 2; de Meaux, art. 160; de Bar, art. 2; de « Normandie, ch. XXVI, art. 1er, etc. » (Du Cange.)

« Ce chapitre est expliqué par les commentateurs de la Coû- « tume d'Anjou, sur l'art. 278; de celle du Maine, sur l'art. 294, « 295, et du Loudunois sur le ch. XXVIII, art. 1, 2 et 3. Voyez « le ch. XXXVI de celle du Loudunois, liv. II, et Loiseau, *Des « seigneuries*, ch. VI, n. 12, 13, etc. » (Laurière.)

Rapprochez cet argument produit au XIIIe s. dans une difficulté judiciaire : le sire de Coucy, disait-on, n'a pas une baronnie, car les terres de cette seigneurie ont été divisées (Capperonnier, *Histoire de saint Louis*, 1761, p. 234). Joignez *Jostice et plet*, pp. 233, 234.

T. II, p. 36, lignes 3, 4. *avenant bienfait*. — « La Coust. « d'Anjou, art. 212 dit que l'avenant bienfait est le tiers des « biens d'un deffunt, le preciput de l'aîné deduit, qui se donne « aux puînez leur vie durant, ce tiers aprés leur decés retour- « nant à l'aîné. » (Du Cange.)

Rapprochez cette explication fournie par la Coutume d'Anjou dite de 1411 : *en bienfait seullement, c'est assavoir leur vie durant* (Beautemps-Beaupré, 1re partie, t. Ier, p. 476). Le texte primitif était probablement ici : *avenant partie en bienfait*. Voyez présent volume, p. 9, note 21.

T. II, p. 36, ligne 3. *Bers si a toutes justices*. — « Voyez « Phil. de Beaumanoir, ch. 58, où il rapporte toutes les prero- « gatives de la baronie. » (Du Cange.)

T. II, p. 36, ligne 6. *ne li rois ne puet metre ban en la terre au baron*. — « *metre ban, Bannum mittere*, dans les titres, « apud Ughellum in *Italia Sacra*, t. Ier, pp. 849, 852, et ailleurs « est *mettre ban*. Car *mittere* dans les auteurs du moyen temps « se prend souvent pour *ponere*, d'où nous avons emprunté le « mot de *mettre*. » (Du Cange.)

« *Mettre ban*. Ces termes se trouvent dans la Coûtume de « Lorraine, Vosges et Allemagne, art. 278, et ne signifient « autre chose que *faire bans, edits, cris et proclamations*,

« *mettre et indire peine sur ses sujets, selon la qualité* « *et necessité des cas,* comme il est dit dans l'art. 45 de la « Coûtume d'Anjou et dans le 52 de celle du Maine. Le droit de « mettre ban appartient au baron à cause de sa justice, et, « comme le roi ne peut entreprendre sur la justice du baron, « le roy ne peut mettre ban en la terre du baron, si le baron « n'y consent. Et le baron, par la mesme raison, ne peut mettre « ban dans la terre du vavasseur, si le vavasseur n'y consent. « Voyez du Pineau sur l'art. 45 de la Coûtume d'Anjou et « cy-aprés le ch. 38 (présente édit., liv. Ier, ch. 42). » (LAURIÈRE.)

Beaumanoir, un peu plus tard, enseignera exactement le contraire[1] et déjà saint Louis promulgue quelques décisions exécutoires par les barons. (*Ord.*, t. Ier, p. 99. Rapprochez ms. fr. 2833, fol. 24 verso et suiv.; *Analecta juris pontif.*, juillet-août 1877, p. 833, acte no XXXI.) Quoique le principe posé ici par la Coutume de Touraine-Anjou de 1246 soit, comme on le voit, battu en brèche dès le temps de saint Louis, il est répété au XVe s. par la Coutume d'Anjou dite de 1411[2]; toutefois, dans ce dernier document, le mot *coutumes* (redevances) est substitué au mot *ban.*

28. *Notes sur les Établissements, liv. Ier, ch.* 27 (ci-dessus t. II, pp. 37, 38).

Voyez, en général, sur ce chapitre, ci-dessus t. Ier, pp. 47, 88, 89, 235-242.

Textes dérivés : *Anciens Usages d'Artois,* XI, 25-29; *Abrégé champenois,* 127, 123, 130; *Livre des droiz,* 251; *Prét. Ord. de Jean II,* art. 8, 1re partie; *Somme rural,* liv. II, tit. 40, ch. *De ferir une femme enceincte* (édit. de 1621, p. 867). (Cf. liv. Ier, tit. 28, édit. de 1621, p. 171.)

Rapprochez : *Cout. dite de* 1411, art. 76 (Beautemps-Beaupré, 1re part., t. Ier, p. 429); *Ét.*, liv. Ier, ch. 26; *Jostice et plet*, p. 83.

1. Beaumanoir, ch. XXXIV, 41, édit. Beugnot, t. II, p. 22. Cf. ch. XLIX, 3; XLVIII, 4. (*Ibid.*, pp. 261, 255.)

2. Beautemps-Beaupré, *Coutumes et institut. de l'Anjou et du Maine,* t. Ier, pp. 386, 387. Cf. p. 390.

T. II, p. 37, ligne 3. *en sa terre.* — Voyez la note sur le ch. 4 (présente édit., liv. Ier, ch. 5) et le ch. 40 cy-aprés (présente édition, liv. Ier, ch. 44) qui reserve au baron le *chemin brisié et le meffect de marché.* (LAURIÈRE.)

T. II, p. 37, lignes 3, 4. *le murtre et le rat et le ancis.* — Ce sont là, en Touraine, les trois grands cas auxquels font allusion divers actes : *Retentis tantum mihi et hæredibus meis tribus casibus tantummodo in rebus acquirendis, scilicet multro, raptu et encimo* (*Hist. monast. beatæ Mariæ de Fontanis albis* dans Salmon, *Recueil de chron. de Touraine*, p. 289) ; et ailleurs : *lesquelles choses en ma ville et terre de Saint-Germain je advoe toute justice haute, moyenne et basse et les trois grands cas et le droit de bannyr et appetir*, etc. (Aveu de 1358 pour la châtellenie de Saint-Germain dans Carré de Busserolle, *Dict. géog. d'Indre-et-Loire*, t. III, p. 192.) Voyez encore *Bibl. de l'École des chartes*, B, I, 453.

T. II, p. 37, lignes 4, 5, avec la note 20. *et se auquns estoit qui ne l'aüst pas heü anciennement.* — Ce passage, lu un peu autrement sous une forme qui lui donne un caractère plus général, a donné lieu à une observation importante de Houard qui s'exprime ainsi :

« Les barons, vers la fin du XIIIe s., réussirent à s'attribuer « en France les compétences qui, jusques-là, leur avoient été « interdites en Angleterre; mais ce droit étoit si peu de l'es- « sence des fiefs, que la nouveauté en est reconnue dans les « *Établissemens de saint Louis : si a en sa terre le rat, le* « *murtre et l'encis, tout bers ne l'eut pas enciennement*[1]. »

T. II, p. 37, ligne 5. *raz, raptus.* — « Les anciens usages « d'Anjou disent qu'à la grande justice n'appartiennent que les « quatre cas, *rap*, *murtre*, *encis*, *escerpillerie de chemin et* « *equipollens.* Voy. *Regiam majestatem*, liv. Ier, c. 1 ; liv. IV, « c. 8. » (DU CANGE.)

1. Houard, *Traités sur les Cout. anglo-norm.*, t. Ier, 1786, p. 508. La leçon que cite Houard ne figure pas textuellement parmi les variantes des mss. que j'ai étudiés. A-t-il connu un ms. qui ne m'est pas parvenu ? A-t-il tout simplement mal transcrit le texte imprimé ? Je ne saurais trancher cette question.

Les Germains se préoccupent fréquemment du rapt. Voyez, entre autres textes, Gaupp, *Das alte Gesetz der Thüringer*, p. 379 et suiv.

Rapprochez Kœnigswarter, *Études histor. sur le développement des sociétés humaines*, Paris, 1850, p. 31.

T. II, p. 37, ligne 5. *Ancis.* — « Voy. la *Coustume d'Anjou*, « art. 44; celle du Maine, art. 51. Chopin, t. Ier, in *Cons. And.*, « cap. 44, n. 2, lit mal en cet endroit *occision*. Ce mot *encis* « semble estre tiré d'*incisio* parce que souvent on estoit obligé « de tirer les enfans des femmes qui avoient été ainsi blessées « par incision du côté. » (Du Cange.)

« L'encis est le meurtre de l'enfant dont la mere est enceinte, « ou le meurtre de la mere mesme quand on luy a donné « quelque coup. Dans le ms. de M. Baluze et dans l'ancienne « *Pratique manuscrite de Cholet*[1], autheur qui vivoit en 1424, « il y a mal : *ocis. Ocis,* dit Cholet, *si est femme qui est enceinte,* « *et elle meurt ou son enfant par colp que l'en luy donne. Et* « *tous ceux qui font teux meffects doivent estre pendus et trai-* « *gnez, et fait sur leurs biens le ravage; c'est à savoir les mai-* « *sons soudre ou ardoir, les prez ars, les vignes, tous les arbres* « *tranchiez ; et si sont leurs meubles au baron.* » (Laurière.)

Aux textes que j'ai cités sur l'ancis (ci-dessus t. Ier, p. 241) ajoutez : *Lois d'Alfred*, art. 9, dans Schmid, *Die Gesetze der Angelsachsen,* 1re part., p. 44; *Loi des Allemands* dans Pertz, *Leg.,* t. III, pp. 35, 111, 166, 109, 157; *texte frison* de 1252 dans Richthofen, *Untersuchungen über friesische Rechtsgeschichte*, t. Ier, p. 50. (Cf. pour la date de ce document p. 74.)

T. II, p. 37, ligne 7. *Murtres.* — « Les *Assises de Hierusalem*, « ch. 77 : *Murtre est quand home est tué de nuit, ou en repos,* « *dehors ou dedens vile.* Au ch. 22, la difference d'entre le « meurtre et l'homicide est ainsi expliquée : *home murtri et* « *home tué autrement que murtre n'est pas une chose, car le* « *tué sans murtre est homicide.* Et, au ch. 83, il est dit que le « meurtre par les *Assises de Hierusalem* se peut prouver par le « duel, mais non pas l'homicide. *Meurtre est fait en repos; et*

1. C'est le nom que Laurière donne au *Livre des droiz*. Voyez ce passage dans *Livre des droiz,* 251.

« *pour ce est l'assise faite tel, que l'on puet prover par son cors :*
« *car, en cest cas, le cors murtri porte partie de la garantie et*
« *l'apelant l'autre; et celui à qui l'en donne cos de quoi il reçoit*
« *mort est homecide; ne homecide ne puet prover par l'assise,*
« *ou l'usage du royaume de Hierusalem, que par deux garens*
« *de la loi de Rome, qui facent que loiaus garens que ils jurent*
« *les cos donner de quoi il a mort reçeuë.* Joignez encore les
« ch. 86 et 94; les *Loix d'Escosse*, liv. IV, ch. 5, § 3 : *Duo sunt*
« *genera homicidii, unum quod dicitur murdrum, quod, nullo*
« *vidente vel sciente, clam perpetratur, præter solum interfec-*
« *torem et ejus complices, ita quod mox non sequatur clamor*
« *aut vox popularis.... Secundum genus homicidii est quod*
« *dicitur simplex homicidium*, etc. En un titre de Guillaume,
« comte de Pontieu, de l'an 1210, le meurtre est defini :
« *homicidium furtim factum*, en l'*Histoire des comtes de Pon-*
« *tieu.* Voy. le Glossaire sur Villehardoüin. » (Du Cange.)

Laurière termine une note sur le meurtre, inspirée des observations ci-dessus reproduites de du Cange, par cette observation juste : « Aujourd'hui nous nommons le meurtre *assassinat.* » J'ajouterai que le mot *assassinium* figure déjà dans la *Caroline* [1] où l'on s'efforce de le distinguer de l'*homicidium proditorium* et pénètre dans la *Coutume de Bretagne*, en 1580 (art. 632) [2]. Pour l'histoire de ce mot avant son entrée dans la langue juridique, voyez ci-dessus t. II, p. 238, note 3.

Aux textes que j'ai déjà cités sur la notion du *meurtre* (ci-dessus t. Ier, pp. 235-240) joignez : Hessels, *Lex Salica*, 1880, col. 471, 472; *Ancient laws of Ireland, Senchus Mor*, t. Ier, p. 57; *Lex Frisionum*, XX, 2 dans Pertz, *Leg.*, t. III, p. 672; *Edict. Roth.*, 14, *De morth* dans Pertz, *Leg.*, t. IV, p. 15; *Dialog. de scaccario*, I, 10 dans Stubbs, *Select charters*, p. 201; Promis, *Statuti della colonia genovese di Pera*, pp. 149, 152, etc., etc.

A l'appui de mes vues sur la notion du *meurtre* chez les

1. Cf. du Boys, *Hist. du droit crim. de la France depuis le XVIe s.*, Paris, 1874, t. Ier, p. 430.
2. D'Argentré, édit. de 1621, col. 2058 et p. 110.

anciens Romains on trouvera des observations intéressantes dans Sanio, *Spec. de notionibus*, etc., p. 7.

Cf. *Ét.*, liv. II, ch. 36; *Cout. dite de 1411* dans Beautemps-Beaupré, 1re partie, t. Ier, p. 429; *Liger* où le *meurtre* cesse d'être distingué de l'*homicide simple* (art. 1321, 1370); *Glossarium ad corpus juris Sueo-Gotorum antiqui*, Lund, 1877, p. 443.

T. II, p. 38, ligne 3. *sanz tencier.* — « Sans *quereller*. Ce « mot vient de *tendere*, *contendere* et, selon M. du Cange, de « *tensare.* » (Laurière.)

T. II, p. 38, ligne 3. *sanz lui deffier.* — « Voyez la disserta- « tion 39e de M. du Cange sur Joinville, p. 33. (Laurière.) — Dans la *Chanson de Roland*, Ganelon, pour prouver qu'il n'est pas traître, assure qu'il a défié Roland. (L. Gautier, *Chanson de Roland*, 7e édit., vers 3775.) Il y a *trahison*, il y a *meurtre* quand un ennemi a tué son adversaire, sans le défier préalablement.

29. *Notes sur les Établissements, liv. Ier, ch.* 28 (ci-dessus t. II, pp. 38-41).

Voyez, en général, sur ce chapitre, ci-dessus t. Ier, pp. 31, 32, 47, 108, 192, 196-199, 292, 293.

Textes dérivés : *Abrégé champenois*, 132; *Prét. Ordon. de Jean II*, 8; *Livre des droiz*, 251.

Rapprochez : *Comp.*, 7, 24; *Très anc. Cout. de Bretagne*, 4e part., art. 108, 109, 111; *Cout. dite de 1411*, art. 77, 86 (Beautemps-Beaupré, 1re part., t. Ier, pp. 430, 435); *Liger*, art. 1260 (*Ibid.*, t. II, p. 469); Pierre de Fontaines, ch. XXI, édit. Marnier, pp. 228-231; Beaumanoir, ch. 30, § 90 (édit. Beugnot, t. Ier, p. 445); *Anc. Cout. de Picardie*, édit. Marnier, §§ 55, 64, pp. 47, 48, 56; *Jostice et plet*, p. 304; Tanon, *Rég. crim. de Saint-Martin-des-Champs*, pp. 211, 212, 214, 160.

T. II, p. 38, lignes 7, 8. *escharpelerie.* — « Voy. la Coustume « d'Anjou, art 44; celle du Maine, art. 51; Chopin, liv. Ier, in « *Cons. And.*, c. 2, n. 2, c. 44, n. 12, et ce que j'ay remarqué « sur l'*Histoire* du sire de Joinville. » (Du Cange.)

Rapprochez : *Somme rural*, 1re part., tit. 28, édit. de 1621, p. 171, et ci-dessus t. Ier, p. 351.

« Cholet, dans sa *Pratique* manuscrite, dont M. le chancelier « a l'original, dit la mesme chose[1]... Cet autheur a transcrit « tout cela de ce chapitre. *Escharpiller* est enlever l'*escharpe*, « comme *derober* est enlever *la robe*. Voyez M. du Cange sur « Joinville, p. 88. » (LAURIÈRE.)

T. II, p. 38, lignes 8, 9. *si doivent estre pandu.* — « Le « supplice de la roüe ne fut introduit pour ce crime que par « l'ordonance de François Ier du mois de janvier 1534. » (LAURIÈRE.)

T. II, p. 38, ligne 10, p. 39, ligne 1. *ne maisons... li bers les doit ardoir.* — « L'ancien usage estoit de raser les maisons « des criminels. *Cartha communiæ Tornacensis : Si quis ali-« quem de communia infra civitatem Tornaci vel extra occi-« derit et captus fuerit*, *capite plectetur*, *et domus ejus*, *si ali-« quam habuerit*, *diruetur*, etc. Il y a la mesme chose dans la « charte de la commune de Peronne et plusieurs autres. » (LAURIÈRE.)

Voyez encore Wiarda, *Willküren der Brockmænner eines freyen friesischen Volkes,* Berlin, 1820, pp. 16, 17.

On retrouve ce vieil usage au XVIIe s.[2]; enfin la Convention s'inspire évidemment de cette pensée traditionnelle dans le décret prescrivant la démolition de la maison du girondin Buzot, dans un autre décret du 1er août 1793 [3] ordonnant que toutes les récoltes de la Vendée seront coupées, les repaires des rebelles détruits et tous les bois brûlés. Ce n'est plus qu'un effet oratoire dans le fameux discours de la Bédoyère du 22 juin 1815 : *Ah ! plutôt que tout Français déserteur de son drapeau soit couvert d'infamie*, *que sa maison soit rasée*, etc.[4]. Mais la vieille idée

1. Ici Laurière cite l'art. 251 du *Livre des droiz*.

2. Arrêt des *Grands jours de Languedoc* du 22 janvier 1667 ordonnant la démolition du château de Vabres dans P. Le Blanc, *Journal de Baudouin sur les Grands jours de Languedoc,* p. 98. (*Mém. de la Soc. d'agr., sciences et arts du Puy,* t. XXX.)

3. *Moniteur* du 2 août 1793, p. 914.

4. Cf. Crétineau-Joly, *Hist. des trois derniers princes de la maison de Condé,* t. Ier, p. 371, note 1.

rentre dans le domaine des réalités avec le décret de la Commune du 10 mai 1871 qui prescrit la démolition de la maison de Thiers.

Si l'antique notion du *droit de ravage* subsiste ainsi d'une manière si remarquable dans les esprits, voici en revanche ce que nos prétendus historiens populaires apprennent au peuple du *droit de ravage* au moyen âge : *Quand un seigneur était mécontent des paysans de ses fiefs, ou même lorsqu'il voulait se divertir d'une façon distinguée, il envoyait ses chiens et ses chevaux dans le petit champ du malheureux serf... et ravageait en un instant tout l'espoir et tous les travaux d'une année*[1]...

T. II, p. 39, ligne 2. *vignes estreper.* — « *Extirpare.* Voyez le ch. 28 (présente édition, liv. Ier, ch. 31). » (Du Cange.)

T. II, p. 39, ligne 2. *les aubres cerner.* — « *Degrader les* « *arbres, decorticare, leur oster l'écorce. Gloss. gr.-lat.* ἀπολεπίζω « *decortico. Gloss. lat.-gr. : decorticat,* λεπίζει δένδρον. *Miliarium* « *aut pirarium decorticare* in *Lege Sal*, tit. 28, § 10; *arbores* « *decorticatæ*, in *Diplom. Henrici imp.* apud Baron., an. 1014, « n. 9. » (Du Cange.)

Cf. *Ét.*, liv. II, ch. 36 (ci-dessus t. II, p. 460) et ci-dessus t. Ier, p. 47.

T. II, p. 39, ligne 9, p. 40, ligne 1. *les* VII *jorz et les* VII *nuiz.* — « Voyez le *Glossaire du droit françois* sur *Nuits.* » (Laurière.)

J'ai fait observer que l'usage de compter par nuits existait chez les Gaulois et chez les Germains (ci-dessus t. Ier, p. 192). Il résulte des observations suivantes de Ruhnkenius qu'on trouve aussi chez les Grecs et chez les Romains quelque chose de cet usage : *Dies civilis*, écrit cet auteur, *est spatium viginti quatuor horarum quod etiam noctem comprehendit. Hic dies apud complures gentes erat medium spatium a sole occaso usque ad solem iterum occidentem. Sic etiam apud Athenienses (Varro ap. Gellium, III, 2. Cf. Manut. ad Cic. epist. VII, 30). Unde intelligi potest cur Attici dixerint fere* νύκτας καὶ

1. *Dict. de la féodalité,* à la suite de Fellens, *Les droits du seigneur sous la féodalité,* Paris, 1877, p. 603.

ἡμέρας, *Romani dies noctesque, ut Cœlius apud Cicero., ep. VIII*, 3, 3, *quamquam etiam hi noctes et dies dixerunt, ut Cicero p. Arch. c.* 11. (Ruhnkenius, *In antiquitates romanas lectiones academicæ XVI*, Jenæ, 1828, p. 16 et note 26 de cette page.)

Nous sommes donc ici en présence d'un mode de supputation et d'une façon de parler antérieurs à la séparation des peuples indo-germaniques. Mode de supputation d'ailleurs très simple et tout naturel !

T. II, p. 41, ligne 7. *revagier*. — « Suivant Laurière, le ms. « de M. le Chancelier » porteroit *regagier;* d'après mes notes, ni *L*¹ ni *O*¹ n'ont cette forme; *O*¹ porte : *raaigier*. Voyez ci-dessus les notes sur p. 38, lignes 7, 8; sur p. 38, ligne 10, et sur p. 39, ligne 1; voyez aussi présent volume, p. 12, note 1.

30. *Notes sur les Établissements, liv. Ier, ch.* 29 (ci-dessus t. II, pp. 41-44).

Voyez, en général, sur ce chapitre, ci-dessus t. Ier, pp. 3, 8, 9, 31, 32, 196-199.

Textes dérivés : *Livre des droiz*, 252, 337; *Abrégé champenois*, 132.

T. II, p. 42, ligne 1. *soupeçoneus*. — « Voyez le ch. 34 de « ce livre (présente édition, liv. Ier, ch. 38), et le ch. 16 (pré- « sente édition, 17) du liv. II. » (LAURIÈRE.)

T. II, p. 42, ligne 10. *Et se il ne trovoit qui*. — Cf. *Jostice et plet*, p. 304.

T. II, p. 43, lignes 4, 5, 6. — « Dans les lois 2 et 5, *Cod.*, « *De pactis*, il n'est rien dit de ces delais. » (LAURIÈRE.)

T. II, p. 44, ligne 1. *se il le voudroient apeler*. — D'intéressants détails nous ont été conservés sur une procédure analogue à celle de notre ch. 28, instruite à Reims en 1349 contre un individu qui a été dénoncé, mais contre lequel les dénonciateurs, parents de la victime, n'osent se porter accusateurs : la vieille procédure accusatoire a subsisté très longtemps à Reims. (Varin, *Arch. adm. de Reims*, t. II, 2e part., pp. 1196, 1197 notes.) Dans le Poitou au xve s., cette ancienne procédure subsiste à l'état de débris historique fort curieux, mais sans valeur pratique : en effet, lorsque les parents convoqués trois fois ne se sont pas présentés pour intenter l'action criminelle, le criminel est absous *au regard desdiz parens;* mais son procès se poursuit *en tant que touche la court*[1].

Voyez Beaumanoir, XXX, 90; Tanon, *Reg. crim. de Saint-Martin-des-Champs*, pp. 10, 11.

T. II, p. 44, ligne 7. *L*[1] offre cette variante : *qui l'en apeleroit ou qui l'en voudroit apeler.*

31. *Notes sur les Établissements, liv. I*[er]*, ch.* 30 (ci-dessus t. II, pp. 44-46).

Voyez, en général, sur ce chapitre, ci-dessus t. Ier, p. 39, note 1.

Textes dérivés : *Abrégé champ.*, 136; *Livre des droiz*, 345.

T. II, p. 44, ligne 10. *ocit en mellée.* — « Les loix de « Robert II, roy d'Escosse, ch. 3 et 6, font difference d'entre « l'homicide commis *ex calore iracundiæ,* qu'elles appellent « *chaude meslée* et celui qui se fait *ex certo et deliberato pro-* « *posito* qu'elles qualifient du nom de *felonia.* C'est pour cela « qu'au terme de *meslée* on y joint ordinairement celui de « *chaude*, parce que la colere et la chaleur inconsiderée donnent « lieu à ces sortes de combats, comme fait Phil. de Beaumanoir « aux ch. 58 et 59. C'est ce qui est appellé par le jurisc. « Paulus, *calor iracundiæ*, loi 48, *De reg. jur.;* τὸ κατ' ὀργὴν « ἢ θερμότητα λεγόμενον, ἢ γινόμενον par S. Basile; *iræ calor* par « Lucain, liv. VII; *inconsultus calor,* en la loi 5, *Code*, *De injur.* « Par les loix d'Escosse, liv. Ier, ch. 3, § 7, la connoissance et « justice des meslées appartient aux barons. Il en est de même « en France où elle est une dépendance de la haute justice. Le « Cart. de S. Victor de Paris : *Et sciendum quod in terris* « *prædictis mihi retinui mesleiam, sanguinem et latronem.* « *Miscella,* en un titre de Thibaud, comte de Champagne de l'an « 1200, au cart. de Champ. de M. de Thou, p. 73. » (DU CANGE.)

T. II, p. 45, ligne 2. *E* porte : *en* au lieu de *ne.*

T. II, p. 44, ligne 4. *o pleges metanz.* — Cf. *Ét.*, liv. Ier, ch. 108.

1. Cout. de Poitou de 1417 dans ms. fr. 12042, fol. 98 recto et verso, 99 recto.

T. II, p. 45, ligne 7. *avouerie dou prover et dou desrainier.* — Rapprochez dans le même sens le mot *advocatia* dans Teulet, *Layettes*, t. Ier, p. 386. Au xe siècle nous voyons des champions appelés *advocati.* (Acte de 941 dans Mabille, *Introd. aux chron. des comtes d'Anjou,* pp. CIV, CV.)

T. II, p. 45, ligne 11. O^1 porte : *XL* au lieu de *LX*. D'après mes notes, L^1 est conforme à mon texte. — « Selon Beaumanoir, « ch. 61, p. 308, tout homme devoit neamoins combattre en « personne à moins qu'il n'eut essoines legitimes et prouvées, « dont une estoit d'avoir soixante années passées. » (LAURIÈRE.)

Rapprochez : *Ét.*, liv. Ier, ch. 95, 122.

T. II, p. 46, ligne 3. *seroit panduz.* — « Et souffriroit ainsi « la peine du talion. Voyez ce qu'on a remarqué sur l'art. 2 de « l'ordonance de 1260, touchant les batailles » (ci-dessus p. 243). (LAURIÈRE.)

32. *Notes sur les Établissements, liv. Ier, ch. 31*
(ci-dessus t. II, pp. 46-48).

Voyez, en général, sur ce chapitre, ci-dessus t. Ier, pp. 91, 180-183.

Texte dérivé : *Livre des droiz,* 346.

Rapprochez : *Ét.*, liv. Ier, ch. 21, 41, 29 ; *Jostice et plet*, p. 83 ; *Ord.*, t. Ier, p. 344, note *b* (joignez ms. fr. 2833, p. XVI ou 21 suivant un autre numérotage) ; Brussel, *Usage des fiefs*, p. 856 et suiv. ; Vincent de Beauvais, *Spec. doctrin.*, liv. VIII, ch. 47 ; Du Cange, *Dissert.* 29 ; Warnkœnig, *Hist. de la ville de Gand*, p. 229 ; *Invent. chron. des chartes de la ville d'Arras*, pp. 2, 4, 5 ; Cout. d'Anjou dite de 1411, art. 104, 105.

T. II, p. 46, ligne 6. — Au lieu de *garde,* η porte : *regard;* L^1 porte : *doutance.*

T. II, p. 47, ligne 1. O^1 porte : *requiert, la justice le doit fere asseürer à celi de qui il se plaint et fiancer que il.*

T. II, p. 47, ligne 1. *fiancier.* — « Voyez l'art. 52 de la « Coûtume d'Anjou. » (LAURIÈRE.)

T. II, p. 47, ligne 3. *li sien... as siens.* — Il s'agit, selon du Cange, des parents jusqu'au quatrième degré. Autrefois, dit cet auteur, quand l'Église prohibait les mariages jusqu'au septième degré, la guerre privée et, par conséquent, l'assurement s'étendait jusqu'aux parents du septième degré. (Du Cange, *Dissert.* 29 à la suite de Joinville, p. 333.)

T. II, p. 47, ligne 5. *trive enfrainte.* — « Voyez les Coust. « d'Anjou, art. 78, 152 et 386 ; du Maine, art. 396; de Nor« mandie, art. 46, 48. L'ordonnance de Frederic II dans Albe« ric, en l'an 1234, veut que ceux qui enfraignent la tréve ayent « la main couppée. J'ay remarqué ailleurs la difference entre « l'asseurement et la tréve. » (Du Cange.)

« Cecy a esté pris[1] de l'ordonnance de saint Loüis de 1245. « Il y avoit cependant de la difference entre la *treve* et l'*assure« ment*. La treve n'estoit qu'à terme ou à temps. L'*assurement* « estoit pour toujours, parce qu'il estoit une paix. La *treve* « estoit legale, mais l'*assurement* se faisoit par autorité de « justice, quand celuy qui estoit le plus foible le demandoit, « comme il est dit dans ce chapitre. La *treve* n'avoit lieu « qu'entre ceux qui pouvoient se faire la guerre[2], au lieu que « l'*assurement* estoit tant pour le roturier que pour le noble. « L'*assurement* devoit estre demandé par l'une des parties, au « lieu que les seigneurs pouvoient forcer ceux qui estoient en « guerre à faire *treve* ou *paix*. Voyez Beaumanoir, ch. 59 et 60, « et M. du Cange dans sa dissertation 29 sur Joinville. Ces « choses sont icy confonduës quant à la peine. Il nous reste « encore des Coûtumes qui ont des dispositions sur ce sujet. « Voyez ce que j'ay remarqué dans mon *Glossaire* sur *Asseure« ment* et sur *Treves;* la Coût. d'Anjou, art. 386, et celle du « Maine, art. 396, et l'*Arbre des batailles.* » (Laurière.)

Joignez la Cout. de Normandie, art. 22, 48, et le droit anglais moderne. (Cf. Blackstone, ch. 18.) En 1868, M. Esquiroz faisait un grand éloge de cet usage anglais. Voyez Cauvet, *Des treves établies entre parties selon les principes du droit anglo-normand*, pp. 17, 18.

T. II, p. 47, ligne 6, 7. *Et ceste joutise si est au baron.* —

1. Rien ne l'indique. Cf. *Ord.*, t. Ier, pp. 56, 57.

2. « Il faut remarquer que ces guerres privées n'avoient lieu « presque partout qu'entre gentilshommes. » (Laurière, *Ord.*, t. Ier, p. 129, note *a.*)

« Beaumanoir marque la mesme chose en plusieurs endroits et « surtout dans le ch. 59, p. 301, ligne 18. Bouteiller, dans sa « *Somme rural*, liv. Ier, tit. 34, p. 236, ligne 11, dit que *par deli-* « *beration du Grand Conseil à Paris il fut deliberé que si le cas* « *advenoit dans la terre d'un haut justicier, et ledit haut jus-* « *ticier en prenoit la connoissance à faire avant les officiers* « *royaux, à luy comme haut justicier luy devoit demeurer.* « *Mais que si lesdits officiers du roy en commençoient premiere-* « *ment leurs exploits sur ce, la connoissance leur en appartien-* « *droit et que de cette loy estoit plus usé ès parties de Picardie* « *et deça la Somme,* etc. La Coûtume d'Anjou dans l'art. 42, et « celle du Maine dans l'art. 49 et le 65., quoy que tirées en « partie de ces *Establissemens* donnent la connoissance de la « *treve enfrainte* aux seigneurs hauts justiciers. Joignez la « Coûtume du Loudunois, ch. IV, art. 1er. » (LAURIÈRE.)

T. II, p. 47, ligne 9. *je vos deffan.* — « Voyez le ch. 37 de « ce livre (présente édition, liv. Ier, ch. 41.) (LAURIÈRE.)

33. *Notes sur les Établissements, liv. Ier, ch.* 32
(ci-dessus t. II, pp. 48, 49).

Voyez, en général, sur ce chapitre, ci-dessus t. Ier, pp. 240, 243-245.

Textes dérivés : *Livre des droiz*, 347 ; *Somme rural*, liv. II, tit. 40 (édit. de 1621, p. 866).

Rapprochez : Rapetti, *Jostice et plet*, p. 279 ; *Cout. dite de* 1411, art. 87, 91-95 ; Beaumanoir, ch. 30, § 9 ; ch. 11, § 15 ; *Liger*, 1374, 1378, 1379 ; *Ét.*, liv. II, ch. 36 ; d'Espinay, *Cart. angev.*, p. 297, note 2 ; D. Housseau, *Collection*, t. IV, n° 1614 ; Manuscrits Baluze, t. 77, fol. 421 recto.

T. II, p. 48, ligne 6. *Li lerres est pandables*, etc. — « Voyez « Beaumanoir, ch. 58, p. 294, le ch. 38 de ce livre (présente « édition, liv. Ier, ch. 42) ; Damhouder dans sa *Pratique crimi-* « *nelle*, ch. 110, n. 24, 25 et 32 ; Bouteiller, liv. II, ch. 38, « p. 294, et la Coûtume du Loudunois au titre *Des crimes*, « art. 10. » (LAURIÈRE.)

lerres. — « *Larron.* Guill. Guiart en l'an 1304 : »

« *Qui apelent gloutons et lierres.* »

« *Le roman de Garin :* »

« *Lerres, traîtres et briseres de chemin.* »

« Voyez le ch. 41 (prés. édit., liv. Ier, ch. 45). » (Du Cange.)

Aujourd'hui encore, dans le Maine, le vol des chevaux est une des calamités du pays : les intéressés déclarent n'être pas suffisamment protégés par la loi moderne. En 1789, la paroisse de Boissé (Mayenne) demandait qu'on condamnât « à mort les « voleurs de chevaux au lieu de les condamner au gallaire (*sic*). » (*Doléances des paroisses* à la suite de l'*Annuaire de la Sarthe* pour 1878, p. 208.)

T. II, p. 48, ligne 7. *les iauz.* — « Ceste peine estoit en usage « chez les Lombards pour le vol : *De latronibus ita præcipimus « observandum, ut pro prima culpa non moriantur sed oculum « perdant*, leg. 70. Voyez les loix de Guillaume Ier, roy d'An-« gleterre, art. 67, p. 172, de l'édit. de 1644. » (Laurière.)

T. II, p. 48, ligne 8. *fausse monnoie.* — « Voyez Capit. de « 819. » (Laurière.)

« Dans l'art. 23 de l'ancienne Coûtume d'Anjou glosée, il y « a : *Qui fait fausse monoie il doit estre boüilli*, ce qui avoit « lieu seulement à l'egard des monoyes du roy, qui estoient « toutes ancienement d'or et d'argent, et non à l'egard des « monoyes des barons qui estoient de cuivre, comme il paroist « par ce qui suit du *Livre verd* du Chastelet, en l'art. de l'or-« donance des droits dûs au roy à cause de sa couronne : *au « roy seul et pour le tout appartient la connoissance du forge-« ment des fausses monoyes, c'est à entendre de ceux qui font « la monoye, et de ceux qui y aydent tant soit petit, et ne fut « tant seulement que de souffler le feu, qui fait boüillir les « metaux ensemble. Et pour ce sont tels delinquans boüillis. « Et pareillement des marchands ses sujets sans moyen et pris « en present meffet en sa justice auroit la connoissance. Et est « à entendre des monnoyes du roy*, car en son royaume autres « que luy ont bien puissance de faire forger et de donner coins. « Exemplum : le comte de Flandres, le duc de Bretagne. » (Laurière.)

T. II, p. 48, ligne 9. *soc de charue.* — « Voyez les loix des « Lombards, liv. Ier, tit. 19, § 6 ; la Coust. de Lodunois, ch. 39, « art. 14. » (Du Cange.)

« Voyez l'art. 13 de la Goût. du Loudunois au titre *Des* « *crimes.* » (LAURIÈRE.)

T. II, p. 48, lignes 10, 11. *il doit perdre l'oroille.* — « L'esso- « rillement est une peine connuë de longtemps parmy nos François « et autres peuples comme on peut recueillir des *Loix des Saxons*, « in *Addit.*, tit. 12; de Gregoire de Tours, liv. v, *Hist.*, c. 48, « liv. v, c. 38; de l'ordon. de Philippes le Bel pour les duels, « art. 6; de celles de Henry V, roy d'Angleterre, dans Nicol. « Uptonus, liv. IV, *De militari offic.*, p. 140, et de Casimir, roy « de Pologne, de l'an 1368, de la Coust. d'Anjou, art. 148; et « il en est encore parlé au compte de la terre de Champagne « de l'an 1348 qui est en la Chambre des comptes de Paris où « il est fait mention de deux femmes *ausquelles on coupa les* « *oreilles par soupçon de larrecin.* Les Coustumes mss. de « Bellac accordées par Adelbert III, comte de la Marche, l'or- « donnent contre ceux qui arrachent les vignes ou qui y font « dommage. Voyez les remarques de M. d'Orleans sur Tacite, « p. 620. » (DU CANGE.)

« Par l'art. 11 de la Coûtume du Loudunois, au titre *Des* « *crimes, celui qui emble bœuf ou vache doit avoir l'oreille* « *coupée.* Voyez l'art. 627 de la Coûtume de Bretagne, Bou- « teiller, liv. Ier, tit. 35, p. 244, et les *Institutes* d'Édouard, « composées par Bretoun ou Britton, ch. XV, n. 52 à la fin. » (LAURIÈRE.)

Cette répression cruelle du vol effrayait sans doute, dès le XIe s., un homme aux sentiments bons et humains, Rainaud, trésorier de Saint-Martin de Tours : il déclarait que, sur le territoire de Mairon, les vols de peu d'importance ne seraient pas considérés comme des vols : il voulait épargner ces mutilations cruelles à de pauvres diables qui en seraient quittes aujourd'hui pour quelques jours de prison : et il les laissait impunis. Ainsi, dès le XIe s., dans cette localité, une pénalité trop sévère produit son effet ordinaire : l'impunité. (*Carta et chronica de obedientia Mairomno* dans Marchegay et Mabille, *Chron. des églises d'Anjou*, p. 75.)

T. II, p. 49, ligne 1. *il pert le pié.* — « Les loix de Guil- « laume Ier, roi d'Angleterre, art. 67 : *Interdicimus ne quis* « *occidatur, vel suspendatur pro aliqua culpa, sed eruantur*

« *oculi, abscindantur pedes, vel testiculi, vel manus, ita quod* « *truncus remaneat vivus in signum proditionis et nequitiæ* « *suæ. Secundum enim qualitatem delicti debet pœna maleficis* « *infligi.* » (Du Cange. — Laurière reproduit cette note en l'abrégeant.)

T. II, p. 49, ligne 3. *mais dou petit au gros.* — « Car, « comme dit Juvénal, *nemo repetente fuit turpissimus* (*Satyr.*, « II, *vers.* 83). » (Laurière.)

34. *Notes sur les Établissements, liv.* Ier, *ch.* 33 (ci-dessus t. II, p. 49).

Textes dérivés : *Règles cout. bret.*, 1re série, art. 38 ; *Livre des droiz*, 347 ; *Abrégé champ.*, 135.

Rapprochez : *Liger,* 1373 ; *Coutume dite de* 1411, art. 81 ; *Coutume de Touraine* de 1461 et de 1507, ch. XXXVI, art. 6 ; *Jostice et plet,* p. 279, § 18 (meilleur texte dans ms. fr. 5977, fol. 49 recto) ; *Ét.*, liv. II, ch. 36.

T. II, p. 49, ligne 6. *il est à son pain.* — « *Larron domes-* « *tique* en la Coust. de Lodunois, ch. 39, art. 7 ; en celle de « Bourdeaux, art. 107 ; un titre d'Édoüard, roy d'Angleterre, « au reg. de la Connétablie de Bourdeaux, fol. 202 : *Scilicet* « *dominus hæreditatis vel filius suus, vel alius qui secum sit* « *in domo ad panem et vinum ;* dans les Coustumes de Hai- « naut, ch. 42, 98, 106 ; de Mons, ch. 6, 8, 9, 10, 36 ; de l'Al- « leue, tit. Ier, art. 14, et de Tournay, les enfans sont dits « *estre en pain* de leurs peres qui sont en leur puissance, comme, « au contraire, l'emancipation est appellée *mise hors de pain* en « celle de Mons, art. 10, et en celle de l'Alleue, art. 14. » (Du Cange.)

« Vide titul. 27 *libr. II Feudorum*, § 9 et ibi Gothof. ; Gel- « lium, lib. VII, cap. 15 ; Isidorum, lib. V *Originum*, cap. 26 ; « Damhouderium, in *Praxi*, cap. 110 ; l'anciene Coûtume de « Touraine ; l'anciene Coûtume d'Anjou au titre *Des crimes ;* « Brodeau sur l'art. 44. de la Coûtume du Maine, et Brit- « ton, ch. 15.

« Ancienement en Touraine le moindre vol domestique estoit « puni de la perte d'un membre, ce qui fut aboli en 1260 :

« *Intimatum fuit domino regi quod in baillivia Turonensi,* « etc.[1]. » (Laurière.)

35. *Notes sur les Établissements, liv. Ier, ch.* 34 (ci-dessus t. II, p. 50).

Voyez, en général, sur ce chapitre, ci-dessus t. Ier, pp. 56, 57, 165, 166.

Texte dérivé : *Règles cout. bret.*, 1re série. art. 8.

Rapprochez : *Ét.*, liv. II, ch. 33, 36; liv. Ier, ch. 42, 43.

T. II, p. 50, lignes 2, 3. *Nuns vavassors ne puet faire forsban ne ne puet faire à home forsjurer la chastelerie.*

Vavassors. — « Les vavasseurs sont ceux qui ont moyenne « ou basse justice, comme il est remarqué au ch. 38 (présente « édit., liv. Ier, ch. 42). D'où vient qu'ils sont nommez entre « les gentils-hommes du moindre estage, Pierre de Fontaines, « ch. 21 : *et se bas sire comme vaasseur*, etc., etc.; le *Roman de* « *Merlin : je suis un chevalier nés de cest païs et estrais de* « *vavassours et de basse gent*[2]. Voyez ce que le docte Selden a « remarqué au sujet des vavasseurs en son livre des *Titles of* « *honor*, 2e part., ch. 5, §§ 4 et 18, en attendant que je donne « ailleurs ce que j'en ay remarqué. » (Du Cange.)

Faire forsban. — « C'est-à-dire bannir, faire un banny, au « liv. II[3] : *et se puis le forbann estoit trovés el païs, il seroit pen-* « *dables*, de sorte que le bannissement est un droit qui appar- « tient à la haute justice, ainsi qu'il est exprimé dans la Cous- « tume d'Anjou, art. 48, qui use du terme de *forbanir*, et en « celle du Perche, art. 10. Les termes de *forisbannire* et de « *forisbannitus* sont fort communs dans la basse latinité. » (Du Cange.)

Forjurer la chastelerie. — « C'est ce que la Coust. de Nor- « mandie en divers endroits appelle *forjurer le païs*, ch. 23, « 24, 80, 82, 115, 121, et les Loix d'Édoüard le Confesseur, « ch. 6, *provinciam forisjurare.* L'épître 221 d'entre celles qui

1. Texte dans *Olim.*, édit. Beugnot, t. Ier, p. 497.

2. Le *Roman de Merlin* n'a pas été édité depuis du Cange.

3. Voici le renvoi complet : *Et.*, liv. II, ch. 17 (présente édit., t. II, p. 389).

« se lisent au 4e vol. des *Hist. de France : Villam etiam in* « *hunc modum forjuravit; accidit postea quod villam intravit.* « *Captus est à justitiis meis, in vinculis, in ceppo positus est.* « *Parentelam forjurare, seu ex parentela se tollere,* in Leg. « Henrici I, reg. Ang., c. 88, qui est le *forjur*, dont il est parlé « dans la *Coust. de Hainaut*, ch. 45. *Forjurer son ami charnel* « dans Pierre de Fontaines, ch. 13; *forjurer son seigneur*, dans « G. Guiart en l'an 1304; *forjurer son heritage* dans la Coust. « de Normandie, ch. 100. Nous parlerons de tous ces termes « ailleurs plus amplement. » (Du Cange.)

« Du temps que ces *Establissements* furent faits, il n'y avoit « que deux degrez de justice, la *haute* et la *basse*. Et les vavas- « seurs ou vassaux inférieurs n'avoient que la basse; ce qui « paroist manifestement par cet article de la *Pratique de Cholet*, « dont M. le chancelier a le manuscrit, fol. 57 verso : *L'en* « *tient que li vavasseur*[1], etc.

« Suivant ce chapitre, le vavasseur ne *puet faire forsban, ne* « *ne puet faire à home forsjurer la chastelerie*[2]; c'est-à-dire la « chastellerie du chef seigneur sous qui l'homme demeure. La « raison en est evidente, c'est que le vavasseur qui en useroit « ainsi estendroit sa jurisdiction au-delà de son territoire, parce « qu'il n'est pas seigneur dans toute la chastellerie ou chastel- « lenie.

« Quand ceux qui avoient la justice seculiere ou laïque « avoient les criminels dans leurs prisons, si le delict le meri- « toit, ils les banissoient; ou, pour user des termes de nos « anciens praticiens, ils les forbanissoient. Mais lorsque le cri- « minel avoit le temps de se retirer dans l'eglise ou le cimetiere, « qui estoient ancienement des lieux d'asile, alors la justice « laïque qui ne pouvoit luy faire son procés exigeoit de luy « qu'il forjurât le pays. » Voyez anc. Coûtume de Normandie, « ch. 24; Britton, ch. 16.

« L'enqueste des droitures que les roys d'Angleterre avoient

1. Texte dans *Livre des droiz*, édit. Beautemps-Beaupré, t. II, p. 164, art. 714. Laurière renvoie encore au fol. 30 verso. (*Ibid.*, pp. 45, 46.)

2. Laurière : *ne peut forbannir, ne faire forjurer hons sa chastellerie.*

« en Normandie, ordonnée par Philippe-Auguste en 1205, dont « l'original est au feuillet 9 du *Reg. st Juste* de la Chambre des « comptes de Paris, à la fin : *Derechief nous deïmes par nostre « serement que quant li clerc est pris par bone reson, se l'Eglise « le requiert, l'en le doit rendre à l'Eglise. Et se il est con- « vaincu de larrechin ou de murdre, il doit estre degradé, ou « l'en le doit fere forjurer la terre, ne il ne doit pas estre « autrement punis de son delict, ne il ne pourra aprés ce entrer « en telle terre, sans la licence nostre sire le roy, que il ne « fasse justice d'iceluy. Et se il forfet en aprés, nostre sire le « roy fera justice del clerc autresi comme d'un lay*, etc. Comme « nul vavasseur ne puet forbanir homme hors sa chastellerie, « c'est-à-dire hors de la chastelenie où l'home est domicilié ; « nul vavasseur ne peut par la mesme raison faire qu'un crimi- « nel forjure sa chastellerie. » (LAURIÈRE.)

T. II, p. 50, lignes 5, 6. *car tex joutise si n'est mie au vavasor.* — « Mais au baron qui, selon la Coûtume du Loudunois, « peut concéder haute, moyenne et basse justice. Voyez l'art. 3 « de cette Coûtume au titre *Des droits de baronie.* » (LAURIÈRE.)

36. *Notes sur les Établissements, liv. Ier, ch.* 35 (ci-dessus t. II, pp. 50-52).

Voyez, en général, sur ce chapitre, ci-dessus t. Ier, pp. 244, 245, 251.

Textes dérivés : *Livre des droiz*, 347 (alinéa 1 in fine et 5).

Rapprochez : *Ét.*, liv. Ier, ch. 39.

T. II, p. 51, ligne 3. *à ardoir.* — Cf. *Ét. de Norm.* dans Marnier, p. 26, d'après Warkœnig et Stein, t. III, p. 175 : on enterre aussi toute vive la femme coupable : voyez l'histoire d'une voleuse enterrée vive et sauvée par miracle, en 1267, dans Manuscrits Baluze, t. 77, fol. 169 recto. La femme de Foulques Rechin coupable d'adultère fut brûlée vive et non pendue. (G. d'Espinay, *Les Cart. angevins*, p. 298.)

Un texte scandinave porte : *Item mulieres pro furto non debent suspendi sed humari* (*Thord degns Artikler i den latinske Affattelse*, p. 285, art. 33, dans Thorsen, *De med Jydske Lov beslægtede Stadsretter*, Kiœbenhavn, 1855).

T. II, p. 52, ligne 1. *si lor feroit en autretant de poine.* — « Il est icy parlé des femmes comme dans la disposition prece-« dente, et cependant on ne dit pas qu'elles seront arses, mais « qu'elles seront punies comme si elles avoient emblé ou volé. « Il faut, ce semble, distinguer : ou elles participent aux crimes « des meurtriers et des larrons en les cometant avec eux, et « elles sont brûlées ; ou elles sont seulement dans la compagnie « des larrons et des murtriers, et alors, quoy qu'elles n'ayent « ni tué ni volé, comme elles consentent hautement aux crimes « commis, elles sont punies comme les murtriers et les larrons. « Voyez le ch. 35 de ce livre (présente édition, liv. Ier, ch. 39).

« L'art. 26 (Beautemps-Beaupré, *Cout. glos.*, 28) de l'anciene « Coûtume d'Anjou manuscrite est en ces termes : *Femmes qui « sont o meurtriers et les consentent sont à ardoir. Et se elles sont « à embler chevaux et jumens, sont à enfouir. Et se aucuns ou « aucunes qui n'emblassent rien estoient d'assentiment d'embler « aucune chose, l'en en feroit autant comme se il avoit emblé.* « Dans la *Chronique de Louis XI*, nommée *scandaleuse,* il est « parlé d'une Perrette Mauger qui fut enfoüie vive. » (LAURIÈRE.)

37. *Notes sur les Établissements, liv. Ier, ch.* 36 (ci-dessus t. II, pp. 52, 53).

Voyez, en général, sur ce chapitre, ci-dessus t. Ier, p. 251.

Textes dérivés : *Livre des droiz*, 348 (alinéa 1er).

Rapprochez : le dicton allemand : *Hehler sind Stehler* (Chassan, *Essai sur la symbolique du droit*, p. 365) ; *Pseudo-Capit. de Benoît le Levite*, III, 344, dans Pertz, *Leg.*, t. II, pars. II, p. 123 ; cap. de 853 dans Gengler, *Germ. Rechtsdenkmæler*, pp. 678, 679 ; *Jostice et plet*, p. 281 ; Beaumanoir, 31, § 7 ; Tanon, *Reg. de S. Martin des Champs*, p. 179 ; *Abrégé champenois,* rubrique 138 (ci-dessus, p. 179, note).

T. II, p. 52, lignes 7, 8. *et il les recete*, etc. — « Voyez Brit-« ton, ch. 16. » (LAURIÈRE.)

38. *Notes sur les Établissements, liv. Ier, ch.* 37 (ci-dessus t. II, p. 53).

Textes dérivés : *Livre des droiz,* 348 (alinéa 2) ; *Règles cout.*, 1re série, 13.

Rapprochez : *Comp.*, 7; *Abrégé champ.*, rubrique 139 (ci-dessus, p. 179, note).

T. II, p. 53, ligne 6. *ses compainz.* — « Les compains sont « ceux qui sont à mesme pain, d'où l'on a fait *compaignons* et « ensuite *compagnons*. Et les *camarades* sont ceux qui sont en « mesme *chambre*, du mot *camera* ou *camara*, qui signifioit « dans la bonne latinité une *voûte* et la mesme chose que « *fornix.* » (LAURIÈRE.)

T. II, p. 53, ligne 6. *il n'est pas provés por ce.* — « Vide « omnino Hyppolitum de Marsiliis in *Prattica criminali* verbo « *Diligentes*, n. 59. » (LAURIÈRE.)

T. II, p. 53, ligne 8. *conoistre.* — « L'ancienne Coûtume « d'Anjou glosée adjouste : *sans peril de son corps ne de tour-* « *ment mortel.* Vide Hyppolitum de Marsiliis, *dicto loco.* Il « faut excepter de cette disposition le crime de leze-majesté. » (LAURIÈRE.)

39. *Notes sur les Établissements, liv. Ier, ch.* 38
(ci-dessus t. II, p. 54).

Voyez, en général, sur ce chapitre, ci-dessus t. Ier, p. 197.

Textes dérivés : *Anciens usages d'Artois*, XLIX, 12; *Prétendue Ordon. de Jean II, duc de Bretagne,* 9; *Livre des droiz*, 253.

Rapprochez : *Ét.*, liv. II, ch. 17; Cout. dite de 1411, art. 84; *Ord. de saint Louis de* 1254, art. 36 (*Ord.*, t. Ier, p. 74; texte ms. dans ms. fr. 22353, p. 456); *Comp.*, 7.

« L'anciene Coûtume d'Anjou imprimée au titre *Des amendes*, « art. 12 : *La Coûtume audit pays est telle que si en ville a* « *compagnon oiseux et n'a rente, ne meuble pour son estat sous-* « *tenir la justice le peut prendre et emprisoner, et l'examiner,* « *et s'il est trouvé variant, soy enquerir plus avant ou le faire* « *vuider hors le pays*[1]. Voyez le ch. 26 cy-dessus et le 16 du « liv. II (présente édit., liv. Ier, ch. 28, 29; liv. II, ch. 17).

« Il y avoit une loy presque semblable, mais plus severe chez

1. Cf. Beautemps-Beaupré, *Cout. et inst. de l'Anjou et du Maine,* 1re part., t. Ier, p. 434.

« les Egyptiens, suivant Herodote, lib. II, en *Euterpe,* p. 158 « de l'edition de 1608, qui en rapporte le precis en ces termes « de la traduction de Valla : *Amasis quoque extitit, qui legem « hanc apud Ægyptios condidit, ut singulis annis apud pro- « vinciarum præsides Ægyptii omnes demonstrarent unde qui- « libet viveret, et qui aut hoc non faceret aut demonstraret se « legitime vivere, is morte afficeretur.* Vide Johannem Nicolaï, « *De synedrio Ægyptiorum,* p. 70. » (Laurière.)

40. *Notes sur les Établissements, liv. Ier, ch.* 39

(ci-dessus t. II, p. 55).

Voyez, en général, sur ce ch., ci-dessus t. Ier, pp. 248-251.

Textes dérivés : *Règles cout. bret.*, 1re série, art. 6; *Livre des droiz*, 349.

Rapprochez : *Mss. Baluze*, t. 77, fol. 121 verso; *Ligier*, 1368; Boutillier, *Somme rural,* liv. II, tit. 40; *Cout. de Touraine* de 1461 et de 1507, ch. 36, art. 2.

T. II, p. 55, note 38. *Par mescheance.* — « *Par malheur.* Le « *Lignage de Coucy* manuscrit : *la seconde fille de C. Thibaud « de Bar fut mariée à Mahieu, fils du duc Ferri ; lequel Mahieu « fut noié par mescheance en un vivier.* Gautier de Mets :

> « *Pour mesquanche qui lui aviengne*
> « *Ne puet estre pris ne l'en viengne.*

« Guill. Guiart :

> « *Priant Dieu que par sa puissance*
> « *Gardast le roi de meschance.*

« Ce mot se rencontre souvent dans Alain Chartier, pp. 392, « 429, 716, 854. »

T. II, p. 55, note 38. *par mescheance.* — « C'est-à-dire *par « malheur* et non *par hazard.* De *mes-escheant* ou *mal-escheant* « on a fait ensuite *mechant* pour *malheureux.* » (Laurière.)

T. II, p. 55, ligne 7. *l. Nemo.* — Voyez *Coutume d'Anjou glosée,* 32, édit. Beautemps-Beaupré, 1re part., t. Ier, p. 221. Rapprochez anc. Cout. de Touraine et celle du Loudunois au titre *Des crimes.* « A l'égard de celle qui tüe son enfant *volon-*

« *tairement;* car à l'egard de celle qui le tüe par hazard, elle « n'est soumise qu'aux peines canoniques. » (LAURIÈRE.)

41. *Notes sur les Établissements, liv. Ier, ch.* 40
(ci-dessus t. II, pp. 55, 56).

Voyez, en général, sur ce ch., ci-dessus t. Ier, pp. 234, 235.

Texte dérivé : *Livre des droits,* 350.

Rapprochez : *Liger*, 1262.

T. II, p. 56. note 49. variante *empensé.* — « La raison est « qu'on ne punit pas la simple volonté, lorsque l'exécution n'a « pas été tentée : *Cogitationis pœnam nemo patitur* (lege 18, « *Dig.; De pœnis*), si ce n'est pour crime de leze majesté. (Lege « *Quisquis*, 4, in principio *Codice*, *Ad legem Juliam majesta-* « *tis.*) » (LAURIÈRE.)

42. *Notes sur les Établissements, liv. Ier,* ch. 41
(ci-dessus t. II, pp. 56-59).

Voyez, sur l'ensemble de ce chapitre, ci-dessus t. Ier, pp. 91, 180-183.

Texte dérivé : *Livre des droiz*, 351. Rapprochez : *Ét.*, liv. Ier, ch. 31; liv. II, ch. 29; *Très anc. Cout. de Champagne*, art. 27 (d'après la copie ms. communiquée par M. A. de Barthélemy qui prépare une nouvelle édition de ce texte).

T. II, p. 57, lignes 1, 2. *par devant joutise.* — « On a « remarqué sur le ch. 28 (présente édit., liv. Ier, ch. 31) que, « quand il y avoit guerre entre nobles, les seigneurs pouvoient « les contraindre à faire *treve* pour un temps, et que, quand il « y avoit querelles entre gens de *pôte* ou *roturiers*, les seigneurs « pouvoient les contraindre à se donner *asseuremens,* qui « duroit toûjours; qu'en cas de *treves* on ne s'en prenoit qu'à « ceux qui les brisoient, et que, dans le cas d'*asseuremens*, on « s'en prenoit et à ceux qui les avoient donnez, et à ceux qui « les avoient brisez. Voy. Beaumanoir, ch. 60, p. 304, ligne 28, « et, p. 306, ligne 18, et la note sur le ch. 28 cy-dessus (présente « édition, liv. Ier, ch. 31).

« Nous apprenons de ce chapitre que, quand un homme avoit « l'audace de menacer un autre en justice, le *menacé* pouvoit « demander *asseurement*, et, si celuy qui avoit fait les menaces

« ne vouloit pas l'accorder, il estoit coupable de toutes les vio-« lences commises ensuite envers celuy qui avoit demandé l'as-« seurement, comme s'il les avoit commises luy-mesme; en « sorte que le *refus d'asseurement* valoit *asseurement.* » (LAURIÈRE.)

T. II, p. 58, ligne 1. *Ou qui avroit tué.* — « L'anciene Coû-« tume d'Anjou glosée (édit. Beautemps-Beaupré, § 34) ajoûte « trés bien : *et l'on ne prit le meurtrier en present meffect;* « car, quand le meurtrier est pris en present meffect, il est « aisé de sçavoir si celuy qui a refusé l'asseurement est cou-« pable ou non. » (LAURIÈRE.)

43. *Notes sur les Établissements, liv. Ier, ch. 42*

(ci-dessus t. II, pp. 59-60).

Voyez, sur l'ensemble de ce ch., ci-dessus t. Ier, pp. 165, 244.

Texte dérivé : *Livre des droiz*, 427.

Rapprochez : *Ét.*, liv. Ier, ch. 45, 62, 171 ; *Littera de jurisdictione temporali quam dominus Turonensis debet habere in terra Capituli Caynonensis* dans *Liber bonarum gentium*, copie de D. Betancourt, p. 211; transcription de Salmon, p. 240. (Bibl. de Tours, ms. 1267.)

« Les vavassors nommez *valvassores* dans les *Livres des* « *fiefs* sont icy ceux qui possedent de simples fiefs avec basse « justice, sous les barons ou ceux qui tenoient en baronie. Ces « *vavasseurs*, qui estoient appellez *bacheliers* quand ils estoient « chevaliers, estoient ordinairement pauvres, comme il se void « par ce qui suit d'une anciene chronique d'Angleterre compo-« sée par un nommé Vavrain, à peu prés du temps de Mons-« trellet, et qui appartient à M. le chancelier, t. Ier, p. 108 : « *Quand le roy Richard vit messire Alain pris, il s'écria : roy,* « *or vous tiens jou. Certes, sires, respondit Alain, non faites;* « *ains tenez Alain de Roussy, un pauvre vavasseur.* Voyez mon « *Glossaire* sur *Bachelier.* » (LAURIÈRE.)

T. II, p. 59, ligne 4. *vaarie.* — « C'est-à-dire *justice moienne* « *ou basse.* Voyez Chopin in *Cons. and.*, liv. Ier, c. 1er, n. 4, « c. 2, n. 2, en attendant que nous expliquions ailleurs tous « ces termes. » (DU CANGE.)

« On a remarqué sur le ch. 31 (présente édition, liv. Ier, « ch. 34) qu'il n'y avoit ancienement que deux degrez de jus- « tice, la *haute* et la *basse*, et que la basse se nommoit *voirie*. « Mais depuis, les degrez de justice ayant esté divisez en haute, « moyenne et basse, la *moyenne justice* a esté nommée *grande* « *voirie*, comme il se void par l'inscription 39 de la Coûtume « d'Anjou, et la basse justice fonciere a esté nommée *simple* « *voirie*, comme il se void dans l'art. 1er de la Coûtume d'Anjou. « *Voirie* vient de *viaria*[1] ou plustost d'*advocatia*. Voyez ce « que j'en ay dit dans mon *Glossaire* et sur les *Institutes* de « Loisel, liv. II, tit. II, art. 45. » (LAURIÈRE.)

T. II, p. 59, ligne 5. *pandent larrons.* — « Cette justice est « appellée vulgairement *Latro* dans les titres latins. Voy. Spel- « man; Phil. de Beaumanoir, ch. 58. » (DU CANGE.)

« Ainsi, dans ce temps-là, les seigneurs qui avoient *voirie* ou « *basse justice* avoient la connoissance du larron, ce qui a esté « observé par Beaumanoir dans ses *Coutumes de Beauvoisis*, « ch. 8, p. 294. Et de là vient que pour larcin il n'y avoit pas « de gages de bataille en plusieurs lieux, ce que j'ay expliqué « dans mes notes sur Loisel, au titre *Des crimes*, règle 20. « Cependant, par l'art. 44 de la Coûtume du Maine, le larrecin « est cas de grand voirie ou de moyenne justice. » (LAURIÈRE.)

Entre autres vavasseurs ayant le droit de pendre les larrons on peut citer ceux de Climchamp, bailliage de Verneuil. (*Olim*, édit. Beugnot, t. Ier, p. 213.)

T. II, p. 59, ligne 6. *mais en aucune chastelerie.* — « La « chastellerie ou chastellenie est icy le territoire du baron, comme « dans le ch. 31 (présente édit., liv. Ier, ch. 34). Suivant ce « chapitre, en quelques chastelleries ceux qui y avoient voirie « ou basse justice estoient obligez de mener les larrons à leurs « seigneurs pour estre jugez. Et, quand les seigneurs les avoient « jugez, les bas justiciers ou voyers en faisoient justice et en « avoient la depoüille, c'est-à-dire le chaperon, le surcot et tout « ce qui estoit au-dessus de la ceinture, ainsi que le remarque « l'autheur de la Glose sur le ch. 33 de l'anciene Coûtume

1. De *vicaria* : *viaria* est formé sur *voirie*. Voyez ci-dessus t. Ier, p. 164-166.

« d'Anjou[1]. Vide *Statut. Alex. Regis Scotiæ*, cap. II, n. 6. » (LAURIÈRE.)

T. II, p. 59, ligne 8. *en font la joutise.* — C'est l'exécution : dans les textes latins l'expression équivalente est *ad justiciandum.* (*Olim*, édit. Beugnot, t. Ier, pp. 5, 6; 221, VI; 222, VII; 277, VI; 187, III.) Voici un exemple tourangeau de la situation relative que résume notre texte : *Et se un malfaiteur est pris au dedans de ma dite maierie, excepté à jour de foire ou de marché, depuis soleil levé, je le puis garder un jour et une nuit; et, depuis, le vous doy rendre en votre ostel à Arthanne, et vous gens le me doivent rendre tout jugié et je le doi faire exequter.* (Aveu rendu par Macé de Arthanne, seigneur de la Mote, à l'archevêque de Tours dans le *Cartulaire de l'archevêché de Tours*, copie de D. Bétancourt, p. 343-347; transcription de Salmon dans le ms. 1267 de la Bibl. de Tours, vers la fin du vol.) Voyez des textes analogues dans Legeay, *Recherches historiques sur Mayet*, 2e édit., t. Ier, pp. 316, 317; dans *Feoda domini arch. Tur.* apud Salmon, *Arch. de Tours*, t. IV, fol. 74. (Bibl. de Tours; Manuscrits.)

Il y a des exemples de la solution inverse. On voit un vavasseur (le Chapitre de Chinon) juger, tandis que le prévôt du haut justicier (l'archevêque de Tours) exécute, pend le voleur. (*Liber bonarum gentium*, copie de D. Bétancourt, p. 211; transcription de Salmon, p. 240. Bibl. de Tours, ms. 1267.)

T. II, p. 59, lignes 9, 10. *tiennent lor batailles.* — « Quoi-« qu'il soit dit que les vavasseurs, c'est-à-dire les moiens et « les bas justiciers avoient droit d'ordonner des duels dans leurs « justices, dans les cas qui estoient de leurs ressorts, il est « constant toutefois que tous seigneurs n'avoient pas droit de « faire faire les duels dans l'etenduë de leurs seigneuries quoi-« qu'ils eussent celui de l'ordonner, estant une prerogative qui « appartenoit aux hauts justiciers, car les bas justiciers estoient « obligés de renvoier ceux qui avoient esté condamnez à se « purger par le duel en la cour et en la justice du seigneur

1. Cf. Beautemps-Beaupré, *Cout. et instit. de l'Anjou et du Maine,* t. Ier, p. 224.

« dominant, devant lequel le duel se parachevoit. Une notice qui « est au reg. du Château du Loir : *Ad Maietum non potest fieri « duellum, quod non mittatur ad Castrum Lidi, exceptis homi- « nibus S. Martini de omni terra archiepiscopi, si contentio « sit judicii vel duelli, vel etiam sacramenti, debet terminari « ante senescallum comitis ad Castrum Lidi.* Le sieur Hemeré « rapporte un titre semblable en l'*Hist. de S^t. Quentin*, p. 177. « Le prevot de Paris saisit au nom du roy par sentence du mois « de mars 1292 *uns gages de bataille, que les chanoines de « S. Benoist de Paris faisoient deduire en leur Cour pour cas « de larrecin, pour ce qu'il entendoit que lesdits chanoines « n'avoient pas telle justice en leur terre à Paris.* Un titre de « Philippes-Auguste de l'an 1214[1], au cartul. de Bourgueil, « fol. 101 : *Si duellum acciderit in curia prioris, judicabitur « et armabitur, et armati ducentur ad Nonencourt. Dominus « de Nonencourt custodiet campum, et emenda erit prioris.* Un « autre de l'an 1202 : *Quotiescumque ventum fuerit ad vadia « duelli, ducetur duellum in curiam canonicorum in monte « et ibi finietur, salva tamen medietate nostra de emenda « duelli.* Ce qui fait voir que les usages estoient differents. » (Du Cange.)

T. II, p. 59, ligne 10, p. 60, ligne 1. *de toutes choses fors des granz meffaiz.* — « C'est-à-dire qu'à l'exception « de *trahison, de meurtre, de rapt, d'encis, de chemin brisé « et de meffect de marchié*, qui, suivant le ch. 4 cy-dessus « (presente édition, liv. Ier, ch. 5), estoient cas de haute jus- « tice, les vavasseurs avoient de ce temps les batailles de « tous meffects, ce qui estoit, ce semble, contre le droit general « de la France, par lequel le duel ou le gage de bataille estoit « de haute justice. Voyez ce que j'ay remarqué à ce sujet sur « les *Institutes* de Loisel, liv. II, tit. II, regle 47, et cy-aprés « les ch. 40 et 41 (présente édition, liv. Ier, ch. 44, 45).

« L'autheur de la Glose sur l'art. 33 de l'anciene Coûtume « d'Anjou ne donne les batailles qu'à ceux qui ont *grand voirie*

1. Date exacte : 1215 févr. (n. s.). Cf. Delisle, *Cart. des actes de Philippe-Aug.*, n° 1529.

« ou moyenne justice. Voyez le ch. 4 cy-dessus portant abro- « gation des batailles (présente édition, liv. Ier, ch. 5). » (LAURIÈRE.)

T. II, p. 60, ligne 2. *si ont lor mesures.* — « Voyez les Coust. « d'Anjou, art. 40; de Lodunois, ch. 2, art. 2, 3, 4; de Tours, « art. 42; du Maine, art. 50. Chopin in *Consuet. And.*, liv. Ier, « c. 40, 43. » (DU CANGE.)

A l'occasion des fausses mesures, l'abbé de Saint-Martin renvoie ici à un capit. important de Charles le Chauve, année 864, tit. XXXVI, c. 20.

Voyez un acte tourangeau de 1290 dans *Revue rétrospective*, Juillet 1837, p. 79.

« De là vient que la Coûtume d'Anjou dans l'art. 40 donne les « mesures au moyen justicier ou grand voyer et la Coutume « du Loudunois au titre *De moyenne justice*, art. 2. Voyez les « *Institutes coûtumieres* de Loisel, liv. II, tit. II, regle 46, et « ce que j'y ay remarqué. » (LAURIÈRE.)

T. II, p. 60, ligne 3. *et les metent es cors des chatiaus.* — « Afin qu'elles ne soient pas falsifiées. Suivant la *Novelle* 128 « de Justinien, elles devoient par cette raison estre conservées « dans les eglises. » (LAURIÈRE.)

Cf. Levasseur, *Hist. des classes ouvrières*, t. Ier, p. 311.

T. II, p. 60, lignes 6, 7. *et se li bers*, etc. — « C'est-à-dire « que l'amende est au baron, s'il trouve la fausse mesure avant « le vavasseur. » (LAURIÈRE.)

T. II, p. 60, lignes 7, 8. *et se li vavassors puet estre provez que il la li ait bailliée fausse.* — « Le vavasseur ne prend pas « sa mesure de luy, mais du baron son seigneur qui en a l'es- « talon, ou le patron, et si le vavasseur donne fausse mesure à « ses hommes, il perd ses meubles. Cependant, si le vavasseur « peut affirmer qu'il n'a pas donné de fausse mesure à son « homme villain, ou coûtumier, le vavasseur en sera crû par « son serment, et le villain chez qui la mesure fausse aura esté « trouvée, payera soixante sols d'amende, ce qui a esté suivi en « Anjou et au Maine, avec cette difference qu'au Maine les « peines pecuniaires sont du double de celles d'Anjou, suivant « la remarque de la Glose sur ce chapitre. » (LAURIÈRE.)

44. *Notes sur les Établissements, liv. Ier, ch. 43*

(ci-dessus t. II, p. 61).

Voyez, en général, sur ce ch., ci-dessus t. Ier, pp. 165, 166.

Textes dérivés : *Abrégé champen.*, 122; *Livre des droiz*, 428.

Rapprochez : *Leges Malcom. reg. Scot.*, cap. 21, 35, apud du Cange, *Glossar.*, édit. Didot, t. II, p. 710; *Olim*, édit. Beugnot, t. Ier, p. 265, acte n° 11; Beaumanoir, édit. Beugnot, t. II, p. 440; Cout. dite de 1411 dans Beautemps-Beaupré, 1re part., t. Ier, pp. 386, 454.

T. II, p. 61, ligne 3. *Nuns vavasors.* — « La raison en est « rapportée cy-dessus à la fin du ch. 31 (présente édit., liv. Ier, « ch. 34). C'est que la justice du vavasseur n'est pas à luy, « mais à son seigneur. » (LAURIÈRE.)

T. II, p. 61, lignes 10, 11. *esgarder un serment.* — « Les « *Assises de Hierusalem*, ch. 64, au passage rapporté cy-dessous, « remarque trois sortes de jugemens, les uns qui se faisoient « par *recort*, d'autre par *connoissance*, et enfin les autres qui « se faisoient par *esgard de court*. Ce dernier terme est fort « usité dans les vieilles Coutumes et dans les titres, qui est « tourné dans les chartes latines par ceux de *Consideratio* « *curiæ. Monast. Angl.*, t. I, p. 221 : *Abstulit ei dictam ter-* « *ram per considerationem curiæ suæ.* Voy. *Regiam majest.*, « liv. II, c. 13, § 2; Math. Paris, in addit., p. 97; Brompton., « p. 937, *Leg. Longobard.*, liv. I, tit. 9, § 21. » (DU CANGE.)

« Dans la basse latinité, l'*esgard* estoit une connoissance, un « jugement, une sentence. De sorte qu'icy *esgarder un serment* « estoit faire ordonner par le juge que le vavasseur feroit ser- « ment ou jureroit que le larron s'estoit eschappé. Voyez le « ch. 273 des *Assises de Jerusalem.* » (LAURIÈRE.)

45. *Notes sur les Établissements, liv. Ier, ch. 44*

(ci-dessus t. II, pp. 61, 62, 63).

Textes dérivés : *Livre des droiz*, 332 (cf. 335), 429; *Abrégé champenois*, 130.

Rapprochez : *Somme rural*, 1re part., tit. 34, édit. de 1621,

p. 225; *Livre des droiz*, 971; *Ét.*, liv. Ier, ch. 132, 133; liv. II, ch. 14, 21:

T. II, p. 62, ligne 1. *de quelque meffait.* — « La Coustume « d'Anjou, art. 75, 76, 77, 78, 79, remarque les cas où le sei- « gneur suzerain ne rend point la cour, ni les causes à son « vassal, qui sont *l'empéchement de chemin peageau*, qui est « icy appellé *chemin brisé*, *le delit fait en grand chemin*, *fausse « mesure*, *bris de marché*, qui est icy appellé *meffet de mar- « ché*, etc. Chopin explique tous ces termes au liv. Ier, sur cette « Coustume, ch. 79. » (DU CANGE.)

« Ancienement l'aveu emportoit l'homme, et estoit l'homme « justiciable de corps et de châtel, c'est-à-dire de meuble, où il « levoit et couchoit, en sorte que quand il estoit poursuivi par « devant un autre seigneur, en s'avouant du seigneur sous qui « il levoit et couchoit, il devoit estre renvoyé en la justice de « ce dernier seigneur. Il en estoit de mesme quand ce dernier « revendiquoit lui-mesme son homme et le *prenoit par la main*, « pour le faire retourner en sa justice. Voyez Loisel dans ses « *Institutes*, liv. Ier, tit. Ier, regle 26, et ce qu'on y a remarqué.

« Suivant ce chapitre, le vavasseur ou bas justicier (car il « faut se souvenir qu'alors il n'y avoit que deux degrez de jus- « tice, la haute et la basse), le bas justicier connoissoit de tous « meffects, à l'exception des cas de haute justice, ce qui a esté « changé dans la suite par l'establissement des moyennes jus- « tices, ou la distinction des *voieries* en hautes et basses. » (LAURIÈRE.)

T. II, p. 62, ligne 3. *à mener son home par la main.* — Voyez ci-après les notes sur *Ét.*, liv. Ier, ch. 132.

T. II, p. 62, ligne 6. *chemin brisié.* — « L'anciene Coûtume « d'Anjou glosée, dans l'art. 35, adjoûte *peageau* [1]. » (LAURIÈRE).

Rapprochez : *Cout. dite de 1411*, 2e part., § 41, édit. Beautemps-Beaupré, 1re part., t. Ier, p. 409.

T. II, p. 62, lignes 8, 9. *Ne il ne l'avroit mie des defautes*, *se li autres l'en apeloit.* — « Le sens est que si quelqu'un se plai- « gnoit en la cour du baron de l'homme ou du justiciable du

1. Voyez *Cout. glosée*, 37, dans Beautemps-Beaupré, *Cout. et inst. de l'Anjou et du Maine*, t. Ier, p. 227.

« vavasseur, le vavasseur en avoit la court et non le baron, à « moins qu'il ne fût question de *chemin brisé* ou de *meffect de* « *marché*, car de ces deux choses la court n'estoit pas au vavas- « seur, mais au baron. Et si quelqu'un appelloit de ces deux « cas l'homme du vavasseur, les deffauts ou la peine des def- « fauts n'estoit pas au vavasseur, mais au baron. Voyez le « ch. 57 (présente édit., liv. Ier, ch. 61) et l'art. 77 de la Coû- « tume d'Anjou. » (LAURIÈRE.)

T. II, p. 63, lignes 2, 3. *fere recort en la cort au vavassor.* — « Les termes de *record* et de *recorder* sont frequents dans « les ordonnances, les Coutumes, les jugemens et les livres de « pratique de ce temps-là. C'est pourquoy il importe de les « expliquer. *Record* signifie proprement un témoin qui rap- « porte fidelement les choses qu'il sçait, ou qu'il a veuës ou « dont il se souvient. Dans le poëte : *Si bene audita recordor;* « et de là ordinairement ce mot est pris pour des informations « faites en jugement. Une enquéte de l'an 1208 concernant les « Lombards : *Gosbertus de Marchia recordatus ea quæ magis-* « *ter Gaufridus asserit in suo recordo. Guillelmus Bottucu* « *juratus per juramentum suum recordatus est sicut Guillelmus* « *de Crispeio, et addit*, etc. Philippes de Beaumanoir, ch. 62, « dit qu'*en cose qui se peut prouver par recort, ne doit avoir* « *nul gage*, c'est-à-dire que lors qu'on peut prouver une chose « par témoins il n'échet pas d'ordonner le duel. Les *Assises de* « *Hierusalem*, ch. 44 : *Vous requerez recort de chose descon-* « *venable, et de tel que vous ne devez avoir recort*, c'est-à- « dire *qui ne se doit vuider par enquéte.* Ensuite on a usé du « terme de *recorder* pour *juger sur une enquéte;* un jugement « rendu au temps de Guillaume le Bâtard dans Selden sur « Eadmer, p. 199 : *Et ab omnibus illis probis et sapientibus* « *hominibus, qui affuerunt, fuit ibi dirationatum et etiam a* « *toto comitatu recordatum atque judicatum.* Ainsi *Record de* « *cour* est une enquéte ordonnée et faite par la cour. Les « *Assises de Hierusalem*, ch. 13 : *Et l'offre à prover et le* « *preuve, si comme il doit et telle preuve ne doit estre que par* « *recort de cort.* Au ch. 64 : *Je vous pri que vous ne souffrés* « *que tel home, qui ne sont mes pers, ou qui ont perdu vois en* « *court, soient à cest recort ou à cest esgard, ou à cest conois-*

« *sance*. Un arrest rendu au sujet des marchands lombards : « *Quam conventionem idem procurator noster per recordum* « *curiæ obtulit probaturum : tandem visis prædictis conventio-* « *nibus et audito recordo curiæ nostræ super his*, etc. Ce qui « fait voir que le *Record de la cour* estoit une enquéte faite par « les juges de la cour, sur laquelle on rendoit jugement : de « sorte que c'est pour cela que la justice qui avoit droit de « juger par enquéte comme a esté premierement la Chambre « des enquétes du Parlement, a esté appellée *la cour de record*, « comme dans Littleton, sect. 175. Philippes de Beaumanoir, « ch. 62, dit qu'il n'y a point d'appel, *quant home qui ont* « *pooir de jugement*, *font aucun recort de jugement pour le* « *debat des parties : car en recort n'a point d'appel*. Mais cela « se doit entendre lorsque le record estoit jugé en la cour des « barons ou des hauts justiciers, car, quant aux records des « vavasseurs ou bas justiciers, il y avoit appel en la cour des « barons. Et en ce cas, le record de la cour estoit *relatio seu* « *repetitio litis*, *vel processus deducti in inferiore curia facta* « *in curia superiore*, ainsi que Sckenæus, jurisconsulte escos- « sois, le definit : et c'est ce qui est dit icy que le baron ne doit « pas faire record au vavasseur d'aucune chose qui ait esté « jugée par devant lui parce qu'estant juge superieur, il n'auroit « pas esté juste qu'il fist rapport de son jugement à son infé- « rieur. A plus forte raison on ne peut demander le record du « jugement du roy, c'est-à-dire le rapport, parce qu'il n'y a « point d'appel de ses jugemens. Les Loix de Henry Ier, roi « d'Angleterre, ch. 49 : *Omnem recordationem dominicæ regis* « *curiæ non potest homo contradicere*. Ce qui est aussi remar- « qué par Glanville, liv. VIII, ch. 9, et ainsi expliqué dans *Regiam* « *majestatem*, liv. Ier, ch. 13, § 3 : *Sciendum est, quod lites* « *decisæ legitime per magnam assisam domini regis*, *postmo-* « *dum nulla occasione ressuscitantur*. Ce qui est repeté au « liv. III, ch. 17, § 3. Car, quoi qu'il n'y eust point d'appel des « records des barons, si est ce qu'il y avoit des cas où les « choses jugées par eux estoient renvoiées au roy pour estre « decidées souverainement et qui sont remarquez dans le « méme livre intitulé *Regiam majestatem*, liv. III, ch. 23 et 24, « où la matiere des records est traitée amplement, et mémes il

« est dit dans les Loix de Henry, ch. 31, que *recordationem* « *curiæ regis nulli negare licet.* Voyez cy-aprés les ch. 55, 56, « mais je ne m'apperçois pas que je m'engage trop avant sur « ce sujet. » (DU CANGE.)

« *Faire recors* icy c'est rendre compte en la justice du vavas- « seur de ce qui s'est fait dans la justice du baron, ce qui est « contre toutes les règles, parce que le juge supérieur ne rend « pas compte de son jugement au juge inférieur.

« Si donc le justiciable du vavasseur est ajourné en la court « du baron, et si la cause y est jugée, ou si la dette dont il « s'agit y est reconnuë, le vavasseur ne peut plus revendiquer « son homme ni juger la contestation, parce qu'il ne peut pas « reformer le jugement de son seigneur. Voyez les art. 71 et « 72 de la Coûtume d'Anjou. » (LAURIÈRE.)

46. *Notes sur les Établissements, liv. Ier*, ch. 45 (ci-dessus t. II, pp. 63, 64).

Textes dérivés : *Livre des droiz*, 430.

Rapprochez une convention entre le seigneur de Lugny et les moines de Saint-Jean-du-Grez dans la *Revue rétrospective*, janvier 1837, p. 69 ; privilèges de Cerny en Laonois dans Thaumas de la Thaumassière, *Cout. loc.*, p. 239 ; acte de 1232 intéressant le ch. de Saint-Donat de Bruges analysé dans *Inventaire des archives de la Chambre des comptes à Lille*, t. Ier, p. 222, nº 567.

Le sens de ce chapitre est difficile : l'explication qui se présente la première est celle qu'a adoptée l'abbé de Saint-Martin ; il l'a présentée en ces termes : « Les barons étant égaux entre « eux, il étoit juste que celui qui réclamoit un voleur qui avoit « commis quelque délit sur ses terres, payât au baron, qui « l'avoit fait arrêter, une somme déterminée par la loi pour « l'indemniser de ses frais. Mais le baron étant supérieur du « vavasseur, en lui rendant le voleur qui s'étoit enfui sur ses « terres, ne pouvoit rien lui demander pour indemnité de ses « frais, et étoit obligé, à raison de sa supériorité, de le lui rendre « avec les II s. 6 deniers qu'il auroit donnés au baron. » Ce sens paraît tout d'abord celui des derniers mots du chapitre :

ses sires li devroit rendre o les II *s. et demi paianz qu'il avroit rendu au baron :* néanmoins cette interprétation ne se soutient pas par la bonne raison qu'elle conduit à une absurdité; qu'on en juge : un voleur ou un meurtrier a commis un crime sur la terre de A.; il s'enfuit sur la terre de B., et B. l'arrête. A., s'il est baron, pourra se faire livrer le criminel par B., en lui payant II s. et demi : s'il est vavasseur, non seulement il pourra se faire livrer le délinquant par B., mais, en outre, B. lui remettra II s. et demi. Vraiment cela n'est pas soutenable : évidemment il faut entendre tout autrement la dernière phrase de ce chapitre : on traduira : *ses sires li devroit rendre o lés* II *s. et demi paianz* par : *ses sires* (*B.*) *rendra le criminel au vavasseur* (*A.*), *si ce dernier* (*A.*) *lui paye* II *s. et demi*. Les mots *qu'il avroit rendu au baron* restent une assez mauvaise tournure rendant mal cette idée : *comme cela aurait eu lieu si A. était baron.* Tel est le sens qui a été adopté au XIVe s. par l'auteur du *Livre des droiz* (ch. 430) et je le crois le seul acceptable.

« On a dit sur le ch. precedent qu'ancienement en France « l'aveu emportoit l'homme et que l'homme estoit justiciable « de corps et de chastel où il couchoit et levoit. Nous apprenons « de ce chapitre-cy que, suivant l'usage de[1] Paris, d'Orleans, de « Touraine et d'Anjou, l'aveu n'emportoit pas l'homme en « matiere criminelle, mais que les delicts estoient punis où « ils avoient esté commis, ce qui a esté depuis confirmé par « l'art. 35. de l'ordonnance de Moulins. Voyez ce que j'ay « remarqué sur les *Institutes* de Loisel, liv. Ier, tit. Ier, regle 26, « et l'art. 74 de la Coûtume d'Anjou. Joignez le ch. 59 (pré- « sente édition, liv. Ier, ch. 62). » (LAURIÈRE.)

47. *Notes sur les Établissements, liv. Ier, ch. 46*

(ci-dessus t. II, pp. 64, 65).

Voyez, sur le parage en général, ci-dessus t. Ier, pp. 125, 126.

Textes dérivés : *Livre des droiz*, 431 (commencement de cet article); *Prét. Ordon. de Jean II*, art. 10; *Règles cout. bret.*, série, art. 22.

1. En citant Paris et Orléans à propos de ce ch. 45, Laurière nous rappelle qu'il ignorait l'origine angevine de ce texte.

Rapprochez : *Ét.*, liv. Ier, ch. *47, 81*; *Comp.*, 80.

« Quand l'aîné noble garantit ses puinez en parage sous son « homage, il paroist seul seigneur de tout le fief, quoy que ses « puinez y aient leur part, et, par cette raison, comme il n'y a « que l'aîné seul qui couvre le fief par la foy qu'il porte, il n'y « a aussi que luy seul qui en fasse le rachat, ainsi qu'on l'a vû « sur le ch. 22. cy-dessus. Et de là vient que le parage est « appelé franc.

« Comme en franc parage, l'aîné acquitte ses freres du rachat, « il semble qu'il devoit aussi les acquitter des aydes. Cependant « nous apprenons de ce chapitre qu'ils devoient contribuer aux « aydes. » (Laurière.)

Voyez la dissertation 3 de Du Cange sur Joinville, intitulée *Du frerage et du parage*.

T. II, p. 64, ligne 8. *se li bers fait s'aïde.* — « L'aide est un « secours en argent que les seigneurs nobles chevels levent sur « leurs vassaux et leurs hommes coustumiers en trois cas : le « premier pour la rançon des seigneurs, quand ils sont prison- « niers chez les ennemis de la foy et du royaume. Le second « pour le mariage et l'apparagement de leur fille aînée. Et le « troisieme quand les seigneurs se font chevaliers. Voyez les « art. 127, 128 et 129 de la Coûtume d'Anjou, avec les Com- « mentaires de du Pineau; Salvaing, p. 239; Masuer, tit. 38, « n. 4; la Thaumassiere dans ses *Coûtumes locales*, ch. 27; « Besly dans ses *Comtes de Poitou*, p. 87; d'Olives, p. 238; « Boerium, *Decis.*, 126, 127; Durant, *Qu.* 93; Hostiensem ad « cap. 2, *Extra*, *De immunitate ecclesiarum*, n. 5, p. 167; « Vasquium, *Controversiarum illustr.*, lib. I, cap. 7, n. 3; « Jacobinum de sancto Georgio, *De feudis*, pp. 167, 168, 217; « Le Grand, sur la Coûtume de Troyes, tit. Ier, art. 3. » (Laurière.)

49. *Notes sur les Établissements, liv. Ier, ch. 47*

(ci-dessus t. II, pp. 65, 66).

Voyez sur le parage, en général, ci-dessus t. Ier, pp. 125, 126.

Textes dérivés : *Prét. Ord. de Jean II*, art. 11, 12; *Livre des droiz*, 431 (seconde partie de l'art.); *Somme rural*, 1re part., tit. 83; *Usage d'Orlenois*, 1er paragraphe.

Rapprochez : Brussel, *Nouvel examen de l'usage général des fiefs*, t. II, p. 889; *Ét.*, liv. Ier, ch. 46, 81.

« Le sens de ce chapitre est que ceux qui sont garantis en « franc parage ne font point ayde à celui qui les garantit, et « qu'ils y contribüent seulement, quand celuy qui les garantit « les paye au chef seigneur. » (Laurière.)

T. II, p. 65, ligne 10. *Quant aucuns.* — « Voyez Chopin, « liv. Ier, in *Consuet. And.*, c. 62, n. 2. » (Du Cange.)

49. *Notes sur les Établissements, liv. Ier, ch.* 48
(ci-dessus t. II, pp. 66, 67).

Voyez, en général, sur ce chapitre, ci-dessus t. Ier, pp. 18, 125, 126, 146.

Texte dérivé : *Livre des droiz,* 431 (dernière partie de l'article).

Rapprochez : Cout. de Touraine de 1507, ch. 25, art. 8.

« L'art. 217 de la Coûtume d'Anjou a esté pris de ce cha- « pitre. » (Laurière.)

T. II, p. 66, ligne 3. *il ne lor puet metre terme hors dou parage.* — « Les puinez garantis en parage sous l'homage de « leur aîné, contribuënt, avec luy, au payement des aydes. Et, « si l'aîné leur donne terme, il faut de droit, par cette raison, « que le terme ne soit pas hors du parage. Quand le parage est « failly, pourveû que ce ne soit pas par depié de fief, ce qui « estoit tenu en parage, commence d'estre tenu de l'aîné, ou de « celuy qui le represente, à foy et homage, et ainsi en arriere- « fief du chef seigneur. En quelques lieux la regle est que les « *soustenanz qui ont seigneur moyen entre eux et le chef sei-* « *gneur ne doivent pas payer au chef seigneur ayde, mais* « *qu'ils doivent aider à celuy de qui ils tiennent nu à nu, pour* « *payer l'ayde au chef seigneur*, ainsi qu'il est dit dans le ch. 35. « de la Coûtume de Normandie, mais icy comme la partie du « fief tenuë en parage ne devient arriere fief qu'aprés l'assiette « de l'ayde, il ne seroit pas possible que ceux qui la tiennent « nouvellement à hommage pussent contribuer à cette ayde « comme arriere vassaux. » (Laurière.)

T. II, p. 66, ligne 5. *hom qui tient en parage.* — « Voyez « l'art. 215 de la Coûtume d'Anjou et les commentateurs. » (Laurière.)

T. II, p. 66, ligne 7. *joutise.* — « Voyez la Coûtume d'Anjou, « art. 221, 216. » (Laurière.)

T. II, p. 67, ligne 3. *qu'il ait entr' aus II tel lignage*, etc. — « C'est-à-dire que leurs enfans soient hors du quatrieme degré « de parenté. Voyez l'observation sur le ch. 22 cy-dessus (pré- « sente édition, liv. Ier, ch. 24). En Normandie, suivant l'an- « ciene Coûtume, dans le ch. 35 à la fin, le parage dure jus- « qu'au sixieme degré du lignage; joignez Beaumanoir, ch. 59, « p. 303, ligne 14, et la note sur le ch. 74 cy-aprés (présente « édit., liv. Ier, ch. 79). » (Laurière.)

T. II, p. 67, ligne 4. *et s'il ne li puet mostrer le lignage.* — « L'art. 217 de la Coûtume d'Anjou adjoûte que si le parageur « ne peut montrer que le parage soit failly, *le parageau fera* « *serment qu'il a bien loyaument racompté son lignage et sera* « *envoyé comme dessus*, c'est-à-dire à l'obéïssance de son para- « geur. Par le mot *il*, il faut entendre *celuy qui a tenu en* « *parage.* » (Laurière.)

T. II, p. 67, lignes 5, 6. *et li sires ne li puet asseoir que I roncin* — « sçavoir par parage failly. » Voyez l'art. 218 de la Coût. d'Anjou.

« Quoy que tout fief ait esté donné à la charge de faire pro- « fession des armes, tout vassal n'estoit pas obligé de se mon- « ter, ni de s'armer à ses depends. Il n'y avoit que ceux qui « relevoient immediatement du roy ou des barons qui estoient « obligez de se monter. Et de là vient que le roy et les barons « ne levoient sur leurs hommes aucuns roussins. *Le roy*, dit « Beaumanoir, *ne chil qui tiennent en baronie ne doivent lever* « *nus roussins de service pour che que il püent penre les cors* « *tous armez et monter toutes fois que ils veüillent et qu'ils en* « *ont metier*, etc. Voyez la note sur le ch. 129[1] de ce livre (pré- « sente édit., liv. Ier, ch. 135) et Beaumanoir, ch. 28, p. 142. » (Laurière.)

Rapprochez liv. Ier, ch. 79, qui se termine presque dans les mêmes termes.

1. Édit. Laurière, 131 : Laurière cite ici d'après le numérotage de du Cange.

50. *Notes sur les Établissements, liv. Ier, ch.* 49 (ci-dessus t. II, pp. 67, 68, 69).

Textes dérivés : *Livre des droiz*, 432.

Rapprochez : *Ét.*, liv. II, ch. 28; *Exceptiones Petri,* liv. IV, ch. 46, dans Savigny, *Geschichte des röm. Rechts,* t. II, 1816, p. 385; *Chart. insig. Eccles. Cenomanensis*, p. 337, acte DXLV.

T. II, p. 68, ligne 1. *ses vavasors tenra de lui.* — « Le sens « de ces paroles est que si le baron demande qu'un heritage « soit declaré estre mouvant de luy, et que le vavasseur, qui a « la possession pour luy, soutienne que c'est de luy qu'il « releve, on ne plaidera pas en la cour du bers ou baron, à « moins que le vavasseur ne le veüille bien. » (LAURIÈRE.)

T. II, p. 68, lignes 2, 3. *car li bers si est ausinc come li tolerres.* — « ... On void bien le sens de ce chapitre, qui est que « comme le vavasseur ne doit pas plaider *pour luy devant luy*, « le baron ne peut aussi plaider *pour luy devant luy-mesme*, « et qu'ainsi il faut qu'ils plaident l'un et l'autre en la cour du « seigneur superieur, dont le baron tient. Vide titulum *Codicis*, « *Ne quis in sua causa judicet.* » (LAURIÈRE.)

T. II, p. 68, lignes 5, 6. *et se bataille i est jugiée.*— « Voyez « sur ce sujet les lois des barons d'Escosse, liv. II, ch. 63, § 7 et « les suivans. Phil. de Beaumanoir, ch. 62 (édit. Beugnot, ch. 61, « § 27), dit que nul ne peut appeller son seigneur, à qui il est homme « de corps et de mains, autant qu'il lui eust delaissé l'hommage, et « ce qui tenoit de lui. Et un vassal qui vouloit appeller son sei- « gneur, et l'accuser de quelque crime, devoit venir le trouver, et « en presence de ses pairs, lui tenir ce discours : *sire, j'ay esté* « *une pieche en vostre foi et en vostre homage et ay tenu de* « *vous tex heritages en fief; et à l'hommage et à la foi je* « *renonce, parce que vous m'avés meffet, duquel meffet j'entens* « *aquerre vengeance par appel.* Aprés cela, il devoit faire « semondre ou ajourner en la cour du souverain et y pour- « suivre son appel. Que si, avant l'appel, il ne renonçoit pas au « fief et à l'hommage, il n'y avoit aucun gage de bataille, mais « il tomboit en l'amende du seigneur, pour lui avoir dit ville- « nie. Il en estoit de méme du seigneur qui vouloit appeller son

« homme : car, avant que de proceder en son appel, il devoit, en « la presence de son souverain, renoncer à l'hommage de son « vassal. La raison de cette parité est que *tout autant que li « homme doit à son seigneur de foi et de loiaté par le reson de « son hommage, tout autant en doit li sires à son home.* » (Du Cange.)

« Dans ce cas, le vavasseur ne se combattra pas en la court « du seigneur dont le bers ou le baron tiendra, quoyqu'il eût « esté obligé d'y plaider. La raison est que l'affaire estant plus « importante il se trouveroit que le bers auroit plus de pouvoir « que le vavasseur en la cour du seigneur suzerain. Voyez le « ch. 2, cy-dessus avec les notes (présente édit., liv. Ier, ch. 3). » (Laurière.)

51. *Notes sur les Établissements, liv. Ier, ch.* 50 (ci-dessus t. II, pp. 69-73).

Texte dérivé : *Livre des droiz*, 433.

Comparez : *Comp.*, 71.

T. II, p. 69, ligne 5. *Se li bers semont*, etc. — « Du temps « que ces *Establissements* furent faits, les aveux et denombre- « mens estoient inconnus[1]. Le vassal alors qui possedoit un « fief, en portoit la foy, et avoüoit en mesme temps qu'il le « tenoit de son seigneur. Voyez mon *Glossaire* sur *Aveu du « vassal.*

« Mais, quand le seigneur craignoit que son vassal ne luy « diminuât son fief, l'usage estoit qu'il pouvoit obliger le vassal « de lui en faire montrée. *Hostiensis* en parle ainsi dans sa « *Somme* au titre *De feudis*, num. 12 : *Quid si vassallus con- « fitetur se esse vassallum, sed non vult ostendere feudum? « Respondeo : potest compelli ut ostendat, ut Digestis, De actio- « nibus empti et venditi, Titius*, etc. Vide Paridem de Puteo, « *De reintegratione feudorum*, cap. 24 ; Menochium, *De arbi- « trariis judiciis*, centuria 6, casu 554 ; Brunum, *Consil.* 116,

1. Il semble bien cependant qu'on peut apercevoir un aveu et dénombrement dans un acte de 1040 environ publié par Marion, *Cart. de l'église cathédrale de Grenoble,* 1869, p. 119.

« vers. 2; Brodeau, sur l'art. 44 de la Coûtume de Paris, num. 5; « Ricard, sur le mesme article; Joan Galli, *Qu.* 235; Mornac., « ad legem *Si in rem*, *Dig.*, *De rei vindicatione*. Joignez la Coû-« tume d'Anjou, art. 6 et 7; celle du Loudunois, tit. Ier, art. 2, « et celle de Touraine, art. 2 et 117.

« Ces vües et montrées ont esté abolies par le titre 9 de l'or-« donance de 1667. » (LAURIÈRE.)

T. II, p. 69, lignes 5, 6. *que il li monstre son fié.* — « La Coû-« tume d'Anjou, art. 6, est conforme; il est encore parlé des « monstrées de terre, dans celles de Tours, de Lodunois, du « Maine, de Bretagne, de la Marche, etc., comme aussi dans « les *Assises de Hierusalem*, ch. 27 et 222 (ch. ... 221 (?) des *Assises* « *de la Cour des Bourgeois*, dans l'édit. Beugnot). Un arrest de l'an « 1260, rapporté aux preuves de l'*Hist. de Guines*, p. 374 : *Et* « *habuerat super hoc diem consilii et diem ostensionis*. Phil. « de Beaumanoir, au ch. 9, traite *des cas où jours de veuë* « *appartient et comment on peut baroier en cort laie et com-* « *ment veuë doit estre monstrée*, et au ch. 27, il dit qu'on peut « *dilaier le plet en demandant jor de conseil, ou jor de veuë* « *ou aucune autre reson dilatoire*. Voy. cy-aprés le ch. 56, et « au liv. II, ch. 10 (présente édition, liv. Ier, ch. 60, 61; liv. II, « ch. 11). » (DU CANGE.)

T. II, p. 69, ligne 6. *terme de xv jorz.* — Ce cas et ce même délai apparaissent déjà dans *Auctor vetus de beneficiis*, 52, apud Homeyer, *Des Sachsensp. zweit. Theil*, t. II, p. 93.

T. II, p. 69, ligne 7; p. 70, ligne 1. *quanque il en saura.* — Le doute sur l'étendue des tenures féodales était très fréquent : il est exprimé souvent dans les actes : *Et se croit madanme qu'ele an tiengne aucuns de ses bois, mais ele ne set lesqués... Je vous envoi ci-dessus escrit quanque je crois tenir de monseigneur lou roi de Navarre an fiez et an demoinnes.* (Longnon, *Rôles des fiefs du comté de Champagne*, texte, pp. 313, 314, 316.) Voyez encore *Liber bonarum gentium*, copie de D. Bétancourt, pp. 247-252; p. 295; transcription de Salmon dans le ms. de la Bibl. de Tours 1267, pp. 303, 308, 377 et *passim*.

T. II, p. 70, ligne 1. *Et se li hom avoit vavasor on home qui ne vousist estre venuz.* — « Comme celuy qui tient du vavas-« seur n'est pas vassal du bers, ou baron, *quia vassallus vas-*

« *salli mei non est meus vassallus*, il semble que le bers ne « pouvoit pas obliger son arriere-vassal de venir. Cependant « l'art. 6 de la Coûtume d'Anjou autorise en quelque maniere « le bers ou le chef seigneur dans cette poursuite, mais elle « adjoûte que ces arriere-vassaux ne doivent faire leur declara- « tion *qu'en gros et non par le menu.* » (LAURIÈRE.)

T. II, p. 70, lignes 3, 4. *quant li sires avra son fié veü.* — « Remarquez que ce que le vassal tient à foy et homage, est le « fief de son seigneur. » (LAURIÈRE.)

T. II, p. 70, lignes 6, 7. *je vous demant à avoir anqueste.* — Rapprochez *Compilatio*, 71.

T. II, p. 70, lignes 8, 9. *Et li sires li en doit doner* XL *jorz et* XL *nuiz.* — « Aprés la montrée et la veüe, le vassal avoit « quarante jours et quarante nuits, pour y adjoûter ce qu'il « avoit obmis. Mais nos Coûtumes, en abolissant cet ancien « droit, ont mieux ordonné que le nouveau vassal auroit qua- « rante jours pour faire homage, et du jour de l'homage qua- « rante jours pour bailler son aveu et denombrement. Voyez « les art. 7 et 8 de la Coûtume de Paris et les commentateurs. » (LAURIÈRE.)

T. II, p. 71, lignes 3, 5, 6. *Et quant*, etc. — Ainsi l'enquête est d'accord avec les déclarations du vassal, et le suzerain, n'opposant aucune affirmation à l'enquête, déclare par jugement que le vassal ne tient rien de plus de lui. ε ζ présentent un sens un peu différent : le vassal aurait déclaré, *monstré* plus qu'il ne résulte de l'enquête : sur quoi le suzerain décide par jugement que le vassal ne tient de lui rien de plus que le résultat fourni par l'enquête. Ce dernier sens et par conséquent la version de ε ζ me parait peu probable : c'est là une hypothèse bien alambiquée pour un jurisconsulte du XIIIe s. J'estime donc que la variante d'ε ζ est le résultat d'une mauvaise copie. Voyez ci-dessus t. II, p. 71, n. 35; présent vol., p. 23, note 2.

T. II, p. 71, lignes 5, 6. *esgarder par droit.* — « C'est-à- « dire par jugement. Voyez la note qui a esté faite cy-dessus « sur le ch. 39 (prés. édit., liv. Ier, ch. 43; présent vol., « p. 313). » (LAURIÈRE.)

T. II, p. 71, ligne 6. η porte : *que il ne puet plus tenir de lui fors ce que il a monstré*[1].

T. II, p. 72, ligne 1. — *L*[1] porte : *choses oubliées et li sires deïst en tele.*

T. II, p. 72, ligne 7. *esgarder.* — « Voyez la note sur le « ch. 39 (prés. édit., liv. Ier, ch. 43; présent vol., p. 313). » (LAURIÈRE.)

T. II, p. 72, ligne 9. *et itant en demorra au baron.* — « Cecy « ne paroist pas juste, le vassal affirmant qu'il ne sçavoit pas que « la chose fut de son fief, et offrant au seigneur de luy en faire « ce qui seroit dû. Mais on peut opposer avec raison au vassal « qu'il doit connoistre son bien, ce que Paris de Puteo a bien « remarqué dans le ch. 24 de son traité *De reintegratione feu-* « *dorum*, num. 4 : *Et si dicat vassallus res feudi ignorare,* « *talis ignorantia et excusatio non auditur, quam culpa præ-* « *cessit; argumento legis Si ut certo,* § *Interdùm, Dig., Commo-* « *dati.* Vide Ardizonem in *Summa feudali*, cap. 100. » (LAURIÈRE.)

T. II, p. 72, lignes 10, 11. *Et se li hom n'ose faire le sairement, il perdra son fié.* — « Ainsi le vassal qui receloit dans la « montrée la moindre partie de son fief le perdoit tout entier. « Joignez Beaumanoir, au ch. *Des aveux et desaveux.* Voyez « l'art. 199 de la Coûtume d'Anjou; Joannem de Ardizone, « cap. 93 *Summæ feudalis;* Baraterium, tit. 13, n. 14, et *Jus* « *feudale Saxonum*, cap. 11 et 14. » (LAURIÈRE.)

52. *Notes sur les Établissements, liv. Ier, ch.* 51 (ci-dessus t. II, p. 73, 74).

Voyez t. Ier, pp. 245-248.

Textes dérivés : *Livre des droiz*, 434; *Abrégé champ.*, 102.

Rapprochez : *Cout. dite de* 1411, art. 110, dans Beautemps-Beaupré, 1re part., t. Ier, p. 443.

T. II, p. 73, ligne 4. *Gentis hom ne puet faire que* III *droiz.* — « Ce chapitre est difficile, et doit estre entendu des *peines* « ou *amendes* coûtumieres, ou legales dont le gentilhomme ne

1. Beautemps-Beaupré, *Cout. et instit. de l'Anjou et du Maine,* 1re partie, t. Ier, p. 235, ch. 44.

« peut lever que trois en sa cour, sçavoir *le gage de sa loy, son* « *fié et son meuble.* » (LAURIÈRE.)

T. II, p. 73, lignes 4, 5. *le gage de sa loi.* — « C'est la petite « amende düe au bas justicier et dont il est parlé dans l'art. 2 « de la Coûtume d'Anjou... Voy. les art. 3, 15, 50, 146, 150 « de la Coûtume d'Anjou, la Coûtume du Loudunois, titre Ier, « art. 1er, et cy-aprés le ch. 136 (prés. édit., liv. Ier, ch. 140). » (LAURIÈRE.)

T. II, p. 73, ligne 5. *son fié.* — « Comme quand le vassal « met main par mal talent à son seigneur. Lorsqu'il n'aide pas « son seigneur en guerre, et que le seigneur l'en a requis, et « autres meffects pour lesquels le vassal perd son fief, qui sont « marquez dans les art. 187, 188, 189, 190, 191, 192, 193, « 194, etc. Voyez ci-aprés le ch. 48 (présente édition, liv. Ier, « ch. 52). » (LAURIÈRE.)

T. II, p. 73, ligne 5. *sun mueble.* — Voyez encore *Ét.*, liv. Ier, ch. 85; anc. cout. glosée, ch. 45, dans Beautemps-Beaupré, 1re partie, t. Ier, pp. 237, 239; Coût. d'Anjou, art. 165, 166, 167, 192, et cy-après, liv. Ier, ch. 54.

T. II, p. 73, ligne 10; p. 74, ligne 1. *Li gaiges de sa loi si est v s. en la cort le roi.* — « Le bas justicier ne pouvoit de « droit lever amendes coustumieres où legales que de sept sols six « deniers tournois sur les nobles et de dix sols entre roturiers. « Cependant il y avoit des cas, ou par titre particulier, privi- « lege ou prescription il pouvoit lever amende jusques à soixante « sols, comme lors que quelqu'un *avoit appellé homme ou femme* « *de folie desloyal, ou qu'il avoit coupé en forest.* » (LAURIÈRE.) Cf. *Coutume glosée*, ch. 45, édit. Beautemps-Beaupré, 1re partie, t. Ier, p. 237; Cout. d'Anjou, art. 2.

53. *Notes sur les Établissements, liv. Ier, ch.* 52 (ci-dessus t. II, pp. 74, 75).

Voyez ci-dessus t. Ier, pp. 18-19, 180.

Textes dérivés : *Règles cout. bret.*, 1re série, art. 13, 14; *Livre des droiz*, 435, 960; *Somme rural*, 1re part., tit. 38, édit. de 1621, p. 269; *Abrégé champ.*, 103.

Rapprochez : *Très anc. Cout. de Bret.*, 2e part., ch. 60; *Ét.*, liv. Ier, ch. 157; *Coutume glosée* dans Beautemps-Beaupré, 1re part., t. Ier, p. 240 (la pensée est tout à fait modifiée); *Cout. de Normandie*, dernière rédact., art. 125.

« Par les *Assises de Hierusalem*, ch. 186 et 195, l'on peut « perdre son fief en trois manieres : *l'une est l'an et jour*, « *l'autre toute sa vie, et la tierce lui et ses hoirs. L'an et le jour* « *le peut home perdre par defaut de service. Toute sa vie, le* « *peut home perdre, et pert par defaut d'homage et par autres* « *choses. Et l'om peut perdre, et pert pour Dieu renoier, et* « *pour estre traitour vers son seignor* (ch. 184 de Jean d'Ibelin « dans l'éd. Beugnot). Cf. *Assises*, ch. 193, 194.

« Nos coustumes rapportent d'autres cas, où le vassal peut « commettre et confisquer son fief, comme aussi le *Livre des* « *fiefs*, lib. I, tit. 2, 21; lib. III, tit. 1[1]. Et ceus qui l'ont com- « menté, comme Zazius, entre autres, part. 10, *De feudis*. » (DU CANGE.)

T. II, p. 74, ligne 6. *met main en son seignor*. — Voyez le « ch. precedent; lib. I, *Feudorum*, cap. 5, circa principium, « cap. 17 et lib. II, cap. 24, § 1; *Regiam majestatem*, lib. II, « cap. 63, § 5; et la Coûtume d'Anjou, art. 188, 189... Voyez « le ch. 50 (prés. édit., liv. Ier, ch. 54). » (DU CANGE et LAURIÈRE.)

T. II, p. 75, lignes 1, 2. *o gens qui riens ne li tendroient*. — « C'est-à-dire s'il venoit sur son seigneur en guerre avec gens « qui ne fussent pas ses parents; c'est-à-dire parents de luy et « non du seigneur. Ancienement les parents estoient envelop- « pez dans les guerres de leurs parents jusqu'au septiéme « degré. Voyez Beaumanoir, ch. 59, p. 303. » (LAURIÈRE.)

Rapprochez ce passage des *Droiz au clerc de Voudoi* :

Droiz dit et retret par le sage
S'il a homme en vostre lingnage
C'on vueille à tort le sien tolir
Si comme mueble en heritage
Ou fere de son cors domage.
Vous ne le devez pas souffrir.

(Jubinal, *Nouveau recueil de contes, dits, fabliaux*, t. II, 1842, p. 139.)

1. Voyez dans une autre édit. des *Libri feudorum*, lib. II, tit. XXIII, XXIV; lib. I, tit. V, XVII.

Sur l'habitude invétérée des guerres privées dans l'ouest de la France, voyez un passage de Roger de Hoveden, cité par du Cange, *Dissert.* 29, à la suite de Joinville, p. 343.

T. II, p. 75, ligne 3. *de traïson.* — « Voyez cy-dessus le « ch. 28 (prés. édit., liv. Ier, ch. 31); Math. de afflictis, *De « feudis* ad tit. *Quibus modis feudum amittatur*, versic. *Item « fideles*, n. 27, p. 61; ce que j'ay remarqué sur les *Institutes* « de Loisel au titre *Des crimes*, regles 21 et 28, et Beaumanoir, « ch. 61, ligne 10, p. 308. » (LAURIÈRE.)

T. II, p. 75, ligne 4. *ses droiz sires liges.* — « C'est-à-dire « le seigneur direct dont il est homme lige. » (LAURIÈRE.)

54. *Notes sur les Établissements, liv. Ier, ch.* 53 (ci-dessus t. II, pp. 75-77).

Voyez, en général, sur ce ch., ci-dessus t. Ier, p. 180.

Textes dérivés : *Livre des droiz*, 436.

Rapprochez : *Et.*, liv. Ier, ch. 56, 61; *Auctor vetus de beneficiis*, ch. Ier, art. 18 dans Homeyer, *Des Sachsenspiegels zweiter Theil*, t. II, p. 81; *Grand Coutumier*, édit. Laboulaye et Dareste, pp. 594, 595; acte de 1203 dans Teulet, *Layettes*, t. Ier, p. 241, n° 672; serment prêté en 1220 par le comte de Champagne à Philippe-Auguste dans *Brussel*, *Usage des fiefs*, t. Ier, p. 349 (cf. pp. 158, 159).

Voyez *Assises de Jerusalem*, ch. 200.

« Les mémes formalités semblent devoir avoir esté observées « par ceux qui devoient homage simple et non lige, lors qu'ils « estoient semons par leurs seigneurs liges de les suivre en « guerre contre leurs seigneurs non liges. Voy. Leg. Henrici I, « reg. Angl., c. 43; liv. IV. *Feud.*, tit. 27 et *Regiam Majes- « tatem*, liv. II, c. 63, § 2. » (DU CANGE.)

T. II, p. 75, lignes 8, 9. *venez vous en o moi.* — « Vide Min- « cuccium, *De feudis*, tit. VI, p. 42 et ibi Columbum. » (LAURIÈRE.)

T. II, p. 75, ligne 10. *qui m'a veé.* — Voyez Beaumanoir, ch. 61, pages 312 et 318 à la fin; ch. 67, p. 337. « La peine « du seigneur qui avoit refusé de faire droit estoit de perdre « l'obéïssance de son homme. Voyez la Coûtume d'Anjou, 195,

« et l'ordonance de 1667, au titre 25, *Des prises à parties.* » (LAURIÈRE.)

T. II, p. 76, ligne 11. *il en perdroit son fié.* — « Voyez le « ch. precedent. » (LAURIÈRE.)

55. *Notes sur les Établissements, liv. Ier, ch.* 54

(ci-dessus t. II, p. 77, 78).

Voyez ci-dessus t. Ier, p. 170.

Textes dérivés : *Anc. Us. d'Artois*, XIV, XV; *Règles cout. bret., 1re série*, art. 14; *Livre des droiz*, 437; *Somme rural*, 1re part., tit. 38 (édit. de 1621, p. 269).

Rapprochez : *Libri feudorum*, lib. I, tit. XVII; *Liger*, art. 1546; assise de Beaugé de l'an 1385, à la suite de *Cout. d'Anjou et du Maine*, ms. 672 de la Bibl. de Tours, fol. 166 recto et verso; *Ét.*, liv. Ier, ch. 158.

T. II, p. 77, ch. 54. « Ce ch. sert d'explication au ch. 47 » (prés. édit., liv. Ier, ch. 51). (LAURIÈRE.)

T. II, p. 77, ligne 2. *L*[1] porte : *je ne retornerai ja plus en.* — η porte : *je ne retourneray.* « Vide *Codicem juris feudalis* « *alamanici*, cap. 10 et ibi Schilterum. » (LAURIÈRE.)

T. II, p. 77, ligne 10. *qui fait esquousse.* « C'est ce que les « Loix d'Escosse, liv. II, c. 63, § 1, appellent : *infestare domi-* « *num.* » (DU CANGE.)

Voyez *Coutume glosée* dans Beautemps-Beaupré, 1re partie, t. Ier, p. 241. « *Escourre* ou *faire escousse* ou *esqueusse* vient « d'*excurrere*, comme *faire recousse* ou *requeusse* ou *requeurre* « à l'infinitif viennent de *recurrere.* Le vassal fait esqueusse à « son seigneur, quand il persiste à vouloir spolier son seigneur « de ce qu'il a usurpé injustement sur luy. » Voyez Coûtume d'Anjou, art. 190. (LAURIÈRE.)

T. II, p. 77, ligne 11. *met main à son certain aloé.* — « Voyez l'art. 187 de la Coûtume d'Anjou et le ch. 60 de la « tres anciene Coûtume de Bretagne. » (LAURIÈRE.)

T. II, p. 77, ligne 12. *P Q R S O*[1] portent : *despit* au lieu de *respit.*

T. II, p. 78, ligne 1. *il desmant son seignor.* — « Le vassal « perd son fief pour l'injure faite à son seigneur. Vide Math. de

« Afflictis ad tit. *Quibus*[1] *causis feudum amittatur*, § *Simili-* « *ter*, n. 2. » (LAURIÈRE.)

T. II, p. 78, ligne 2. *ou se il va defuiant* (dans Laurière *poursuiant*). — « Vide Mincuccium de Prato veteri, *De feudis*, « lib. IV, cap. 16, p. 181, et ibi Jacobum Columbum. » (LAURIÈRE.)

Rapprochez ce passage d'une ordonnance de Lothaire : *vel si in bello dimiserit*, *et cum eo non laboraverit*, *si potuerit* (Pertz, *Leg.*, t. II, 2e part., p. 184) et surtout les art. 38 et 39 des *Usages de Barcelone : Qui ira ductus seniorem diffidaverit. Qui seniorem suum despexerit et per superbiam eum pensabiliter diffidaverit* (Helfferich, *Entstehung und Geschichte des Westgothenrechts,* p. 438).

T. II, p. 78, ligne 2. *fause mesure.* — « Voyez le ch. 38 cy- « dessus (prés. édit., liv. Ier, ch. 42) et ce qu'on y a remarqué « (présent vol., p. 312). » (LAURIÈRE.)

T. II, p. 78, ligne 3. *ou se il a peschié.* — Voyez la Coûtume d'Anjou, art. 192. (DU CANGE et LAURIÈRE.)

T. II, p. 78, l. 5. *ou se il gist o sa fame.* — « *Si fidelis* « *cucurbitaverit dominum*, *id est cum uxore ejus concubuerit*[2]. « ...*vel si cum filia*, *etc.*, lib. *De feudis*, tit. II. Voyez la Coust. « d'Anjou, art. 193. » (DU CANGE.)

Cf. le *Glossaire* de du Cange, édit. Didot, verbo *Cucurbitare.*

« Voyez ..... Mincuccium, *De feudis,* lib. IV, tit. 16, p. 177, « et ibi Jacobum Columbum; Ardizonem in *Summa feudali*, « cap. 82, 83, 84, 85, 86, etc., et l'art. 60 de la tres anciene « Coûtume de Bretagne. » (LAURIÈRE.)

Plusieurs jurisconsultes enseignent que si la femme a donné son consentement, le vassal ne perd point son fief : c'est la doctrine de Henri de Malle et de son glossateur qui s'exprime ainsi : *Vide : nunquam vasallus qui dominam suam volentem carnaliter cognovit perdit feudum* (glose en marge d'une courte lecture juridique faite par Henri de Malle (ou Marle), licencié en droit, en 1373, dans les écoles de Bertrand Chabrol, à Orléans. —Ms. de la Bibl. de Tours 761, d'après le catalogue imprimé 663,

1. *Livre des fiefs*, I, XVII.
2. Voici le renvoi exact : *Libri feudorum,* I, V. Cf. *Ibid.,* I, XVII.

fol. 185 r°). La Coutume dite de 1411, dans le texte imprimé, dit le contraire : 128, *S'il se couche ou sa femme, ou sa fille, par ce qu'elle soit pucelle, et il en est prouvé, il pert son fief, posé qu'elle y donne son consentement* (*Cout. d'Anjou et Maine dite de 1411* dans Beautemps-Beaupré, 1re part., t. Ier, pp. 452, 452) ; mais cette contradiction n'est sans doute qu'apparente ; suivant toute probabilité, il faut corriger *qu'elle y donne* en *qu'elle n'y donne;* et dès lors nous retrouvons la doctrine d'Henri de Malle.

T. II, p. 78, ligne 6. *ou o sa fille, por coi ele soit pucele.* — « C'est-à-dire, pourvû qu'elle soit de bonnes mœurs, et non « une prostituée, car tous les feudistes tiennent que le vassal « perdroit son fief, s'il avoit suborné la fille de son seigneur « mariée, ou veuve. *Quod est dictum de uxore*, dit Ardizo, « ch. 90, *idem intelligo de filia domini quæ sit in capillo, vel* « *nupta et non vidua, vel idem etiam in vidua; argumento* « *Cod.*, *De raptu virginum*, etc. Voy. l'art. 193 de la Coût. « d'Anjou et le 60 de la tres anciene Coût. de Bretagne. Joi- « gnez le ch. 53 à la fin et le 54, et cy-aprés l'art. 94. » (LAURIÈRE.)

T. II, p. 78, ligne 7. *Droiz et costume s'i acorde.— Le droit*, c'est le *droit écrit :* peut-être le jurisconsulte songe-t-il ici plus particulièrement aux *Libri feudorum* que nous avons eu, en effet, occasion de citer à l'instant pp. 330, 331.

56. *Notes sur les Établissements*, *liv. Ier, ch.* 55 (ci-dessus, t. II, p 79).

Textes dérivés : *Abrégé champenois*, 104; *Règles cout. bret.*, 1re *série*, 15; *Somme rural*, 1re part., tit. 39, *De garde de jeune fille* (édit. de 1621, p. 276).

Rapprochez *Liger*, 1547.

« Par les loix romaines les tuteurs qui marioient leurs « pupilles devenuës puberes, devoient prouver au mary qui les « epousoit, qu'elles estoient vierges, et s'il y avoit preuve que « le tuteur en eût abusé, il estoit exilé et ses biens estoient con- « fisquez. Voy. leg. unic., *Cod. Theod., Si quis eam cujus tutor* « *fuerit corruperit,* lib. IX, tit. 8, et *Cod. Just.*, lib. IX, tit. 10.

« Léon, par sa *Nov.* 34, changea ce droit en ordonant que « les biens ostez au tuteur ne seroient plus au profit du fisque, « mais de la fille qui auroit esté subornée.

« On a regardé l'homme auquel le seigneur avoit donné une « pucelle à garder, comme s'il en avoit esté en quelque maniere « le tuteur, et de là vient que, quand il l'avoit seduite et abusée, « il en estoit puni par la perte de son fief. » (LAURIÈRE.)

« Voy. la Coust. d'Anjou, art. 194. » (DU CANGE.)

T. II, p. 79, l. 4. *soit de son lignage ou d'autre.* — « L'art. « 193 de la Coût. d'Anjou ne parle que de la parente du sei- « gneur. » (LAURIÈRE.)

T. II, p. 79, lignes 5, 6. *et il en poïst estre provez, il en « perdroit son fié.* — Ainsi il falloit information et jugement. « Guy Pape, dans sa decision 180, tient que pour prouver cette « sorte de felonie il falloit cinq témoins, mais du Molin, dans « son commentaire sur l'anciene Coûtume de Paris, art. 43, « glose unique, nombre 66, a esté d'avis avec plus de raison « que deux témoins suffisoient. » (LAURIÈRE.)

T. II, p. 79, ligne 7. *Et se ce estoit par force.* — « Vide tit. « *Codicis*, *De raptoribus* et ibi doctores. Il semble qu'en ce « temps les gentilshommes estoient sujets aux mesmes peines « que les roturiers. Voyez sur ce ch. Rolendum a Valle, lib. II, « *Cons.*, c. 35 et 86; du Pont sur la Coût. de Blois, art. 9; du « Molin sur la Coût. de Paris, art. 43, glose unique, nombre « 140; Dargentré sur l'art. 617 de l'anciene Coûtume de Bre- « tagne et les commentateurs sur l'art. 193 de la Coût. d'An- « jou. » (LAURIÈRE.)

57. *Notes sur les Établissements, liv. Ier, ch.* 56 (ci-dessus t. II, pp. 79, 80).

Voyez, sur ce ch., ci-dessus t. Ier, pp. 161, 162, 180.

Textes dérivés : *Anc. Usages d'Artois*, XVI; *Livre des droiz*, 438; *Somme rural*, 1re part., tit. 39, ch. *Du seigneur ravir la fille ou la femme de son homme* (édit. de 1621, pp. 276, 277); *Abrégé champenois*, 105.

Rapprochez : *Très anc. Cout. de Bretagne*, ch. 60; *Anc. Usages d'Artois*, VII, 22; *Ét.*, liv. Ier, ch. 53, 86; *Très anc.*

Cout. de Champ., art. 59; du Cange, *Dissertation* 13, à la suite de Joinville, p. 224, 225; texte de 1387 dans Marina, *Théorie des Cortès,* trad. de Fleury, tom. Ier, p. 397; Varin, *Arch. lég. de Reims,* 1re part., Cout., p. 953; Anjou, 195; Maine, 211.

Beaumanoir exprime fort heureusement l'idée générale dont s'inspire ce ch. : *li sires doit autant foi et loiaté à son home, come li homs fet à son seigneur* (ch. 58).

« On a vu dans les ch. 47, 48, 49, 50 et 51 (prés. édit., « liv. 1er, ch. 51-55) les causes pour lesquelles le vassal perdoit « son fief ou ses meubles; il est traité icy des causes pour les- « quelles le seigneur perd son homme. » (Laurière.)

T. II, p. 80, ligne 1. *Quant li sires vëe, etc.* — « C'est « lorsque le vassal appelle son seigneur *de defaute de droit.* « Voyez Pierre de Fontaines, ch. 13, et la Coust. Anjou, art. « 195. » (Du Cange.)

« Voyez le ch. 49 cy-dessus (prés. édit., liv. Ier, ch. 53) et ce « qu'on y a remarqué : c'est-à-dire que quand le seigneur vée « ou denie jugement à son homme, la peine est, suivant ce cha- « pitre, qu'il perd l'obéïssance de son homme, en sorte que « son homme cesse d'estre son vassal. » (Laurière.)

Rapprochez Le Paige, *Lettres hist. sur les fonct. du Parlement*, t. II, 1754, pp. 128, 129; 188, 139; *Bibl. de l'École des chartes,* B, IV, 405 (document du XIIIe s. publié par Douët-d'Arcq); A. du Boys, *Hist. du droit crim. de la Fr.*, t. Ier, p. 30; texte dans *Statuta et juramenta,* ms. de la Bibl. de Tours, p. 241 verso.

T. II, p. 80, ligne 3. *ainz tendra de celui qui sera par desus son seignor*, *etc.* — « Il semble qu'il auroit esté plus raison- « nable que le vassal à qui le droit auroit esté veé ou denié, « affranchi de l'homage de son seigneur, eût tenu son fief en « franc aleu, mais cet affranchissement d'homages et de devoirs « auroit esté un abregement de fief deffendu par les loix du « royaume, et dont la peine estoit que le fief affranchi ou la « partie du fief abregée retournoit au mesme estat, ou estoit « devolüe de plain droit au seigneur suzerain, et de seigneur « suzerain à seigneur suzerain jusques au roy, ainsi qu'on la « fait voir dans la dissertation sur *L'origine du droit d'amortis-*

« *sement*, pp. 83, 84, 85. Voyez les notes sur l'ordonance de « Philippes III, de l'an 1275. » (LAURIÈRE.)

T. II, p. 80, ligne 4. *Et einsi seroit il se il gisoit o la fame son home, etc.* — « Voyez les notes sur le ch. 50 cy-dessus « (prés. édit., liv. Ier, ch. 54), le ch. 60 de la tres anciene « Coûtume de Bretagne et les art. 661, 662 de la nouvelle. » (LAURIÈRE.)

Le principe posé ici donne la clef juridique de ce passage d'un historien tourangeau : 1202. *Johannes, rex Angliæ fidem quam promiserat obliviscens, Hugoni Bruno comiti Marchiæ Isabellam filiam Aimari comitis Engolismæ quam ipse desponsaverat violenter abstulit, et sibi matrimonio copulavit. Talibus injuriis Aquitani proceres lacessiti homagia sua regi Angliæ reliquerunt et se ad regem Franciæ, fidelitate pollicita, contulerunt, etc.* (*Chronicon Turon. magnum* dans Salmon, *Chron. de Tour.*, p. 146).

T. II, p. 80, ligne 6. *ou se li hom avoit aucune de ses parentes.* — « Voyez cy-dessus le ch. 51 avec la note (prés. « édit., liv. Ier, ch. 55). »

58. *Notes sur les Etablissements, liv. Ier, ch.* 57

(ci-dessus, t. Ier, pp. 80-82).

Textes dérivés : *Livre des droiz,* 439 ; *Abrégé champenois,* 106, 107.

Rapprochez : *Coutume glosée* (texte très corrompu) dans Beautemps-Beaupré, 1re partie, t. Ier, pp. 246, 247 ; *Cout. dite de* 1411, art. 73, 74, 75, *Ibid.*, p. 427, 428.

« Ce chapitre, quoyqu'il n'en soit rien dit dans le titre, parle « de deux choses, de la *garde* et du *lige estage.* » (LAURIÈRE.)

T. II, p. 80, ligne 11. *qui li doivent sa garde.* — « Chopin, « liv. Ier, in *Consuet. And.*, c. 43, et liv. III, *De doman.*, tit. 18, « § 8, a traité des gardes qui estoient deuës aux châteaux des « seigneurs par les vassaux : c'est ce qui est appellé *eschar-* « *gaita* dans la charte des libertez de Jasseron en Bresse aux « *Preuves de l'hist. de Bresse*, p. 107. L'ancien interprete de « Guill. de Tyr, liv. III, ch. 12, *locatis in girum excubiis*, « tourna ainsi ces mots : *ils firent leur ost bien eschargaiter.*

« Et le *Gloss. lat. franç.* : *excubiæ, veillées, gaites, eschaugaites.*
« Voyez les Coust. d'Anjou, art. 136, 174; du Maine, art. 146,
« 194; de Tours, art. 98, 99; de Loudun, ch. 8, art. 4, 5, 6;
« Littleton, Sect. III. » (Du Cange.)

« Cecy est une suite des guerres privées et des incursions « que plusieurs Barbares ont faites ancienement dans le royaume « comme les Maures, les Normands, les Cottereaux, etc.

« Dans ces cas malheureux, les pauvres habitans de la cam- « pagne se retiroient avec leurs femmes, leurs enfans et leurs « meilleurs effects dans les châteaux de leurs seigneurs, et les « seigneurs qui vendirent cette protection, cette deffence ou « cette advoüerie le plus cher qu'ils purent, assujetirent leurs « hommes ou sujets au droit de *garde*, qu'ils se firent payer en « bled, en vin, ou en argent, et les obligerent de plus à faire le « guet. Vide titulum *Codicis Theod.*, *De patrociniis vicorum*, « t. IV, p. 173, et ibi Jacob. Goth., et ce que j'ay remarqué « dans mon *Glossaire* sur *Avoüerie*.

« Les seigneurs en plusieurs lieux allerent jusqu'à forcer « leurs sujets aux reparations des châteaux, comme il se void « par l'art. 17 du titre 25 de la Coûtume d'Auvergne...

« Ces conventions estoient differentes suivant les differents « lieux, car il y en avoit où les hommes estoient obligez à la « garde avec leurs femmes, et d'autres où ils n'estoient pas « obligez d'amener leurs femmes, comme il se void par ce cha- « pitre. » (Laurière.)

T. II, p. 81, ligne 2. *et se il la doit sanz fame*, etc. — « Tous « ceux qui avoient des fiefs n'avoient ou le moyen ou le droit « de les fortifier, ainsi que le remarque Jean Faure, ad leg. 10, « *Cod.*, *De ædificiis privatis*. Et comme ils estoient obligez de « se retirer avec leur famille et leurs effects dans les chateaux « de leurs seigneur, ils estoient aussi obligez de mener avec « eux leurs femmes, et, quand ils n'en avoient pas, ils devoient « mener avec eux leurs sergents, c'est-à-dire leurs serviteurs, « ou leur menage, ainsi qu'il est dit dans le ch. 48 de l'anciene « Coûtume d'Anjou glosée[1]... Voyez l'art. 136 de la Coûtume « d'Anjou avec les commentateurs. » (Laurière.)

1. Cf. ch. 50 dans Beautemps-Beaupré, 1re partie, t. Ier, p. 247.

T. II, p. 81, lignes 3, 4. *et i doit gesir toutes les nuiz.* — « Ainsi le jour il pouvoit vacquer à ses affaires. » (Laurière.)

T. II, p. 81, lignes 5, 6. *cil qui doit lige estage.* — « *Estage* « signifie *maison*, *logement*, comme j'ay fait voir au *Glossaire* « sur Ville-Hardoüin : Le traducteur de Guillaume de Tyr, « liv. XVI, ch. 1er : *Illius dimissâ habitatione : avoit laissé* « *l'estage de la cité*. Le *Roman de Merlin : Ne m'en partirai* « *devant que j'aye fait un estage aussi biel et aussi riche,* « *comme il onques fu fais, où je remanray toute ma vie. Tenir* « *estage* dans les *Assises de Hierusalem,* ch. 228 (Jean d'Ibe-« lin, ch. 223 de l'édit. Beugnot) ; *Stare* pour *une maison*, dans « l'*Hist. des Eveques de Lodeve*, pp. 135, 170, 179. De sorte « que dans la plûpart de nos Coûtumes, *estager* signifie un « *habitant*, ou une *personne qui a domicile en un lieu*, et dans « Ville-Hard., n. 107, le méme mot signifie *habiter*. Voy. l'*Hist.* « *des châtellains de Lille*, p. 180. Mais particulierement on « appelloit *estagiers* les *vassaux du seigneur d'un fief*, qui estoient « obligez par l'infeodation de venir demeurer en son château « en temps de guerre, pour le garder contre ses ennemis : « d'où ils sont nommez *munitionis observatores* dans une lettre « de Guillaume de Ville-Hard., maréchal, et de Miles de Brai-« bans, bouteiller de Romanie, à Blanche comtesse, rapportée en « mes *Observ.* sur l'*Histoire* du méme Ville-Hardoüin, n. 4. « Car les Coûtumes d'Anjou, art. 134, du Maine, art. 144, font « voir clairement que ces estages ne se devoient qu'en temps « de guerre : ce qui est confirmé par les termes du *reg. des fiefs* « *de Champ.*, p. 30 : *Talis est consuetudo Musterioli, quod si* « *guerra erga illud castellum emerserit, omnes milites venient* « *illuc stare.* Et en la p. 38 : *Talis est consuetudo Pruvini,* « *quod si guerra emerserit erga castellum Pruvini, omnes mili-* « *tes à chemino calciato usque ad nemus Asiotri, et a nemore* « *Joiaci ad Secanam venient stare Pruvini, exceptis illis qui* « *sunt de honore Braii.* J'ay rapporté ailleurs les vers du « *Roman de Garin* qui confirment la méme chose. Cét estage se « devoit faire en personne par les vassaux, huit jours aprés « qu'ils en avoient esté requis par leurs seigneurs, ainsi que « porte la Coust. d'Anjou. Les uns le devoient avec leurs « femmes et leur famille, d'autres estoient exemptez d'y mener

« leurs femmes. Quelques-uns estoient obligez de le faire toute « leur vie, comme en cét acte de l'an 1162 tiré de la Chambre « des Comptes de Paris : *Notum.... quod ego Joannes Martini « dono corpus meum per hominem per me et per omnem meam « potestatem tibi Girardo, Rossilionensi comiti, et omni tuæ « posteritati in perpetuum, et convenio tibi ut stent omnibus « diebus vitæ meæ in villa de Malpas pro stage cum omnibus « infantibus meis, quos ego meliùs voluero.* Ce stage continuel « ne differoit pas de ce que les titres appellent *resseantise*[1], « les vassaux qui y estoient obligez estant tenus d'avoir maison « dans le village du seigneur; cessant quoi, nul ne pouvoit tenir « heritage. Un titre de l'an 1247 au cart. de Champ. de la « Bibl. du roy, fol. 343 : *Nus ne puet tenir heritage en la vile, « se il n'est estagier dedens la vile.* D'autres estoient obligez à « l'estage toute l'année, comme on lit en la p. 72 du reg. des « fiefs de Champagne : *Hæc dedit domina comitissa pro conti- « nuo stagio faciendo apud Sanctam Menoldim per totum « annum Dudoni de Buixiaco 7 libratas terræ cum carrucata « terræ, quam dominus comes ei dederat.* Aux preuves de l'*Hist. « de Guines*, p. 350 : *Dominus de Firmitate est par et dimi- « dium Ribemontis, et debet estagium per annum.* D'autres ne « devoient que six mois. Voy. les preuves de l'*Hist. de Chas- « taigner*, p. 6. Enfin d'autres devoient moins, comme on peut « apprendre des pieces suivantes tirées du cartulaire du vidamé « de Piquigny, qui nous decouvrent l'usage et la pratique de ces « estages, fol. 57 : *In nomine Dom., ego Hugo, cuens*[2] *d'Avaine, « dominus Bellevallis, omnib. præs. script. inspecturis. Notum « facio quod ego et heredes mei debemus Ingerranno domino « de Pinconio, vice domino Ambianensi domino meo ligio, et « heredibus suis, unum mensem stagii, singulis annis, si inde « submoniti fuerimus, ad sumptus proprios, apud Pinconium « faciendi, et cum uxore, sicut pares mei et liberi homines sui « faciunt. Et si contigerit dum in stagium meum fuero, præ- « dictum dominum meum hominum et amicorum suorum auxi- « lio indigere, uxorem meam si voluero ad domum meam*

1. Du Cange : *rosseandisse.*
2. Le texte tel que l'a imprimé du Cange porte : *Cans davaine.*

« *potero remittere, et cum armis, me tertio de militibus, stagium* « *incœptum debeo perficere. Si autem cùm submonitus fuero* « *legitima detinebor essonia, quod in stagium meum præsen-* « *tiam mei non valeam exhibere, quinque milites pro me ad* « *stagium meum peragendum teneor mittere. Cùm autem istud* « *stagium, sicut in chirographo illo continetur, perfecerim,* « *servitium memorato debeo vicedomino ad sumptus ipsius,* « *sicut et alii liberi homines sui,* etc., *anno Incarn.* 1210, *mense* « *junio.* Un autre aveu de Renaud d'Amiens, seigneur de Vina- « court, à Enguerrand, seigneur de Piquigny, de la méme « année : *Ego Reginaldus de Ambianis et hæredes mei debe-* « *mus Ingerranno, domino de Pinchonio vicedomino Ambian.* « *cujus homo ligius sum, sex hebdomadas de servitio apud* « *Pinconium cum armis, sine uxore, ad custum meum, si nego-* « *tium habuerit de guerra. Et si extra Pinchonium me ducere* « *voluerit, ita quod non possim ipsa die remeare ad prædictum* « *Pinconium, ad custum suum ire teneor. Completis autem* « 6 *hebdomadis, plenum servitium illi debebo ad custum suum,* « *sicut liberi homines sui*, etc. Un autre de Thibaud, seigneur « de Tilloy, de l'an 1224, au méme registre : *De prædictis* « *autem debeo domino meo Pinconiensi stagium per* XV *dies* « *apud Pinconium, me altero milite, ad custum meum proprium,* « *quando aliquis ex parte mea vel ego submonitus fuero, ratio-* « *nabili submonitione absque soubspressura. Et si dominus* « *meus Pinconiensis voluerit, mecum uxorem meam habebo per* « *quatuor dies*, etc.

« Il y a en ce registre un grand nombre de semblables aveuz. « Ceux qui estoient tenus à ces estages estoient aussi obligez « d'avoir maison aux lieux où il le devoient faire : et, s'ils n'en « avoient pas, le seigneur leur en devoit fournir, comme il est « porté en l'art. 135 de la Coust. d'Anjou, ou leur en bâtir « comme on recueille de cét extrait du reg. des fiefs de Cham- « pagne, fol. 62 : *Lutans de Trians et Gervasius de Vienna* « *debent facere continuum estagium in castro Sanctæ Menoldis,* « *ab instanti festo sancti Remigii, quod est anno Incarnationis* « *Domini* 1201, *in 2 annos completos; et deinceps unusquisque* « *eorum faciet in eodem castro singuli sex septimanas de* « *custodia. Ego autem Blancha, comitissa dedi unicui-*

« *que illorum* 60 *libras pro domibus faciendis*. Ces termes font « voir que l'*estage* differoit de la *garde*. » (Du Cange.)

« On a dit cy-dessus que les gentishommes qui estoient en « guerre y engageoient et enveloppoient tous leurs parents jus- « qu'au septiéme degré, sans mesmes que leurs parents en « sçussent rien. En sorte qu'avant l'establissement de la *Qua-* « *rantaine le roy*, les parents se trouvoient souvent assaillis « sans estre en estat de se deffendre. Il en estoit encore pis à « l'égard des incursions des Barbares, ou des voleurs qui sur- « venoient quand on y pensoit le moins.

« Pour prevenir ces malheurs et ces violences, les seigneurs « donnerent souvent leurs terres à cens, à la charge que les « preneurs, leurs enfans ou ayans cause y resideroient et il les « infeoderent, ce qui est la mesme chose, à la charge du lige « étage, afin que les uns et les autres fussent toûjours prés « d'eux pour les deffendre. Ainsi la *resseantise* et le lige *étage* « estoient des especes de servitudes dües aux seigneurs à cause « de leurs chasteaux.

« Odefroy, tres ancien autheur, parle de ces fiefs dans sa « *Somme*, sous le titre *De divisione feudi*, fol. 35 verso, de « l'édition d'Alcala de Henares : *Feuda*, dit-il, *alia sunt pura*, « *alia conditionalia. Pura sunt quæ dantur indeterminate.* « *Conditionalia, quando apponitur conditio, ut per hoc fiat* « *latum servitium propter id, ut in feudo de caballo, vel* « *quando datur ad hoc ut sit scutifer, vel propter habitationem,* « *quæ debeat inhabitari. Et ista feuda amittuntur, si non* « *faciat vassallus id propter quod datum est feudum*, etc. » (Laurière.)

T. II, p. 81, lignes 7, 8. *mais il ne laira pas à aler*. — « La « garde ou le guet obligeoit l'homme à passer les nuits dans le « château du seigneur lorsqu'il y avoit necessité, et l'homme « avoit le jour à luy. Le lige étage l'obligeoit, comme on l'a « dit, à resider sur le lieu, mais avec la liberté raisonnable de « s'absenter pour ses affaires. Ces *gardes* et ces *guets* ont esté « ensuite reglez par nos roys. Voyez ce que j'en ay remarqué « dans mon *Glossaire* sur *Lige étage*, *Guet* et *Garde*. » (Laurière.)

En 1276, les habitants de Carbay (diocèse d'Angers), qui devaient au château d'Angers douze hommes de garde et diverses redevances, furent libérés de cette garde et de ces redevances moyennant l'institution d'une joyeuse royauté annuelle : les habitants durent élire chaque année un *roi de Carbay* dont les fonctions humoristiques et les droits sont décrits dans une analyse du XVIIIe s. conservée aux Archives d'Indre-et-Loire (liasse provisoire intitulée en 1882 : *Marmoutier, à classer*).

Dans un acte de foi et hommage de 1465, on voit encore un certain Jehan Barbier déclarer qu'il doit quarante jours de garde au château de la Haye pour son fief de Bruneau. (Carré de Busserolles, *Dict. géog. d'Indre-et-Loire*, t. III, p. 328.)

T. II, p. 81, ligne 10. *deïst qu'il s'en fust alez pour degaster son lige estage.* — « Voyez les art. 134 et 135 de la Coûtume « d'Anjou et l'art. 6 de la Coûtume du Loudunois au titre des « *Loyaux aydes.*

« Ancienement *étage* signifioit *maison* et l'*étagier* estoit celuy « qui avoit son domicile en un lieu, comme il se void par plu- « sieurs articles de la Coûtume d'Anjou. » (LAURIÈRE.)

Sur *agastir*, du texte de Du Cange, cet auteur dit : « *gaster*, « du mot latin *vastare*, vignes *agastir*, au ch. 130. » (Présente édition, liv. Ier, ch. 136.)

59. *Notes sur les Établissements, liv. Ier, ch.* 58 (ci-dessus t. II, pp. 82-85).

Voyez ci-dessus t. Ier, p. 170.

Textes dérivés : *Livre des droiz*, 440; *Anc. usages d'Artois*, XVII, 1.

Rapprochez : *Ét.*, liv. Ier, ch. 67 *in fine*.

T. II, p. 82, ligne 7, et p. 83, ligne 1. η porte : *il doit jurer que il dira vrai.* (Beautemps-Beaupré, *Coust. et instit.*, 1re part., t. Ier, p. 248.)

T. II, p. 83, ligne 1. *quant il... perduz* manque dans L^1.

T. II, p. 83, ligne 3. *si li remaindra ses palefroiz et li roncins son escuier.* — « Le *palefroy*, comme l'on void, estoit le « cheval du vassal, et le *roussin* estoit le cheval de son escuyer; « d'où il résulte que le *palefroy* estoit de plus grand prix que « le *roussin*.

« *Palefroy* vient de *paraveredus*, qui signifioit le cheval dont

« on se servoit pour aller en diligence, dans les chemins mili-
« taires ou de traverse, suivant la remarque de Jacques Godefroy, « ad legem 4, *Cod. Theod.*, *De cursu publico.* Vide Cujac. ad « tit. *Cod.*, *De Cursu publico;* Cangium in *Glossario*, Vossium, « *De vitiis sermonis*, et M. Ménage dans ses *Etymologies.*

« Dans le petit dictionaire ancien que le P. Labbe a fait « imprimer aprés ses *Etymologies*, *palefroy* est rendu par le « mot *gradarius*, qui signifioit un cheval qui marchoit vite ou « qui alloit l'amble, comme il paroist par ces deux vers :

« *M'en aloie de grand aleure*
« *Si com palefroy l'ambleure.*

« Quant au *roucin*, c'estoit un cheval de service et propre à « la guerre. Voyez le ch. 85 de l'anciene Coûtume de Norman- « die. Brunet dans son *Tresor* manuscrit dit que le *roussin* « estoit un *cheval de somme*, mais ce chapitre prouve le con- « traire, le *roussin* y estant distingué du *sommier*. Du mot *ross* « allemand qui signifie *cheval* on a fait *roussin.* » (Laurière.)

Rapprochez la Curne de Sainte-Palaye, *Mém. sur l'ancienne chevalerie*, t. Ier, pp. 22, 50, 51. Nous voyons en 1218 un sommier estimé 300 s. et plus tard un roncin estimé 50 s. (*Liber bonarum gentium*, copie de D. Bétancourt, p. 161, 357; transcript. de Salmon, p. 163 et passim dans ms. de la Bibl. de Tours 1267.) Le *roncin de service* tout équipé est estimé 60 s. dans *Jostice et plet* (p. 239).

Rapprochez ce passage de la charte de Thibaut VII pour la commune de Provins (1268) : *Et si voulons que chevaux à chevauchier ne armes à cez de la commune de Prouvins ne soient prinses pour dete, ne pour pleige, ne pour autres missions.* (Charte de Thibaut VII dans Bourquelot, *Hist. de Provins*, t. II, 1840, p. 419.)

T. II, p. 83, ligne 7. *et sa robe à cointoier.* — « Sa princi- « pale robe et dont elle se sert dans les jours solennels. *Coin-* « *toier* vient de *coint* et *coint* de *comptus*. Voyez ci-aprés le « ch. 61 (présente édition, liv. Ier, ch. 67). » (Du Cange.)

« Ce mot est frequent dans le *Roman de la Rose.* » (Laurière.)

T. II, p. 84, ligne 1. *et I ceinture.* — « Voyez mon *Glos-*

« *saire* et Pasquier dans ses *Recherches*, liv. IV, ch. 10. » (LAURIÈRE.)

T. II, p. 84, ligne 3. *une aumosniere.* — « *Une bourse*, le « *Roman de la Rose :*

« *Lors a de s'aumosniere traite*
« *Une petite clef bien faite*[1].

« Gaces de (*sic*) Brulez[2] :

« *Moult i a de ceus*
« *Qui deslient aumosniere*
« *S'en font lor anians.*
« *Et g'en sui bouté ariere.*

« *Almoniera*, dans Guill. de Puylaurens, ch. 21, et dans deux « comptes des baillis de France des années 1268 et 1269. *Eleemosynaria*, dans un titre de Simon de Beaugency de l'an 1149, « au cartulaire de S. Euvert d'Orleans : *Et super altare ipsius* « *ecclesiæ per eleemosynariam meam lapidem Berillum haben-* « *tem propria manu imposui.* Voyez Coquille, en l'*Histoire de* « *Nivernois.* » (DU CANGE.)

« Voyez Menage dans son *Étymologique.* » (LAURIÈRE.)

T. II, p. 84, ligne 4. *des guimples.* — Ce sont voiles que les femmes mettent sur leurs testes. Philippes Mouskes en la *Vie de Louis VIII :*

Et quant li rois les vit tant simples
Come pucelles à leur guimples[3].

Alain Chartier en la *Balade de Fougeres :*

« *Jamais homme sage, ne simple*
« *Point ne doit passer un contrat*
« *S'il ne veut estre d'une guimple*
« *Affublés par vostre barat*[4].

1. Cf. le *Roman de la Rose,* par G. de Lorris et J. de Meung, édit. Méon, t. Ier, 1813, p. 80, v. 2008-2009.

2. Du Cange désigne ici Gasse Brulé, sur lequel on peut voir l'*Hist. littér.*, t. XXIII, p. 564.

3. Voyez Philippe Mouskes, édit. Reiffenberg, t. II, Brux., 1838, p. 497, v. 25675-76.

4. Voyez A. du Chesne, *Les œuvres de maître Alain Chartier.* Paris, 1617, p. 719.

« Voyez Georges Chastellain en la *Vie de Jacques de Lalain*, « ch. 18, et M. Ménage. Bolandus, au 5 fevr., p. 647, dit que « ceux de Catane en Sicile appellent *le voile de sainte Agathe* « *grimpa*, mais il est probable que ses memoires ont porté « *guimpa*. » (Du Cange.)

« Voy. Menage et Cang. in *Glossario* in *Guimpa*. » (Laurière.)

60. *Notes sur les Établissements, liv. Ier, ch.* 59 (ci-dessus t. II, p. 85, 86).

Texte dérivé : *Livre des droiz*, 971, 1er alinéa.

T. II, p. 85, ligne 6. *Se aucuns hom*. — « L'homme ou le « vassal qui avoit eû procés en la justice de son seigneur ne « pouvoit demander *amendement de jugement*, et, comme il est « dit dans le ch. 76 de ce livre (présente édit., liv. Ier, ch. 83), « il falloit ou qu'il le tint pour bon ou qu'il le faussât. Voyez « le ch. 136 (présente édition, liv. Ier, ch. 142).

« S'il avoit interjetté appel du jugement de son seigneur, « sans le fausser, il estoit renvoyé en la cour de son seigneur « qui avoit droit de le condanner en l'amende. Et quand le « jugement estoit faussé, et l'appel porté en la cour du supe- « rieur ou du roy, s'il estoit prouvé que le seigneur eut fait « faux jugement, il perdoit l'obéïssance de son homme. Et, si « le jugement du seigneur estoit bon et la plainte de l'homme « injuste, l'home perdoit son fief. Voyez le ch. 79[1] de ce livre, « le ch. 15 du liv. II (présente édition, liv. Ier, ch. 84; liv. II, « ch. 16) et ce qu'on a remarqué cy-dessus sur le ch. 6 (prés. « édit., liv. Ier, ch. 7, 8). » (Laurière.)

T. II, p. 85, ligne 7; p. 86, ligne 1. *li hom n'en fera ja droit à son seignor, ne amende*. — « La raison est qu'il pourra « arriver que le seigneur sera convaincu d'avoir rendu faux « jugement. » (Laurière.)

T. II, p. 86, ligne 1. *Ainçois se la joutise le roi savoit qu'il l'en plaidoiast*, etc. — « C'est-à-dire si la justice du roy sçavoit « que le seigneur voulust reporter cette affaire en sa court, elle « la feroit retenir avec amende envers le roy. L'autheur de la

1. Corrigez, ce semble, 78 (prés. édit., liv. Ier, ch. 83).

« Glose sur l'ancienne Coutume d'Anjou entend ce chapitre de « l'appel. »

61. *Notes sur les Établissements, liv. Ier, ch.* 60
(ci-dessus t. II, pp. 86-88).

Texte dérivé : *Livre des droiz*, 312.

Rapprochez : *Compil.*, 30, 113.

T. II, p. 86, ligne 5. η porte : *Si aucun se plaint en la court le roy d'autre qui li face tort de terres.* (Beautemps-Beaupré, 1re partie, t. Ier, p. 250.)

« Le sens est que si quelqu'un se plaint, c'est-à-dire agit ou « intente son action en la cour le roy contre son seigneur qui « luy a pris ses vignes, ou sa maison, le bers en la chastellerie « de qui les choses seront pourra en revendiquer la conois- « sance et en demander la court. » (LAURIÈRE.)

T. II, p. 86, ligne 8. *cil qui s'est clamez.*— « Si donc le deman- « deur revendiqué dit qu'il ne veut pas quitter la court le roy, « que la montrée et la vüe n'y ayent esté faites, on doit lui « mettre jour de vüe. La vüe doit estre faite en la presence de « la justice du roy et de celle du baron. Le demandeur doit « alors en presence des deux justices montrer ce qu'il demande, « et aprés la vüe, la court est au baron pourvû que la chose « contentieuse soit de son fief, et il doit donner jour aux parties « pour ester à droit devant luy. Vide Gellium, lib. XX, cap. 9, « et Jacobum Gothof. ad *Duodecim Tabulas*, tabula 6, *De vin-* « *diciis.* » (LAURIÈRE.)

T. II, p. 86, note 12. — Sur cette variante de *E* Laurière dit : « Ce qui signifie que quand l'homme ou le vassal se plaint du « tort que son seigneur luy a fait, en la cour du roy ou du sei- « gneur superieur dont le seigneur releve, le seigneur de qui « l'homme se plaint ne peut demander aucune amende par la « raison du ch. 45 cy-dessus (présente édition, liv. Ier, ch. 49). « Voyez le 56 (présente édition, liv. Ier, ch. 60). » (LAURIÈRE.)

T. II, p. 87, ligne 4. *doit*[1] *mostrer à veüe.* — « Ce qui est « icy appellé *veuë* et en la pluspart de nos Coûtumes est nommé

1. Dans du Cange : *doit demander la veüe.*

« *monstrée* au ch. 46 (présente édition, liv. Ier, ch. 50). L'an-
« cien Coûtumier de Normandie, 2e partie, dit que *recort de*
« *veuë de fieu soloit estre fet par 4 chevaliers, ou par celes per-*
« *sonnes qui ne doivent pas estre ostées del jugement, ou del*
« *recort*, etc. Mais il arriva sur cét usage un grand different
« entre les chevaliers riches qui vouloient se dispenser de se
« trouver à ces corvées, et les pauvres chevaliers qui en estoient
« foulez. Enfin, par arrest de l'Eschiquier de la S. Michel l'an
« 1282, il fut ordonné que les pauvres chevaliers en seroient
« exempts : *De militibus pauperibus Normanniæ conquerenti-*
« *bus de citationibus et vexationibus sibi factis pro visionibus*
« *tenendis, ditiores milites qui dictis visionibus interesse debent*
« *dimittendo, habito super hoc consilio, concordatum fuit quod*
« *milites ditiores dictis visionibus intersint et pauperes et ino-*
« *pes dimittantur et deportentur, prout melius et utilius pote-*
« *rint deportari, salvo jure alieno, ita tamen quod per hanc*
« *deportationem querelæ detrimentum secundum consuetudi-*
« *nem patriæ patiantur*. Mais comme les chevaliers refusoient
« et differoient de se trouver à ces veuës, et que cela empéchoit
« que les affaires ne se vuidassent promptement, l'arrest sui-
« vant intervint qui se trouve *inter arresta Paschæ et S. Michae-*
« *lis* en 1289 : *Per venerabiles magistros præsentis Scacarii finem*
« *litibus imponere cupientes, quod per defectum militum qui*
« *visionibus interesse solebant, longum et prolixum tractatum*
« *habebant, adeo quod causæ sive lites, quasi immortales vix*
« *aut nunquam poterant devenire, de consilio et consensu*
« *baillivorum, vicecomitum, militum et prudentium taliter*
« *extitit ordinatum, quod in omnibus causis motis, in quibus*
« *requireretur visio, non vocentur milites; in causis vero juris*
« *patronatuum ecclesiarum, et aliis causis feoda libere*[1] *tangen-*
« *tibus, et curiam et usum habentium milites ut*[2] *antea voca-*
« *buntur, consuetudine priore non obstante.* » (Du Cange.)

Voyez une définition de la *monstrée* dans *Liger*. (Beautemps-

1. Ce passage paraît un peu altéré : il faut lire ici *libera* au lieu de *libere*, et probablement à la ligne suivante *habentibus* au lieu d'*habentium*.

2. Du Cange : *aut*.

Beaupré, *Cout. et instit. de l'Anjou et du Maine*, 1re partie, t. II, p. 83; cf. p. 86.)

T. II, p. 87, ligne 8. — *L*[1] porte : *Et se il se polloignet* (sic) *et il demandast à veoir.*

T. II, p. 87, ligne 10. — *L*[1] porte : *ne li donroit.*

62. *Notes sur les Établissements, liv. Ier, ch.* 61 (ci-dessus t. II, pp. 88-89).

Voyez ci-dessus t. Ier, p. 54.

Textes dérivés : *Abrégé champenois*, 108; *Livre des droiz*, 971, 2e alinéa.

Rapprochez : *Compilatio*, 50.

T. II, p. 88, ligne 5. *de defautes.* — « Voyez la note [1] sur le « ch. 40 (présente édition, liv. Ier, ch. 44). » (Laurière.)

T. II, p. 88, ligne 5. *mais de choses queneües l'en li rant.* — « C'est-à-dire que quand les choses ont esté connuës et jugées « en la cour du roy, la court en est renduë au baron, pour ente- « riner ou faire exacuter le jugement. Voyez le ch. 40 cy-dessus « (présente édition, liv. Ier, ch. 44) et ce qu'on y a observé [2]. » (Laurière.)

T. II, p. 88, ligne 7; p. 89, lignes 1 et suiv. *L*[1] ouvre après *roi* ce chapitre : *De defaute de droit des choses queneües et de veer sa court. LXIII. — Se li bers n'enterine les choses devant dites de son home queneües et li hons se plaint arrieres pour la defaute du baron, et li bers em puet estre prouvez, et il demandast apres la court, il ne l'avroit.*

« Voy. la glose de l'anciene Coutume d'Anjou sur le ch. 52 [3]. » (Laurière.)

T. II, p. 88, ligne 7. *L*[1] porte : *choses jugiées par devant.*

T. II, p. 89, ligne 4. *L*[1] porte : *feroient les jostices enteriner par leur main ce qui avroit esté fait par devant aus.*

1. Ci-dessus présent volume, pp. 314, 315.
2. Ci-dessus présent volume, pp. 314-317.
3. Cf. ch. 54 dans Beautemps-Beaupré, *Cout. et inst.*, 1re partie, t. Ier, p. 252.

63. *Notes sur les Établissements, liv. Ier, ch.* 62 (ci-dessus t. II, pp. 89, 90).

« Voyez le ch. 40 (présente édition, liv. Ier, ch. 44). » (Du Cange.)

« La disposition de ce chapitre est encore pratiquée en partie. « Voyez les art. 1, 2, 3, 4, 5 du titre *De la competence des* « *juges* de l'ordonance criminelle de l'an 1670. » (Laurière.)

Rapprochez : *Cout. glosée*, édit. Beautemps-Beaupré ; *Cout. et instit.*, 1re partie, t. Ier, p. 253.

T. II, p. 90, ligne 1. *II s. et demi.* — « Voyez le ch. 41 cy- « dessus (présente édition, liv. Ier, ch. 45). » (Laurière.)

Voyez aussi liv. Ier, ch. 42, 171.

64. *Notes sur les Établissements, liv. Ier, ch.* 63 (ci-dessus t. II, p. 91).

Voyez sur ce chapitre ci-dessus t. Ier, p. 390.

Textes dérivés : *Prét. Ord. de Jean II,* art. 13 ; *Règles cout. bret.*, 1re série, art. 25 ; *Livre des droiz*, 441.

Rapprochez : *Somme rural*, 1re partie, tit. 68, ch. intitulé : *Quelles choses payent peage et quels gens* (édit. de Paris, 1621, p. 405 ; de Lyon, 1621, p. 693) ; Beaumanoir, ch. 30, § 69 (édit. Beugnot, tome Ier, p. 434 et suiv.).

T. II, p. 91, ligne 2. *Nuns gentis hom ne rant ne costumes, ne paages,* etc. — « Si *paage* ou *peage* venoit de *pedagium* et « si c'estoit le droit qui est dû pour les bestes au passage des « ponts, etc., on ne void pas pourquoy il seroit dit ici que le « gentilhomme ne rend rien de ce qu'il vend, car la beste ven- « duë estant à l'acheteur, il ne seroit pas juste que le gentil- « homme affranchit l'acheteur du peage.

« *Paage* ne vient donc point ici de *pedagium,* mais de *payer* « et du latin *pactare* ou *pacare*[1], et le sens de ce chapitre est que « le gentilhomme ne paye aucune petite coûtume ou levage de « tout ce qu'il achette ou qu'il vend, pourvû qu'il n'achette pas « pour revendre. Voyez Menage dans ses *Etymologies* sur *Peage.*

1. L'étymologie admise aujourd'hui est *pedaticum* (*pedes*, piéton).

« Dans les bas siecles les non nobles qui possedoient des fiefs « et qui y demeuroient estoient considerez comme francs, ou « nobles, et transmettoient la noblesse à leurs enfans, ainsi « qu'on le prouve sur le ch. 23 cy-dessus (prés. édit., liv. Ier, « ch. 25) par l'autorité du Poggio[1]. Et de là vient que l'art. 30 « de la Coût. d'Anjou pris de ce chapitre, dit que *celuy qui « tient à foy et homage l'hebergement où il demeure, soit noble « ou coûtumier, ne paye à son seigneur aucunes petites coû« tumes ou levages*, etc. Voyez des Fontaines dans son *Conseil*, « ch. 3, art. 6.

« Comme il n'y avoit que les *roturiers* qui payoient ces coû« tumes, de là vient qu'ils ont esté nomez *coûtumiers*. Voyez « du Pineau sur l'art. 8 de la Coutûme d'Anjou, col. 1 et les « autheurs qu'il cite. » (LAURIÈRE.)

Rapprochez un texte de 1268 dans Beugnot, *Olim*, t. Ier, p. 747.

T. II, p. 91, lignes 4, 5, *et se il avoit bestes achetées et les gardast* I *an et* I *jor en sa maison*, etc. — « S'il vendoit ses bestes « achetées dans l'an et le jour, le peage estoit donc dû, parce « qu'il y avoit lieu de croire que le gentilhomme avoit acheté « pour revendre et gagner. » (LAURIÈRE.)

65. *Notes sur les Établissements, liv.* Ier, *ch.* 64 (ci-dessus, t. II, pp. 91, 92).

Textes dérivés : *Livre des droiz*, 442; *Abrégé champenois*, 109.

Rapprochez un texte de 1268 dans *Olim*, édit. Beugnot, t. Ier, p. 747.

T. II, p. 91, ligne 8. *Li gentil home garissent lor sergenz.* — « C'est-à-dire leurs domestiques et serviteurs. Voyez le « ch. 53. Cecy n'est que contre les seigneurs justiciers qui « levent les coûtumes dont il est parlé dans l'art. 8 de la Coû« tume d'Anjou. » (LAURIÈRE.)

T. II, p. 91, ligne 8. *vantes.* — La *vante* ou *vente* est le droit dû à l'occasion d'un achat d'objet mobilier ou d'un immeuble (Rapprochez *Ét.*, liv. Ier, ch. 165, 167; *Mém. de la Soc. de l'hist.*

1. Ci-dessus présent volume, p. 284.

de Paris, t. II, p. 332, note 1). Je m'écarte donc un peu de la définition proposée par M. d'Arbois de Jubainville. (*Hist. des ducs et des comtes de Champagne*, t. III, p. 301.)

T. II, p. 92, ligne 2. *de lor blez et de lor vins.* — Voici une application de ce privilège :

Deffendeur Michiel du Boys et sa fame, comme prevots de la Fleche de jour o jugement requis (?) comme dessus et l'ara, la caûse tenant, pour avoir prins et receü II *deniers de coustume de Colin Couzeau, subget et estagier de monseigneur pour* IIII *jallés de vin que il menoit pour son boire et despense du lieu de S*[te] *Columbe à Mareil, et n'en devoit point. Present Martin Cheillerier.*

Et fut le semadi (sic) *apres Jubilate l'an* IIII[xx] XVII[1].

T. II, p. 92, ligne 4. η porte : *Chascun vaasseur puet avoir un sergent pour quoy il soit son prevost et le sergent receve ses coustumes et les garentissent de ost et de chevauchée*[2]. — « Ce « qui a fait dire à l'autheur de la glose que, si le vavasseur « garantist ainsi son prevost qui leve ses coûtumes d'ost et de « chevauchée, il le garantit à plus forte raison des coûtumes et « paages. Ce chapitre n'est plus observé que dans les coûtumes « qui l'ont reçeû. » (LAURIÈRE.)

66. *Notes sur les Établissements, liv.* Ier, *ch.* 65 (ci-dessus, t. II, p. 93-97.)

Voyez, sur ce ch., ci-dessus t. Ier, pp. 174, 245, 246.

Texte dérivé : *Livre des droiz*, 443.

« Ce chapitre est remarquable, parce qu'il nous apprend de « quelle maniere *le ban et l'arriereban* se levoient du temps de « saint Loüis, car ce qui est icy appellé *ost et chevauchée*, quand « c'estoit le roy qui les convoquoit, estoit la mesme chose. Sui- « vant l'anciene Coûtume d'Anjou, l'*ost* estoit neamoins pour « *deffendre le pays* et la *chevauchée pour deffendre son seigneur*[3],

1. *Assise de la Flèche* commencée en août 1397, tenue par Guillaume Ridouet pour le sénéchal, en la présence d'Olivier Tillon, baillif (Ms. Chelt. 3680, fol. 245 r°).

2. Beautemps-Beaupré, *Cout. et instit.*, 1re partie, t. Ier, p. 255.

3. *Coust. d'Anjou et du Maine intitulées selon les rubriches du Code*, tit. XI, § 1550 dans Beautemps-Beaupré, t. II, p. 561.

« mais icy ces termes sont confondus. Voyez Delalande dans « son *Traité du ban et de l'arriereban*[1], p. 65. » (Laurière.)

T. II, p. 93, ligne 2. *fait semondre.* — « Cette matiere d'ost « et de chevauchée, qui est encore traitée au liv. II, ch. 45[2], « est de trop longue haleine pour estre icy expliquée. Voyez seu« lement le liv. Ier des Châtellains de Lille, p. 141, où là for« mule de ces semonces des hommes coûtumiers ou des bour« geois est rapportée. » (Du Cange.)

T. II, p. 93, lignes 2, 3. *ses homes qu'il li amaignent lor homes costumiers à aler.* — « C'estoit là l'arriereban, *retrobannum ;* « car nous apprenons, d'un ancien titre qui est au Tresor des « chartes dans le registre de Philippes le Bel, cotté 36 au haut « et au bas 12, nombre 38, que de ce temps les *nobles seuls « estoient sujets au ban, et toutes personnes, sans distinction, « sujettes à l'arriereban, pourvû qu'elles pussent porter les « armes*, etc. Ce qui detruit plusieurs mauvaises conjectures « faites sur l'origine de ce mot. » (Laurière.)

T. II, p. 93, ligne 4. η porte : *les prevosts et sergens des vaasseurs les deivent amener de chascun hostel un*[3].

T. II, p. 93, ligne 7. *s'en doivent retorner.* — « Sçavoir les « prevosts. » (Laurière.)

T. II, p. 93, ligne 7 ; p. 94, ligne 1. *Nule fame à costumier ne doit ne ost, ne chevauchiée.* — « Parce que les femmes ne « sont pas propres aux batailles, comme le remarque l'autheur « de la glose sur l'anciene Coûtume d'Anjou. Cependant elles « doivent accompagner leurs maris aux *gardes et guets*, quand « il y en avoit eû convenance. Voyez le ch. 53 cy-dessus (prés. « édit., liv. Ier, ch. 57). » (Laurière.)

T. II, p. 94, lignes 1, 2. *ne li fornier, ne li monier.* — Rapprochez un texte duquel il résulte que les meuniers du Ronceray furent exemptés du service militaire par le comte d'Anjou. (Marchegay, *Cart. du Ronceray*, pp. 77, 78.)

T. II, p. 94, ligne 5. η porte : *d'amende* au lieu de *de gages.*

1. Ce petit ouvrage peu connu, et qu'il ne faut pas confondre avec celui de de la Roque, a été publié à Orléans, en 1675.

2. *Sic.* Lisez 41 (prés. édit., liv. II, ch. 38).

3. Beautemps-Beaupré, *Cout. et instit.*, 1re partie, t. Ier, p. 255.

T. II, p. 95, ligne 3. *ne puissent revenir au soir.* — Sur cette durée du service dû par les coutumiers au baron voyez les textes réunis par Yanosky, *Hist. des milices bourg. en France*, dans *Mém. prés. par divers savants à l'Acad. des Inscript.*, IIe série, *Antiq. de la France*, t. IV, 2e partie, 1863, pp. 57, 58 ; Cout. de Châtelblanc, art. 21, dans Giraud, *Essai sur l'hist. du droit franç.*, t. II, p. 121 ; texte de 1210 relatif à St Pellerin dans Mabille, *Cart. de Marm. pour le Dunois*, p. 202.

T. II, p. 95, ligne 4. *si en feroit* LX *s. d'amande.* — Le taux normal était soixante sous ; mais sur certains points l'amende était atténuée ; par privilège de Geoffroi, comte d'Anjou, de l'an 1130 environ, les gens de Cormery ne payaient qu'une amende ou loi de sept sous et demi (J.-J. Bourassé, *Cart. de Cormery*, p. 121).

T. II, p. 95, ligne 10. η porte : *à leurs despens* au lieu de *au lor.*

T. II, p. 95, ligne 10. XL *jorz et* XL *nuiz.* — « Suivant l'an- « cien usage de la France, le ban n'estoit que de quarante jours, « comme il se void par les preuves qui suivent :

« Capitularia Caroli magni, lib. VII, addit. 4, cap. 84 : *Post-* « *quam comes et pagenses de qualicumque expeditione hostili* « *reversi fuerint ex eo die supra quadraginta noctes, sit bannus* « *rescisus, quod lingua theotisca* scatlegi *id est armorum depo-* « *sitio vocatur.* »

Mathæus Paris ad ann. 1226 : « *Venit ad eum* (*Ludovi-* « *cum VIII*) *Henricus, comes Campaniensis, cùm quadraginta* « *dies in obsidione peregisset, petens de consuetudine gallicana* « *licentiam ad propria redeundi*, etc.

« Le rolle de ceux qui furent convoquez au ban pour la guerre « que Philippe III eût contre le comte de Foix : *Milites baillivia* « *Rothomagensis ; Henricus de Agaia, miles, pro Rodulpho de* « *Croilleio, qui debet servitium unius militis per* XL *dies, pro* « *episcopo Lexoviensi et jam fecit viginti dies. — In baillivia* « *Xantonensi : Gaufridus de Rupeforti miles dicit quod debet* « *servitium domino regi trium militum per* XL *dies. Venit Apa-* « *miam.*

1. Beautemps-Beaupré, *Ibid.*, p. 257.

« Delalande remarque tres bien que dans ces quarante jours « on ne comptoit pas l'aller et le revenir. Voyez cet autheur « p. 63. » (LAURIÈRE.)

Sur le service de 40 jours cf. Guérard, *Polypt. d'Irminon*, t. Ier, 2e partie, p. 665, note 21 ; Marchegay, *Archives d'Anjou*, t. II, p. 254.

T. II, p. 96, ligne 1. ***Et se li rois les voloit plus tenir***, etc. — Ces lignes sont très importantes : elles résument un état de choses qui a été trop souvent perdu de vue. Philippe-Auguste disait que ses prédécesseurs, pour avoir été trop pauvres et n'avoir pu dans les temps de nécessité, donner une paye à leurs chevaliers, s'étaient vu enlever par guerre une bonne partie de leurs États[1]. Nous avons d'ailleurs des exemples assez fréquents de ces payes au profit des chevaliers :

Du moment que le roi doit payer ses chevaliers, si la guerre dure plus de 40 jours, on s'explique qu'en 1231, dans la guerre contre le comte de Bretagne, le roi ait dû payer ses chevaliers[2]. Du moment qu'il doit rétribuer ses chevaliers s'il les mène hors du royaume plus de 40 jours, on comprend que saint Louis ait soldé les chevaliers qu'il emmena à la croisade[3].

Les soldes exigées au XIVe s. par les nobles lors des guerres contre les Flamands et les Anglais n'étaient donc point une innovation[4].

T. II, p. 96, lignes 6, 7. ***il n'iroient mie***, etc. — C'est évidemment ce droit que Philippe le Hardi confirme le 17 juillet 1276 aux nobles de la sénéchaussée de Carcassonne (Vaissète, *Hist. de Languedoc*, t. IV, pr., col. 65).

T. II, p. 96, ligne 9. ***Et nule dame ne doit ne ost, ne chevauchiée***. — « Quoyque les femmes des coûtumiers ne fussent pas

1. Cf. Luhaire dans *Ann. de la Faculté des lettres de Bordeaux*, déc. 1880, p. 365.

2. Boutaric, *Instit. milit.*, p. 246.

3. *Ibid.*, p. 247. Cf. Joinville, ch. 80, 84, 98, édit. Wailly, 1867, pp. 273, 287, 332 ; du Cange à la suite de son édit. de Joinville, pp. 395, 396 ; du Cange, *Glossar.*, édit. Didot, t. III, p. 711, 3e col.

4. Michelet, *Hist. de France*, t. III, p. 299 ; Luce, *Hist. de la Jacquerie*, pp. 35, 36.

« sujetes à l'arriereban, les dames ou celles qui possedoient des « fiefs estoient neamoins sujetes au ban, et elles devoient don- « ner des personnes qui servissent pour elles. » ... Elles furent plus tard « assujeties à l'effet de payer finance. Vide Alteserram, « *De origine feudorum*, cap. IX, p. 317; d'Argentré dans ses « *Avis sur les partages des nobles*, question 41 ; Brodeau sur « l'art. 40 de la Coûtume de Paris, nombre 11 et la dissertation « de Delalande sur le ban et l'arriereban. » (LAURIÈRE.)

T. II, p. 96, lignes 10, 11. *ele doit bien envoier tant de chevaliers*, etc. — « C'est-à-dire que si le fief de la femme du roy « doit le service de 2, 3, 4 chevaliers, plus ou moins, elle les « doit fournir. » (LAURIÈRE.)

T. II, p. 97, ligne 1. *ne l'en puet achoisonner.* — « C'est-à- « dire : *on ne la peut inquieter, ni vexer.* Un titre de Mathieu « de Montmorency de l'an 1205, aux preuves de l'hist. de cette « maison, p. 75 : *Quicumque autem non reddet mihi censum,* « *vel caponem, ad terminos qui dicti sunt, reddet mihi 7 sol.* « *pro amenda. Si autem achesonatus fuerit quod censum suum* « *vel caponem non bene reddiderit, si voluerit jurare quod cen-* « *sum suum reddidit sicut debuit, per juramentum suum quit-* « *tabitur de amenda.*

« Gaces Brulez[1] :

« *Et fius amis à tort achesonnez.*

« Jean Erard[2] en ses chansons;

« *Dame, tant m'ont felons achesonnez.*

« *Malæ consuetudines*, *et malæ achesones* au titre cy-des- « sus, pour des *maltotes.* Tous ces termes viennent d'*acheson* « tiré du latin *occasio*, qui est employé dans les auteurs du « moyen temps pour des levées induës et pour des vexations « que l'on fait aux peuples, sous pretexte des occasions pres- « santes. Roderic, arch. de Tolède en l'hist. des Arabes, « ch. 15 : *fiscum diversis occasionibus augmentavit.* Aux « loix des Lombards, liv. III, tit. 1, § 33, *De injustis occa-* « *sionibus et consuetudinibus noviter institutis*, etc. Voy. Dou- « blet en l'*Hist. de S. Denys*, pp. 827, 833; les *Annales de*

1. Voyez sur ce poète *Hist. littér.*, t. XXIII, pp. 564-569.
2. Sur Jean Erard voyez *Hist. littér.*, t. XXIII, pp. 648-650.

« *Noion*, pp. 681, 682 ; le *Monasticum Anglic.*, t. I, p. 503 ; « t. II, p. 812. Delà le mot d'*occasionare*, pour *achesoner* au « t. II du méme *Monast.*, p. 1026, en la méme signification que « ce mot est pris icy. » (Du Cange.) Voyez, en outre, le *Glossaire* de du Cange, v° *Occasio* (édit. Didot, t. IV, pp. 690, 691).

E donne : *accuser* au lieu de *achoisoner*.

T. II, p. 97, lignes 5, 6. *et li bers ne les en porroit garir*. — Pour le sens de ce passage voyez ci-dessus, t. Ier, p. 49, où sont cités des textes qui offrent un emploi analogue du mot *garir*.

T. II, p. 97, ligne 6. *Et li home costumier ne doivent estre en l'ost le roi.* — « Cecy paroist faire de la distinction entre les « nobles et les costumiers, d'où il y auroit lieu de croire » que plus haut[1] on pourrait adopter *soixante* au lieu de *quarante*. « Le lecteur en jugera. » (Laurière.)

T. II, p. 97, ligne 10, lx *s.* — « L'autheur de la glose sur le « ch. 60 de la Coûtume d'Anjou demande quelle estoit la peine « des bers et des arriere-vassaux qui ne s'estoient pas trouvez « au ban, aprés la sommation qui leur en avoit esté faite. Et il « repond que suivant l'avis commun ils perdoient leurs fiefs[2]. « Vide Ardizonem, *De feudis*, cap. 67.

« Il faut ici remarquer que les croisez n'estoient pas affran- « chis de l'ost ni de la chevauchée. Voyez l'ordonance de Phi- « lippes Auguste touchant les croisez, art. 2. » (Laurière.)

67. *Notes sur les Établissements, liv. Ier, ch.* 66 (ci-dessus t. II, pp. 97, 98, 99).

Voyez, sur ce ch., ci-dessus, t. Ier, pp. 19, 22, note 4, p. 147.

Textes dérivés : *Abrégé champenois*, 110 ; *prét. ord. de Jean II*, art. 14 ; *Livre des droiz*, 444.

Rapprochez : Teulet, *Layettes du Trésor*, II, 617 ; *Cout. dite de 1411*, art. 52 ; *Cout. du Poitou* de 1417 dans ms. fr. 12042,

1. Cf. ci-dessus t. II, p. 96, lignes 2, 8 ; cf. *Ibid.*, notes 33, 46.
2. Sa réponse est plus embarrassée ; la voici textuellement : *Aucuns dient que ilz deivent perdre fief. Autres dient : les meubles. Autres dient : voulenté de court* (Beautemps-Beaupré, 1re partie, t. Ier, p. 260).

fol. 89 r°; *Jostice et plet*, édit. Rapetti, pp. 232, 233, 239, 242; Beugnot, *Olim*, t. Ier, p. 730; *anc. Cout. d'Orléans* de 1509, ch. 1er, art. 49; le commentaire de Thaumas de la Thaumassière sur l'art. 46 des Cout. de Lorris dans *Cout. locales*, p. 505; texte sur le rachat dans la châtellenie de Montmorency publié par Fagniez dans *Mém. de la Soc. de l'hist. de Paris*, t. II, p. 281, note 1; *Ét.*, liv. Ier, ch. 24; *Cout. d'Anjou*, art. 87, 93.

T. II, p. 98, ligne 1. *Nule dame ne fait rachat.* — « Cela « est vray pour le fief qui luy est echû en ligne directe. Voyez « l'art. 96 de la Coûtume d'Anjou. » (Laurière.) « Voyez l'art. 87 « de la Coust. d'Anjou. » (Du Cange.)

T. II, p. 98, ligne 2. *Mais s'ele se marie.* — « C'est encore « la disposition de l'art. 93 de la Coûtume d'Anjou. » (Laurière.)

T. II, p. 98, ligne 3. *Et se au seignor ne plaist ce qu'il li offerra.* — « C'est-à-dire que si les offres en argent que le mari « aura faites pour son rachat ne conviennent pas au seigneur, « le seigneur ne pourra prendre que les issües d'une année du « fief. Voyez l'art. 103 de la Coûtume d'Anjou. » (Laurière.)

T. II, p. 98, ligne 5. *Et s'il i avoit bois*, etc.

Rapprochez *Cout. d'Anjou glosée*, édit. Beautemps-Beaupré, p. 264. « Le sens de la derniere partie de ce chapitre, dans ses « differentes leçons, est que quand le rachat est dû au seigneur, « parce que sa vassale se marie la premiere fois, ou passe en « secondes noces, ayant le bail de ses enfans, car anciennement « en Anjou la femme ne perdoit pas le bail par son second « mariage, le seigneur, pour son rachat, ne peut prendre les « bois qu'au mesme marché ou au feur que la femme ou « son premier mary auroient commancé de les vandre. Voyez « mon *Glossaire* sur le mot *Feur;* les art. 101 et 113 de la Coû« tume d'Anjou; le 48 de la Coûtume de Paris et le ch. 17 cy« dessus (prés. édit., liv. Ier, ch. 19). Joignez les art. 93, 96 et « 103 de celle d'Anjou et l'ordonance de 1246 [1] touchant les « rachats. » (Laurière.)

1. *Ord.*, t. Ier, pp. 58, 59.

68. *Notes sur les Établissements, liv. Ier, ch.* 67
(ci-dessus t. II, pp. 99-103).

Voyez, sur ce ch., ci-dessus t. Ier, p. 145.

Texte dérivé : *Livre des droiz*, 445.

Rapprochez : *Ét.*, liv. Ier, ch. 19 ; Delisle, *Catalogue des actes de Philippe-Auguste*, p. 336, n° 1474 (texte dans Teulet, *Layettes*, t. Ier, p. 397) ; ord. de 1246, art. 2 (*Ord.*, t. Ier, p. 59) ; d'Arbois de Jubainville, *Recherches sur la minorité*, p. 77 ; *Cartul. du Ronceray*, édit. Marchegay, p. 216 ; Beaumanoir, ch. 21, § 12 ; *Magna charta*, art. 6 dans Stubbs, *Select charters... of english const. history*, 3e édit., pp. 297, 298 ; Bonvalot, *Les plus princip. et génér. coust. du duché de Lorraine*, Paris, 1878, p. 96 ; *Invent. des archives de la Chambre des Comptes à Lille*, t. Ier, p. 286, acte n° 703.

T. II, pp. 99, lignes 9, 10. *et ele afflebloie.* — « C'est-à-dire « quand la fille est foible ou mineure. Ces mots ne sont pas « dans le ch. 61 de l'anciene Coût. d'Anjou glosée. » (LAURIÈRE.) — Laurière a-t-il compris ce passage? *ele* pourrait désigner la mère : on supposerait la mère faible, malade. Du Cange avait déjà proposé le sens qu'adopte ici Laurière; voy. ci-après, p. 364. La Curne de Sainte-Palaye reproduit à son tour cette interprétation. (La Curne de Sainte-Palaye, *Dict. hist. de l'ancien langage françois*, t. Ier, 1875, p. 201, 2e col.)

T. II, p. 99, ligne 10. *et li sires veigne à li, à qui ele sera fame lige.* — « Ainsi la disposition de ce ch. n'est pas pour la « mere qui n'est pas supposée femme lige du seigneur. Cela « paroist par ces mots qui suivent : *car elle est fille de mon* « *home lige.* »

« Les seigneurs et le roy avoient soin de prendre ces precau- « tions, afin que leurs vassalles prissent des marys, sur la fide- « lité desquels ils pussent compter, comme il se void par la « charte qui suit : *Ego Herveus, comes Nivernensis notum faci-* « *mus omnibus quod nos juravimus super sacrosancta domino* « *nostro Philippo, illustri regi Francorum quod Agnetem, filiam* « *nostram nulli trademus in uxorem, sine assensu et licentia* « *domini regis, nec maxime alicui filiorum Joannis, regis* « *quondam Angliæ, nec Treobaldo de Campania, nec filio*

« *ducis Burgundiæ, nec Ingerranno de Cociaco. Et de hoc cons-* « *tituimus plegios erga dominum regem Hugonem dominum* « *Ulmi, Hugonem de sancto Verano, Renaldum de Montefal-* « *conis, Gaufridum de Bulli, Petrum de Livron, Anselmum* « *Bridaine, super feoda quæ tenent a nobis. Robertum vero de* « *Cortenaio constituimus, terminis competentibus, in plegium* « *erga dominum regem, super feudo quod tenet de nobis, et* « *Archenbaldum de Bourbon super feudo quod tenet de nobis, si* « *pro nobis intrare voluerint in plevinam.* Voyez les preuves « de l'*Hist. de Chastillon*, p. 40; et *Quoniam attachiamenta* « *seu Leges baronum Scotiæ*, lib. II, cap. 92 et ibi Skenæus, et « l'*Alliance chronologique* du P. Labbe, t. II, p. 652, ligne 28. » (Laurière.)

Quelques Coutumes exceptionnellement libérales rejettent expressément cette intervention du suzerain : ainsi la Coutume de Charroux, art. 11. (Giraud, *Essai sur l'hist. du droit franç.*, t. II, 1846, p. 402.)

T. II, p. 99, ligne 11; p. 100, ligne 1. *dame, je vueil que vos me donez seürté.* — « La tenuë par hommage, par feauté « et par escuage, qui emportoit avec soi la garde, le mariage « et le relief, ainsi que parle Littleton, Sect. 103. Mais à l'égard « du mariage, cela regardoit particulierement les filles qui « estoient heritieres effectives ou presomptives d'un fief qui « devoit service de chevalier, ou autres, comme il est porté « dans *Regiam majestatem*, liv. II, ch. 42, § 2, ch. 48, § 2, « dans la Coust. de Normand., ch. 33, et ailleurs. Et mêmes « c'estoit un usage receu universellement qu'une fille heritiere « apparente d'un fief ne pouvoit estre mariée sans le consentement « du seigneur : en sorte que si un pere avoit marié sa fille sans « le requerir, il perdoit son fief. La raison en est apportée dans « les loix d'Escosse, au liv. II, ch. 48, § 6 : *Cùm enim ipsius* « *mulieris maritus homagium aliquod de tenemento illo facere* « *domino tenetur, requirenda est ipsius domini voluntas, et* « *assensus ad faciendum, ne de inimico suo, vel alia minùs* « *idonea persona, homagium de feodo suo, ex coactione reci-* « *pere teneatur.* Mais lors qu'un pere demandoit à son seigneur « la permission de marier sa fille, il estoit obligé de la donner ou « d'alleguer une cause raisonable de son refus, à faute de quoi

« le pere pouvoit la marier, comme il est porté au méme « chapitre, §§ 7 et 8. Cecy est encore exprimé dans le statut « d'Henry Ier, roy d'Angleterre, qui se lit au ch. 1er de ses « loix, dans Mathieu Paris en l'an 1100 et 1213, et dans l'his- « toire de Richard, prieur d'Hagustald en l'an 1135, en ces « termes : *Si quis baronum vel hominum meorum filiam suam « nuptui tradere voluerit, sive sororem, sive neptem, sive « cognatam, mecum inde loquatur. Sed neque ego aliquid de « suo pro hac licentia accipiam, neque ei defendam, quin eam « det, excepto si eam jungere vellet inimico suo*[1]. Falcand, au « livre qu'il a fait des *Miseres de la Sicile*, p. 663, dit que les « barons de ce royaume reprocherent autrefois au roy Guil- « laume le Mauvais de ce qu'il abusoit de ce privilege, ne per- « mettant pas que leurs filles fussent mariées : *Ut enim cœtera « quæ perpessi fuerant omittantur, miserrimum esse vel apud ser- « vilis conditionis homines, filias suas innuptas domi toto vitæ « tempore permanere. Nec enim inter eos absque permissione « curiæ matrimonia posse contrahi, adeoque difficile permissio- « nem hanc hactenus impetratam, ut alias quidem tunc demùm « liceret nuptui dari, cùm jam omnem spem sobolis senectus « ingruens sustulisset : aliàs vero perpetua virginitate damna- « tus sine spe conjugii decessisse.* Tout cela avoit lieu à l'esgard des « filles qui estoient heritieres presomptives des fiefs, du vivant « de leur peres. Mais lors qu'elle tomboient en minorité, le « seigneur en avoit la garde comme aussi de leurs fiefs en « quelques Coûtumes (ce qui est appellé *Garde royale* en Nor- « mandie) comme en Escosse au liv. II, *Regiam majestatem*, « ch. 42, § 2, ch. 48, § 1, et alors le seigneur estoit obligé de « les marier, et ce dans deux ans de leur âge de majorité qui « estoit de quatorze ans pour les filles : le temps passé, elles « cessoient d'estre en la garde et en la puissance de leurs sei- « gneurs. Que si la fille avoit esté mariée du vivant du pere qui « seroit decedé avant qu'elle eust ataint l'âge de quatorze ans, « le seigneur avoit la garde de son fief jusques à ce qu'elle « avoit ataint cét âge, ainsi qu'il est exprimé dans Littleton, « Sect. 103. Si les filles estoient âgées au temps du decez de

1. *Sic* dans du Cange; corrigez, ce semble : *meo*.

« leur pere, le seigneur ne laissoit pas d'avoir leur garde jusques « à ce qu'elles fussent mariées par leur conseil, comme il est dit « dans *Regiam majestatem*, ch. 48, § 3. Si les filles majeures se « marioient sans le consentement du seigneur, quoy qu'il leur « eust offert de les marier sans les déparager, alors le seigneur « pouvoit tenir leurs fiefs saisis et en jouïr jusques à tant qu'il « se seroit indemné au double des profits qu'il auroit eu de « leurs mariages, qui sont ceux du rachat, dont il est parlé en « la Coust. d'Anjou, art. 87, comme il est enoncé dans les loix « des barons d'Escosse intitulées : *Quoniam attachiementa*, « ch. 91. Les *Assises de Hierusalem*, ch. 239[1], proposent cette « question à ce sujet : *Se un home dou seignor espouse feme qui* « *tient fié dou seignor, de quoi elle li en doit mariage, ou ne* « *se puisse marier sans le congié dou seignor, et il ne le fait* « *par comandement dou seignor, il ne doit saisir, ne tenir le* « *fié de la feme que il a espousée, se il ne le fait par le seignor :* « *ains le doit laisser ester ; pour ce que, se il tient le fié de la* « *feme que il a epousée sans le congié dou seignor, il s'i est mis* « *autrement que il ne doit au droit de son seignor, si a mes-* « *pris vers lui de sa foy, se me semble, et me semble que le sei-* « *gnor en pora avoir droit comme de foi mentie. Mais se il* « *espouse la feme sans le congié dou seignor, et il ne saisit le* « *fié de la feme, il m'est avis que le seignor n'en pora avoir* « *droit ne amende de lui par sa court, pour ce que la feme doit* « *le mariage au seignor que elle*[2] *doit pour le fié et que son* « *home qui a la feme espousée sans son congié ne s'est mis au* « *droit dou seignor autrement que il doit, ne mespris vers lui* « *de sa foi.... Et se autre que home dou seignor à qui il soit* « *tenus de foi, espouse feme qui tiegne dou seignor fié de qui elle* « *doive le mariage ou tel qu'elle ne se puisse marier sans son congé,* « *mette soi, ou ne le mette en saisine dou fié, le seignor, se m'est* « *avis, le peut prendre, ou faire prendre se il veaut, et justicier* « *à sa volenté, puis que la feme qui devoit au seignor mariage,*

1. Ch. 247 dans l'édit. de Thaumas de la Thaumassière, p. 166 ; ch. 231 de Jean d'Ibelin dans l'édit. Beugnot, t. Ier, p. 366.

2. Thaumas de la Thaumassière : *elle ne le doit que pour*. Voyez un meilleur texte dans Beugnot, *Ibid.*, p. 366.

« *ou qui ne se peut sans son congié marier, et espouse sans son* « *congié, que il se saisit dou fié, il se met au droit dou seignor* « *et se il ne se mete en saisine, si ait desprisé le seignor et fait* « *contre la seignorie, quant il a la feme qui li devoit le mariage,* « *ou que sans son congié ne se peut marier, espousée; et, pour* « *ce, me semble il que le seignor en peut avoir droit et en peut* « *faire sa volenté, puis que il n'est tenus de foi à lui.* Au ch. 240: « *A moi semble que cestui (des homes dou seigneur) qui auroit* « *la feme espousée qui devoit mariage au seignor et se seroit* « *mis el fié, auroit fait vers son seignor un raim de trayson :* « *et se telle trayson se voit bien apparente et manifeste, il me* « *semble que bataille y puisse bien estre, et se il en estoit attaint,* « *il en seroit à la merci dou seignor, si le poroit le seignor* « *faire morir, si come il lui plairoit, ou tollir tant de membre* « *come il vodroit, et se il li soffroit la vie, il auroit honor perdu* « *à tos jours et seroit desheritez de quanques il tenoit*[1] *de celui* « *seignor*, etc. En tous ces cas, comme j'ay remarqué, le seigneur « ne pouvoit les déparager, c'est-à-dire qu'il estoit obligé de les « marier selon leur condition, particulierement s'il les marioit « en minorité, à peine de perdre tous les emoluments de la « garde. Mais si, estant majeures, elles donnoient leur consen- « tement à leur deparagement, le seigneur n'estoit sujet à aucune « peine suivant les loix des barons d'Escosse, ch. 92, et dans « Littleton, Sect. 107, 108. Que si la fille mineure possedoit plu- « sieurs fiefs relevans de divers seigneurs, les loix d'Escosse, « liv. II, ch. 44, et celles des barons d'Escosse, ch. 94, resolvent « que celui des seigneurs doit avoir le mariage de l'heritiere, « duquel le predecesseur a esté premierement saisi du fief. Les « *Assises du royaume de Hierusalem*, ch. 237[2], apportent cette « distinction sur ce cas : *Se feme a et tient plusiours fiés de* « *plusieurs seignors et aucun des fiés doit service de cors, et se* « *tous les fiés que elle tient ou partie d'eaus, doivent service,* « *et en desert l'un de son cors, et les autres comme d'escheete,* « *elle en doit le mariage à celui sans plus de qui elle tient le*

1. Du Cange, *seroit* au lieu de *tenoit*.

2. Thaumas de la Thaumassière, ch. 245 ; édit. Beugnot, ch. 229 (t. Ier, pp. 364, 365).

« *fié que ele desert de son cors.* Car ainsi qu'il est dit au méme « chapitre, *feme ne peut deveir mariage que à un seignor, car « ele ne puet avoir deus maris, ne plus ensemble,* etc. Quand « le seigneur entreprenoit de marier ainsi sa vasalle, il le devoit « faire avec le consentement et le conseil des parens. La Coust. « de Normandie, ch. 33 : *Se femme est en garde, quand elle sera « en âge de marier, elle doit estre mariée par le conseil et « licence de son seigneur et par le conseil et l'assentement de « ses parens et amis, selon ce que la noblesse de son lignage, « et la valeur de son fief requerra.* Les *Assises de Hierusalem*, « ch. 234 [1], specifient encore la forme qui s'observoit en ces « occasions, en ces termes : *Quant le seignor veaut semondre, « ou faire semondre, si com il doit, feme de prendre baron « quant elle a et tient fié, qui doit service de cors, ou à damoi- « selle à qui le fié escheit, ou est escheu que il li doit service « de cors, il li doit offrir trois barons et tels que il soient à lui « aferans de parage, ou à son autre baron et la doit semondre « de deux des[2] homes, ou de plus, ou faire la semondre de deus « par trois de ces homes, l'un en leuë de lui et deux come « court et celui que il a establi en son leuë à ce faire doit dire « enci : dame, je vous euffre de par Monseignor que dedans « tel jor (et motisse le jor) aiés pris l'un des trois barons que je « vous ay només, et de ce trais à guarent ces homes dou sei- « gnor qui sont ci come court, et enci le die par trois fois. Et se « l'on ne la treuve à la semondre en sa personne, l'on la doit « semondre en son ostel, ou en son fié, ou en l'ostel, où elle fut « derrainement, se elle n'a ostel sien en qui elle maigne*, etc. « *Et se elle vient dedans ledit terme devant le seignor en la « court et elle ne dit ou fait dire chose dedans celui terme « par quoi court esgarde ou conoisse que elle est tenuë d'acuil- « lir la semonce, de ce que le seignor l'aura fait semondre, et « elle sera defaillant dou service, que elle doit au seignor, si « en porra le seignor avoir droit et amende d'elle, si il veaut, « come feme qui defaut de service de baron prendre.*

1. Ch. 242 dans l'édit. de Thaumas de la Thaumassière, 1690, pp. 162, 163; ch. 227 dans l'édit. Beugnot (t. Ier, p. 359).
2. Thaumas de la Thaumassière a mieux : *de ses*.

« Quant au refus que l'heritiere du fief faisoit ou pouvoit « faire de se marier, les loix des barons d'Escosse definissent « que si elle declaroit qu'elle ne vouloit pas se marier, le sei- « gneur ne pouvoit pas l'y obliger : mais que lors qu'elle seroit « parvenuë en âge nubile, c'est-à-dire à quatorze ans, elle « devoit indemner le seigneur d'autant qu'il auroit pû avoir de « celuy qui l'auroit épousée, et ce avant qu'elle puisse entrer « en possession de sa terre. Mais la principale raison que le « seigneur avoit d'obliger sa vassalle de prendre mary, estoit « afin que le fief qui lui appartenoit fust desservi, principale- « ment lors que ce fief estoit obligé à service de corps. Les « *Assises de Hierusalem*, ch. 179[1] : *Quant feme a et tient fié qui* « *doit service de cors, et elle le tient en heritage ou en baliage,* « *ele en doit le mariage au seigneur, de qui ele tient le, se il* « *la semont ou la fait semondre, si come il doit, de prendre* « *baron.* Et au ch. 222[2] : *Se feme tient fié qui doit service de cors,* « *doit au seigneur tel service que ele se doit marier, et quant* « *ele sera mariée, son baron doit au seigneur tous les services.* « La méme chose est repetée au ch. 172, 179, 190 et ailleurs. « Par cette raison, l'âge de soixante ans dispensoit la femme de « prendre mary, d'autant que par l'assise du royaume, les « hommes qui devoient service de corps en estoient exemptés, « lors qu'ils y estoient parvenus : outre qu'il n'estoit pas juste « de requerir qu'une femme de cét âge fust obligée de se marier, « veu que *le mariage estant establi pour multiplier le siecle* « *sans peché*, comme parlent les mémes *Assises*, ch. 136, *la* « *feme qui a passé soixante ans, si a perdu sa porteure.* Pour « ce qui est des veuves, il y a eu divers reglemens. Les Statuts « d'Alexandre II, roy d'Escosse, ch. 23, veulent qu'on ne « puisse pas obliger une veuve à se marier, pourveu qu'elle « donne plege qu'elle ne se mariera pas sans le consentement « de son seigneur. Les *Assises de Hierusalem* au ch. 179[3] disent

1. Édit. Thaumas de la Thaumassière, ch. 187; édit. Beugnot, Jean d'Ibelin, ch. 177 (t. Ier, p. 279).

2. Id., ch. 230 *in fine;* édit. Beugnot, Jean d'Ibelin, ch. 217 *in fine.*

3. Id., ch. 187; édit. Beugnot, Jean d'Ibelin, ch. 177.

« que *feme qui a et tient doüaire de fié qui doit service de cors* « *ne doit pas le mariage au seigneur de qui elle tient le doüaire* « *de celui fié, ne ele ne peut marier soi sans la volenté et le* « *congié de celui ou cele de qui ele tient celui doüaire de cel fié,* « *et se elle le fet, ele perdra le fié que ele tient en doüaire.* Et « au ch. 181[1], il est dit que si la femme ayant doüaire sur les « biens de son mary, qui est la moitié, selon les *Assises de* « *Hierusalem*, et balliage sur l'autre moitié, a cause de ses « enfans mineurs, vouloit s'exempter du devoir de mariage « qu'elle deveroit au seigneur, à raison du bail, elle estoit obligée « de se tenir à son doüaire et de renoncer au bail, et de prier « le seigneur de faire servir comme seigneur de ce qui estoit « du balliage de ses enfans. Voyez encore les Loix de Henry Ier, « roy d'Angleterre, ch. Ier. Celles des barons d'Escosse, ch. 95, « reglent aussi ce qui doit estre observé, lors que l'heritier qui « devoit mariage avoit esté enlevé par quelqu'un. Ce que je viens « de dire des veuves suivant les *Assises de Hierusalem* fait voir « qu'en ce royaume la garde et la tutelle n'appartenoit pas au « seigneur, mais au peres et meres. La mesme chose paroît en « ce ch. 61 (prés. édit., liv. Ier, ch. 67) des *Establissemens*, qui « est conforme à la Coustume d'Anjou, art. 85 et 89, qui defere « la garde des enfans nobles aux peres et aux meres seulement, « qui ont la garde de leurs corps et de leurs biens, ce qui n'est « pas de ceux qui n'ont pas le bail naturel. Et en ce cas les « *Establissemens* ordonnent que la veuve qui a une fille qui « *affebloie*, c'est-à-dire mineure[2], dont elle a la garde est obli- « gée de donner caution et plege au seigneur, qu'elle ne la « mariera pas sans son consentement. Il y a un titre de st Louys « du mois de may 1246 au registre du comté du Maine, qui est « en la Chambre des Comptes de Paris, tit. 3, contenant les « Coûtumes d'Anjou et du Maine, qui porte ces mots : *Quicum-* « *que*[3] *etiam sive mater, sive aliquis amicorum habeat custo-* « *diam fœminæ, quæ sit hæres, debet præstare securitatem*

1. Édit. Thaumas de la Thaumassière, ch. 189; édit. Beugnot, ch. 179 de Jean d'Ibelin.
2. Voyez plus haut ce que j'ai déjà observé, p. 357.
3. *Ord.*, t. Ier, p. 59.

« *domino a quo tenebit in capite, quod maritata non erit, nisi* « *de licentia ipsius domini, et sine assensu amicorum.* Cette « obligation de requerir le consentement des seigneurs pour le « mariage des heritiers des fiefs ne regardoit pas seulement les « filles mais encore les mâles, comme on peut recueillir des Loix « des barons d'Escosse, ch. 91, 92 et suivans. En France, le « méme a eu lieu, en sorte que les barons, c'est-à-dire ceux qui « relevoient immediatement du roy, ne pouvoient pas se marier « ou marier leurs heritiers apparens, sans son consentement.

« Nous en avons l'exemple, entre autres, en la personne de « Blanche, comtesse de Champagne, que le roy Philippes- « Auguste obligea de lui donner des pleges, qu'elle ne marieroit « pas son fils sans son consentement. Et à l'esgard des barons, « l'auteur du *Roman de Garin* fait voir que cét usage estoit « commun en son temps :

« *Car Fromendin a vostre mueble sesi*
« *Quant sans congié a li cuens fame pris.*

« Ailleurs il fait ainsi parler le roi Pepin :

« *Honte m'a fet et mesprisé petit*
« *Sans mon congié porquoi a fame pris,*
« *Viengne droit fere à Reims ou à Paris.*

« Voyez l'epître 133 de St Bernard, § 3. » (Du Cange.)

« Le seigneur avoit double interest dans ce mariage. Le pre- « mier estoit que la vassalle lige ne fut pas trompée, et le « second qu'en prenant un epoux elle luy donnât un vassal « fidele. Voyez la note ci-dessus. » (Laurière.)

T. II, p. 100, ligne 4. *forsconsoilliée.* — *Forsconseiller* est donner un mauvais conseil à celui qui le demande. Cela paroît clairement au serment de Louys, roy d'Alemagne, in Capit. Car. Calvi, tit. 26, qui fait difference entre donner *verum consilium* et *forconsiliare.* Voyez les pp. 230, 231, 245, 246, 381 des mémes Capitulaires.

T. II, p. 101, ligne 7. *et cil qui dira le meillor.* — « Cela « estoit vray quand la mere et les parents paternels de la fille « offroient au seigneur des personnes qui ne luy estoient pas « desagreables, mais quand ils luy presentoient des personnes « suspectes, et dont il avoit lieu de douter de la fidelité, il les

« pouvoit recuser, et, dans ce cas, l'usage estoit en plusieurs « lieux que le seigneur presentoit trois personnes dont la mere « et les parents de la fille estoient obligez de prendre un, ce qui « se pratiquoit ainsi lorsque la fille estoit majeure et que le « seigneur vouloit qu'elle prit un mary pour desservir son fief, « comme il se void » par les ch. 242, 243 des *Assises de Jerusalem : Quant le signor veaut*, etc.

« *Regiam majestatem*, liv. II, cap. 48, num. 5 et 6 : *Si quis « filiam vel filias tantum heredes habens in vita sua, illam « vel illas sine assensu domini sui maritaverit, juste et secun- « dum consuetudinem regni perpetuo exheredatur, ita quod « inde nihil recuperare poterit, nisi per solam misericordiam*[1]. « Voyez mon *Glossaire* sur *Devoir le mariage.* » (LAURIÈRE.)

T. II, p. 102, ligne 2. *ele em perdroit ses muebles.*— « Sçavoir « la mere. Ceci doit estre entendu, ce semble, de la mere qui « avoit le bail de sa fille, et qui comme baillistre estoit entrée « en foy. Voyez la Coûtume du Loudunois, au titre *Des bails*, « art. 3. Ce chapitre n'a lieu que dans les Coûtumes qui l'ont « reçeû. » (LAURIÈRE.)

T. II, p. 102, ligne 3. *destraindre.* — « *Distringere*, dans « les loix anciennes, et dans les titres pour *obliger quelqu'un à « faire quelque chose. Regiam majest.*, liv. II, c. 16, § 38 : *potest « distringi per feudum quod ad curiam veniat. Carta privile- « giorum concessorum Hispanis*, t. II. *Hist. fr.*, p. 331 : *liceat « illi eos distringere ad justitias faciendas*, etc., occurrit pas- « sim. Les *Assises de Hierusalem*, ch. 3 : *Et se le seignor ne li « viaut fere la connoissance fere, si le destreingne*, etc.[2] » (DU CANGE.)

T. II, p. 102, lignes 5, 6. *et jureroit à dire voir de ses muebles.* — « Voyez le ch. 54 avec les notes (présente édition, « liv. Ier, ch. 58). » (LAURIÈRE.)

T. II, p. 102, ligne 8. *si li remaindroit sa robe.* — Cf. *Ét.*, liv. Ier, ch. 58 (ci-dessus t. II, p. 84).

1. Cette citation correspond seulement au § 5 de l'édition de Houard, *Traités sur les Cout. anglo-normandes*, t. II, 1786, p. 146.

2. Je ne puis retrouver ce passage dans les éditions.

69. *Notes sur les Établissements, liv. Ier, ch.* 68 (ci-dessus t. II, pp. 103, 104).

Voyez, en général, sur ce chapitre, ci-dessus t. Ier, pp. 127, 150, 151.

Textes dérivés : *Livre des droiz*, 446, 116, dernier alinéa; *Abrégé champ.*, 32.

Rapprochez : *Comp.*, 3, 19, 43, 78; *Ét.*, liv. Ier, ch. 10, 118 *in fine; Livre des droiz*, 393, dernier alinéa; *Grand coutumier*, édition Laboulaye, p. 280; *Très anc. Coutume de Bordeaux*, § 68, 106; Nouvelle Cout. de Bordeaux, art. 61, 75, 77 (*Cout. du ressort du parlement de Guienne*, 1768, t. Ier, pp. LXIV, LXV); Actes du XIe s. conservés à la Chartreuse de Pise où on voit des femmes veuves sous la tutelle de leur fils : elles n'agissent qu'avec son consentement; Statut de Viterbe de 1643, liv. II, art. 74 (*Extrait du Catalogue de la bibliothèque du senateur Hubé*, 5e *partie*, *Italie*, Varsovie, 1864, p. 92).

Voici les textes italiens auxquels je viens de faire allusion : acte de 1077 dans le registre contenant copie des titres les plus anciens de la Chartreuse de Pise à ladite Chartreuse : *Manifesti sumus nos Vuiberto filius quondam... qui fuit notarius et Ingarada relicta P...ti quondam caniti* (?) *et filia quondam Vuiberti, per consensum et data licentia Vuiberto filio... et mundualdo meo, comuniter et consentientes per anc cartulam venundamus et tradimus*, etc.

Singnum manus jamscripte Ingarrade que anc cartulam comuniter et consentientes sibi predicto filio suo fieri rogavit.

Vuibertus in ac cartula comuniter et consentientes a nos facta subscripsi.

Statut de Viterbe, II, 74 : *Statuimus et ordinamus, quod mulier habens filios vel filias laicos, filium vel filiam ex filio laico, ex maxime ex diversis matrimoniis procreatos non possit testari, codicillari, nec aliquem contractum facere extra personas filiorum, nisi tantummodo pro anima sua decem libras papalium pro centenario relinquere.*

Additio et reformatio de 1643 : ... *statutum ipsum, ut jacet, observari mandamus, cum a majoribus nostris pro conservatione agnationis masculorum et pro decore familiarum, ad utilitatem publicam et bonum publicum factum sit, et factum fuisse interpretamus et declaramus*, etc.

T. II, p. 103, ligne 5. *Dame n'est que bail.* — « C'est-à-dire « que la femme noble, dés qu'elle a un hoir mâle, cesse d'estre « proprietaire de sa terre, et qu'elle n'en joüit plus que comme « usufruitiere, baillistre ou gardienne de son fils, en sorte « qu'elle ne peut plus la vendre, l'engager, la donner, ni la « diminuer à son prejudice, par quelque contract que ce soit. « Voyez le ch. 114 ci-aprés (présente édition, liv. Ier, ch. 118). « L'autheur de la Glose sur la Coûtume d'Anjou, art. 63, dit « qu'il en seroit de mesme de l'aînée, s'il n'y avoit que des « filles[1], ce qui est precisement contre ce texte. » (LAURIÈRE.)

Le droit est différent en Normandie : la veuve y peut disposer du tiers de ses propres. (Delisle, *Recueil des jugements de l'échiquier de Normandie*, p. 122.)

T. II, p. 103, ligne 6. *L*[1] porte : *changier* comme *T*.

T. II, p. 103, ligne 10. *gentis hom puet bien doner le tierz.* — « Voyez l'art. 321 de la Coûtume d'Anjou. » (LAURIÈRE.)

Sur cette quotité disponible du tiers des propres, voyez *Chartularium insignis Ecclesiæ Cenom.*, p. 191, acte n° 316 ; Bibl. nat., ms. lat. 5474, pp. 41, 139 ; glose sur la somme de Raymond de Pennafort, lib. II, tit. Ier, § 14, édition de Vérone, 1744, p. 184.

Cette importante glose est ainsi conçue : *Secundum consuetudinem gallicani regni, quæ ibidem præjudicat juri scripto, alio modo limitatur hæc legitima; et alicubi in eodem regno obtinet quod pater vel mater non potest dare extraneis ultra quintam partem hæreditatis suæ quæ consistit in mobilibus*[2], *nec in testamento, nec caussa mortis, nec inter vivos. Alibi non potest ultra tertiam; sed tertiam dare potest, et legare inter vivos, et caussa mortis. De mobilibus etiam diversæ sunt consuetudines in diversis locis ejusdem regni, quibus standum est cuilibet in suo loco.*

1. Beautemps-Beaupré, *Cout. et instit.*, 1re part., t. Ier, p. 266.
2. *Sic.* Corrigez *immobilibus.* Cf. Pierre de Fontaines, édition Marnier, p. 386.

70. *Notes sur les Établissements, liv. Ier, ch.* 69 (ci-dessus t. II, pp. 104-110).

Voyez, en général, sur ce chapitre, ci-dessus t. Ier, pp. 9-11, 110-112.

Raprochez : *Très anc. Cout. de Bretagne*, 1re partie, ch. 9, 10, 39; *Compilatio*, 17, 27, 35, 58, 88, 90, 107, 112; *Ét.*, liv. Ier, ch. 96 *in fine;* liv. II, ch. 7, 38.

A lire : Henrion de Pansey, *De la compétence des juges de paix*, 8e édition, Paris, 1829, p. 321.

T. II, p. 104, ligne 9. *et m'a dessesi.* — « Il ne s'agit point « icy de la *complainte en cas de saisine et de nouvelleté* ou « de l'interdit *Uti possidetis retinendæ possessionis*, comme « quelques-uns se le sont mal imaginez, mais il s'agit de la « complainte de *dessaisine et de force* ou de l'interdit *Unde vi* « *recuperandæ possessionis.*

« Dans ces temps-là, celuy qui estoit dessaisi ou expulsé de « son heritage alloit trouver son seigneur, c'est-à-dire son ser- « gent, comme le remarque l'autheur de la Glose de l'anciene « Coûtume d'Anjou sur le ch. 65[1], et il demandoit que la chose « contentieuse fut ostée à son adversaire, et qu'elle fut mise en « main de justice.

« Mais comme dans cette complainte, celuy qui agissoit recon- « noissoit son adversaire saisi, le sergent n'avoit point d'egard « à sa demande, à moins qu'il ne donnât pleges ou cautions de « poursuivre le plait et de payer les domages et interests aus- « quels il pourroit estre condanné.

« S'il ne donnoit pas de pleiges, les choses en demeuroient « là et l'adversaire restoit saisi.

« Et s'il donnoit pleiges, le sergent exigeoit ensuite de l'ad- « versaire ou du deffendeur en complainte qu'il luy donnât « aussi caution ou pleiges. Et s'il ne les vouloit pas donner, la « saisine de la chose contentieuse luy estoit ostée et donnée « au demandeur qui avoit donné pleiges. Et si le deffendeur

1. Ch. 67 dans l'édit. Beautemps-Beaupré, *Cout. et instit. de l'Anjou et du Maine*, 1re partie, t. Ier, p. 269 et suiv.

« donnoit pleiges, la chose contentieuse estoit mise en main « de justice.

« Comme dans ces complaintes il y avoit *pleiges* et *contre*-« *pleiges*, elles furent nommées par cette raison *appleigemens* « et *contreappleigemens*. Cet usage dura jusques à messires « Simon de Bucy [1], Premier president du Parlement de Paris, « qui establit le premier pour principe, que celuy qui avoit esté « spolié de la chose n'en perdroit que la *possession naturelle* ou « la *detention*, et qu'en conservant par sa volonté ou son esprit « la *possession civile* ou la *saisine*, il pouvoit demander d'estre « *conservé ou maintenu dans cette possession*, et intenter la « *complainte en cas de saisine et de nouvelleté*, comme si la « *force* et la *dessaisine* n'avoient esté qu'un *nouveau trouble*. « Ce qui est expliqué par l'autheur du Grand Coûtumier qui « dit, par cette raison, que Simon de Bucy fut le premier qui « mit sur le cas de saisine. Voyez ce que j'ay remarqué dans « mon *Glossaire* sur *Applegement* et sur *Complainte*.

« Chez les Romains, lorsqu'il estoit question de successions, « le deffendeur, qui estoit en possession, devoit donner caution « au demandeur et le demandeur pareillement au deffendeur. « Ce qui est ainsi expliqué par Asconius dans ses notes sur la « troisieme Verrine, p. 100, de l'édition de 1644 : *Lis vindicia*-« *rum est cùm litigatur de ea re apud prætorem, cujus incer*-« *tum est quis debeat esse possessor et ideo qui eam tenet* « *satisdat pro præde litis vindiciarum adversario suo, quo* « *illi satisfaciat, nihil se deterius in possessione facturum,* « *de qua jurgium esset. Rursus sponsione ipse provocatur ab* « *adversario certæ pecuniæ, aut estimationis quam amittat, an*

1. Simon de Bucy était procureur du roi en 1333 (Varin, *Arch. adm. de Reims*, t. II, 2e partie, 1843, p. 651); président au Parlement de Paris en 1339 (*Mém. de l'anc. Acad. des inscript.*, t. XXX, p. 623). Il mourut en mai 1369. (Siméon Luce, *Lecture à l'Académie des inscriptions*, le 21 mai 1880.)

Voyez *Grand Coutumier*, édit. Laboulaye et Dareste, p. 253; Minier dans *Revue hist. de droit français et étranger*, t. II, 1856, pp. 355, 356; Laurière, *Glossaire*, t. Ier, pp. 272 et s., vo *Complaindre (se)*; Beauvais, *Thèse pour le doctorat*, 1858, pp. 345 et s.

« *sua sit hereditas de qua contendit. Prædes ergo dicuntur* « *satisdatores locupletes pro re de qua apud judicem lis est, ne* « *interea qui tenet diffidens causæ, possessionem deteriorem* « *faciat, tecta dissipet, excidat arbores, et culta deserat.* Vide « Paulum I *Sentent.*, tit. XIX, num. 1 et Hotomanum I *Obser-* « *vationum*, cap. 6. » (LAURIÈRE.)

T. II, p. 105, ligne 2; p. 106, ligne 1. — *L*[1] porte : *que je exploitié anten et devant anten et oan et en servage. O*[1] porte : *que je esploitai antan et avant antan et ouan servage.*

en servage de seignor. — On s'est servi de ce passage très abusivement[1] parce qu'on n'a pas saisi la valeur du mot *servage :* ce mot n'avait pas au moyen âge le sens restreint qu'il a pris dans notre langue moderne : le mot *servage* désigne fort bien le lien de dépendance qui unit un gentilhomme vassal à son suzerain : Joinville l'emploie deux fois en ce sens[2].

T. II, p. 108, ligne 1. *je metrai bons pleges.* — Cet usage de *pleger et contrepleger* est très ancien; voyez *Lex Alam.*, ch. XXXVI, § 3, dans Pertz, *Leg.*, t. III, p. 56; cf. *Ibid.*, pp. 99, 142. Voyez encore sur les *applegements et contr'applegements Olim*, t. II, p. 277, n° V; p. 287, n° XVI; Beugnot, dans son édition de Beaumanoir, t. Ier, préface, p. XXVII. La renonciation aux *applegements et contr'applegements* figure quelquefois avec d'autres renonciations dans les chartes : *renoncent les diz vendeurs au benefice de division, à l'exception des deniers non eüz et non receüz, à touz applegemenz et contr'applegemens*, etc. (Acte vendômois de 1333 aux Archives nationales, *Cahier paléographique de 1331 à 1466*, acte numéroté 4.)

T. II, p. 108, lignes 3, 4. *en sa main.* — Sur la main le roi cf. *Abrégé champenois*, ch. 15.

T. II, p. 109, lignes 2, 3. *doit randre à l'autre partie,* etc. — « Ragueau, dans son *Indice des droits royaux*, dit neamoins « qu'en cette matiere il n'y avoit pas de condannation de « dépens, et cite un arrest de la dame de Vierzon contre l'abbé « de Foucombaut[3], és Enquestes de Parlement de Toussaints

1. Robiou dans *Revue des quest. historiques*, 1er oct. 1875, p. 394.
2. *Hist. de saint Louis,* ch. 31.
3. Nous disons aujourd'hui : Fontgombault (Indre).

« (1275 [1]), qui dit l'avoir ainsi jugé. Voyez mon *Glossaire du* « *droit françois* sur les mots *Applegement*, *contr'applegement* « en la lettre A, p. 55. » (LAURIÈRE.)

71. *Notes sur les Établissements, liv. Ier, ch.* 70 (ci-dessus t. II, p. 110-111).

Texte dérivé : *Regles coutumières bretonnes*, 1re série, art. 51.

Rapprochez : *Comp.*, 17, 88, 90, 107, 112.

Ce chapitre est distinct dans L^1 où il porte le n° LXXVI et dans η ; mais non dans O^1.

Suivant Laurière, le ch. 69 explique comment la chose contentieuse en cas de *dessaisine* était mise en main de justice. Et le ch. 70 explique comment la justice en faisait la *delivrance :* « L'usage estoit donc, quand la chose contentieuse estoit mise « en main de justice, de donner aux parties terme et jour pour « venir plaider, et, quand une des deux estoit en defaut, on luy « donnoit un autre jour en jugement par trois hommes qui « pussent le recorder, et, si elle defailloit au jour marqué, la « saisine estoit donnée à l'autre partie. Et il ne pouvoit en ce « cas y avoir aucune difficulté à l'égard de la certitude et de la « consistance de la chose, parce que la main de justice valoit « montrée. Voyez le chapitre suivant. » (LAURIÈRE.)

L'intérêt de cette règle : *iceles chose qui sunt en main de joutise si valent autretant come s'eles estoient mostrées en jugement* réside surtout en ce fait que le défaut entraîne, lorsque la chose litigieuse est en main de justice, l'envoi en possession comme fait le défaut après monstrée. (Cf. *Ét.*, liv. Ier, ch. 75, 123.)

T. II, p. 111, ligne 4. *o jugemant par* III *homes fievez.* — Voyez ci-dessus t. Ier, p. 193. Cf. *Ét.*, liv. Ier, ch. 71, 123 (ci-dessus t. II, pp. 113, 229) ; Beugnot, *Olim*, t. Ier, p. 60.

T. II, p. 111, ligne 5. Au lieu de *fievez* L^1 porte : *fianciez ;* O^1 porte : *senés ;* dans O^1 les lettres *enés* sont le résultat d'une addition ou correction due au réviseur dont j'ai parlé au t. Ier, pp. 410, 451, 452, 455.

1. C'est l'art. 241 du *Livre pelu noir* restitué par M. L. Delisle (Boutaric, *Actes du parlement de Paris,* t. Ier, p. 338).

T. II, p. 111, lignes 7, 8. *qui est prez... o pleges metanz.* — « C'est-à-dire à celuy qui est present, en donnant pleiges « ou caution... Ce chapitre n'est plus en usage. » (LAURIÈRE.) Cf. *Cout. glosée* dans Beautemps-Beaupré, 1re part., t. Ier, p. 287.

72. *Notes sur les Établissements, liv. Ier, ch. 71*

(ci-dessus t. II, p. 111-115).

Voyez ci-dessus t. Ier, p. 68, note 1.

Textes dérivés : *Livre des droiz*, 34; *Abrégé champenois*, 62.

Rapprochez : *Compilatio*, 18, 44, 92; *Livre des droiz*, 32.

Cf. ci-après liv. Ier, ch. 75. Ces deux chapitres des *Ét.* se répètent.

T. II, p. 112, lignes 1, 2. *Cout. d'Anjou glosée* dans Beautemps-Beaupré, 1re part., t. Ier, p. 288 : *Si aucun se plaint à la justice de heritage ou d'autre chose, la justice li doit metre jour.*

Voyez la Glose dans Beautemps-Beaupré, *Ibid.*, p. 289. Cette Glose, comme le dit Laurière, est le meilleur commentaire de ce passage. Joignez *Ét.*, liv. Ier, ch. 73.

T. II, p. 113, lignes 4, 5. *cil qui se defaut puet bien estre atormez o jugemant.* — L'ajournement o jugement[1] est fréquemment exigé après un ou plusieurs défauts : il s'oppose à l'ajournement simple qui est baillé par le sergent seul[2]. Voici un texte du xve siècle où ces deux ajournements sont opposés l'un à l'autre : *La femme et hoirs Jehan le Barbier seront adjournés simplement vers Jehan Galliot qui sera o jugement pour ce qu'il se deffaillit en septembre IIIIc XIX pour avant aller en la cause de denonciement qui pendoit par ceans*[3], etc.

Sans la connaissance de cette expression angevine *ajourné o jugement* il serait impossible de déchiffrer plusieurs passages

1. Sur ce mode d'ajournement, voyez ci-dessus t. Ier, p. 193.

2. *Liger*, 1re partie, tit. II, art. 78 dans Beautemps-Beaupré, 1re partie, t. II, pp. 59, 60.

3. Archives nationales, Reg. *R*5* 19374, vers la moitié du vol., au recto d'un feuillet. (Ce manuscrit n'était pas folioté quand je l'ai étudié.)

du ms. *R⁵** 19374 des Archives nationales : on y lit des phrases comme celles-ci : *Denis Gaultier sera o vers court; Guillaume Lucas sera o vers court.* Suppléez : *sera ajourné o jugement vers court :* les mots *adjourné* et *jugement* sont souvent remplacés dans le ms. par deux grandes virgules entre lesquelles est placé le petit mot *o*. Cette sorte de sténographie conventionnelle avait besoin d'être expliquée.

T. II, p. 114, ligne 6. *m'esgardera.* — « Voyez la note sur « le ch. 39 cy-dessus (prés. édit., liv. Ier, ch. 43). » (LAURIÈRE.)

T. II, p. 115, ligne 1. *lou gage de sa loi.* — Voyez ci-dessus t. Ier, pp. 245, 246. *Le gage de sa loi* s'appelle en Poitou au XVe s. *l'amende simple : l'amende simple* est de V s. ou VII s. VI d. : on l'oppose à la *grosse amende* qui est de LX s. I d. t.[1].

Perdant de vue la véritable origine de l'expression *amende* ou *gage de sa loi*, les Angevins ont changé cette expression primitive en celle-ci : *amende d'une loi*, et ils en sont venus à distinguer *l'amende d'une loy, l'amende de deux loix, l'amende de trois loix*[2].

T. II, p. 115, ligne 5. *emprès veüe.* — « L'art. 52 des Loix « de Thibaud, comte de Champagne, est conforme à ce cha- « pitre : *Encore use l'en en Champagne que se uns hons plaidoie « à un autre, et il li face demande de heritage, soit en pro- « prieté, ou en saisine, et li deffendieres ait eü jour de mon- « trée, et il defaut après le jour de montrée, se li deffaut est « connus, il perd la saisine, se li plest est de saisine, et se il « est de proprieté, il perd la proprieté. Encore use l'en que « après jour de montrée, qui barroie une fois de chose qui « touche au fait, il ne peut plus barroyer. Et se il propose la « seconde barre, et il en chiet, il perd la proprieté.* Voyez « Britton, ch. 32, fol. 83; *Fletam*, lib. IV, c. 5; l'anciene « Coûtume de Normandie, ch. 93, et *Stilum curiæ Parlamenti*,

1. Coutume de Poitou de 1417 dans ms. fr. 12042, fol. 97 verso et 98 recto.

2. Bibl. de l'Arsenal, ms. du XVe siècle contenant une Coutume d'Anjou, Jurispr. franç. 127A (commencement de la seconde moitié du manuscrit).

« tit. *De causa novitatis*. Tout cet ancien droit est aboli. Voyez « le tit. IX de l'ordon. de 1667. » (LAURIÈRE.)

On discutait, on analysait cette question du profit du défaut après jour de vue : Beaumanoir n'accorde que le profit sur la question qui devait être traitée au jour du défaut. Voyez Beaumanoir, ch. 39, § 76, édit. Beugnot, t. II, pp. 124, 125.

(SUITE ET FIN DES NOTES AU TOME IV.)

TABLE

PREMIÈRE PARTIE.

TEXTES PRIMITIFS.

DEUXIÈME PARTIE.

TEXTES DÉRIVÉS ET TEXTES PARALLÈLES.

TROISIÈME PARTIE.

NOTES DES PRÉCÉDENTS ÉDITEURS ET NOTES NOUVELLES.

Nogent-le-Rotrou, imprimerie DAUPELEY-GOUVERNEUR.

Ouvrages publiés par la Société de l'Histoire de France *depuis sa fondation en 1834.*

Ouvrages in-octavo à 9 francs le volume.

L'Ystoire de li Normant. 1 vol. *Épuisé.*
Grégoire de Tours. Histoire ecclésiastique des Francs. Texte et traduction. 4 vol. *Épuisés.*
— Idem. *Texte latin.* 2 vol.
— Idem. *Trad.* 2 vol. *Épuisés.*
Lettres de Mazarin a la reine, etc. 1 vol. *sur grand papier.*
Mémoires de Pierre de Fénin. 1 vol.
Villehardouin. 1 vol. *Épuisé.*
Orderic Vital. 5 vol.
Correspondance de Maximilien et de Marguerite. 2 vol.
Histoire des Ducs de Normandie. 1 vol. *Épuisé.*
Œuvres d'Eginhard. Texte et traduction. 2 vol. Tome Ier *épuisé.*
Mémoires de Philippe de Commynes. 3 vol. T. Ier *épuisé.*
Lettres de Marguerite d'Angoulême, sœur de François Ier. 2 vol.
Procès de Jeanne d'Arc. 5 v.
Beaumanoir. Coutumes de Beauvoisis. 2 vol.
Mémoires et Lettres de Marguerite de Valois. 1 vol.
Chronique latine de Guillaume de Nangis. 2 vol.
Mémoires de Coligny-Saligny. 1 vol. *Épuisé.*
Richer. Histoire des Francs. Texte et traduction. 2 vol.
Registres de l'Hôtel de Ville de Paris pendant la Fronde. 3 vol.
Le Nain de Tillemont. Vie de saint Louis. 6 vol.
Barbier. Journal du règne de Louis XV. 4 vol. T. I et II *épuisés.*
Bibliographie des Mazarinades. 3 vol.
Comptes de l'argenterie des rois de France au xive s. 1 vol. *Épuisé.*
Mémoires de Daniel de Cosnac. 2 vol. *Épuisés.*
Choix de Mazarinades. 2 vol.
Journal d'un Bourgeois de Paris sous François Ier. 1 vol. *Épuisé.*
Mém. de Mathieu Molé. 4 vol.
Histoire de Charles VII et de Louis XI, par Th. Basin. 4 vol. T. I et II *épuisés.*
Grégoire de Tours. Œuvres diverses. Texte et traduction. 4 vol. Tomes I et II *épuisés.*
Chroniques de Monstrelet. 6 vol. Tomes I et III *épuisés.*
Chroniques de J. de Wavrin. 3 vol.
Miracles de S. Benoît. 1 vol.
Journal et Mémoires du marquis d'Argenson. 9 vol. T. I et II *épuisés.*
Chronique des Valois. 1 vol.
Mémoires de Beauvais-Nangis. 1 vol.
Chronique de Mathieu d'Escouchy. 3 vol.
Choix de pièces inédites relatives au règne de Charles VI. 2 vol.
Commentaires et Lettres de Blaise de Monluc. 5 vol. T. I *épuisé.*
Œuvres de Brantôme. T. I à XI. Tomes I et II *épuisés.*
Comptes de l'hôtel des rois de France aux xive et xve siècles. 1 vol.
Rouleaux des morts. 1 vol.
Œuvres de Suger. 1 vol.
Mémoires et Correspondance de Mme du Plessis-Mornay. 2 vol.
Joinville. Histoire de saint Louis. 1 vol.
Chronique des comtes d'Anjou. 1 vol. *Epuisé.*
Chroniques des églises d'Anjou. 1 vol.
Introduction aux Chroniques des Comtes d'Anjou. 1 vol.
Chroniques de J. Froissart. T. I, 1re et 2e part., et t. II-VII.
Chroniques d'Ernoul et de Bernard le Trésorier. 1 v.
Annales de Saint-Bertin et de Saint-Vaast d'Arras. 1 v.
Mém. de Bassompierre. 4 vol.
Histoire de Béarn et Navarre. 1 vol.
Chroniques de Saint-Martial de Limoges. 1 vol.
Nouveau recueil de comptes de l'argenterie des rois de France au xive s. 1 vol.
Chanson de la Croisade contre les Albigeois. 2 vol.
Chronique du duc Louis II de Bourbon. 1 vol.
Chronique de Le Févre de Saint-Remy. 2 vol.
Récits d'un Ménestrel de Reims au xiiie siècle. 1 vol.
Lettres d'Antoine de Bourbon et de Jeanne d'Albret. 1 vol.
Mém. de La Huguerye. 3 vol.
Anecdotes et apologues d'Étienne de Bourbon. 1 vol.
Extraits des auteurs grecs concernant la géographie et l'histoire des Gaules. T. I à IV.
Histoire de Bayart. 1 vol.
Mémoires de N. Goulas. 3 v.
Gestes des évêques de Cambrai. 1 vol.
Les Etablissements de saint Louis. T. I, II et III.
Chron. normande du xive s.
Relation de Spanheim sur la cour de France en 1690.
Œuvres de Rigord et de Guillaume le Breton. T. Ier.
Mémoires d'Olivier de la Marche. T. I.

SOUS PRESSE :

Œuvres de Brantôme. T. XII.
Chroniques de J. Froissart. T. VIII.
Extraits des auteurs grecs concernant la géographie et l'histoire des Gaules. T. V.
Les Etablissements de saint Louis. T. IV.
Lettres de Louis XI. T. Ier.
Œuvres de Rigord et de Guillaume le Breton. T. II.
Mémoires d'Olivier de la Marche. T. II.
Le Jouvencel, de J. de Bueil. T. I.
Mémoires de Villars. T. I.

BULLETINS ET ANNUAIRES.

Bulletin de la société, années 1834 et 1835. 4 vol. in-8°. — 18 fr.
Bulletin de la société, années 1836-1856. *Épuisé.*
Table du Bulletin, 1834-1856. In-8°. 3 fr.
Bulletin de la société, années 1857-1862. In-8°. — Chaque année, 3 fr.
Annuaires de la société, 1837-1863. In-18. — Chaque volume, de 1837 à 1844, 2 fr.; de 1848 à 1863, 3 fr. *Les années* 1845, 1846, 1847, 1853, 1859, 1861 et 1862, *épuisées.*
Annuaire-Bulletin, années 1863 à 1868. — Chaque année, 9 fr.
Annuaire-Bulletin, années 1869 à 1882. — Chaque année, 5 fr.

Imprimerie Daupeley-Gouverneur, à Nogent-le-Rotrou.

www.ingramcontent.com/pod-product-compliance
Ingram Content Group UK Ltd.
Pitfield, Milton Keynes, MK11 3LW, UK
UKHW031831260826
14628UKWH00001B/326

9 782012 477858